SECCIÓN DE OBRAS DE HISTORIA

LA VIDA EN QUERÉTARO DURANTE LA COLONIA 1531-1810

Traducción de
MERCEDES PIZARRO ROMERO

JOHN C. SUPER

LA VIDA EN QUERETARO DURANTE LA COLONIA
1531-1810

FONDO DE CULTURA ECONÓMICA
MÉXICO

Primera edición en español, 1983

ISBN 968-16-1249-3

Impreso en México

A LINDA, JENNIFER, ANTOINETTE, MICHELLE

PRÓLOGO

Cuando empecé a hacer investigaciones sobre la historia de Querétaro en 1971, tuve dos premisas en cuanto a la historia provincial de la América Latina. La primera fue que para entender bien la historia de una provincia es necesario estudiar la provincia como una entidad orgánica, acentuando las más destacadas relaciones internas y externas que han moldeado el desarrollo de la vida. La segunda premisa fue que era posible escribir tal historia. Todavía tengo confianza en la primera, pero estoy en duda sobre la segunda. Lo que he escrito más adelante es solamente un intento de subrayar los aspectos selectivos de la vida colonial en Querétaro, enfocando las fuerzas sociales que fueron reflejos de la colonización española en México. Los grupos sociales y las instituciones económicas de la provincia son los temas de este libro. Para emprender una historia de otras dimensiones importantes de la provincia, por ejemplo la nutrición, la medicina, o la tecnología se requeriría otro libro.

Hubo varias personas que facilitaron mis investigaciones. James Lockhart me ofreció su valiosa crítica e inspiración durante los primeros años de investigación. R. Kent Rasmussen, Asunción Lavrin, Bradford Burns, John Tutino, y mi esposa Linda leyeron partes del manuscrito y tuvieron atisbos profundos. Extiendo mi gratitud también a Ross y Lori Greenleaf por sus consejos de utilizar la computadora para el análisis del padrón de 1791. Les agradezco especialmente a los directores de los archivos de México y de Querétaro su valiosa cooperación. Sin la ayuda de estas personas el libro no hubiera alcanzado los objetivos que me propuse al iniciarlo, y que espero haber alcanzado.

John C. Super

Julio, 1980

I. QUERÉTARO

Poco después de la caída del imperio azteca, los inmigrantes españoles empezaron a extenderse hacia afuera del Valle de México, en un principio hacia el occidente y después más bien hacia el norte. Dentro de una sola generación, los inmigrantes habían colonizado grandes porciones del Centro y del Norte de México. Las exploraciones en busca de metales preciosos y de trabajadores dieron el primer ímpetu para la colonización, pero las posibilidades agrícolas y comerciales mostraron tener un atractivo más duradero.

El descubrimiento de la plata en Zacatecas en 1546 apresuró la movilización hacia el norte, y atrajo inmigrantes de muchas regiones del Nuevo Mundo. Algunos empezaron a establecerse en la extensa región que queda entre Zacatecas y la ciudad de México. Dentro de esta región hay una amplia zona conocida mejor como el Bajío, donde fue particularmente intensa la colonización. Geográficamente el Bajío es una zona de transición entre el Norte árido y el Centro templado. Durante buena parte de la historia de México ha sido igualmente una zona de transición cultural, una línea divisoria entre el Norte nómada, cazador y recolector y el Sur sedentario y agrícola. Los toltecas primero y después los aztecas extendieron su influencia cultural y política hasta los límites del Bajío, pero pocas veces más allá.[1]

Cuando llegaron los españoles, la naturaleza de transición del Bajío no se modificó inmediatamente. Los españoles fueron ampliando lentamente las antiguas fronteras anteriores a la conquista, que habían heredado de toltecas y de aztecas. Durante la segunda mitad del siglo XVI algunos lugares del Bajío y de las montañas adyacentes fueron campos de batalla entre los españoles y los chichimecas, nombre genérico dado por los españoles a diversos grupos de indios seminómadas del norte del centro de México.

[1] Las zonas arqueológicas que existen en el moderno estado de Querétaro nos hacen pensar que pueden haber habido centros urbanos anteriores a la conquista. La pirámide de El Pueblito, ubicada a diez kilometros al sur de la ciudad de Querétaro, es la más antigua y mejor conocida de esas ruinas. Quizá haya sido una avanzada de los toltecas durante su hegemonía en el Valle de México. Para las discusiones a este respecto y en cuanto a la etimología de Querétaro, que está íntimamente relacionada con las suposiciones de que El Pueblito haya sido una zona azteca, véase: Manuel Septién y Septién, *Historia de Querétaro* (Querétaro, 1967), vol 1, pp. 23-27; Arturo Domínguez Paulín, *Integración histórica, política, social y económica del estado de Querétaro* (Querétaro, 1966), pp. 21-24. Wigberto Jiménez Moreno, "Los orígenes de Querétaro hasta el siglo XVII", *Estudios de historia colonial* (México, 1953) p. 96; José Rodríguez Familiar, "Breves noticias referentes a la conquista de Santiago de Querétaro", *Boletín de la Sociedad Mexicana de Geografía y Estadística*, 43 (1932), p. 203.

La colonización del Bajío vino a ser tema de preocupación para la Corona por los años de 1550. Expidió provisiones reales para la fundación de ciudades y estableció presidios con la esperanza de sofocar el conflicto sangriento entre los indios y los españoles. San Miguel, que se fundó en 1546 y que luego fue abandonada en 1551, fue convertida en la primera ciudad presidio en 1555. En 1549 se fundó la ciudad de Pénjamo. En 1561 los colonizadores establecieron San Felipe, que se convirtió en presidio en 1570. Una de las más importantes de estas ciudades limítrofes fue Celaya, establecida en 1570 para proveer de alimentos a la creciente población de mineros y para fortalecer las relaciones comerciales con Guadalajara y con el Norte. Así siguieron otras poblaciones: Jerez de la Frontera (1570), Aguascalientes (1575), León (1576).[2]

Estas poblaciones militares en realidad vinieron tan sólo a fomentar la colonización del Bajío, que por diversos motivos se había iniciado con anterioridad. Se organizaron expediciones con la esperanza de encontrar nuevas riquezas que rivalizaran con las que se habían descubierto en el Valle de México. Encontraron en cambio tierras fértiles que pronto podrían alimentar a las prósperas poblaciones agrícolas y comerciales que se establecerían.

Querétaro fue una de las primeras de estas poblaciones. Está ubicada en el extremo más oriental de los valles de tierras bajas que forman el Bajío. La sierra queretana lo limita por el sur y la escarpada sierra de Zamora por el norte. Tres riachuelos, el de Querétaro, el de Juriquilla y el de Pueblito suministran agua a las granjas del valle. Al oeste de la ciudad de Querétaro se extienden las ricas tierras agrícolas del Bajío hasta Celaya, Salamanca, Irapuato y León. Hacia el norte y el este el terreno es escabroso y está formado por empinadas montañas y áridas planicies.[3] La provincia colonial de Querétaro, lo mismo que el Estado moderno, comprendía tierras que producían cosechas excepcionalmente buenas y de pastoreo, pero una gran parte de la provincia era árida, con terreno pedregoso.

Fuerzas combinadas de españoles y de indios invadieron el valle en 1531 y desalojaron fácilmente a los grupos de indios que estaban allí dispersos. Dirigía a los españoles Hernán Pérez de Bocanegra, encomendero de Apaseo y después patriarca de una acaudalada familia propietaria de tierras en el Bajío. Don Hernando de Tapia mandaba a los indios, que eran cerca de 500. Tapia, que antes de 1531 era conocido por su nombre indígena de Conín, era un indio otomí nacido en la provincia de Jilotepec. Era un traficante de profesión que viajaba por el

[2] Wigberto Jiménez Moreno, "La colonización y evangelización de Guanajuato en el siglo XVI", *Cuadernos Americanos*, 13 (Ene-Feb. 1944), pp. 125-149.

[3] Respecto a las descripciones geográficas de Querétaro véase José Arvizu Mellardo, *Geografía de Querétaro* (México, 1961) y Domínguez Paulín, *Integración*.

Bajío, canjeando sal y telas por cueros, arcos y flechas. Acaso comerciara activamente en la región de Querétaro después de 1521, pero es poco probable que se haya establecido permanentemente en ninguna parte del Bajío antes de 1531.[4]

La población que fundaron estos hombres surgió como centro político y religioso del Bajío oriental antes de que concluyera el siglo. Formó parte de la alcaldía mayor (provincia) de Jilotepec hasta 1578, cuando se convirtió en el centro de una jurisdicción independiente, con su propio alcalde mayor, funcionario político que era el representante más importante de la autoridad española hasta mediados del siglo XVII. Dependían del alcalde el teniente de alcalde mayor, el alguacil mayor y otros funcionarios menores. La burocracia primitiva era muy parecida a la de otros asentamientos latinoamericanos del siglo XVI. El alcalde, generalmente un forastero y el alguacil, generalmente un residente, eran personas de elevada posición social y económica, y su cargo político reconocía su importancia y contribuía a dársela. En una faja que iba de norte a sur, estos funcionarios gobernaban una provincia que se extendía desde una región ubicada al sur de San Juan del Río, llamada El Cazadero, hasta un lugar indefinido al norte de San Pedro Tolimán. San Juan del Río y San Pedro Tolimán, como sedes de dependencias inferiores del gobierno, también tenían sus propios funcionarios.[5]

La organización política que se estableció en el siglo XVI subsistió hasta 1656, cuando se dio a Querétaro el rango de ciudad y se creó un ayuntamiento. Éste incluía corregidor (funcionario del virrey), alcaldes, regidores (concejales) y otros funcionarios que tenían jurisdicción dentro de la antigua alcaldía mayor. En 1790 siete concejales formaban parte del ayuntamiento, todos principalmente llamados regidores, pero que también ejercían otras funciones. El corregidor era ahora un subdelegado del distrito de Querétaro, que había venido a ser una parte de

Existen diversas interpretaciones de las características de la conquista de Querétaro, pero las fuentes más dignas de confianza indican que fue pacificado por don Fernando de Tapia en 1531. Para las relaciones clásicas véase: Hernando de Vargas, "Descripción de Querétaro, *Colección de documentos para la historia de San Luis Potosí*, Ed. Primo Feliciano Velásquez (San Luis Potosí, 1897-1899) vol. 1; "Información de los méritos y servicios prestados por don Fernando de Tapia en la conquista y fundación de Querétaro y provanza del cacicazgo de Don Diego de Tapia", AGN, *Boletín*, 5 (1934); y Rafael Ayala Echávarri: Ced., "Relación histórica de la conquista de Querétaro", *Boletín de la Sociedad Mexicana de Geografía y Estadística*, 66 (1948), pp. 112-152. Por los anacronismos e inexactitudes que contiene esta relación en la actualidad se considera apócrifa. Véase también Pablo de la Purísima Concepción Beaumont, *Crónica de la Provincia de los Santos Apóstoles S. Pedro y S. Pablo de Michoacán* (México, 1932), vol. 19, y Guillermo S Fernández de Recas (ed.), *Cacicazgos y nobiliario indígena* (México, 1961), pp 145-239 La mejor relación secundaria es la de José Rodríguez Familiar, *La Conquista de Querétaro* (Querétaro, 1944).

5 "Descripción de Querétaro", pp. 28-32, Septién y Septién, Querétaro, pp. 63-64.

la recién creada intendencia de México. En 1797, el corregidor de Querétaro era el más distinguido de México. Era conocido como corregidor de letras y percibía un muy buen sueldo de 4 mil pesos anuales. Don Miguel Domínguez, dedicado a realizar reformas administrativas a principios del siglo XIX, fue el más capaz y el más admirado de los corregidores de Querétaro. En términos generales, corregidores y regidores eran análogos a los alcaldes mayores y alguaciles que había antes. Los corregidores provenían de fuera de la provincia y los regidores eran residentes de ella. La mayoría eran hombres ricos y poderosos.[6]

Además de ser el centro político de la provincia, Querétaro era su centro espiritual. Después de una disputa sobre jurisdicciones en los años de 1580 entre los arzobispados de México y de Michoacán, toda la provincia de Querétaro vino a quedar sujeta al Arzobispo de México; allá iban a dar los diezmos en la época colonial. Sin embargo, el clero secular tuvo poca repercusión en la primitiva historia de la provincia. Era mucho más importante el clero regular, especialmente los franciscanos. Hacia 1580 los franciscanos eran parte muy influyente de la vida de la ciudad. Construyeron un monasterio que todavía hoy domina la plaza mayor de Querétaro.[7] En el campo los franciscanos empleaban la doctrina, o sea, la enseñanza parroquial rural para atraer a los indios a la comunidad espiritual. Los indios de la ciudad construyeron capillas provisionales y les dieron personal, en las que se suponía que los franciscanos administrarían los sacramentos en sus visitas, previamente determinadas. San Juan del Río y San Pedro Tolimán fueron también centros del sistema de parroquias rurales.[8]

Los franciscanos ejercieron su ministerio en Querétaro sin ninguna competencia hasta 1607, cuando se inició una fiebre de actividad constructora que duró hasta los años de 1630. Durante esta época se erigieron cinco iglesias, entre ellas el renombrado convento de Santa Clara de

[6] AAG, "Libro de Cabildo, 2 Dic. 1790 a 5 marzo 1795". Joseph Antonio Villa-Señor y Sánchez", *Theatro Americano. Descripción general de los reynos y provincias de la Nueva España y sus jurisdicciones* (México, 1746-1748), vol. 1, p. 94. Ramón María Serrera Contreras expone sus puntos de vista sobre la creación del corregidor de letras en su obra "La ciudad de Sántiago de Querétaro a fines del siglo XVIII. Apuntes para su historia urbana," *Anuario de Estudios americanos*, 30 (1973), pp. 489-555.

[7] El monasterio y el número de religiosos eran más grandes que el de las poblaciones vecinas. Querétaro tenía cinco, Celaya cuatro, San Felipe dos y San Pedro Tolimán dos. AGN, Inquisicion, vol. 84, exp. 13; *Relación breve y verdadera de algunas cosas de las muchas que sucedieron al padre fray Alonce Ponce en las provincias de la Nueva España* (Madrid, 1873) vol. 1, pp. 535-537.

[8] Las doctrinas recibieron apoyo financiero de la población indígena y de la Corona. La doctrina de San Pedro Tolimán, por ejemplo, se dice que recibía 100 fanegas de maíz y 200 pesos al año. No todas las poblaciones tenían doctrinas e incluso las que tenían hasta 100 vecinos recibían solamente visitas ocasionales de los religiosos de Querétaro. AGN, General de Parte, vol. 4 exp. 225; "Descripción de Querétaro", p 31.

Jesús, el convento del Carmen y el Colegio de los Jesuitas. Las construcciones aumentaban en la misma proporción en que crecía la población y la acumulación de capitales. Era un reflejo de la creciente importancia del Bajío oriental en la historia de México. El siguiente período de construcciones comprendió de 1669 a 1756, y en él se construyeron diez iglesias y conventos. La más famosa fue la de la Congregación de Santa María de Guadalupe (1669), que inspiró Te Deums a literatos tan conocidos como don Carlos de Sigüenza y Góngora. Más significativo para la historia de México fue el Colegio Apostólico de Propaganda Fide (1683) que envió religiosos hasta los más remotos confines de la América del Norte, a fin de ganar almas. Con la excepción de un convento construido en 1802 se suspendieron las construcciones religiosas después de mediados del siglo XVIII.[9] Para aquella época había quedado bien establecida su reputación espiritual (que ordinariamente se medía simplemente de acuerdo con el número y lo adornado de los templos), pero en el caso de Querétaro también por su celo misionero.

Los esfuerzos de las misiones de Querétaro fueron algo más que un preludio episódico de la ocupación española de lo que es actualmente territorio de los Estados Unidos. Abarcaron más de un siglo y estuvieron íntimamente relacionados con el desenvolvimiento social y económico del Bajío oriental. De la misma manera como el descubrimiento y la colonización inicial de México tuvieron que esperar el resultado de los acontecimientos en el Caribe, el avance venturoso de los misioneros hacia el norte tuvo que esperar a que hubiera alguna firme base económica y demográfica. La decisión de establecer en Querétaro el colegio de misioneros se basaba en la esperanza de que la riqueza y la población de la ciudad patrocinarían las empresas de los misioneros. No hubo gran decepción a este respecto. Benefactores como don Juan Caballero y Oslo, nacido en Querétaro en 1644, contribuyeron muy generosamente a que se realizaran los primeros esfuerzos de los misioneros en el Norte de México. Tres de los más famosos misioneros del siglo XVIII provenían de Querétaro. Los padres Junípero Serra, Francisco Palou y Juan Crespi, tres franciscanos que dejaron su huella en la primitiva California, realizaron en Querétaro su aprendizaje como misioneros. Las expediciones militares, pocas veces alejadas de las empresas de los misioneros, abandonaron Querétaro durante la misma época para sofocar rebeliones o para colonizar nuevas regiones. Don José de Escandón encabezó una expedición de tres mil colonizadores que llegaron hacia el norte hasta el río Nueces, en Tejas.[10] Expediciones como estas hubieran sido imposi-

[9] José María Zelaá e Hidalgo, *Glorias de Quéretaro* (México, 1803), *passim;* Septién y Septién, *Querétaro, passim.*

[10] Michael Brehda McCloskey, *The Formative Years of the Missionary College of Santa Cruz de Querétaro, 1683-1733* (Washington, D.C., 1955) p. 40; Herbert Eugene Bolton and

bles sin el firme apoyo económico que proporcionaba Querétaro. Una buena parte de la historia de las tierras fronterizas está íntimamente ligada con el desarrollo de la ciudad y de la provincia de Querétaro.

La población de Querétaro, fundada inicialmente por don Hernando de Tapia en 1531, se trasladó a su presente ubicación en 1550. Allí el franciscano Juan Sánchez de Alanís se preocupó de que se trazaran las calles a la manera clásica de un tablero de ajedrez. En la parte central de la ciudad, las calles principales y las plazas no han cambiado mucho desde aquella época; hubo sencillamente una ampliación de la traza original, en que el crecimiento se había dirigido principalmente hacia el oriente y el occidente. En las afueras, la población no tenía el aspecto planeado y bien ordenado del centro. A fines del siglo XVI hubo un formidable aumento de las construcciones en la ciudad. Las oficinas públicas se establecieron en la plaza mayor, los comerciantes construyeron tiendas, los molinos iniciaron la molienda del maíz, repicaron las campanas de las iglesias y los inmigrantes acaudalados construyeron ostentosas residencias. Posteriormente, el crecimiento de la ciudad se realizó de manera más equilibrada sin repentinos brotes de construcciones que pudieran compararse con lo recién ocurrido. Gradualmente en el siguiente siglo, el tamaño de la ciudad se cuadruplicó. Cuando Villaseñor y Sánchez hizo una visita a la ciudad por la década de 1740, reconoció que no solamente era una de las más grandes del reino, sino también una de las más hermosas. Le impresionaron especialmente sus construcciones religiosas, su notable sistema de conducción de agua y sus exuberantes jardines y huertas. Zelaá e Hidalgo se expresaron de la ciudad en términos muy parecidos en 1803.[11]

Los documentos de que disponemos de los siglos XVI y XVII no nos permiten hacer un cálculo exacto de la magnitud de la población. Apoyándome en un recuento de habitantes que aparece en documentos locales, he estimado que en 1590 había en la ciudad aproximadamente mil residentes de los diversos grupos étnicos. Durante los siguientes 40 años la población creció rápidamente para llegar a unos cinco mil. La población de españoles en esta época era considerable para un poblado situado al norte del Valle de México. De 50 españoles que había en 1582, para 1642 cuando Antonio Vázquez de Espinosa visitó la ciudad, quizás había ya dos mil. Alonso de la Rea, en un escrito de 1639, dijo que la ciudad tenía 400 residentes españoles. Sin duda se estaba refiriendo a jefes de familia, no sólo a los residentes de la ciudad.[12] De entonces en

Thomas Maittland Marshall. *The Colonization of North America, 1492-1783* (Nueva York, 1920), p. 300.

[11] Villa-Señor y Sánchez, *Theatro*, vol. 1, p. 94: Zelaá e Hidalgo, *Glorias*, pp. 4-5.

[12] Fray Antonio Vásquez de Espinosa, *Descripción de la Nueva España en el siglo XVII* (México, 1944), p. 135; Alonso de la Rea. *Crónica de la Orden de N. Seráfico P.S. Francis-*

adelante se hizo más lento el ritmo de crecimiento, aun cuando el numero total de habitantes aumentó de manera sorprendente en los cien años siguientes. Hacia 1746, Villaseñor y Sánchez informó que la ciudad tenía más de 26 mil residentes. Este número casi se duplicó a fines de la época colonial. La población del campo también creció rápidamente en el siglo XVIII, probablemente más que la de la ciudad *(Cuadro 1)*.

Las grandes discrepancias que existen en los recuentos de fines del siglo XVIII y principios del XIX hacen que resulte difícil decir con certeza cuál era el tamaño exacto de la ciudad en un año determinado. Creo que se puede asegurar que cuando mayor fue la población de la ciudad antes de 1810, tenía cerca de 50 mil habitantes. También se puede afirmar que la población de la ciudad fluctuaba mucho en esta época a causa de las epidemias y de los reveses económicos. Cualquiera que haya sido su tamaño exacto, Querétaro se había transformado de un pequeño poblado en una de las más grandes ciudades del continente en menos de 250 años. Fácilmente podía igualar o sobrepasar en tamaño a las más grandes ciudades angloamericanas, como Filadelfia (40 mil en 1775), Nueva York (25 mil en 1775) y Boston (36 mil en 1815).[13] En la América Latina probablemente la excedían en tamaño la ciudad de México, la más grande del continente, Guanajuato, Puebla, La Habana, Bahía, Lima y Río de Janeiro.[14]

La ubicación de Querétaro entre la ciudad de México y las minas contribuyó a que pronto se iniciara su crecimiento. Desde antes del descubrimiento de las minas de Zacatecas ya había abundante tráfico en el camino que unía la ciudad de México con Querétaro. Con posterioridad al descubrimiento, el tráfico se realizó atravesando el Valle de Querétaro. El camino real que salía de Zacatecas hacia el sur se bifurcaba poco adelante de San Felipe, uno de sus ramales continuaba directamente hacia el sur y el otro pasaba por San Miguel. Estos dos ramales se unían en Querétaro, y luego seguía el camino por San Juan del Río y Jilotepec hasta la ciudad de México. Otros ramales del camino unían a Querétaro con Celaya por el oeste y con Tolimán y Jalpa por el noreste. Hacia 1790, cinco caminos principales partían de Querétaro, uniéndolo con el resto de México.[15]

co, *Provincia de San Pedro y San Pablo de Mechoacán en la Nueva España* (México, 1882), p. 283; "Descripción de Querétaro", p. 30.

[13] John A. Garraty, *The American Nation* (Nueva York, 1975) vol. I, pp. 45, 238, 244

[14] Las estimaciones sobre la población de estas ciudades se proporcionan por Richard M. Horse (ed.), *The Urban Development of Latin America*, 1750-1920 (Stanford, 1971), *passim;* Charles Gibson, *The Aztecas Under Spanish Rule* (Stanford, 1964), p. 145; Jorge E. Hardoy. "The Background of Latinamerican Urbanization" en Jorge E. Hardoy (ed.), *Urbanization in Latin America* (Nueva York, 1975), p. 24

[15] AGN, Civil, vol. 2 085, Ep. 4, 31 de julio de 1790; Philip Wayne Powell, *La Guerra Chichimeca*, 1550-1600 FCE, 1977 , pp. 17-18, 20, 142.

A lo largo de estos caminos, en la haciendas y ranchos de gran valor se levantaban cosechas y se criaba ganado. Ya desde 1550 el Virrey otorgaba mercedes a los residentes de Querétaro y de la ciudad de México para ocupar posadas, haciendas y ranchos de ovejas y reses en la provincia. Las mercedes señalaron los verdaderos principios de la colonización del Bajío oriental, aun cuando sólo un reducido número de colonos o de sus descendientes participaron en la economía del Valle después de 1580. La atracción que ejercían las poblaciones mineras del norte y la ausencia de una economía agrícola totalmente desarrollada contribuyeron a la inestabilidad general de la población.[16]

Las fincas rústicas del Valle participaron más pronto y de manera más señalada en la economía local que en el centro de México, como consecuencia de lo reducido de la población indígena. Los indios de Querétaro llegaron principalmente con posterioridad a la conquista, y carecieron de la compleja organización económica y política de los grupos del centro de México. Por lo tanto la encomienda, que era la institución más importante de las demás regiones, nunca predominó en las relaciones entre los indios y los españoles. La única encomienda que hubo en el valle efectivamente proporcionó una continuidad inicial a la organización social española, pero nunca fue determinante decisivo en la historia de los indios ni permitió a los españoles prescindir de la producción excedente de los indios.[17] Mayor influencia ejercieron sobre los indios las haciendas y las poblaciones de la provincia.

Los inmigrantes en un principio destinaron sistemáticamente las tierras a la cría de ovejas (enviaban la lana y la carne a los mercados locales o alejados) así como al cultivo de cítricos y verduras en las proximidades de la población. Gradualmente se llevó a cabo una coloni-

[16] AGN, Indice de Mercedes; Beaumont, *Crónica*, vol. 19 p. 218.

[17] Querétaro, lo mismo que la región septentrional de la provincia de Jilotepec, fue dado en encomienda a Juan Jaramillo. Con los 26 mil indígenas que pagaban tributos que se estima que tenıa, de los cuales 7 mil eran de la población de Jilotepec, la provincia debió de ser una encomienda muy atractiva. Cuando murio Jaramillo su esposa doña Beatriz de Andrada heredo la encomienda. Después se caso con don Francisco de Velasco, hermano del virrey don Luis de Velasco. La hija de Jaramillo, doña María Jaramillo, también recibió una parte de la encomienda, probablemente la región mas al norte. Después de su muerte, su esposo don Luis de Quesada y sus hijos conservaron la encomienda. Otro encomendero, Hernán Pérez de Bocanegra, quien percibía tributos de Acámbaro y Apaseo, residía ocasionalmente en Querétaro. Los miembros de su familia fueron importantes personajes en el Bajío oriental, que hicieron inversiones en la economía y desarrollaron sólidas relaciones sociales. La otra encomienda que se concedió cerca de Querétaro, la de Gerónimo Ruíz de la Mota, no tuvo influencia notable en la historia de la ciudad. Francisco A. de Icaza, *Conquistadores y pobladores de Nueva España, diccionario autobiográfico sacado de los textos originales* (Madrid, 1923), vol. I, p. 4, 72; *Relación de las encomiendas de indios hechas en Nueva España a los conquistadores y pobladores de ella, año de 1546*. France V. Scholes and Eleanor B. Adams (eds.), (Documentos para la historia de México colonial, México 1955) vol. 1, pp. 23, 43; "Descripción de Querétaro", p. 11.

zación más intensiva de la tierra a medida que las fincas empezaron a levantar cosechas de productos europeos y del Nuevo Mundo. La buena calidad de las tierras hizo que el Bajío oriental fuera desde el principio un abundante productor de alimentos, lo cual contribuyó a que hubiera un incremento en el comercio que tenía como base la ubicación de Querétaro. Debido a sus recursos y a su ubicación se crearon otras actividades que con el tiempo llegaron a caracterizarlo, tanto como la agricultura. En el siglo XVI se inició la manufactura de telas bastas, que para el siglo XVIII ya se había convertido en la principal ocupación urbana.

A fines del siglo XVIII se iniciaron las actividades de otra industria, que vino a contribuir más aún al aspecto industrial de la ciudad; la real fábrica de tabaco, la primera en tamaño después de la de la ciudad de México. La resolución de establecer la fábrica en Querétaro era un claro reconocimiento de la conveniente ubicación de que disfrutaba la ciudad. La venturosa tradición de Querétaro en las manufacturas y en el comercio también tiene que haber influído en la toma de esa decisión. Hacia 1790, la fábrica era una empresa enorme que ocupaba casi tantos trabajadores como las fábricas textiles en la producción de puros y cigarrillos con valor de más de dos millones de pesos.[18]

El crecimiento de la provincia siempre acompañaba al de la ciudad pero no guardaba con ésta una relación directamente proporcional. Por el año de 1600 ya se habían fundado muchas de las poblaciones más importantes. San Juan del Río hacia el sur fue colonizado en 1531 inmediatamente antes de Querétaro. San Pedro Tolimán fue establecido cerca de 1560. Los únicos centros importantes de provincia establecidos con posterioridad a 1600 fueron Cadereyta (1642), Bernal (cerca de 1700), El Doctor (1728) y Vizarrón (1734).[19]

San Juan del Río fue siempre el segundo centro urbano de la provincia. Ni siquiera llegó a tener oficialmente la categoría de ciudad, pero en cuanto a extensión e importancia económica se equiparaba con muchas ciudades del Nuevo Mundo. Después del descubrimiento de la plata, San Juan del Río siguió un sendero muy parecido al de Querétaro, prosperando con el tráfico de las minas con la ciudad de México y después también con la producción de cereales y telas. A fines del siglo XVI era el centro obligado de parada de las reses y ovejas que se enviaban a los mercados de la ciudad de México.[20] Esto, sin embargo, no la

[18] AGN, Padrones, vol. 12, 1791; Alexander Von Húmboldt, *Ensayo político sobre el reino de la Nueva España*, 5 vols., trad. Vito Alessio Robles (México, 1941), vol. 4, p. 16; José Antonio del Raso "Notas estadísticas del departamento de Querétaro, formadas por la asamblea constitucional del mismo, en junio de 1845, *Boletín del Instituto Nacional de Geografía y Estadística*, 3 (1852), p. 199.

[19] Septién y Septién, *Querétaro*, p. 75-84.

[20] William H. Dusenberry, *The Mexican Mesta: The Administration of Ranching in Colonial Mexico* (Urbana, Illinois, 1963), pp. 89, 131.

puso a la misma altura de Querétaro, que tenía una mayor población de españoles y de indios y disponía de mejores tierras labrantías.[21]

La ciudad siguió creciendo durante la época colonial hasta que a fines del siglo XVIII ya era una versión en miniatura de Querétaro. Tenía una burocracia encabezada por el subdelegado del Corregidor, que daba órdenes a una multitud de funcionarios, desde jueces hasta recaudadores de impuestos.[22] Su ubicación y su tamaño estimularon el comercio tan activamente como el de Querétaro. Granada, Sevilla y Barcelona enviaban telas de diversas clases; las telas sencillas de lana provenían de Francia, el vino de Málaga; las telas de seda de Asia; Querétaro enviaba mantas, sombreros y tabaco; Puebla mandaba mantones, Campeche pescado y jamón y Colima sal.[23]

Las haciendas y ranchos de los alrededores de San Juan del Río levantaban cosechas semejantes a las de Querétaro. Las de trigo y maíz eran las más importantes, y las seguían las de cebolla y guisantes. La cría de ganado fue importante en un principio, pero había decaído para el siglo XVIII. En la población, la más importante actividad era la alfarería, el curtido de pieles de gamuza y, como en Querétaro, la fabricación de telas. Toda esta actividad mantenía a una población regular de 40 mil habitantes en 1784, que se redujo a 25 724 en 1794 a consecuencia de las enfermedades y de un colapso económico.[24]

San Juan del Río era distinta de las demás comunidades de la provincia. La mayoría eran pequeños poblados indígenas, todos probablemente de un origen posterior a la conquista, que ni siquiera llegaron a ser pequeños centros urbanos. Querétaro y San Juan del Río los utilizaban para traer de ahí trabajadores, y como mercados para sus productos industriales. Querétaro mismo hizo que surgieran poblados a medida que crecían sus recursos y sus necesidades. Uno de los más importantes fue Cadereyta, fundado en 1641 por el capitán Alonso de Tovar y Guzmán, miembro de una rica familia de Querétaro.[25] Los poblados como Cadereyta dependían casi exclusivamente de Querétaro por lo que respecta a sus colonizadores, recursos económicos y legitimidad política.

Todos esos poblados se encontraban dentro de la jurisdicción política de la provincia de Querétaro, pero los linderos políticos no establecían un límite para las actividades sociales y económicas de los habitantes de Querétaro. Tenían amigos, parientes e inversiones en poblaciones mineras, en la ciudad de México y en otros poblados agrícolas del Bajío. La

[21] "Descripción de Querétaro", p. 43.

[22] "Compendio histórico, político, topográfico, hidráulico... de San Juan del Río, 1974", en las *Relaciones estadísticas de Nueva España de principios del siglo XIX* (México, 1944), pp. 149-150.

[23] *Ibid.* p. 169.

[24] *Ibid.* p. 184.

[25] MNAH, Salvador de Perea, 31 de julio de 1714 (52).

población minera que tuvo la mayor influencia directa en el primitivo Querétaro fue Xichú, ubicada en el extremo más oriental del actual Estado de Guanajuato. Xichú recibía de Querétaro dinero, mercancías y trabajadores; y en cambio le enviaba un poco de plata. Relaciones más estables y permanentes ligaban Querétaro con otras poblaciones del Bajío o próximas a él. Estas relaciones, que se apoyaban principalmente en el comercio y en la agricultura, con Acámbaro, Apaseo, Celaya, León, Salamanca y Valladolid, persistieron durante toda la época colonial.

La ciudad de Querétaro dominaba el Bajío oriental y ejercía influencia sobre el ritmo y el sentido del crecimiento de las poblaciones y de las haciendas. De manera semejante, el campo ejercía presiones de diversos tipos sobre la ciudad y tenía influencia sobre su crecimiento. Desde la fundación de Querétaro una íntima relación, que se observaba en los movimientos diarios de dinero, de gente, de tipos de organización y de valores, ligó a la capital con el campo. Las normas urbanas y rurales que se entrelazaban entre sí hicieron de la ciudad y del campo una sola unidad, cuyos contornos definitivos dependían de la manera en que la ciudad y el campo actuaban recíprocamente. Los primeros residentes y los visitantes lo advirtieron cuando hacían alabanzas de la ciudad, de sus bien planeadas calles, de su magnífica arquitectura y del interior tan productivo. Los contemporáneos veían a la ciudad y al campo como una sola unidad y reconocían la íntima relación que existía entre los dos.[26] En Querétaro no había dos sistemas sociales distintos, uno urbano y el otro rural. Cada uno era parte del otro. La única excepción a este respecto podrían ser los pueblos indígenas establecidos en la región más alejada al norte de la provincia, pero aun esos pueblos se crearon a consecuencia del crecimiento de Querétaro.

La ciudad de México fue más importante para la historia de Querétaro que las poblaciones más pequeñas situadas en el Bajío y fuera de éste. Desde los primeros días de la colonización, se sintió en la provincia el dominio de la capital del virreinato. Sin embargo, nunca hubo una relación de dependencia uniforme entre la capital y la provincia. El grado de dependencia y su significación se modificaron a través del tiempo y de acuerdo con los acontecimientos que ocurrían en todo México. Finalmente Querétaro surgió como ciudad importante por su propio derecho, que competía con la ciudad de México por muchos conceptos pero que nunca se pudo escapar totalmente de su influencia.

La gente de la ciudad y de la provincia de Querétaro vivía dentro de este ambiente histórico. En las siguientes páginas se hace un estudio de esas personas y de las instituciones sociales y económicas que contribuyen a su creación.

[26]Véase por ejemplo: Zelaá e Hidalgo, *Glorias*, pp. 4-5.

II. LA VIDA Y LA PROPIEDAD EN LA CIUDAD

La sociedad del Bajío oriental a fines del siglo XVIII era urbana. Más de la mitad de sus habitantes vivían en Querétaro y en San Juan del Río *(Cuadro 1).* Se han indicado los porcentajes de aumento de población tanto de los poblados como de las grandes haciendas, que por su apariencia, aun cuando no de nombre, eran verdaderos pueblos. Sin embargo, lo urbano en la antigua América Latina siempre ha sugerido algo más que un gran número de habitantes agrupados dentro de ciertas zonas delimitadas, con su propia organización política. Sugiere el predominio de la ciudad sobre el campo, lo cual era una realidad desde el siglo XVI en el Nuevo Mundo ibérico.

Como la ciudad de Querétaro fue la primera agrupación permanente de europeos del Bajío oriental, llegó a ser centro de la expansión y la colonización de todas las tierras circundantes. Los asentamientos de pueblos y la creación de haciendas eran sólo prolongaciones de la ciudad española, y su supervivencia y crecimiento dependían, en definitiva, de la vitalidad de la ciudad. Ésta disponía del capital que requería el desarrollo rural, vigilaba los sistemas de transporte para movilizar los productos del campo y constituía el mercado más importante. Para los dueños de tierras de Querétaro no había ningún conflicto entre la ciudad y el campo, porque vivían en la ciudad. En 1580, en 1600 y de nuevo en 1700 todos los propietarios de tierras que aparecieron en los registros notariales de Querétaro vivían en la ciudad. En 1791, con la excepción de sólo dos grandes propietarios de tierras, todos los demás dijeron que tenían su domicilio en la ciudad.[1] El indiscutible predominio de la ciudad sobre el campo es una de las razones que explican que no hubiera conflictos en Querétaro durante la mayor parte de su historia.

Dado que Querétaro era una sociedad urbana, la propiedad y la distribución de la tierra dentro de la ciudad eran aspectos importantes de la organización social de la provincia. La distribución de la tierra en el campo, que era el carrete alrededor del cual generalmente se enredaba la madeja en la vida latinoamericana, es tan sólo una dimensión del dominio de la tierra. Para el residente de la ciudad las implicaciones sociales inmediatas provenían de las casas y de los terrenos de la ciudad, y no de las haciendas y ranchos del campo.

Las casas

La ciudad era, ante todo, un lugar de residencia. Con esto no se pretenden negar sus más amplias funciones culturales y políticas. Particular-

[1] AGN, Padrones, vol. 12, 1791.

mente Querétaro, con sus diversos niveles de actividad económica que la ligaban con la mayor parte de México y que en definitiva incrementaron su fuerza política, era mucho más que un conjunto de edificios. Pero al intentar revelar la ciudad, y descubrir aquellos elementos que en forma inmediata y continua crearon las condiciones objetivas de la vida de sus habitantes, resultan muy importantes la casa y las relaciones sociales derivadas de la propiedad de las casas.

La casa ofrecía el marco para la diversificada vida del habitante de la colonia en cuanto a las costumbres, los ritos y las luchas por los problemas de la vida y de la muerte. Cada casa era un centro cultural en el que se educaba a los hijos, se preparaban los alimentos, se tomaban decisiones y se disfrutaba de la vida. Los pasatiempos favoritos en los hogares de Querétaro consistían en jugar a las cartas, hacer ensayos de quiromancia y frenología, hablar de los vecinos o simplemente ver pasar a la gente.[2] Una de las maneras más rápidas para que un inmigrante viniera a formar parte de Querétaro consistía en formar un hogar; cuando vendía la casa que había dejado en España había considerado definitivamente la nueva tierra como suya.[3]

Las casas de Querétaro eran muy distintas en su apariencia, comodidades y precio. La casa de don Francisco Gómez Carvallar provocaba admiración general; su construcción de cal y canto era fuerte y muy durable. Era una casa que perduraría por generaciones. Los visitantes entraban por un gran zaguán que daba a un vestíbulo de piedra, techado con vigas nuevas y tejas. A un lado de la entrada había una pequeña estancia que servía de estudio. Los corredores con arcos comunicaban el patio con los salones, los dormitorios, las habitaciones del servicio y la cocina, en la que había una gran chimenea y el hogar, la despensa y un cuarto anexo. La mayoría de las habitaciones tenían las paredes revocadas con cal y arena y pintadas a la cal, y los pisos eran de ladrillo. La casa tenía su propio horno, una galería y un corral para el ganado. Todas las habitaciones tenían servicio de agua que fluía hasta una pila que había en el patio, lo cual era un indicio de riqueza y de buen vivir.[4]

[2] La afición al juego, particularmente al juego de cartas llamado albures, persistió a través de todo el siglo XVIII Las pérdidas y "trastornos" que causaban obligaron a algunos individuos a jurar que no volverían a jugar so pena de imponerse ellos mismos un castigo. Don Pedro García de Ceveda, respetable comerciante de principios del siglo XVIII dijo que dejaría de jugar durante cuatro años bajo la pena de pagar una contribución de 500 pesos a una hermandad local. El documento que firmó decía en un principio que pagaría 1 500 pesos. No se sabe con certeza si esto se debe a un error del notario o a que don Pedro haya vuelto a pensar más concienzudamente sobre su capacidad de dejar de jugar. MNAH, Domingo Antonio Parra, 20 de febrero de 1713 (51). Una buena fuente para conocer los pasatiempos y diversiones es el ramo de inquisiciones del AGN. Véase por ejemplo el vol. 302, 10 de diciembre de 1614.

[3] MNAH, Juan Pérez de Aguilar, 6 de diciembre de 1590 (3).

[4] MNAH, Salvador de Perea, 11 de febrero de 1707 (50).

En la ciudad eran más comunes las casas más reducidas, hechas de adobe en lugar de piedra, de madera o tabique. Tenían dos o tres habitaciones, pisos de tierra, techos de paja, y carecían de agua corriente. Algunas eran muy pequeñas, de una sola habitación, en que apenas había lugar para una cama, unos cojines y un viejo cofre. En muchas se combinaba el espacio dedicado a habitación con el del trabajo y los cuartos que daban a la fachada de la casa se utilizaban también como tienda o taller de artesanía. En otras había establos y corrales para cerdos y otros animales.[5] Se decía que las casas de los indios tenían aún menos comodidades. Eran pequeñas y sucias, y no se habían construido para durar. Para hacer sus casas, los indios usaban principalmente ramas y paja, hasta que las invasiones cada vez más frecuentes de los chichimecas los animaron a construirlas de adobe que es más permanente.[6]

El número de casas aumentó rápidamente después de 1570. Hacia 1643 había por lo menos 320 casas propiedad de españoles. Cien años más tarde ya había en la ciudad aproximadamente dos mil casas.[7] Cuando Zelaá e Hidalgo describió la ciudad en 1803 dijo que aún tenía solamente dos mil casas, lo que es una afirmación incomprensible si la ciudad había duplicado su extensión en los últimos 50 años.[8] El censo levantado en 1791 ayuda a aclarar el problema. El empadronador hizo una lista de todas las viviendas existentes o potenciales, y el número total ascendió a 5 239 viviendas habitables *(Cuadro 2).* Algunas de éstas eran principalmente comercios, pero cuando era necesario podían alojar familias, y en realidad las alojaban. El empadronador inscribió a la mayoría de las viviendas como "casas". En este marco es más correcto entender por casa una vivienda, puesto que muchos edificios coloniales contenían varias casas, como sucede en Querétaro aún en la actualidad. La referencia de Zelaá e Hidalgo debe ser a edificios separados, no del número total de viviendas *(Cuadro 2).*

Un aspecto interesante del mercado de casas era el número de ellas que estaban desocupadas en 1791. El censo consigna 305 casas desocupadas de un total de 4 551 (o sea 7 por ciento). Esta no es una proporción muy elevada, pero si se combina con las habitaciones potenciales, implica que la ciudad tenía suficientes alojamientos, situación que se confirma por las ventas de casas que aparecen en los primitivos registros

[5] MNAH, Gaspar de Porras, 12 de diciembre de 1609 (8); Eugenio de Guevara, 10 de agosto de 1669 (6).

[6] Hernando de Vargas, "Descripción de Querétaro", *Colección de documentos para la historia de San Luis Potosí*, Ed. Primo Feliciano Velásquez (San Luis Potosí, 1897-1899), I, p. 46.

[7] MNAH, Domingo de Urquiza, 20 de julio de 1643 (22-23); Joseph Antonio Villa-Señor y Sánchez, *Theatro americano. Descripción general de los reynos y provincias de la Nueva España y sus jurisdicciones* (México, 1746-1748), I, p. 94.

[8] José Mária Zelaá e Hidalgo, *Glorias de Querétaro*, México, 1803, p. 5.

notariales. Los aumentos de población a partir de 1791 probablemente intensificaron el mercado de casas, pero nunca al grado en que ocurrió en la vecina ciudad de Guanajuato, en que la población aumentó de 32 mil habitantes en 1793 a 71 mil en 1803 y a 90 mil en 1809.[9] Aun cuando estos datos sean exagerados, Guanajuato debe haber sido principalmente un poblado de barracas o cabañas, que no podía ofrecer a sus residentes viviendas adecuadas, combustible y agua. En comparación, la vida en Querétaro era idílica.

Durante la mayor parte de la época colonial, la propiedad urbana cambiaba de manos rápidamente.[10] En el primer siglo de la colonización las operaciones eran más frecuentes cerca del centro, que era donde estaban ubicados los comercios más importantes y las residencias. El centro era la zona de mayor demanda. Las casas y los terrenos residenciales ubicados allí cambiaban de manos más frecuentemente que todos los demás tipos de propiedad juntos. Todos los tipos de casas encontraban fácilmente compradores desde los primeros años de la colonización. Lo mismo sucedía con los numerosos terrenos vacíos que había entre los edificios. Ya para el siglo XVIII había menos predios disponibles, particularmente cerca del centro de la ciudad, pero aún existía un activo mercado.

Los residentes locales eran los dueños de la ciudad. Los forasteros rara vez intervenían en propiedades urbanas, aun cuando a menudo hacían préstamos a los dueños de propiedades. Los forasteros, que eran dueños de grandes fincas ubicadas en el campo, probablemente no tenían interés en las propiedades urbanas de la provincia, porque para ellos era más atractiva la inversión en casas en la ciudad de México, donde también tenían propiedades algunos residentes de Querétaro.

La mayor parte de las ventas de casas se realizaba entre residentes que habían vivido en la ciudad durante un par de años. Es clara la significación por lo menos de algunas de las operaciones. Los residentes adinerados trataban de comprar propiedades adyacentes a aquellas de las que ya eran dueños. Juan Rodríguez Galán, que por los años de 1580 probablemente no tenía ni un centavo, en 1597 había acumulado suficiente dinero para pagar 1 700 pesos por unas casas ubicadas junto a su residencia. Domingo Correa Falcón hizo lo mismo, pero en menor escala pues pagó 220 pesos por unas casas que estaban junto a la suya.[11] Para algunos habitantes, un cambio de casa era una manera de hacer

[9] John Wibel y Jesse de la Cruz "México", en Richard M. Morse (Ed.) *The Urban Development of Latin America, 1750-1920* (Stanford, Calif., 1971), p. 95.

[10] Las ventas no constituyen barómetros totalmente exactos de los cambios en la propiedad urbana. Desde principios de la década de 1590 las personas donaban y permutaban muchas tierras. MNAH, Baltasar Martin, 26 de septiembre de 1598 (1), 19 de febrero de 1598 (1).

[11] MNAH, Baltasar Martin, 28 de junio de 1597 (1), 28 de julio de 1593 (2).

alarde de su nueva riqueza. Una persona como Lázaro Buitrón dio un gran salto en la escala social cuando se cambió de una casa de 160 pesos a una de 575 pesos.[12] Mediante otros ejemplos se puede confirmar que numerosas ventas sencillamente reflejaban la mayor riqueza acumulada por inmigrantes que habían triunfado. Las compras y ventas realizadas por quienes no residían en la ciudad indicaban frecuentemente que acababan de trasladarse a ella o de abandonarla. Por ejemplo, cuando José de Buenrostro, que declaró ser vecino (ciudadano) de Chamacuero, compró en Querétaro una casa muy costosa (1 200 pesos), garantizó el pago hipotecando su antigua casa de Chamacuero.[13]

Todavía en 1600 los indios eran propietarios de una gran parte de la ciudad. Aparecen como los más frecuentes vendedores alrededor de 1610, para cuando los españoles eran definitivamente los dueños de las propiedades inmuebles más valiosas. Parece que algunas de las primitivas ventas se realizaban entre españoles, pero el hecho de haberse mencionado en la escritura de venta el nombre de la mujer indígena del vendedor español es buena demostración de que la tierra originalmente había sido de ella y de que la aportó al matrimonio como parte de su dote.[14] Unos cuantos indios seguían viviendo cerca de la plaza mayor a fines del siglo XVIII; sin embargo, la mayoría vivían diseminados en la ciudad o agrupados en los barrios indígenas que habían formado.[15]

El valor de una casa casi siempre revelaba la posición social y económica de su dueño. Una de las casas menos caras fue vendida a principios del siglo XVII por una viuda indígena, mujer que como la mayoría de las mujeres indígenas no casadas llevaba una existencia marginal. La casa, que colindaba por dos de sus lados con casas que pertenecían a otros indios, se vendió en la modesta suma de 75 pesos.[16] En el extremo opuesto estaba una casa que era propiedad de Sebastián Aguilar y de su esposa. Aguilar, que era un hacendado, vendió su casa en 1631 en 2 mil pesos a otro hacendado. La casa estaba junto a las propiedades de habitantes ricos y respetados.[17] A primera vista parece que hay pruebas que contradicen la relación entre el valor de una casa y el rango social. Miguel Hernández y su esposa, mulatos no esclavos, eran propietarios de casas valuadas en 500 pesos en 1598. Sin embargo algunos mulatos llegaban a tener una igualdad más que económica con los españoles

[12] MNAH, Baltasar Martín, 13 de enero de 1599 (2).

[13] MNAH, Baltasar Martín, 17 de agosto de 1597 (1), 28 de julio de 1598 (2), 7 de agosto de 1598 (2), 13 de enero de 1599 (2).

[14] MNAH, Juan Pérez de Aguilar, 10 de febrero de 1591 (3); Baltasar Martín, 1o. de julio de 1598 (1); Tomás de los Reyes, 3 de enero de 1602 (5), Nicolás de Robles, 6 de mayo de 1606 (5).

[15] AGN, Padrones, vol. 12, 1791.

[16] MNAH, Nicolás de Robles, 6 de mayo de 1606 (5).

[17] MNAH, Felipe de Santiago, 10 de octubre de 1631 (11).

(Miguel Hernández era dueño de un esclavo) y en parte lo hacía ver mediante la propiedad de residencias costosas.[18] Como la mayoría de las casas, la suya estaba situada entre otras del mismo valor. A fines del siglo XVI era notoria la tendencia a agrupar las casas que tenían el mismo valor, y esta tendencia se hizo más notoria en el siglo XVIII.

Los precios de las casas iban desde 28 pesos por una casita minúscula, poco más que una choza, hasta más de cuatro mil pesos por una espléndida residencia de muchas habitaciones, sólidamente construida, de dos pisos. Los precios aumentaron ligeramente con el paso de los siglos, pero para comienzos del siglo XVIII una casa confortable aún se vendía por cerca de 400 pesos, mismo precio del siglo XVI *(Gráfica 1)*. Con la misma cantidad habrían podido comprarse varias caballerías de tierra labrantía o una o dos estancias para ovejas *(Cuadro 4)*. Para el siglo XVIII había aumentado el número de casas costosas, como resultado natural de la importancia creciente de la provincia y de la mayor calidad social y económica de la ciudad.

La gran diversidad de precios indicaba que la mayoría de los grupos económicos tenía la posibilidad de adquirir casas; los indios y los mestizos generalmente ocupaban las casas de menor valor. Durante la época colonial no surgió ningún grupo importante de arrendadores urbanos. La mayoría de los residentes tenía recursos suficientes para comprar su propia casa, y algunas tenían jardín y derechos de agua. De las 320 casas que no eran de indígenas en 1643, solamente 28 eran arrendadas; el 90 por ciento de los residentes eran dueños de la casa en que vivían. Como el censo levantado en 1791 menciona solamente unos cuantos arrendadores, es probable que la mayoría de los europeos todavía fueran dueños de sus casas a fines de la época colonial.[19] Solamente el europeo excepcional arrendaba su casa en lugar de ser propietario de ella.[20]

La igualdad en la propiedad nunca se traducía en igualdad social y económica, pero tenía significación para la sociedad de provincia. Proporcionaba una independencia mínima y seguridad financiera. Significaba que no se tenía que pagar renta; y hasta la casa más pequeña se podía usar como garantía del pago de diezmos a la Iglesia. Una casa se podía transmitir a los herederos o utilizarse para celebrar un contrato de dote. En ocasiones las casas constituían la única riqueza de una persona. Su importancia aparece una y otra vez en los testamentos, en los que era el único bien que se legaba.[21] La propiedad de una casa daba

[18] MNAH, Baltasar Martín, 27 de julio de 1598 (2).

[19] MNAH, Domingo de Urquiza, 20 de julio de 1643 (22-23); AGN, Padrones, vol. 12.

[20] MNAH, Baltasar Martín, 27 de enero de 1598 (1).

[21] MNAH, Gaspar de Porras, 6 de enero de 1609 (7); Domingo Antonio de Parras, 19 de mayo de 1712 (51), 15 de febrero de 1713 (51), 5 de julio de 1713 (51).

a las familias una sensación de estabilidad y de pertenencia, y contri buía a atenuar las tensiones sociales que había en la ciudad.

Como la propiedad de casas estaba al alcance de la mayoría, el arrendamiento no tuvo la misma importancia que en el campo. Cuando las personas tomaban en arrendamiento propiedades urbanas, probablemente eran recién llegados o gente como don Diego de Villa y Padierna, el encomendero de Xuxunpango y Matlactonatico que estuvo en Querétaro durante un corto tiempo para alquilar a los indios que tenía en su encomienda. Cuando estuvo allí, tomó en arrendamiento una casa muy buena.[22] Los arrendatarios de cualquier nivel económico generalmente tenían la posibilidad de alquilar casas, pero en ocasiones sus malas condiciones económicas determinaban que los arrendadores se negaran a hacerlo. A principios del siglo XVIII dos abogados tomaron a su cargo la responsabilidad de que unas casas estuvieran alquiladas para que sus productos se destinaran a la Iglesia. El cumplimiento de ese encargo estaba fuera de sus posibilidades porque las casas materialmente se estaban cayendo.[23] Las pocas que se pudieron alquilar producían de 30 a 200 pesos al año. El importe del arrendamiento de tiendas se redujo en la misma proporción.[24]

Tan sólo unas cuantas personas eran propietarias de suficientes propiedades urbanas para poder vivir confortablemente de sus rentas. El más acaudalado era el capitán don Gabriel de Sotomayor, hacendado, comerciante en lana y alguacil mayor en 1628. Sus propiedades eran especialmente valiosas porque la mayoría estaban ubicadas cerca de la plaza mayor. En 1643 declaró ser propietario de las siguientes casas, que habían sido valuadas para el efecto de pagar un impuesto especial:

Casas	*Importe del avalúo (pesos)*
casas, con jardín y agua	3 000
casas con tienda	2 000
tienda	100
casas con agua	500
casas con agua	1 000
casas con tienda	1 200
casas con tienda	1 500
7 tiendas y casas	10 000
una casa	1 200
	20 300

[22] MNAH, Miguel de Solís, 8 de marzo de 1622 (8), 2 de abril de 1622 (8).

[23] MNAH, Salvador de Perea, 24 de noviembre de 1711 (51).

[24] Para tener ejemplos de las rentas de casas véase MNAH, Juan Pérez de Aguilar, 20 de agosto de 1598 (3); Baltasar Martín, 27 de agosto de 1602 (4); Salvador de Perea, 11 de febrero de 1707. Para las rentas de las tiendas véase Baltasar Martín, 18 de enero de 1598 (2); Felipe de Santiago, 4 de marzo de 1628 (11).

También era propietario de ocho estancias cerca de la ciudad. Los más importantes propietarios de fincas urbanas generalmente tenían muchas tierras en el campo, aun cuando lo inverso no fuera siempre cierto.[25] Los propietarios de tierras rurales generalmente tenían una o dos casas en la ciudad, pero sólo unos cuantos tenían más. El rápido aumento del número de casas y la alta proporción de ausencias durante algunas épocas impidió que surgiera una clase dominante de propietarios de fincas urbanas, como pudo hacerlo la del campo.

Terrenos

Los españoles y los indios que participaron en el asentamiento original de Querétaro probablemente obtuvieron las primeras mercedes de terrenos ubicados en la ciudad; los que llegaron después también obtuvieron terrenos urbanos, pero de menor valor. Las mercedes de esta naturaleza se seguían otorgando todavía a fines de la década de 1590, aun cuando para entonces la mayoría de los terrenos urbanos cambiaba de manos por medio de ventas. En el centro de la población ya no quedaban terrenos libres.

Desde la década de 1590 los habitantes distinguían cuatro clases de terrenos urbanos. La primera eran los solares, que eran los más numerosos y los que más a menudo se compraban y vendían. Los solares eran terrenos de diversas superficies destinados a la construcción de casas, que generalmente estaban en el centro de la población. Quizás en las primeras décadas de la conquista todos los solares tenían la misma superficie, pero para 1600 las subdivisiones y las anexiones habían determinado que hubiera terrenos de diversas superficies. La segunda eran las suertes, que eran fajas o fracciones de un solar, en su mayor parte más bien pequeñas. La tercera eran los pedazos, o pequeñas fracciones de terreno situadas en las afueras de la población, que a menudo se destinaban a jardines. La cuarta eran las huertas, o terrenos específicamente destinados a la jardinería.[26]

Los terrenos pueden haber cambiado de manos más frecuentemente que las casas si es representativo el ejemplo de un solar del que primero fue dueño el encomendero don Pedro de Quesada. En marzo de 1593 Quesada cedió el solar a don Diego de Tapia. Dos días después, Tapia traspasó el terreno a Duarte de Tovar, negociante del lugar, probablemente porque debía dinero a Tovar. En julio Tovar lo vendió a Esteban de Aguilar, dueño de un obraje, en 250 pesos. Entonces, en 1595 un

[25] MNAH, Felipe de Santiago, 20 de septiembre de 1628 (11), 11 de octubre de 1631 (11); Domingo de Urquiza, 20 de julio de 1643 (22-23).

[26] MNAH, Juan Pérez de Aguilar, 10 de febrero de 1591 (3); 5 de mayo de 1591 (3); Gaspar de Porras, 25 de febrero de 1609 (7); Miguel de Solís, 28 de enero de 1622. (8).

granjero, Francisco Redondo, reclamó el terreno pero Aguilar lo retuvo legalmente hasta que lo vendió en 265 pesos en 1596. El comprador fue Francisco González, destacado dueño de rebaños de ovejas, quien lo traspasó a su hija, tal vez como parte de su dote, alrededor de 1609. El terreno nuevamente cambió de manos en 1615, cuando un minero de Palmar de Vega lo compró en 270 pesos. El terreno fue vendido una vez más a principios del siglo XVII pero no se conocen los detalles de esa operación.[27] Nueve personas fueron propietarios o reclamaron el terreno en menos de veinte años.

La superficie y la ubicación determinaban el valor de los terrenos. Con anterioridad a 1600 un solar de buen tamaño (44 x 55 metros) razonablemente bien ubicado se vendía por 75 pesos.[28] Los terrenos situados muy cerca de la plaza mayor costaban mucho más. Duarte de Tovar vendió medio solar junto al monasterio de San Francisco en 270 pesos en 1591. A medida que crecía el número de habitantes, los posibles compradores se veían obligados a invertir en las afueras de la población. Los precios de los terrenos de esta clase siguieron siendo moderados todavía hasta el siglo XVIII debido a la topografía de la población.[29] Aun a fines de la época colonial había suficientes terrenos planos destinados a su expansión.

El crecimiento de la población obligó a trasladar más lejos de la zona del centro las huertas urbanas. Hasta mediados del siglo XVII los jardines y las huertas daban un toque de color a un paisaje que de otra manera hubiera sido monótono. De las huertas se obtenían productos destinados a la mesa del dueño o al mercado de la población. Algunas eran muy caras y tienen que haber sido muy buenos negocios comerciales, pues se vendían en 400 pesos (1598) y en 700 pesos (1622).[30] Los españoles que eran dueños de muchas fincas urbanas las arrendaban para huertas.[31] Los indígenas que tenían varias propiedades hacían lo mismo que los españoles.[32] Para ser productivas, las huertas necesitaban poder disponer de suficiente dotación de agua, lo cual se hizo cada vez más difícil a medida que crecía la población. Los dueños pagaban cuotas especiales por el agua pero ni así tenían seguro un abastecimiento permanente.[33]

Para mediados del siglo XVII la zona central de Querétaro tenía una forma física que subsistió sin alteración durante el resto de la época

[27] AGN, Tierras, vol. 542, Exp. 1, 17 de diciembre de 1706.

[28] MNAH, Baltasar Martín, 9 de enero de 1599 (2).

[29] MNAH, Salvador de Perea, 25 de abril de 1706 (50), 5 de mayo de 1707 (50), 13 de diciembre de 1711 (51).

[30] MNAH, Baltasar Martín, 31 de diciembre de 1598 (1); Miguel de Solís, 1o. de enero de 1622 (9).

[31] MNAH, Miguel de Solís, 28 de enero de 1622 (8); Felipe de Santiago, 23 de febrero de 1626 (11).

[32] MNAH, Baltasar Martín, 9 de noviembre de 1598 (1).

[33] AGN, Mercedes, vol. 50, folios 3v-4v, 14 de mayo de 1750.

colonial. La ubicación de las calles y de los edificios había quedado determinada definitivamente. En el centro quedaban muy pocos terrenos disponibles para las nuevas construcciones. Los nuevos edificios para fines religiosos o políticos que se levantaron al término del siglo XVIII fueron construidos a costa de los ya existentes. También había quedado determinado el destino económico de los terrenos. Las fábricas, los almacenes, las tiendas de mercancías y los talleres de artesanías daban vida económica a la ciudad, en tanto que las actividades agrícolas quedaban cada vez más restringidas al campo.

Aun cuando la estructura física de la ciudad había quedado determinada de manera permanente, ocurrió un cambio importante en su historia. Hasta las décadas de mediados del siglo XVII los recién llegados habían fijado la naturaleza de la ciudad.

Fueron ellos los que decidieron cuál debería ser el sistema de distribución del terreno, el tipo de casas que se deberían construir, la ubicación de los edificios importantes, las actividades económicas que se deberían realizar. Con posterioridad a esta época la ciudad misma era la fuerza decisiva, y ya no reaccionaba tan rápidamente como antes a la influencia de los recién llegados. Los inmigrantes llegaron a ser una parte de lo que ya estaba ahí anteriormente, sin que pudieran alterar de manera apreciable su aspecto social o físico. Hubo, sin embargo, intentos de modificar tanto el aspecto físico como la naturaleza social de la ciudad a medida que iba creciendo, especialmente tratándose del adecuado abastecimiento de agua y del gobierno de un población urbana cada vez más reacia.

El agua para la ciudad

Al finalizar el siglo XVII la ciudad se enfrentaba a una desesperada escasez de agua. Su continuo crecimiento había agravado un problema que había aquejado a la ciudad desde su fundación. Los derechos de agua, siempre celosamente conservados, habían quedado establecidos por la ley en los años de 1640, pero esto no satisfizo las necesidades en aumento. El problema de la calidad del agua era tan grave como el de la cantidad. Hacia 1700 el agua potable estaba en su mayoría contaminada, lo que creaba un serio peligro para la salud. En 1673, un jesuita de un colegio local dijo que los enfermos lavaban su ropa en el agua con que se abastecía el colegio, lo que determinaba la propagación de las enfermedades. Hizo referencia a un problema futuro mucho más grave cuando se opuso a que se construyera un obraje cerca de uno de los manantiales con que se abastecía la ciudad, diciendo que esto perjudicaría la calidad del agua de manera irreparable.[34]

[34] AGN, Tierras, vol. 2765, Exp. 11, 29 de abril de 1678.

La predicción del jesuita resultó cierta. Los obrajes seguían usando el agua para lavar las telas, y dejaban que los tintes y otros ingredientes se mezclaran con el agua. El contaminante más perjudicial era la alcaparrosa, un sulfato de fierro que se usa en tintorería. En 1721 el ayuntamiento señaló a los obrajes como los más graves contaminadores del agua de la ciudad. Para entonces su tono era ya de urgencia. El río que atraviesa la ciudad, que es en realidad un pequeño arroyo, estaba seriamente contaminado, contribuyendo así a la mala salud en general de los habitantes y aumentando el peligro del brote de una epidemia.[35]

Para poner un remedio al problema, el ayuntamiento solicitó una autorización real en 1721 para construir un acueducto que abasteciera de agua limpia a la ciudad. El ayuntamiento estimó un costo inicial de 20 mil pesos, que posteriormente se elevó a 25 mil pesos. La cantidad se prorrateó entre los habitantes de la ciudad de acuerdo con la cantidad de agua que empleaban, y los obrajes tenían que contribuir por lo menos con 1 500 pesos y que pagar todo el costo "adicional". No se había especificado la naturaleza de ese costo. Existía un proyecto de contingencia que hubiera obligado a los obrajes a contribuir con mayores cantidades o que los hubiera forzado a trasladarse a otra parte si el agua que utilizaban se mezclaba con el nuevo abastecimiento de agua. El ayuntamiento reunió más de 25 mil pesos en Querétaro, de los cuales la Iglesia donó dos mil.[36]

El marqués del Villar del Águila, don Antonio de Urrutia Guerrero Dávila, uno de los más notables residentes de la ciudad en el siglo XVIII, recibió en 1724 el encargo especial de dirigir el proyecto. Ayudó a reunir el dinero y a vigilar la construcción. Para 1738, la ciudad ya contaba con un sistema completo de distribución de agua. El agua fluía de un manantial ubicado aproximadamente a unos cinco kilómetros de la ciudad, y se distribuía a las fuentes públicas y a las casas particulares por medio de un acueducto y de una serie de canales. El costo final ascendió a 125 mil pesos, y se supone que el marqués contribuyó con su propio dinero con una cantidad considerable.[37] Después de la terminación del acueducto el ayuntamiento y una junta de agua limpia lo conservaban en buen estado, vendían los derechos de agua y decidían los conflictos.[38]

La inauguración del acueducto se celebró con una gran fiesta que duró quince días. Las fiestas con motivo de las coronaciones, los días

[35] AGN, Mercedes, vol. 70, folios 105v-108v., 23 de febrero de 1722; vol. 71, folios 310-318v., 3 de agosto de 1724; vol. 72, folios 79v-93, 9 de agosto de 1728.

[36] *Ibid.*

[37] Manuel Septién y Septién, *Historia de Querétaro* (Querétaro, 1967), 1, p. 96.

[38] MNAH, "Cabildo de Querétaro", 29 de octubre de 1790, 12 de mayo de 1808, 27 de mayo de 1808, 29 de enero de 1810.

festivos o llegada de nuevos virreyes y obispos eran frecuentes en las ciudades coloniales pero nada había ocurrido en Querétaro con anterioridad que igualara el espectáculo preparado para celebrar el nuevo abastecimiento de agua. Como parte de las festividades los diversos gremios construyeron carros alegóricos para un desfile. Un carro construido por los cirujanos y los barberos, especialmente hábiles para cortar y pegar con engrudo, causó asombro hasta a los más mundanos habitantes de la ciudad. Representaba una montaña adornada con flores, árboles y animales. En la cima se erguía Pegaso, batiendo sus enormes alas de plumas blancas. Todo ese artefacto circuló por Querétaro montado en un gran carro tirado por seis mulas.[39]

Desgraciadamente, el recuerdo de la fiesta no contribuyó mucho a aliviar la sed de la población, cada vez mayor. Ya en 1790 el sistema de abastecimiento construido por el marqués resultaba insuficiente. En ese año el corregidor afirmó que por lo menos 12 a 15 nuevas fuentes públicas se deberían agregar a las 21 que ya existían.[40] El agua nuevamente se había convertido en un artículo precioso, fácilmente disponible para los ricos pero muy difícil de obtener para los pobres.

La criminalidad en la ciudad

Los problemas sociales resultaron tan difíciles de resolver como los problemas del agua. Pocos centros urbanos en crecimiento han podido librarse del incremento de la criminalidad, y el Querétaro de la Colonia no fue una excepción. La criminalidad por primera vez se convirtió en tema de preocupación oficial poco después de 1700, cuando el campo del Bajío tenía una reputación de violencia por las bandas de ladrones, asesinos y cuatreros que asolaban las jurisdicciones de Querétaro, Salvatierra y San Miguel el Grande.[41] Don Miguel Velásquez y Lorea, residente de Querétaro, se convirtió en el más conocido pacificador de México en esa época. Era un hábil administrador que tuvo muchos cargos oficiales importantes, pero su verdadera fama le vino de sus hazañas en sus luchas con los bandidos.[42] Los persiguió hasta en sus

[39] Francisco Antonio Navarrete, *Relación Peregrina de la agua corriente...* (México, 1739), p. 12,83-84.

[40] AGN, Civil, vol. 2,085, Exp. 4, 31 de julio de 1790. Además, las críticas por el sulfato de fierro contenido en el agua continuaron hasta el fin de la época colonial. En 1792 don Martín Sesé, investigador de medicina, reconoció que las aguas contenían sulfato de fierro pero dijo que no era perjudicial. Zelaá e Hidalgo. *Glorias de Querétaro,* p. 8, No. 6.

[41] MNAH, Lorenzo Vittorica y Solarte, 21 de febrero de 1703 (34).

[42] Zelaá e Hidalgo, *Glorias*, p. 30-31. Colin M. MacLachlan, *Criminal Justice in Eighteenth-Century Mexico* (Berkeley, Calif. 1974), pp. 30-31.

propios terrenos y ajustició a muchos inmediatamente después de haberlos capturado. Su hijo José Velásquez y Lorea continuó su obra.

Para fines del año 1700 muchos de los problemas rurales se habían vuelto urbanos. La gran extensión física y la creciente población de la ciudad dificultaban la vigilancia. Una gran cantidad de vagabundos, algo que era nuevo en la ciudad, agravaba los problemas. Para muchos habitantes, el delito se había convertido en una forma de vida. La gente sentía miedo de andar por las calles durante la noche, especialmente lejos de la plaza mayor, en donde las calles carecían de luz, eran oscuras y no había vigilancia. Asesinatos, robos y asaltos ocurrían con provocadora frecuencia. Las vinaterías, las pulquerías y los billares atraían una caterva de maleantes y numerosas pendencias se iniciaban en estos lugares.[43]

Los delitos urbanos no eran una novedad a fines del siglo XVIII. En documentos que se inician desde los años de 1580 se hace referencia a muchos actos delictuosos que se cometían en la ciudad. Los españoles golpeaban a sus esposas y maltrataban a sus vecinos. Los indios se emborrachaban, reñían y robaban. Los negros y los mulatos golpeaban a los indios, robaban a sus dueños y violaban a las mujeres. Todos en un momento u otro peleaban entre sí. Este tipo de delitos, que se estudia más detenidamente en los capítulos siguientes, era individual, es decir, era una ofensa cometida por una persona contra otra.[44] No tenía fuertes matices de clase o raciales. Los motines eran del tipo característico en la mayoría de las sociedades de la época.

La criminalidad de fines del siglo XVIII escandalizó al público porque la naturaleza de los delitos había cambiado Eran más frecuentes los conflictos de clase y los raciales, o por lo menos así interpretaban los funcionarios esos conflictos. Señalaban a los desocupados, a los vagos y a los mestizos como despreciables y viles y capaces de actos de traición. La conducta delictuosa parecía más frecuente entre estos grupos que entre otros. Había muchas poblaciones mexicanas que sufrían este tipo de delitos, pero aún no se han entendido debidamente ni su extensión, ni sus causas, ni sus repercusiones. Un reciente estudio de la justicia en México ha analizado las hipótesis formuladas para explicar la criminalidad en el siglo XVIII. Incluyen la creencia de algunos mexicanos de la época en que había una criminalidad natural que emanaba de la raza y del ambiente, de la destrucción de la cultura indígena, de "erróneos"

[43] AGN, Civil, vol. 2.085, 28 de julio de 1791, 18 de enero de 1792, 26 de mayo de 1792, 5 de marzo de 1796.

[44] Cuando Juan Dalava Ybarra recibió de Alonso Alarcón el cargo de notario se le entregaron todos sus asuntos. Estos nos dan un buen vistazo de los delitos que se cometían en la primitiva **población**: MNAH, 9 de noviembre de 1589 (21). Para el examen de un documento semejante de principios del siglo XVIII véase "Nómina de causas criminales", 1710-1711 (34).

conceptos de sí mismos y de la afirmación de que la pobreza lleva al delito.[45]

Con excepción de la pobreza, estas explicaciones son difíciles de analizar dentro de un contexto social específico. Aun la pobreza es un estado relativo que cambia a través del tiempo y del espacio. Si no se dipone de información en cuanto a salarios, precios, alimentación y actitudes de la época respecto de los niveles de vida aceptables, la pobreza es difícil de definir, y es incierta su función histórica específica. Por otra parte, por lo menos en un año fue en Querétaro la abundancia y no la pobreza la culpable de los delitos. Las abundantes cosechas de 1792 redujeron el precio del maíz y liberaron a los trabajadores de largas horas de trabajo tan sólo para atender a sus necesidades de subsistencia. El tiempo libre condujo a beber con exceso, a las riñas y abandonos de sus familias.[46]

Hay un afirmación que se puede hacer con certeza respecto de la historia de la criminalidad en el Bajío oriental. El crecimiento urbano trajo consigo el aumento en las desorganizaciones sociales. La sociedad ya no estaba estrechamente unida e integrada por diversos conceptos en un todo coherente, capaz de enfrentarse al mal comportamiento como antes lo había podido hacer. Las relaciones sociales en el siglo XVI llegaban más allá de los límites de la raza y de la ocupación. La vida era más personal. Había numerosas divisiones que separaban un grupo de otro, pero no conducían a los antagonismos de una época posterior, probablemente porque las suavizaba el hecho de pertenecer a la misma Iglesia y a la cofradía por medio del compadrazgo (parentesco espiritual), así como por las contribuciones que los ricos hacían en favor de los pobres y por la ampliación del plazo de los créditos o la disposición a perdonar las deudas pequeñas. El crecimiento de la ciudad hizo mayor la distancia entre los grupos sociales y dificultó que uno absorbiera a otro de manera paternalista. Las divisiones fueron más marcadas a medida que la ciudad crecía más rápidamente que su capacidad para producir y para absorber un exceso de población trabajadora. El retraso entre la urbanización y la industrialización, que se ha reconocido como uno de los más graves problemas del siglo XX, tuvo en Querétaro sus orígenes al finalizar el siglo XVIII.

Los gobernantes de Querétaro trataron de enfrentarse a la criminalidad en el decenio de 1790 en el aspecto administrativo. Después de muchas discusiones, el ayuntamiento reorganizó la policía y modificó los seis barrios de la ciudad; los barrios antiguos se transformaron en tres divisiones administrativas, cada una de las cuales se fraccionó en tres subdivisiones. Cada una de las grandes divisiones estaba gobernada por un juez, y cada una de las menores por un alguacil. Los alguaci-

[45] McLachlan, *Criminal Justice*, pp. 47-52.
[46] AGN, Civil, vol. 1,418, Esp. 19, 27 de octubre de 1792.

les, junto con su personal, efectuaban los trabajos en las calles, hacían recorridos en las noches, visitaban los sitios donde había disturbios, y hacían detenciones. Se esperaba que la reorganización llevara el orden a una población urbana cada vez más violenta.[47] No se conoce el resultado que haya tenido este plan, pero tan sólo unos cuantos años después hubo que enfrentarse a una situación probablemente más grave cuando estalló la guerra en el Bajío oriental.

[47] AGN, Civil, vol. 2,085, 28 de julio de 1791, 18 de enero de 1792, 26 de mayo de 1792, 5 de marzo de 1796.

III. LAS FINCAS RÚSTICAS Y SUS PRODUCTOS

La colonización del campo se realizó concurrentemente con el crecimiento de la ciudad al finalizar el siglo xvi. Para esa época Querétaro más bien que los centros de población del Sur alentó la expansión hacia el campo, contribuyendo con el dinero y la organización necesarios para hacer producir la tierra. Al colonizar la provincia, los españoles establecieron dos tipos de tierras; primero crearon las estancias y luego las haciendas y las labores. En la época se empleaban estos términos a veces indistintamente, pero era muy claro el principal propósito de las fincas rústicas.[1] La propiedad rural en los años de 1590 criaba ganado o daba cosechas. Posteriormente fue mixta la economía de las haciendas, al grado de que en ellas también se producían considerables cantidades de telas que se podían llevar a los mercados.

Tipos de valores de las fincas rústicas

Las estancias, que eran las unidades rurales más cuidadosamente definidas, cubrían la mayor parte de la provincia en el siglo xvi. Las estancias para ovejas, que tenían una extensión de 800 hectáreas, excedían en número a todas las demás. Las mercedes primitivas concedían únicamente el usufructo de la tierra, pero esto pronto se substituyó por la propiedad irrestricta, que incluía el derecho de subdividir y de volver a vender. Las estancias debían cambiar de manos muy rápidamente en el siglo xvi, puesto que sólo unos cuantos de los beneficiarios originales seguían siendo propietarios de tierras en la provincia después de 1590. Las frecuentes enajenaciones continuaron a principios del siglo xvii, revelando así un sistema de tenencia de la tierra que aún estaba en proceso de formación.

Las estancias, también llamadas sitios, eran las fracciones con las que se formaban los ranchos. Los ranchos de Querétaro, que generalmente se definían simplemente como un grupo de estancias o una hacienda de ovejas o de trasquila (ranchos para trasquilar), criaban principalmente ovejas en tierras que contenían hasta treinta estancias. *(Cuadro 3)*. Algunas tierras separadas para apacentar ganado (agostaderos) eran de vital importancia para la vida de los rancheros de provincia, llegaban a tener la considerable extensión de setenta y cinco estancias. Hacia

[1] Véase por ejemplo la hacienda de ovejas de Rodrigo de la Rea, MNAH, Juan Pérez Aguilar, 18 de agosto de 1589 (3) y las labores de Antonio Mendoza, Juan Pérez de Aguilar, 12 de diciembre de 1602 (4).

1650, una gran cantidad de tierra destinada a la cría de ovejas se encontraba ya fuera de la provincia. Se extendía de Querétaro, pasando por San Luis Potosí, hasta el actual estado de Nuevo León.

El precio de venta de las estancias fluctuaba muy considerablemente. Todo ejercía influencia sobre los precios: la ubicación, la calidad de los pastos, y de una manera especial la posibilidad de disponer de agua, las mejoras y la demanda del comprador. En muchas operaciones relacionadas con las estancias quedaban incluídos otros tipos de tierras, y por lo tanto resulta imposible determinar su precio con exactitud. El cuadro 4 muestra que el precio de las estancias iba de 80 a mil pesos, y los grupos de estancias se vendían en un precio de 80 a 35 mil pesos. Para fines del siglo XVIII las estancias eran poco frecuentes en la provincia, aun cuando algunos rancheros seguían siendo propietarios de tierras destinadas a la cría de ovejas muy al norte del país *(Cuadro 4)*.

Las fincas que se destinaban a cosechar productos agrícolas y los términos que se empleaban para describirlas no eran tan uniformes como los que se usaban para la cría de ganado. Las diversidades de la topografía, la calidad de la tierra y la disponibilidad de agua tenían influencia en los diversos tipos de fincas que se establecían. Se levantaban cosechas de productos agrícolas en cuatro principales tipos de haciendas *(Cuadro 3)*: de temporal, o sea de tierras desprovistas de mejoras, de riego, de pan llevar, con colinas o montañosas, y de trigo, o sea tierras para el cultivo del trigo. Las haciendas también se describían como cualquiera combinación de los anteriores tipos durante los principios del siglo XVIII. Las más grandes comprendían más de ocho estancias y levantaban cosechas de productos agrícolas y criaban ganado; las de menor extensión tenían dos caballerías.

En las labores también se levantaban cosechas, a menos que tuvieran una designación especial, como de trasquila, y entonces probablemente criaban ovejas. En promedio las labores eran un poco menores y más especializadas que las haciendas. Las de mayor extensión, sin embargo, tenían gran parecido con las haciendas e incluían gran cantidad de ganado y de tierras de pastoreo. Había otras dos unidades en las que se levantaban cosechas en la provincia. Las caballerías, que eran las unidades fundamentales de terrenos agrícolas, y los pedazos, que eran pequeñas extensiones de tierra, eran de propiedad individual y se trabajaban también individualmente, o bien formaban parte de unidades más extensas. A causa de la diversidad de las características de las tierras labrantías, resulta difícil hacer una generalización con respecto a los precios. En el cuadro 4 se muestran los precios de venta de diversas clases de tierras labrantías, así como las grandes diferencias que había en cuanto a los precios e igualmente el valor más elevado de las tierras de labor en comparación con las tierras para cría de ovejas. El valor más alto correspondía a la calidad de las tierras y no a su extensión. Las granjas agrícolas tenían sistemas de riego, edificios, peones, herramienta y fácil acceso a los mercados, todo lo cual las distinguía de las estancias. De las pruebas de que disponemos aparece que las fincas rústicas, lo mismo que las urbanas, aumentaron ligeramente de valor entre el siglo XVI y el siglo XVIII. Es difícil precisar el porcentaje específico de aumento. Puesto que la extensión de las fincas (incluyéndose el ganado, las herramientas y los peones), se modificaba tan frecuentemente, su valor también se modificaba, haciéndose difícil una comparación del precio de venta de las fincas en dos momentos determinados.

Las estancias, las haciendas y las labores surgieron como respuestas a las necesidades de la colonización, determinándose los diversos tipos de tierra según la geografía y la demanda de productos agrícolas. El rancho, que era otro tipo de unidad de tierra, tenía un origen menos claro. Según los documentos que he examinado, ese término apareció por primera vez en 1606[2], pero sólo a finales del siglo XVII se generalizó. Los ranchos probablemente tuvieron su origen en propiedades más extensas, ya que en ocasiones formaban parte de haciendas, y se arrendaban separadamente como parte de una entidad mayor.[3] Algunos pueden haber tenido su origen en la propiedad de caballerías y en las mercedes de una época anterior. Respecto de la intendencia de Guanajuato, que a fines del siglo XVIII tenía 416 ranchos, su origen pudo deberse en parte, al otorgamiento de pequeñas mercedes de tierras en favor de los colonizadores por parte de los concejos municipales locales.[4] Los ranchos de Querétaro levantaban cosechas y tenían animales, pero su extensión rara vez excedía de una estancia.

Las diferencias que había en la extensión de las fincas determinaban que fuera engañoso tratar de fijar una extensión promedio. Lo que resulta indudable es que las fincas del Bajío oriental muy pocas veces alcanzaban las enormes dimensiones de las propiedades de la muy alejada región norteña, donde algunas personas poseían cientos de estancias y de caballerías, y que tampoco eran tan pequeñas como las granjas de la América Central a mediados del siglo XVII, cuya extensión en promedio era de cuatro caballerías. Las fincas de Querétaro se aproximaban más en cuanto a su extensión a las del Valle de Oaxaca a fines del siglo XVIII que medían un par de estancias o cuatro o cinco caballe-

[2] MNAH, Nicolás de Robles, 10 de septiembre de 1606 (5).

[3] MNAH, Andres Losa, 22 de octubre de 1693 (6); Salvador de Perea, 2 de diciembre de 1711 (51).

[4] D.A. Brading, "La estructura de la producción agricola en el Bajío de 1700 a 1850", *Historia mexicana, 23:2 (Oct.-Dic. 1973), p. 200.*

rías, o sea aproximadamente de 1 200 a 2 mil hectáreas.[5] La principal diferencia que había entre estas dos regiones consiste en que muy pocas fincas de Querétaro contaban con las grandes extensiones de las situadas al norte de México.

Algunas de las tierras de la provincia casi no valían nada si carecían de dotación permanente de agua; en especial en las fincas en que se cultivaba el trigo se necesitaba el agua para asegurar la producción. Cuando había sequías prolongadas la consecuencia era una catastrófica disminución de las cosechas. En el año seco de 1794 la producción de la región meridional de la provincia no llegó a la vigésima parte de lo normal.[6] Con el fin de prevenir esos reveses se hicieron grandes esfuerzos para mejorar el riego y construir presas desde el siglo XVI. Ya en el siglo XVII los derechos de agua se vendían o se arrendaban de la misma manera que la tierra.[7] Los propietarios utilizaban tres diversos sistemas para asegurar una adecuada dotación de agua. En primer lugar, construían presas en los arroyos y en los ríos. Una de las más grandes tenía un muro de contención de 380 metros y abastecía a la Hacienda de la Llave.[8] Pero la construcción de presas resultaba muy costosa. El convento de Santa Clara de Jesús obtuvo permiso para construir una presa en una de sus fincas en el verano de 1754[9] a un costo que se estimó en 7 mil pesos. En segundo lugar, construían jagüeyes o depósitos para conservar el agua. En tercero, la mayoría de las fincas tenía norias, o ruedas hidráulicas, para el riego. En algunas fincas como en las haciendas de Michintepeque y San Clemente, propiedad de don José Manuel García Aureoles de León, se empleaban los tres sistemas. Una presa que se construyó en el río de la Estancia Grande abastecía de agua las tierras, pero no captaba una cantidad suficiente de agua para que los molinos de trigo operaran sin interrupción. Los jagüeyes y las norias algo ayudaban para el abastecimiento

[5] François Chevalier, *La formación de los grandes latifundios en México* (Problemas agrícolas e industriales de México, VIII, México, 1956). Parece que las fincas muy grandes era la forma que predominaba en las haciendas en la región de Zacatecas durante la primera parte del siglo XVII. P.J. Bakewell, "Zacatecas: An Economic and Social Cutline of a Silver Mining District, 1547-1700", en *Provinces of Early Mexico* de Ida Altman James Lockhart (Eds.) (Los Angeles, 1975), p. 211; William B. Taylor, *Landlord and Peasant in Colonial Oaxaca* (Stanford,1972), p. 134; Murdo J. MacLeod, *Spanish Cantral America. A Socioeconomic History. 1520-1720* (Berkeley and Los Ángeles, 1973), p. 302.

[6] "Compendio histórico, político, topográfico, hidráulico... de San Juan del Río, 1794 en las *Relaciones estadísticas de Nueva España de principios del siglo XIX* (México, 1944), p. 154.

[7] MNAH, Nicolás de Robles, 7 de enero de 1606 (5); Diego Antonio de la Parra, 21 de junio de 1712 (51); Pedro Ballesteros, 11 de marzo de 1713 (51); AGN, Mercedes, vol. 70, 21 de octubre de 1750.

[8] "Compendio histórico", p. 158.

[9] AGN, Mercedes, vol. 41, 19 de junio de 1754.

de agua, pero resultaban insuficientes en las épocas en que llovía poco.[10]

Las rivalidades por el uso de las aguas determinaban conflictos, generalmente entre españoles e indígenas. Los españoles que se desesperaban por hacer que fueran productivas sus tierras recién adquiridas, construían presas o hacían cortes en zanjas que eran propiedad de los indios. Ponían en práctica diversos tipos de persuasión legal y física para aumentar sus dotaciones de agua.[11] Las primeras indicaciones de controversias por el uso del agua provienen de 1605, cuando una comunidad indígena encomendó a Duarte de Tovar que acusara a todos los que dispusieran del agua de los indios.[12] La historia completa de esas controversias podría demostrar que el dominio de los derechos de agua en algunas regiones de la provincia era en definitiva tan importante como el dominio de la tierra.

La importancia del agua en la agricultura fue una de las razones de que los propietarios procuraran que sus parcelas de tierra fueran contiguas. Esto resultó ilusorio. Las fincas en los primeros años no abarcaban grandes extensiones de propiedades contiguas, y la misma situación prevalecía en otras provincias de México.[13]

Por el contrario, los propietarios tenían pequeñas parcelas de tierra geográficamente muy dispersa. Una sola persona era dueña de estancias, haciendas y caballerías, pero rara vez formaban una sola unidad compacta y fácil de administrar. Había, sin embargo, cierta tendencia a la concentración de propiedades que formaban un solo predio, ya que los dueños adquirían tierras próximas a las que ya les pertenecían.[14] Probablemente tras de esa tendencia, además de la motivación práctica, había otra de carácter social y político, pero resulta difícil comprender su importancia específica.

En la provincia, la tierra y la vida no eran estáticas. En el siglo XVII la fundación de nuevos poblados y en el siglo XVIII la conquista de la Sierra Gorda agregaron nuevos territorios a la provincia. La expansión creó una especie de flujo en las relaciones entre el hombre y la tierra, particularmente en las nuevas regiones, en las que puede haber ocurrido un ciclo continuo en la formación de fincas. No obstante, las más productivas eran las que primero se habían establecido; eran más típicas de la

[10] "Compendio Histórico". pp. 157-158.

[11] ANQ. Antonio Suárez de Vargas, 2 de octubre de 1653 (Civil, 1579-1595); AGN, Mercedes, vol. 70, 21 de octubre de 1750; Tierras, vol. 764, Exp. 3, 29 de octubre de 1751.

[12] MNAH, Nicolás de Robles, 9 de diciembre de 1605 (5).

[13] William B. Taylor, *Landlord and Peasant in Colonial Oaxaca* (Stanford, 1972), pp. 162-163.

[14] MNAH, Juan Pérez de Aguilar, 15 de agosto de 1597 (3), 17 de septiembre de 1590 (3); Baltasar Martín, 28 de diciembre de 1598 (1); Felipe de Santiago, 16 de octubre de 1628 (11), 10 de octubre de 1631 (11).

provincia que las fincas que se establecieron posteriormente. Las haciendas de Miranda y de la Noria, por ejemplo, que tenían seis estancias y cinco caballerías, provenían de una serie de mercedes que se iniciaban en 1561. Para 1614, mediante compras, ventas, canjes y donaciones, esas haciendas habían adquirido ciertas características que conservaron hasta el siglo siguiente.[15]

El establecimiento a mediados del siglo XVII de una finca de extensión normal no impedía que la tierra cambiara de manos para el siglo XVIII. La mayoría de las fincas rurales pasaban de una mano a otra muy rápidamente, aun cuando estuvieran gravadas con una fuerte hipoteca. Era excepcional que una familia fuera propietaria de la misma finca a través de varias generaciones. Por ejemplo, los registros notariales de 1707 a 1714 muestran que se vendieron 12 propiedades. De éstas, ocho ya habían sido vendidas anteriormente en el mismo siglo, y de éstas tres se habían vendido por los años de 1690 y una en 1668.[16] Las ventas frecuentes no necesariamente determinaban que afluyera dinero nuevo a la provincia, ya que algunas ventas solamente traían consigo una transmisión de la hipoteca, ni tampoco tenían el efecto de hacer entrar nuevas familias al rango de propietarios, ya que las familias frecuentemente eran dueñas de más de una finca.

El número de las fincas

De 1550 a 1580, por lo menos 22 personas adquirieron propiedades cerca de Querétaro.[17] Este número aumentó rápidamente en las siguientes décadas. Entre 1590 y 1630, 62 personas que eran dueñas de fincas rústicas aparecieron en los documentos locales; e indudablemente era mayor el número total. En 1743, Villa-Señor y Sánchez contó 96 haciendas en la jurisdicción de Querétaro. Es posible que se haya referido a la provincia de Querétaro en lugar de a la jurisdicción de Querétaro, o bien a una región en las inmediaciones de la ciudad. Esto haría más comprensible que el censo de 1791 registrara 63 haciendas en esa jurisdicción. Esto también se ajusta más en términos generales a dos informes posteriores a 1800, uno del corregidor Miguel Domínguez, de

[15] MNAH, Pedro Ballesteros, 4 de junio de 1712 (51).

[16] MNAH, Salvador de Perea, 27 de agosto de 1707 (50), 10 de junio de 1708 (50), 1o. de enero de 1712 (52), 14 de enero de 1712 (52), 28 de septiembre de 1712 (52), 14 de octubre de 1713 (52); 31 de julio de 1714 (52); Pedro Ballesteros, 21 de febrero de 1712 (51) 4 de junio de 1712 (17); Domingo de Perea de Guzmán, 22 de septiembre de 1713 (52), 30 de octubre de 1713 (51), 1o. de octubre de 1714 (52).

[17] AGN, *Indice de Mercedes*, Pablo de la Purísima Concepción Beaumont, *Crónica de la Provincia de los Santos Apóstoles S. Pedro y S. Pablo de Mechoacán* (Publicaciones del Archivo General de la Nación, XVII, XVIII, XIX, México, 1932). IX, pp. 218.

1802, en el que dijo que había en la provincia 82 haciendas, y otro de los registros fiscales de 1808 en lo que se hace una lista de 90 haciendas que tenían indios tributarios en la provincia, y además 14 labores y 34 ranchos. Después de la independencia, en el nuevo estado de Querétaro había 124 haciendas y 392 ranchos.[18] Estas cifras nos dan a conocer el número aproximado de fincas en diversas épocas; pero debido a la incertidumbre de las jurisdicciones administrativas y del empleo del término hacienda, se deben interpretar en un sentido general y no como totales absolutos.

En los inicios del siglo XVII las fincas estaban casi deshabitadas. En unos cuantos edificios construidos apresuradamente se almacenaba el grano y se guardaban los aperos agrícolas. En los corrales y pesebres se encerraba a los animales para la trasquila o la matanza. Las casas más grandes, hechas de adobe, servían de habitación para unos cuantos peones indígenas y para sus vigilantes. Durante el siglo XVII, esta austeridad cedió el paso a fincas en que había grandes casas de gruesos muros con techos de vigas, tiendas, santuarios, cobertizos, graneros y viviendas para los peones. Estas fincas rústicas que también servían como obrajes tenían una extensión imponente. El obraje de la hacienda de Jurica, con sus 21 cuartos y una fachada sólidamente construida, parecía más bien una fortaleza inexpugnable.[19]

Para fines del siglo XVIII algunas haciendas eran tan grandes como una población. La hacienda de Chichimequillas tenía 570 residentes, de los cuales 331 eran indígenas; y además 25 familias indígenas rentaban tierras de Chichimequillas. La hacienda de Jofre y la de Puerto eran aún más grandes: 258 labradores indígenas cultivaban la tierra, y había además otros 49 trabajadores. Otros 495 indígenas y 665 que no eran indios rentaban la tierra, y el total de la población llegaba a 1468.[20]

Muchos de los nombres de las más grandes haciendas del siglo XVIII vienen a ser en la actualidad los nombres de poblados de Querétaro. Éstos probablemente se fueron formando en los últimos años del siglo XVIII y al principiar el siglo XIX, de manera semejante a lo que describe Francois Chevalier respecto de los ubicados al norte de México. Chevalier dice que la creciente población de las haciendas tenía interés en

[18] Joseph Antonio Villa-Señor y Sánchez, *Theatro Americano. Descripción general de los reynos y provincias de la Nueva España y sus jurisdicciones* (México, 1746-1748), vol. 1, 94; AGN, Padrones, vol. 12, 1791, Tierras, vol. 3569, Exp. 9, 28 de noviembre de 1808; José Antonio del Raso, "Notas estadísticas del departamento de Querétaro, formadas por la asamblea constitucional del mismo, en junio de 1845, *Boletín del Instituto Nacional de Geografía y Estadística* , 3 (1852), pág. 186. "Carta del Licenciado Miguel Domínguez", 12 de octubre de 1802, *Boletín del Archivo General de la Nación* (2a. serie) XI, 3-4 (1970), p. 298.

[19] AGN, Tierras, vol. 440. Exp. 4, 21 de febrero de 1725.

[20] AGN, Tierras, vol. 3,569, Exp. 9, 28 de noviembre de 1808; Padrones, vol. 12, 1791.

convertirse en poblados independientes. La Corona alentó la creación de los poblados con la esperanza de aumentar así la eficiencia de la administración y continuar con la colonización.[21] Parece que estas consideraciones son aplicables al caso de Querétaro. Chevalier plantea igualmente cierta tendencia contradictoria entre el incremento del aislamiento y la autonomía de las fincas, o sea "...el firme establecimiento de la tradición semifeudal de las grandes fincas del norte."[22] Querétaro demuestra todo lo contrario, ya que siguieron siendo importantes las perspectivas comerciales y las conexiones interregionales de las haciendas.

Los arrendamientos rústicos

Numerosos propietarios de tierras daban en arrendamiento sus haciendas y su ganado, fuese separadamente o combinados. El arrendamiento era tan importante para el proceso de la producción que se debe considerar tan sólo como una variante de la propiedad de la tierra en la colonización de la provincia.

Cada contrato de arrendamiento era un documento cuidadosamente redactado en que se establecían las condiciones relacionadas con el monto de la renta, la duración y las épocas de los pagos. También quedaban incluidas en los contratos las mejoras a las propiedades, obligándose el arrendatario a construir nuevos edificios o a hacer reparaciones a los antiguos. Los propietarios muy escrupulosos hasta establecían restricciones respecto al uso de la tierra, limitando los cultivos y asegurándose de que las tierras de labor quedaran preparadas antes de que concluyera el arrendamiento. Junto con su preocupación respecto a la tierra, los dueños exigían que después de levantarse una determinada cosecha se dejara suficiente cantidad de semilla para la siguiente cosecha. Además, se estipulaban cuidadosamente las condiciones en las cuales se debía tratar y substituir a los peones. A este respecto, los dueños exigían que al concluir el término del contrato cultivaran la tierra por lo menos el mismo número de peones que al iniciarse. Consecuentemente, los arrendatarios asumían la obligación de reemplazar a los peones que se enfermaban, morían o abandonaban la tierra. Por lo menos en un caso, todos los nuevos peones que se contrataban se convertían automáticamente en propiedad de la tierra y revertían al propietario al término del convenio. El número y el rigor de las condiciones que se incluían en cualquier arrendamiento de propiedades agrícolas era variable de acuerdo

[21] Francois Chevalier, "The North Mexican Hacienda", en *The New World Looks at its History*, de Archibald R. Lewis y Thomas Fe. McGann (Eds.), (Austin, 1963), pp. 95-96.
[22] *Ibid.*

con la extensión y el valor total de la finca y con el tipo de relaciones que existía entre arrendador y arrendatario. En todos se procuraba conservar o incrementar el valor de la propiedad.[23]

Cuando los dueños daban ganado en arrendamiento, incluían otras estipulaciones. La más importante se relacionaba con las condiciones en que se encontraba el ganado cuando se entregaba y cuando se devolvía. Las ovejas se daban en arrendamiento ya sea con la lana o sin ella, según la época del año. Generalmente las condiciones en que se encontraban al entregarlas determinaba cómo debían ser devueltas. Si un arrendatario aceptaba que se le entregara un rebaño que había sido trasquilado y estaba obligado a devolverlo sin lana generalmente estaba obligado a pagar una renta ligeramente más baja. En el caso contrario el monto de la renta se aumentaba en el contrato.[24] Las particularidades de un contrato celebrado en 1643 ilustran el rigor de los dueños. El capitán don Juan de Orduña dio en arrendamiento a Miguel Galván 40 mil ovejas, tierra, esclavos y aperos. Como garantía exigió que toda la trasquila se efectuara bajo sus instrucciones y que todos los nuevos corderos fueran marcados con su hierro. Si al término del contrato no se le devolvía todo el rebaño de 40 mil ovejas, Galván estaba obligado a substituir las que faltaran mediante alguna de las siguientes proporciones: dos carneros de menos de tres meses de edad por cada oveja, dos corderos de tres a cinco meses por cada oveja o un carnero de más de cinco meses por cada oveja. Galván también se hacía responsable íntegramente en el caso de que ocurriera un desastre natural o ataques de los indios.[25]

Los fiadores dignos de confianza y honorables constituían la mejor garantía contra las pérdidas o el incumplimiento de los pagos. Los fiadores de Querétaro, que frecuentemente también eran propietarios influyentes, estuvieron por largo tiempo asociados a los negocios rurales. Los dueños de fincas como Francisco de Medina, Gaspar y Pedro Hernández Gato y Gonzalo de Cárdenas, todos ellos importantes ganaderos, garantizaban el cumplimiento de contratos de arrendamiento. Pronto aparecieron también en los contratos las firmas de destacados comerciantes. Duarte de Tovar y después sus hijos intervinieron como fiadores en arrendamientos de ovejas; y otros comerciantes, particularmente Pedro Laso de la Vega y Simón Núñez, ambos con múcha influencia en

[23] MNAH, Baltasar Martin, 19 de febrero de 1598 (1); 22 de octubre de 1598 (1); 29 de diciembre de 1602 (4); Andrés de Trujillo, 26 de febrero de 1598 (1); Nicolás de Robles, 7 de enero de 1606 (5); Miguel de Solís, 24 de enero de 1622 (8); Felipe de Santiago, 1o. de marzo de 1626 (11).

[24] MNAH, Juan Pérez de Aguilar, 6 de septiembre de 1598 (3); Baltasar Martín, 24 de agosto de 1598 (1); Miguel de Solís, 10 de agosto de 1622 (9); Felipe de Santiago, 14 de septiembre de 1628 (11).

[25] MNAH, Clemente Pérez de Anda, 17 de octubre de 1644 (10).

el Bajío oriental, tuvieron la misma intervención. Entre los fiadores se creó una reciprocidad que resultó muy conveniente. Los comerciantes firmaban como fiadores de los ganaderos y a cambio obtenían preferencia para sus compras de lana; y a su vez los terratenientes y los ganaderos ayudaban a los comerciantes interviniendo como fiadores en sus empresas comerciales.[26]

En los cuadros 5 y 6 se muestra el importe de las rentas de la propiedad rústica y de los rebaños de ovejas en Querétaro del siglo XVI al siglo XVII. En cuanto al cuadro 4, la división que muestra entre las tierras agrícolas y las de pastoreo está fundada en lo que parece haber sido el uso más importante de las tierras. Generalmente las tierras agrícolas se arrendaban con herramienta, aperos agrícolas, animales de tiro y en ocasiones peones indígenas o negros. El importe de las rentas era muy variable, pues iba de 30 pesos al año por un pequeño pedazo hasta más de mil pesos al año por una granja grande y bien equipada. Además de la ubicación y de la extensión tenía influencia en el monto de la renta la posibilidad de disponer de agua y de peones.

Como las tierras de pastoreo rara vez incluían las mejoras, se podía obtener pagando una renta inferior a la de las agrícolas. Las estancias se arrendaban para pastoreo de estación y las que estaban ubicadas fuera del valle eran las menos caras; en 1662 se podía rentar una estancia y cuatro caballerías por 25 pesos al año. Por otra parte, una estancia bien ubicada y con mejoras se alquilaba por más de 200 pesos al año. Cuando las tierras de una estancia se alquilaban con ganado, éste y no la tierra servía como unidad para la determinación de la renta.

Por el año de 1600 el alquiler de rebaños de ovejas, desde los que comprendían un pequeño número de animales hasta los que tenían hasta 40 mil, era esencial para la economía de la provincia. En esta época el precio en promedio de los alquileres estaba cerca de 75 pesos por mil ovejas al año. El precio aumentó ligeramente en las primeras décadas del siglo XVII y luego se sostuvo hasta la primera parte del siglo XVIII. El residente de Querétaro que tomaba en alquiler un rebaño de ovejas de tamaño mediano pagaba una renta anual equivalente a la que se pagaba por una granja de trigo dentro del valle. Por ejemplo, un rebaño de seis mil ovejas a razón de 75 pesos por millar costaba al arrendatario 450 pesos al año, en tanto que una granja con animales de tiro, semilla, aperos y peones costaba aproximadamente lo mismo. Las cabras tam-

[26] Baltasar Martín, 2 de agosto de 1598 (1), 24 de agosto de 1598 (1), 10 de septiembre de 1598 (1), 25 de octubre de 1598 (1), 6 de septiembre de 1599 (2), 25 de julio de 1602 (4); Andrés de Trujillo, 26 de febrero de 1611 (1); Tomás de los Reyes, 13 de enero de 1614 (1); Miguel de Solís, 23 de julio de 1622 (9); Felipe de Santiago, 5 de septiembre de 1631 (11), 7 de septiembre de 1631 (11).

bién eran importantes para la economía local y los dueños las daban en alquiler de la misma manera que las ovejas, pero la poca frecuencia con que se celebraban esos contratos hace imposible intentar un análisis completo de los precios. En el siglo XVII el precio que se pagaba como alquiler por millar de cabras era de cerca de 200 pesos, o sea más del doble del que se pagaba por las ovejas. Si fuera representativo un solo caso de rentas pagadas en 1710, el precio había bajado mucho para esa época. Los alquileres siguieron ayudando a los propietarios y a los que querían incrementar su fortuna por medio de la tierra hasta después de la independencia. En 1844, 23 de las 124 haciendas que había, estaban arrendadas.[27]

Desde los primeros días de la colonización los arrendatarios les habían hecho posible a los españoles colonizar más tierras que las que de otra manera hubieran podido colonizar. Los recursos de la provincia se encontraban en la tierra y no en los metales preciosos. El arrendamiento permitía que la tierra se utilizara de manera más sistemática. Por medio del arrendamiento la tenencia de la tierra encontró la flexibilidad que necesitaba, lo cual determinó un flujo de dinero hacia el campo y de éste hacia afuera. El ritmo de la economía rural era más equilibrado por las oportunidades que traía consigo el arrendamiento. Y éste era un arreglo social de vital importancia ya que proporcionaba la manera de que los inmigrantes pudieran ser absorbidos por la comunidad, que es el tema de nuestro siguiente capítulo.

A fines del siglo XVIII se formó en la provincia un sistema de arrendamiento muy distinto del que acabamos de describir. Los dueños fraccionaron sus fincas en pequeñas parcelas y las arrendaban a arrendatarios, o sea inquilinos rurales quienes mostraban gran diversidad social y económica pero que generalmente seguían formando parte de la clase baja rural. Otro grupo de inquilinos rurales conocidos como arrimados hacían lo posible por vivir de la tierra junto con los arrendatarios. Los arrimados, que eran frecuentemente indígenas, se encontraban en la parte más baja de la sociedad rural. Algunas haciendas tenían un gran número de trabajadores de esta clase. La hacienda de San José del Bravo tenía 25 tributarios completos y ocho a medias, que vivían en la finca, otros 51 arrendatarios completos y 10 a medias, y 89 arrimados completos y 25 a medias. Además tenía muchos trabajadores que no eran indígenas. La hacienda de San José de la Cañada representa el otro extremo. Tenía solamente 6 tributarios completos y 3 a medias que cultivaban las tierra.[28]

David Brading describió la situación en que se encontraban los arrendatarios de las tres haciendas de Querétaro de Juchitlán, Atongo y Los

[27] "Notas estadísticas", p. 186.
[28] AGN, Padrones, vol. 12, 1791; Tierras, vol. 3,569, Exp. 9, 28 de noviembre de 1803.

Morales.[29] La tierra se daba en arrendamiento de acuerdo con una fanega de sembradura (o sea la cantidad de tierra que se necesitaba para sembrar una fanega). La renta era variable, de 6 a 10 pesos. Se pagaba en dinero o con trabajo, y el arrendatario proporcionaba al dueño yuntas de bueyes y trabajadores por día. El trabajador en este sistema era el arrimado, quien como compensación por su trabajo podía recibir el permiso para llevar a pastar un par de ovejas o de recoger leña . Para fines del siglo el sistema era mucho más estricto, pues los dueños exigían el pago de mayores rentas y más servicios por parte de sus arrendatarios.

No es muy claro el origen de los arrendatarios. Lo que probablemente sucedió fue que cada vez mayor cantidad de gente se atuvo a los recursos del valle. A medida que crecía la población las familias abandonaban los pueblos o los grupos de peones de las haciendas y se iban a vivir a donde podían. Encontraron un refugio en las tierras de las grandes haciendas que no se cultivaban, y sus dueños legalizaban su ocupación mediante el cobro de rentas.[30] Es indudable que los dueños debieron alentar el sistema del arrendamiento. Enfrentados con problemas financieros y con precios inestables y en ocasiones sumamente bajos, los dueños vieron en los arrendatarios el sistema para utilizar las tierras no cultivadas, y por tanto se dedicaron a atraerlos.

Los productos de la tierra

Los observadores de Querétaro del siglo XVII convienen que las tierras ubicadas en los alrededores de la ciudad se encontraban entre las más ricas y generosas del virreinato. La fertilidad del suelo era tan grande que eran productivos hasta los ranchos y granjas que tenían tierras montañosas. El cronista franciscano Alonso de la Rea dijo que las tierras se podían comparar favorablemente con "las mejores tierras de

[29] D.A. Brading, "La estructura de la producción agrícola", p. 228-234. El arrimado y en ocasiones el arrendatario parece que son similares al *inquilino*, que es el locatario de servicios chileno que prevaleció mucho a fines del siglo XVIII. El incremento de población y la demanda cada vez mayor de productos agrícolas impulsó a las fincas a hacer más estricto su control sobre el trabajo, obligando a los inquilinos, que ahora ya eran socialmente distintos de los arrendatarios, a ofrecer mayor cantidad de trabajo y mayores servicios a cambio del derecho de usar la tierra. El término "inquilino" se empleaba en Querétaro, pero sólo ocasionalmente; y se aplicaba a los locatarios de los ranchos, que generalmente eran individuos de una posición social y económica más elevada que el inquilino chileno o el arrimado de Querétaro. Mario Góngora, *Origen de los "Inquilinos" de Chile Central* (Santiago, 1960) especialmente pp. 61-103, 107.

[30] Jean Bazant, "Peones, arrendatarios y aparceros", *Historia Mexicana*, 23:2 (Oct.-Dic. 1973), p. 350.

Italia".[31] Esas impresiones eran ciertas por lo menos respecto de algunas regiones de la provincia. A principios del siglo XIX había una hacienda de Querétaro en la que se decía que se habían cosechado 600 fanegas de trigo por cada una que se sembraba, y en otra hacienda la proporción era de 500 a 1. El promedio en la provincia era de 40 a 1 de trigo, 80 a 1 de maíz, 20 a 1 de frijol y 12 1/2 a 1 de chile.[32] Desde los principios del siglo XVII la producción anual de la provincia era de 30 mil fanegas de trigo. Además en numerosas huertas y granjas se producían limones, naranjas, granadas, higos y verduras para la mesa.[33]

Antes de que la producción de cosechas llegara a tener esta importancia, la economía rural se apoyaba principalmente en la cría de ovejas, para carne y lana. Grandes rebaños acompañaban a todas partes a la población española en su expansión hacia el Norte, y no era una excepción la colonización del Bajío oriental. Existen dos informes antiguos en los que se hace una estimación del número de cabezas de ganado que se apacentaba en esa región. En un informe de 1582 se decía que 200 mil ovejas, 100 mil vacas y 10 mil yeguas se apacentaban en las tierras de pastos que había entre Querétaro y San Juan del Río, o sea una distancia de aproximadamente 50 kilómetros.[34] La falta de agua, la escasez de la vegetación y los ataques de los indios amenazaban al ganado, pero no lograron impedir su crecimiento. El informe en el que se decía que había 200 mil ovejas en la región al principio de la década de 1580 contiene una estimación correcta ya que está en consonancia con el incremento posterior de la cría de ovejas y con la abundante documentación de la época acerca de este tema. Por el contrario, la aseveración de que en la misma región se apacentaban 100 mil cabezas de ganado y 10 mil yeguas no se puede aceptar con la misma confianza. Tanto el ganado como los caballos eran escasos en Querétaro durante la década de 1580, y son raros los documentos relativos a su cría y venta. Probablemente eran más comunes los caballos que en las zonas ubicadas más al Sur, pues hasta los peones pobres frecuentemente los tenían, pero la cifra de 10 mil es una exageración. Las mercedes de tierras que se concedían en esa zona tampoco apoyan la pretensión de que hubiera una

[31] Alonso de la Rea, *Crónica de la Orden de N. Seráfico P.S. Francisco, Provincia de San Pedro y San Pablo de Michoacán en la Nueva España* (México, 1882), pp. 282-284.

[32] A principios del siglo XIX, se dice que en una hacienda se cosechaban 600 fanegas de trigo por 1 fanega sembrada, y en otra hacienda 500 a 1. "Relación estadística", p. 188.

[33] Alonso de la Rea, *Crónica de la Orden*, pp. 282-284; Fray Antonio Vázquez de Espinoza, *Descripción de la Nueva España en el Siglo XVII* (México, 1944). pp. 135-137; *Relación breve y verdadera de algunas cosas de las muchas que sucedieron al padre fray Alonso Ponce en las provincias de la Nueva España* (Madrid, 1873), 1. p. 535.

[34] Hernando de Vargas, "Descripción de Querétaro", *Colección de documentos para la historia de San Luis Potosí*. Ed. Primo Feliciano Velásquez (San Luis Potosí, 1897-1899), vol. 1, p. 19.

gran cantidad de ganado y de caballos. Tan sólo se concedieron una cuantas estancias para ganado, y en su mayoría eran para ovejas.

A partir de 1580, el número de ovejas aumentó rápidamente. En la década de 1630 se estimaba en otro informe que más de un millón de cabezas pastaban en la región de Querétaro.[35] Esta es una cantidad enorme, pero probablemente sea aproximada si en ella se incluían las ovejas de propietarios locales, que apacentaban fuera del valle de Querétaro. En esa época los rebaños de más de 20 mil cabezas eran comunes. Su abundancia se comprueba por medio de cientos de contratos en que se consigna la compra, la venta y el arrendamiento de ovejas.[36]

Durante la mayor parte del siglo XVI la cría de ganado fue un negocio aventurado en el Bajío. Particularmente los ranchos de ovejas de Querétaro estaban plagados de problemas, porque eran trashumantes. Los rebaños tenían que recorrer cientos de kilómetros para pastar en las colinas de Michoacán o de Guadalajara o en las planicies situadas al norte de San Luis Potosí. En estas migraciones, los conductores a menudo tenían que enfrentarse a grupos de indígenas hostiles, generalmente conocidos como chichimecas, que asaltaban los rebaños y mataban pastores y ovejas. La osadía de los chichimecas era tal en ciertas ocasiones que impedía que continuaran las migraciones de los rebaños.[37]

Desde el descubrimiento de la plata que atrajo una gran cantidad de españoles, las relaciones entre los españoles y los chichimecas habían sido poco amistosas. Pero los problemas de los ganaderos no sólo provenían de una historia de malas relaciones entre españoles e indios. Las ovejas destruían los cultivos agrícolas de los indios, que eran la única base para su subsistencia. Los conductores de ganado negaban que se causaran perjuicios, alegando que tenían suficientes pastores para conducir a los rebaños por los caminos, que estaban por lo menos a media legua de los cultivos. Si las ovejas efectivamente habían causado perjuicios a los cultivos se ofrecía una compensación satisfactoria. Estas afirmaciones, que tal vez sean ciertas en algunos casos, no quitan la realidad de la destrucción de los cultivos de los indios, y las consiguientes represalias de éstos.[38]

La resistencia de los indios hizo más lento el avance de los ganaderos, pero no logró detenerlo. La demanda de carne y lana de los mercados del sur atraía gente y dinero hacia la cría de ganado y alentaba su expansión.

[35] Alonso de la Rea, *Crónica de la Orden*, p. 285.

[36] Estos rebaños estaban formados por dos tipos de ovejas españolas a fines del siglo XVII; el Merino, que producía lana de buena calidad pero de carne mala, y el Rasa, que también producía lana de buena calidad. Miguel Othón de Mendizábal, *Obras Completas* (México, 1946- 1947), vol. VI, p. 381.

[37] MNAH, Juan Dalava Ibarra, 11 de agosto de 1587 (21).

[38] *Ibid.*

Comercio de ganado

Poco después de la fundación de la ciudad, el ganado se convirtió en la riqueza más abundante de los españoles.[39] La compra y la venta de animales y de sus productos creó las primeras normas locales de los negocios. Los ganaderos vendían toda clase de animales de valor: ovejas para carne (carneros), ovejas para cría y para trasquila, corderos, mulas, bueyes, cabras, cabritos y ganado mayor. Particularmente las ovejas generaban riqueza y la provincia destinaba la mayoría de sus recursos a su cría y venta.

El ganado mayor producía igualmente riqueza, pero ésta era inestable debido a las fluctuaciones en los precios *(Cuadro 7)*. Entre el ganado menor los carneros alcanzaban el precio más alto y se vendían desde 3 reales 6 tomines por cabeza hasta 27 reales por cabeza. Los dueños de carneros podían esperar generalmente un precio de cerca de 10 a 12 reales. Las hembras se vendían a precio mucho más bajo, lo mismo que los corderos, y sólo se vendían a 3 y 4 reales. Las diferencias de precios, que llegaban a ser extremas dentro de un mismo año, dependían de las condiciones en que estaba el ganado, del lugar donde se debía entregar y, más probablemente, de consideraciones personales.

Querétaro era el emporio del comercio de ganado. Allí se reunían los ganaderos del Bajío y los del Norte para discutir precios y celebrar convenios. Compradores de buena parte del centro de México enviaban representantes para comprar animales o para hacer inversiones a futuro. Aunque aún era una pequeña población. Querétaro había llegado a ser el eslabón que unía toda una red deoferta y demanda. Otras poblaciones del Bajío, por ejemplo Celaya y Salamanca, probablemente tuvieron una historia semejante, que sólo difería en que era más pequeño el volumen de su comercio.

La venta de cada animal requería de arreglos especiales y definía límites geográficos. El más especializado era el comercio de carneros. Por el año de 1590, grandes rebaños se trasladaban a la ciudad de México para abastecer las necesidades de una creciente población urbana.[40] A principios del siglo XVII los carneros de Querétaro alimentaban a

[39] Hacia 1590 los agricultores y ganaderos de Querétaro pagaban regularmente un *diezmo* sobre el ganado y las cosechas. Los terratenientes, los comerciantes y los notarios participaban en el sistema de cobro y se comprometían con la catedral de la ciudad de México o de Valladolid a entregar una determinada cantidad. ANQ, Juan Dalava Ibarra 27 de julio de 1590 (Civil, 1570-1596); MNAH, Baltasar Martín, 9 de septiembre de 1598 (1), 6 de septiembre de 1602 (4); Felipe de Santiago, 23 de agosto de 1628 (11); Eugenio López de Guevara, 4 de abril de 1670 (6).

[40] MNAH, Juan Pérez de Aguilar, 14 de julio de 1590 (1); Baltasar Martín, 10 de mayo de 1602; Miguel de Solís, 6 de mayo de 1622 (9), 9 de julio de 1622 (9), 15 de julio de 1622 (8), 18 de julio de 1622 (8).

los mineros de Zacatecas[41], a los agricultores de Celaya y León[42] y a los comerciantes de Guadalajara.[43] El estímulo de la demanda externa era el complemento de una demanda interna cada vez mayor. Hacia la década de 1590 Querétaro tenía su propio rastro público, que es de suponerse que abastecía de carne a la mayoría de la provincia. Los ganaderos estaban obligados por ley a vender al rastro todo el ganado destinado al consumo local. Desde principios de la década de 1620 los rastros además del ganado de la provincia compraban ganado vacuno, bueyes y caballos provenientes del valle de México.[44] El rastro aún seguía operando al finalizar la época colonial, y en 1805 abastecía a la ciudad con 27 mil carneros.[45]

El primitivo comercio de carneros seguía tres trayectorias. Los ganaderos se los vendían entre sí, a los consumidores urbanos (al rastro público) y a los comerciantes o a otros intermediarios.[46] Esta última era la tendencia dominante. A medida que a los buenos tiempos siguieron los malos con un exceso de oferta que amenazaba a los ganaderos, se hicieron indispensables los intermediarios especializados. En 1622 cuatro ganaderos de Querétaro encargaron a intermediarios que buscaran compradores para 58 mil carneros.[47] El fracaso podría acarrear un desastre financiero. En 1622, dos ganaderos vendieron sus rebaños por menos de cuatro reales por cabeza. Deudas que hubieran contraído previamente o consideraciones de familia pudieron influir sobre el precio, pero de todas maneras esto hace resaltar la extrema fluctuación de los precios.

La venta de ovejas y de corderos era distinta de la de carneros. Era más local, menos complicada. Pocas veces los compradores venían de regiones alejadas a fin de comprar rebaños. Los comerciantes intervinieron en ese comercio, pero eran gente local más bien que representantes de los del Sur.[48] Aun cuando por su naturaleza era local, el mercado

[41] MNAH, Tomás de los Reyes, 13 de marzo de 1614 (1); Alonso Valo (notario de Zacatecas), 8 de julio de 1622 (9); Miguel de Solís 20 de julio de 1622 (9).

[42] MNAH, Tomás de los Reyes, 15 de enero de 1614 (2), 1o. de noviembre de 1614 (1).

[43] MNAH, Juan Pérez de Aguilar, 15 de octubre de 1590 (3), 9 de septiembre de 1591 (3), Baltasar Martín, 19 de marzo de 1597 (1), 20 de marzo de 1597 (1), 28 de diciembre de 1598 (1); Miguel de Solís, 1o. de junio de 1622 (8).

[44] MNAH, Baltasar Martín, 1o. de julio de 1597 (1), 29 de abril de 1599 (2); Miguel de Solís, 13 de marzo de 1622 (8), 21 de marzo de 1622 (8); AGN, General de Parte, vol. 7, Exp. 589, 27 de abril de 1633.

[45] MNAH, "Plan que representa el consumo diario de carneros..." 13 de abril de 1805 (34), Alexander von Humboldt, *Ensayo Político sobre el reino de la Nueva España*, 5 vols., Trad. Vito Alessio Robles (México, 1941), vol. II, 265.

[46] Para tener ejemplos de los tres tipos véase: MNAH, Baltasar Martín, 20 de marzo de 1597 (1), 8 de agosto de 1602 (1); Felipe Santiago, 4 de marzo de 1628 (11).

[47] MNAH, Miguel de Solís, 12 de febrero de 1622 (9), 6 de mayo de 1622 (9), 15 de julio de 1622 (9), 18 de julio de 1622 (9).

[48] MNAH, Juan Pérez de Aguilar, 17 de febrero de 1591 (3).

de carneros era activo, sobre todo después de la década de 1570, cuando se vendían fácilmente y con provecho tanto los rebaños grandes como los pequeños.[49]

En la década de 1590, las utilidades generadas por los carneros y por la lana provocaron un auge del mercado de carneros. Los ganaderos que deseaban incrementar sus rebaños y tomar parte en la carrera por la riqueza derivada del pastoreo crearon un mercado a futuro de carneros. Los ganaderos celebraban convenios cuidadosamente redactados para comprometer la venta a futuro de carneros para abril y mayo. Generalmente los rancheros, ya sea propietarios o arrendatarios, prometían entregar los carneros al precio del mercado de futuro o al precio de una venta ya realizada. El trato quedaba legalizado después de efectuar un pago en efectivo o de suscribir una promesa de pago.[50] Si el vendedor o el comprador hacían posteriormente un trato más conveniente, dejaban de dar cumplimiento al contrato celebrado. No es sorprendente, por tanto, que numerosos juicios civiles que se promovieron en la provincia tuvieran su origen en contratos de ganado.[51]

La cría de carneros constituía la mayor fuente de riqueza de la provincia, pero no era el único tipo de actividad. Ciertas fincas llamadas ranchos de cabras, que estaban ubicadas principalmente en los linderos del norte de la provincia, criaban y vendían comercialmente cabras y pieles de cabra al iniciarse el siglo XVI.[52] Las pieles de cabra ya eran bastante valiosas en el siglo XVII (1669) pues un hacendado pagó parcialmente una deuda con pieles de cabra, valuadas a un peso cada una. Desde los principios del siglo XVII los hacendados de Querétaro también vendían caballos (de 3 a 6 pesos por cabeza), cerdos (un peso 4 reales por cabeza), bueyes (7 pesos por cabeza) y bueyes para carne (8 pesos por cabeza)[53], pero ninguno de estos animales ejerció tanta influencia en la economía de la provincia como los carneros.

Hay otro animal, por último, que requiere nuestra atención: la indispensable mula, animal que contribuyó más que el caballo a la conquista y a la colonización. Las mulas alcanzaban un precio mucho más alto que

[49] MNAH, Baltasar Martín, 20 de octubre de 1597 (2), 29 de septiembre de 1598 (1), 16 de noviembre de 1598 (1), 31 de diciembre de 1598, 16 de octubre de 1599 (1), 21 de octubre de 1603 (2); Andrés de Trujillo, 28 de septiembre de 1597 (1); Felipe de Santiago, 17 de octubre de 1628 (11).

[50] MNAH, Baltasar Martín, 19 de septiembre de 1598 (1), 14 de octubre de 1598 (1), 30 de noviembre de 1598 (1), 1o. de septiembre de 1602 (4).

[51] ANQ, Gaspar de Porras, 7 de diciembre de 1607 (Civil, 1603-1608).

[52] MNAH, Eugenio López Guevara, 12 de septiembre de 1669 (6).

[53] MNAH, Juan Pérez de Aguilar, 20 de noviembre de 1590 (3); Baltasar Martín, 16 de octubre de 1597 (1); Andrés de Trujillo, 9 de febrero de 1598 (1); Nicolás de Robles, 3 de septiembre de 1606 (5); Miguel de Solís, 10 de mayo de 1622 (9); Francisco de Rivera, 2 de diciembre de 1628, (6); AHMNAH, Fondo Franciscano. vol. 9, Relaciones del convento de Santa Clara de Jesús.

ningún otro animal de la provincia (de 20 a 40 pesos cada una de 1590 a 1628). A diferencia de otros animales, cuando se vendían mulas en los contratos se describían frecuentemente en detalle su color, su tamaño y sus características, junto con una descripción de sus hierros. La mayor parte de las mulas provenían de fuera, particularmente de Valladolid y Guadalajara. Esto creó un activo comercio, que dio prosperidad a los comerciantes y a los hacendados.[54]

El comercio de granos

Hasta mediados del siglo XVII, el valor de la producción agrícola se quedó retrasado con respecto al del ganado. Durante los primeros cien años, el crecimiento de la provincia dependía sólo secundariamente del trigo y del maíz. En un informe sobre Querétaro de 1582, se indica que el clima y la falta de agua determinaron la reducida producción de grano.[55] Este informe es engañoso, puesto que en el siglo XVI se produjeron cantidades exportables de grano. Al principiar el siglo XVII varias poblaciones habían comprado el grano de Querétaro, pero estas ventas nunca alcanzaron el monto de las que se hicieron para el consumo interno.[56] Era tan grande la escasez de grano a principios del siglo XVII que el alcalde mayor suspendió los embarques de grano para fuera de la provincia. Se impusieron fuertes multas a los comerciantes o a los dueños de molinos de trigo por vender grano destinado a salir de la provincia.[57]

Uno de los problemas que había para abastecer de grano a la ciudad era la falta de molinos de trigo. Solamente en dos molinos, sumamente inadecuados para una ciudad como Querétaro, se producía harina a principios del siglo XVIII. En 1744 el convento de Santa Clara tomó la iniciativa de establecer un nuevo molino y solicitó permiso al Virrey para instalarlo precisamente en las afueras de la población. En 1769 aún había tan sólo dos molinos en la población, ambos bajo el dominio del marqués de Villar de Aguila, quien pretendió incrementar su monopolio de los molinos instalando uno más. Todavía había solamente dos

[54] MNAH, Baltasar Martín, 7 de agosto de 1599 (2), 7 de octubre de 1598 (1), Nicolás de Robles, 12 de julio de 1606 (5); Felipe de Santiago, 6 de octubre de 1628 (11). Las mulas eran los únicos animales además de las ovejas cuyo alquiler tenía mercado. En 1713 un agricultor de Querétaro alquiló 5 mulas en 6 pesos al año a un arriero de la localidad. MNAH, Domingo Antonio de Parras, 9 de enero de 1713 (51).

[55] "Descripción de Querétaro", p. 49.

[56] MNAH, Baltasar Martín, 25 de enero de 1598 (2), 25 de marzo de 1598 (2); Andrés de Trujillo, 22 de febrero de 1598 (1); Nicolás de Robles, 30 de julio de 1606 (5), 25 de agosto de 1606 (5), Felipe de Santiago, 9 de marzo de 1631 (11), 5 de octubre de 1631 (11).

[57] MNAH, Miguel de Solís, 18 de enero de 1621 (8), 21 de enero de 1621 (8); Felipe de Santiago, 5 de octubre de 1631 (11).

molinos en 1788, cuando don Benito Manuel de Aldama, político, terrateniente y dueño de fábricas se quejó por lo inadecuado de los molinos de la población, diciendo que los agricultores tenían que enviar su grano a lugares muy distantes para ser molido. Por lo tanto, deseaba instalar un molino precisamente junto a los que eran propiedad del marqués. Estas solicitudes por fin fueron atendidas, y para 1802 Querétaro ya contaba con cuatro molinos.[58]

A partir de sus vacilantes principios, el mercado de granos fue aumentando en importancia, hasta que para mediados del siglo XVII su valor ya había alcanzado el del comercio del ganado mayor. Para esta época otras ciudades se alimentaban con el grano de Querétaro, incluso poblaciones mineras que estaban tan al norte como Zacatecas.[59] El crecimiento de la ciudad de Querétaro estimuló igualmente el comercio de granos. En 1793, la ciudad consumía por lo menos 13,618 cargas de trigo, 69,445 fanegas de maíz y 656 cargas de chile.[60] Por desgracia para los agricultores el abastecimiento de un mercado en expansión y de poblaciones muy alejadas no les produjo ganancias ininterrumpidas. Las fincas se enfrentaban a la ruina, ya que los agricultores tenían que contender alternativamente con los precios bajos en los años de abundancia y con la falta de mercancía para la venta en los años de escasez.[61]

El comercio de maíz y de chile era más restringido que el del trigo. Las cosechas de esos productos probablemente alcanzaban el valor de las de trigo, pero no se embarcaban de manera regular a las demás provincias. Había muchas comunidades en México que hacían grandes esfuerzos para abastecerse por sí mismas de estos alimentos de primera necesidad. Cuando no lo lograban trataban de adquirir los productos del Bajío oriental, pero ese comercio nunca llegó a tener las proporciones ni la consistencia del comercio de trigo, de carneros y de lana. Tuvo siempre mayor importancia el intercambio local entre los indígenas y los dueños de obrajes.[62]

El destino de la tierra sufrió una enorme transformación durante la época colonial. Al principio la tierra se utilizaba para criar ganado,

[58] AGN Mercedes, vol. 75, folios 12-13, 11 de mayo de 1744, vol. 81, folios 235-236, 2 de octubre de 1788; Joseph María Zelaá e Hidalgo, *Glorias de Querétaro*. (México, 1803), p. 4.

[59] P.J. Bakewell, *Minería y sociedad en el México colonial, Zacatecas, 1546-1700* (F.C.E, 1976), p. 237.

[60] Humboldt, *Ensayo Político*, vol. II, p. 265.

[61] AGN, Civil, vol. 1,418, Exp. 19, 27 de octubre de 1792; "Compendio histórico", p. 154. Para encontrar una discusión general sobre las alteraciones de precios del maíz véase: Enrique Florescano, *Precios del maíz y crisis agrícolas en México* (1708-1810) (México, 1969).

[62] MNAH, Juan Pérez de Aguilar, 17 de diciembre de 1591 (3); Baltasar Martín, 27 de febrero de 1597 (1) y 3 de marzo de 1597 (1), 23 de enero de 1598 (1). Nicolás de Robles, 6 de marzo de 1606 (5); Tomás de los Reyes, 2 de marzo de 1614 (1), 12 de diciembre de 1614 (1).

complementándose por medio de la producción de ciertas cosechas selectas. Para la iniciación del siglo XIX, esta situación se había invertido, ya que la provincia se dedicaba en primer lugar a la producción de cosechas y después al ganado. Con posterioridad a la independencia, tan sólo 208 144 cabezas de ganado pacían por toda la provincia, aun cuando con los pastos abundantes de los alrededores de Amealco, Tolimán y Jalpan se hubiera podido alimentar una cantidad de reses tres veces mayor.[63] Los años de mediados del siglo XVII fueron fundamentales para que se realizara esa transformación. El principal criador de corderos y ganado mayor era el Norte, muy alejado, en tanto que Querétaro se había empezado a especializar en la producción de trigo y de otras cosechas para satisfacer la demanda de las cada vez mayores poblaciones. Al mismo tiempo que la transformación en cuanto a los productos hubo un cambio en cuanto al tipo de fincas rústicas. Anteriormente las estancias abarcaban la mayor parte de la tierra; ahora las haciendas, las labores y los ranchos destinados a la agricultura las habían reemplazado. La manera en que el cambio en el destino de la tierra afectó las relaciones sociales es uno de los temas que se tratan en el siguiente capítulo.

[63] "Relación estadística", p. 194.

IV. TERRATENIENTES Y TRABAJADORES

DURANTE la época colonial, muchos de los colonos que se trasladaron a Querétaro buscaban trabajo en la tierra. La tierra respondía generosamente, ofreciendo una manera de vivir a los propietarios, a los administradores y a los trabajadores mediante diversas formas de empresas rústicas. Las personas que adquirían y trabajaban la tierra se resistían a todo intento de clasificación por tipos o por categorías. Provenían de todos los grupos sociales y étnicos de la provincia. Los dueños de grandes propiedades, sin embargo, estaban generalmente asociados en cierta forma a las actividades que denotan rango e influencia en la América Latina: los encomenderos, los dignatarios eclesiásticos, los burócratas, los comerciantes, los mineros. En cambio los trabajadores provenían de ocupaciones de menor prestigio, del común de los artesanos y obreros.

Los contemporáneos mostraron poco interés por crear una terminología que sirviera para distinguir a los diversos tipos de terratenientes, lo que resultaba extraño si se toma en cuenta la inclinación que sentían por clasificar los diversos tipos de tierra. Para el año de 1600, tan sólo tres términos eran comunes, dos de los cuales subsistieron hasta 1810: criador de ganado menor (o mayor), labrador y dueño de hacienda.

De éstos, el de criador de ganado menor era el que tenía el más claro sentido en la primitiva vida de provincia. El criador era dueño de muchas estancias y de grandes rebaños de carneros. Los dueños de pequeños rebaños (de menos de 3 mil a 4 mil cabezas) y de fracciones de una estancia no eran criadores. El criador tenía poderosos y prestigiados lazos de familia, esclavos, casas costosas y conexiones de negocios en otras poblaciones. Su riqueza y su poderío eran el símbolo de la importancia de la cría de ganado en la economía de los primeros tiempos.

Es más ambiguo el término de dueño de hacienda. Se aplicaba a una persona que era propietaria de tierras que se describían como haciendas o labores, y que principalmente producían cosechas agrícolas en lugar de ganado. Generalmente el dueño era propietario de tierras de considerable extensión y valor, lo que lo ponía a la misma altura que el criador. El término de dueño, no obstante, no implicaba las mismas asociaciones sociales, como sucedía invariablemente con el criador. Ocasionalmente el término de dueño se aplicaba a los pequeños hacendados, en tanto que el de criador nunca se aplicaba a los pequeños ganaderos. El término de hacendado, que se usa tan frecuentemente en otras regiones, no se empleó en forma común en Querétaro sino hasta fines del siglo XVIII. Cuando se usaba, tenía el mismo significado que dueño.

El término de labrador, que estaba en uso desde el siglo XVI, es aún más ambiguo. Hasta mediados del siglo XVII parecía aplicarse principalmente a los pequeños propietarios de tierras, dueños quizá de una pequeña labor o de un par de caballerías. Hacia 1700 se había vuelto más preciso, ya que incluía tanto a los dueños de fincas verdaderamente grandes como a los de pequeñas granjas. Si no se conocen los antecedentes de cada labrador individual, el término tiene un valor limitado para su identificación en la sociedad.

Los ganaderos

Un grupo escogido de europeos y una élite indígena dominaban la cría de ganado en el Bajío oriental hasta que en el siglo XVII algunos hombres y mujeres de todos los grupos étnicos se dedicaron a criar ganado para subsistir y para obtener utilidades. Sin embargo, por causas relacionadas con la cultura y con la economía, la cría de ganado siguió siendo de preferencia un negocio de europeos. Era una importación de Europa y lo mismo que una gran parte de la cultura europea, influyó primero en aquellos no españoles que se encontraban más cerca del mundo europeo, o sea en los jefes indígenas. Después de cien años de colonización, la cría de ganado se encontraba en todos los niveles de la sociedad indígena, pero seguía estando restringida a causa de la economía de la ganadería. El ser dueño de un rebaño de carneros que produjera utilidades comercialmente estaba fuera del alcance de la mayoría de los indios, y también de muchos españoles. Esto fue cada vez más cierto a medida que progresaba el siglo XVII, ya que las tierras de pastoreo y los derechos de agua eran más difíciles de obtener.

En una *Memoria de los Hierros* (libro de marcas) de 1694 se describe en forma detallada la distribución de los grupos étnicos en la cría de ganado. De las 228 personas que registraron marcas en ese año, 129 eran españoles, 69 indios, 17 mestizos y 13 mulatos (de éstos 5 llamados libres). La mayoría de los dueños (181) vivían en Querétaro, y los demás principalmente en San Juan del Río y en Tolimán. Del total, solamente 43 eran criadores, y todos ellos eran españoles. Por el contrario, la mayoría de los indios solamente eran dueños de un par de carneros o de unos cuantos caballos. [1] Para los indios el ser dueños de ganado era otro medio de subsistencia como complemento de la agricultura y de las industrias caseras.

[1] MNAH, "Razón, quenta y memoria de los hierros que an presentado en Querétaro..." 19 de febrero de 1695. (34).

Gonzalo de Cárdenas, un inmigrante llegado de la ciudad de Lepe, en España, es representativo de varios individuos que se establecieron con éxito en Querétaro después de 1550, como grandes dueños de ganado y de estancias. Cárdenas acumuló muy rápidamente sus propiedades. En la década de 1580 parece que era solamente un arrendatario que alquilaba propiedades en Querétaro y en Guadalajara. La extensión de las tierras que había tomado en arrendamiento del hospital de indios de Querétaro en 1590 muestra que ya era un importante criador de carneros del valle, aun cuando no fuera dueño de muchas propiedades. El arrendamiento incluía 10 mil carneros y una granja muy grande, con peones indígenas, aperos y arados. Es probable que las utilidades que había acumulado de esta y de otras inversiónes permitieran a Cárdenas comprar sus propias estancias. Para fines del siglo se había convertido en uno de los más grandes propietarios de tierras, con varias estancias y caballerías en Querétaro y en Guadalajara, además de valiosas propiedades urbanas. Las propiedades eran únicamente de él o en común con sus parientes.[2]

Una ojeada a los bienes de Cárdenas en 1598 revela una unidad de propósito y de dirección que no aparece en los negocios de los posteriores terratenientes. El ganado, excluyendo la tierra y las cosechas, fue la base de su fortuna. El ganado propiedad de Cárdenas incluía 10 918 corderos, 8 350 ovejas que había alquilado a otro hacendado, 600 cabras, 53 yeguas, 12 potros, 29 mulas y un número no especificado de corderos en estancias que eran de su propiedad y de la de su cuñado. También pertenecían a Cárdenas otros 6 230 carneros adicionales que se habían entregado a los mercados de carne de la ciudad de México, pero que no habían sido pagados. También estuvo a punto de aceptar el arrendamiento de 25 mil cabezas de ganado de la viuda de otro terrateniente.[3]

La figura central para el financiamiento de bienes fue Duarte de Tovar. Si se comparan con los de otros muchos hacendados, los adeudos de Cárdenas eran pequeños, pero para obtener el crédito que necesitaba confiaba en Duarte de Tovar. Éste renegociaba con terceras personas los adeudos de Cárdenas, y ocasionalmente le prestaba dinero directamente. Su más importante contribución para el incremento de los bienes de Cárdenas consistió en intervenir como fiador para efectuar grandes compras y contratos de arrendamiento. En cambio, parece que Tovar tenía el derecho de comprar toda la lana que producían los rebaños de Cárdenas.[4]

[2] MNAH, Juan Pérez de Aguilar, 3 de agosto de 1589 (3), 13 de agosto de 1590 (3).
[3] MNAH, Baltasar Martín, 10 de septiembre de 1598 (1), 20 de octubre de 1598 (1).
[4] MNAH, Baltasar Martín, 17 de octubre de 1598 (1), 20 de octubre de 1598 (1).

Gonzalo de Cárdenas era un patriarca activo y vigoroso, pero de todas maneras tuvo que confiar en dos parientes más jovenes que le ayudaban a administrar sus bienes. Encargó a su sobrino Alonso de Zamudio que atendiera todos los detalles relacionados con la compra y la venta de ganado, que vigilara a los capataces, que vendiera la lana y que preparara todo lo necesario para realizar las migraciones anuales a Guadalajara. En la década de 1590 Zamudio, en efecto, acompañó al ganado al pastoreo de invierno, actuando como principal representante de su tío en Guadalajara; era también propietario de corderos aun cuando en número mucho más reducido, y utilizaba las instalaciones de su tío para criarlos. Gregorio de Saldaña, yerno de Cárdenas, tenía una posición menos definida en la administración de sus bienes, pero indudablemente estaba más relacionado con sus aspectos financieros. Parece que trabajaba como tenedor de libros y cobrador de cuentas vencidas, hacía pagos en otras poblaciones y obtenía crédito para las actividades de pastoreo. Todo esto requería tener ciertas relaciones con los prestamistas de la ciudad de México, que acababa de abandonar por casarse con la hija de Cárdenas.[5]

La vida de Gonzalo de Cárdenas es un ejemplo de la vida de otros ganaderos prósperos en la primera época de Querétaro. Hacían pronto su fortuna aprovechando las oportunidades inherentes a una economía en expansión. Para ayudarse a administrar sus bienes, cimentaban sus relaciones con otras familias de la provincia y de fuera. Obtenían primero el financiamiento de sus negocios de los comerciantes de la localidad y después, en proporción cada vez mayor, de los comerciantes de la ciudad de México. Las tierras que adquirían carecían de linderos claramente marcados y no se reservaban para las futuras generaciones por medio de vínculos o restricciones para los herederos, lo que se consideraba innecesario dada la abundancia de tierras antes de 1600. Gonzalo de Cárdenas y otros terratenientes ya eran gente de esa provincia, no de la ciudad de México ni de España. Su fortuna y sus relaciones sociales estaban en Querétaro, así como sus afiliaciones religiosas. Algunos seguían haciendo donativos a las iglesias de la ciudad de México, pero esto se hizo menos frecuente después de 1600.[6]

Durante los siguientes treinta años, aumentaron el tamaño y la complejidad de las fincas dedicadas al pastoreo. Los nuevos inmigrantes alentaron ese crecimiento aportando su ingenio y su iniciativa a las

[5] MNAH, Baltasar Martín, 26 de febrero de 1598 (1), 17 de octubre de 1598 (1), 9 de noviembre de 1598 (1), 22 de enero de 1599 (2).

[6] Los ganaderos más importantes (conocidos generalmente como criadores) de finales del siglo XVI fueron Juan Arias, Juan del Castillo, Gonzalo Domínguez, Capitán Diego Franco, Alonso Guerrero, Francisco González, Cristóbal Martín, Francisco Martín, Francisco de Medina y Rodrigo de la Rea. Véase especialmente MNAH, rollos 1,2,3.

familias en las décadas de 1570 y 1580. Esa época también trajo consigo una mayor diversificación de las actividades económicas de los que se dedicaban al pastoreo. Después se interesaron más por las cosechas agrícolas, dedicando importantes cantidades que habían obtenido de la ganadería a la compra de tierras de trigo y de equipos agrícolas. Otro cambio notorio a principios del siglo XVII fue la ubicación de las tierras de pastoreo. Las que estaban en los alrededores de San Luis Potosí y más al norte fueron tan importantes para las familias de Querétaro como las que estaban dentro de la provincia o en Michoacán y Guadalajara. Familias como las de Galván, Aguilar, Alvarez, Arraga y Guerrero adquirieron enormes extensiones de tierras ubicadas en el Norte para sus ranchos de corderos. Como las tierras que estaban ubicadas dentro del valle de Querétaro se destinaban cada vez más a la agricultura, el Norte era la única alternativa que quedaba para la expansión del pastoreo.[7] Cuando se empezó a modificar la naturaleza y la ubicación de las fincas, cambiaron también los nombres de las familias que las controlaban. Los inmigrantes varones conservaban sus propios apellidos en lugar de aceptar los de las familias de sus esposas.[8]

Había veintenas de personas que eran propietarias de fincas ganaderas más pequeñas al llegar el siglo XVIII. Las fincas de tamaño mediano, formadas por una o dos estancias con rebaños de corderos de alrededor de 5 mil cabezas, sostenían a sus dueños holgadamente. Estos propietarios por lo general eran inmigrantes, algunos con el título de "don", que no habían logrado aprovechar satisfactoriamente la expansión ocurrida a fines del siglo XVI y principios del XVII. Aunque de ninguna manera vivían como Gonzalo de Cárdenas, eran dueños de un par de esclavos, algo de plata y una buena casa en la población.[9] Para el siglo XVIII el pequeño ganadero vivía cómodamente pero ya no tenía pretensiones aristocráticas. Con parte de una estancia y tal vez un par de caballerías, él y su familia pertenecían irremediablemente a la clase de los pequeños propietarios.[10] Los ganaderos que eran dueños de rebaños de aproximadamente 2 000 corderos, que era la cantidad más pequeña que se podía aprovechar comercialmente, estaban siempre más al margen. Morían como habían vivido, con independencia pero en la pobreza. Después de pagar sus deudas, al morir sus escasas herencias apenas conta-

[7] Miguel de Solís, 14 de marzo de 1622 (9); Felipe de Santiago, 13 de octubre de 1628 (11).

[8] Véase el ejemplo de Francisco de Medina y Juan Cavallero; MNAH, Baltasar Martín, 27 de julio de 1599 (2); Tomás de los Reyes, 15 de enero de 1614 (1), 1o. de noviembre de 1614 (1); Clemente Pérez de Anda, 21 de enero de 1622 (9); Miguel de Solís, 26 de enero de 1622 (8), 14 de marzo de 1622 (8), 30 de marzo de 1622 (9), 6 de mayo de 1622 (9).

[9] MNAH, Miguel de Solís, 28 de mayo de 1622 (9).

[10] MNAH, Domingo Antonio Parras, 31 de diciembre de 1712 (51).

ban con dinero suficiente para pagar veinte misas por el descanso de su alma.[11]

El primer siglo de la colonización fue de los que se dedicaban al pastoreo, de los grandes criadores y de los pequeños ganaderos que sólo tenían unos cuantos corderos. Particularmente los criadores tenían el monopolio de la fuerza y del prestigio en el Bajío oriental y dieron forma a las pautas sociales de los más altos niveles de la sociedad durante toda la época colonial. Estos hombres dedicaban toda su energía y todo su talento a la cría de corderos por la abundancia de tierras y por la creciente demanda que había de los productos del pastoreo. También provenían de un medio cultural que daba honor y prestigio al dueño de corderos. El lugar en que más predominaba el pastoreo en Castilla, en el siglo XVI, tiene que haber formado parte de la conciencia de los inmigrantes, impulsándolos a encaminarse hacia la cría de corderos cuando lo permitieran las circunstancias. Querétaro dio al inmigrante la oportunidad de emular lo que más se estimaba en su patria.

Los agricultores

Como grupo social los agricultores comprendían tanto a los labradores marginados como a los grandes terratenientes, a los mestizos y a los negros que cultivaban sus pequeñas parcelas así como a los amos que tenían a su servicio numerosos esclavos e indios. Hasta la década de 1620 sólo unos cuantos agricultores habían logrado alcanzar un lugar distinguido en la sociedad como los criadores; pero después de esta época las diferencias que había entre unos y otros desaparecieron.

Don Pedro de Quesada, único encomendero de Querétaro, fue el primer agricultor importante de la provincia.[12] Sin embargo, algunas de las circunstancias de su vida están lejos de ser típicas de cualquier propietario de tierras de la provincia. Por el año de 1590 era dueño de más tierras agrícolas que ninguna otra persona, y algunas producían considerables cantidades de trigo. Una buena parte de la tierra vendida en la década de 1590 era o había sido propiedad de Quesada.[13] Sólo en

[11] MNAH, Alonso Rodríguez de Alarcón, 2 de junio de 1597 (1); Baltasar Martín, 17 de octubre de 1598 (1).

[12] Unicamente otro vecino de Querétaro, Diego de Villa y Padierna, aparece como encomendero. Era hijo del conquistador de Pánuco, quien originalmente tuvo en encomienda la mitad de los pueblos de Xuxunpango y Matlactonatico. Aparece solamente una vez en todos los documentos que he examinado. Miguel de Solís, 2 de abril de 1622 (8), *Relación de las encomiendas de indios hechas en Nueva España a los conquistadores y pobladores de ella, año de 1564*. France V. Scholes y Eleanor B. Adams, Eds. (Documentos para la historia del México colonial, I.) (México, 1955), p. 18.

[13] MNAH, Baltasar Martín, 5 de febrero de 1597 (1), 9 de septiembre de 1598 (1).

un caso del que se haya tomado nota manifestó interés por incrementar sus propiedades agrícolas. Ocurrió en 1599 en que de una manera muy astuta permutó a una comunidad indígena una caballería de sus tierras por otras ubicaciones junto a una granja sembrada de trigo que ya era de su propiedad. Ésta era la más valiosa de sus fincas, y al parecer la trabajó con buen resultado.[14] Existen otros documentos que nos hacen pensar que no siempre obtuvo provecho de sus tierras agrícolas. Por ejemplo, en 1606 una de las fincas que eran de su propiedad fue cedida a la comunidad indígena de San Juan del Río como compensación por 7 511 pesos que debía a los indios.[15]

Además de tierras agrícolas, Quesada era dueño de propiedades urbanas en Querétaro y en la ciudad de México. Su gran residencia y dos casas más pequeñas en la ciudad de México debieron ser de valor, ya que en 1598 recibió un anticipo de rentas de 425 pesos. A diferencia de muchos encomenderos ricos, Quesada vivía en la provincia, y no en la ciudad de México. Sus casas de la provincia, aun cuando bien ubicadas, tenían un valor muy inferior a las de la ciudad de México. En 1598 vendió una de las más valiosas por 400 pesos. Todo lo relativo a las propiedades urbanas y a las tierras para la agricultura se trataba por conducto de intermediarios.[16]

Las empresas de las minas de Xichú resultaron un mayor atractivo para Quesada que la agricultura. Nunca abandonó totalmente los cultivos, pero prefirió dedicar sus energías, su entusiasmo y su dinero en la busca de riquezas de las minas. Esta actividad llegó a ocupar a toda la familia, y finalmente, después de sufrir reveses por confiar en otros administradores, nombró a su hijo mayor, don Luis de Quesada, administrador de sus minas de Xichú. Los Quesada estaban ya tan identificados con la minería que don Pedro decía de sí mismo que era un "minero de las minas de Xichú" así como encomendero de Querétaro.[17] Tenía intereses en dos yacimientos mineros, uno que compró a Diego de Ibarra y el otro que le arrendó el alcalde mayor de Celaya. Este último comprendía seis trabajadores indígenas por una renta de 600 pesos al

[14] MNAH, Baltasar Martín, 25 de marzo de 1598 (1), 22 de enero de 1599 (1), 17 de abril de 1599 (2), 2 de mayo de 1599 (1).

[15] MNAH, Nicolás de Robles, 5 de agosto de 1606 (5).

[16] MNAH, Baltasar Martín, 7 de enero de 1598 (1), 8 de septiembre de 1598 (1), 31 de diciembre de 1598 (1).

[17] Cuatro años después dio en arrendamiento esta propiedad, referida como una hacienda de minas y un ingenio de aguas a otros dos individuos, ambos probablemente vecinos de Xichú. El juicio relacionado con el contrato se inició casi inmediatamente (uno de los socios se rehusó a pagar los derechos que el otro había abandonado) lo que hace que resulte dudoso que Quesada haya llegado a cobrar la renta. MNAH, Baltasar Martín, 2 de septiembre de 1602 (4).

año. Quesada trabajó esas minas a fines de la década de 1580, pero no pudo sostener a la familia con sus utilidades.

Hacia 1610, las deudas de la familia habían llegado a la cantidad de 29 mil pesos, en su mayoría a residentes de la ciudad de México. Este adeudo era presagio de otros de mayor cuantía, en que incurrieron otros agricultores en las décadas de 1620 y 1630. El hijo y la esposa de Quesada asumieron la responsabilidad de la deuda, y es muy probable que tuvieran que vender algunas de las más valiosas propiedades agrícolas para poder pagarla.[18]

Los demás agricultores se diferenciaban del encomendero en que se preocupaban más por los asuntos locales, y particularmente por su deseo de acumular tierras para la agricultura. Ninguno de ellos vendió tantas tierras como el encomendero. Tenían intereses económicos y afiliaciones que traspasaban los límites de la región, pero nunca llegaron a ser de mayor importancia que sus propiedades agrícolas locales. La tierra fue siempre el centro de su bienestar económico y de sus esperanzas para el futuro.[19]

Algunas de estas familias que se iniciaron a principios del siglo XVII finalmente llegaron a acumular propiedades que dejaban atrás aun a las del encomendero. Los Sánchez Grimaldos, familia muy numerosa emparentada con muchas otras familias importantes de la localidad, era dueña de grandes propiedades por el año de 1700. El capitán Nicolás Sánchez Grimaldos y Catalina Rodríguez González eran los jefes de la familia en 1700. Catalina era descendiente de uno de los primeros colonizadores, Francisco Muñoz Colchado, quien ya era un hombre rico en 1586, cuando manifestó un capital contable de 4 mil pesos.[20] Su esposo era hijo de Alonso Sánchez, quien se había trasladado a Querétaro desde el lugar de su nacimiento, en Chalco, México. Para la década de 1680, la familia tenía grandes propiedades, importantes cargos políticos (dos miembros de la familia eran alcaldes) y, por medio de matrimonios, tenían lazos con familias como la de los Mora, que fue importante en Querétaro desde el siglo XVI al XIX.[21] Uno de los nietos de la familia logró acumular una fortuna espectacular en comparación con lo usual en la provincia, ya que antes de casarse dijo tener más de 79 mil pesos, ganado, tierras y un obraje. El capitán tuvo cuatro hijos naturales y

[18] MNAH, Baltasar Martín, 4 de abril de 1597 (1), 28 de enero de 1598 (2), 2 de abril de 1598 (2), 5 de mayo de 1598 (1), 28 de julio de 1598 (2), 3 de enero de 1599 (2), 3 de septiembre de 1602 (4).

[19] MNAH, Baltasar Martín, 1o. de julio de 1597 (1), 22 de noviembre de 1603 (4); Miguel de Solís, 24 de enero de 1622 (8).

[20] MNAH, Juan Pérez de Aguilar, 5 de marzo de 1591 (3); Baltasar Martín, 17 de marzo de 1597 (1), 29 de julio de 1597 (1).

[21] AGN, Tierras, vol. 128, Exp. 1, 1o. de diciembre de 1682.

todos heredaron el nombre y la riqueza de la familia.[22] No se conoce con exactitud la extensión territorial de su finca, pero probablemente era igual a la de las fincas de otras familias similares. Por ejemplo, en 1737 el capitán don Pedro Estrada Altamirano y su hijo dijeron ser propietarios de tierras valuadas en 144 033 pesos. La finca estaba formada por seis diferentes propiedades; en algunas se cultivaba trigo y en otras se criaban corderos.[23]

Estas familias de Queretaro no dejaban de tener competencia por las tierras. A principios del siglo XVII algunos residentes de la ciudad de México compraban en la provincia tierras para la agricultura y la ganadería. Antes de esta época, los inversionistas del Sur no habían intervenido directamente en los asuntos rurales. Los que compraban tierras eran miembros muy respetados de la sociedad mexicana, personas como don León de Cervantes, don Prudencio de Armenta y don Luis de Moscoso Alvarado. Administraban sus propiedades por medio de gestores que, de preferencia, eran parientes jóvenes.[24] No se sabe cuál haya sido la extensión exacta de las fincas que eran propiedad de los de fuera de la provincia, pero parece que nunca fueron más que una pequeña minoría de propietarios, aún a fines del siglo XVIII. No obstante, su influencia social pudo ser significativa. Quizás una mayor información respecto del matrimonio de los parientes jóvenes de familias de la ciudad de México mostraría que las familias de Queretaro los utilizaron como medio adicional de establecer relaciones con la aristocracia de la ciudad de México.

Los forasteros rara vez intervenían en las pequeñas propiedades ubicadas en los linderos de la población o diseminadas en la provincia. Estas fincas, que casi nunca eran mayores de una o dos caballerías, producían fruta, maíz y un poco de trigo destinado a los mercados de la localidad. Eran propiedad de extranjeros y de otras personas que nunca lograron librarse totalmente del estigma de su origen.[25] Es difícil seguir la historia de esas granjas y de sus propietarios a través de los siglos. En toda la provincia hubo siempre fincas diseminadas, pero las relaciones que había entre ellas y sus cambios de extensión dificultan un análisis detallado. Las pruebas con que se cuenta muestran la absorción de las pequeñas propiedades por las grandes, cuando las granjas

[22] MNAH, Domingo Antonio Parras, 30 de agosto de 1708 (50).

[23] AGN, Tierras, vol. 542, Exp. 1, 22 de junio de 1736.

[24] MNAH, Baltasar Martín, 24 de junio de 1602 (4); Miguel de Solís, 10 de mayo de 1622 (9); Felipe de Santiago, 28 de julio de 1628 (11), 3 de marzo de 1631 (11); Martín Sariana (Notario de la ciudad de México), 5 de julio de 1631 (8).

[25] Véase por ejemplo la vida del inmigrante portugués Anton Martin. MNAH, Juan de Herrera, 18 de agosto de 1618 (22); Felipe de Santiago, 31 de julio de 1624 (22); 25 de agosto de 1624 (22); Domingo de Urquiza, 27 de agosto de 1624 (22), 3 de septiembre de 1624 (22).

pequeñas se enfrentaron a dificultades económicas.[26] La absorción de las pequeñas granjas fue algo más que una tendencia en la jurisdicción de Querétaro, en la que sólo quedaron doce después de la independencia. En el resto de la provincia había cientos de pequeñas granjas que producían en forma independiente o como parte de fincas más grandes.[27]

Solamente unas cuantas diferencias sociales se pueden observar entre los granjeros de los siglos XVII y XVIII y los ganaderos del siglo XVI. Eran distintas las técnicas de la producción así como el monto del capital requerido, pero esto por sí solo no creaba una nueva clase con distintas aspiraciones sociales. Los propietarios en el siglo XVIII frecuentemente eran fabricantes y comerciantes, pero aun esta fusión de ocupaciones era evidente antes de 1650. Solamente habían cambiado los recursos principales, pero no el tipo de gente que los manejaba. Como la gente era básicamente la misma, poca tensión o violencia siguió al cambio de una sociedad dominada por ganaderos a una dominada por agricultores.

Los arrendatarios

El arrendamiento agrícola hizo menos notorias las diferencias entre los dueños de propiedades y los que carecían de títulos de tierras. Las divergencias sociales entre los dueños y los arrendatarios desaparecieron casi totalmente a medida que los dueños se convirtieron en arrendatarios y éstos en dueños. La significación social del arrendamiento no consistió en haber creado una clase permanente de inquilinos que estaban a merced de un rico propietario, ni por otra parte, en la creación de rentistas que vivían en Querétaro y la ciudad de México. Esa pronunciada discrepancia no existió sino hasta fines del siglo XVIII, cuando los términos arrimado y arrendatario se aplicaban a trabajadores rurales dependientes que tenían una modesta posición económica. En los siglos XVI y XVII se utilizó con ventaja el arrendamiento, tanto por los dueños como por los trabajadores; los primeros, como mero sistema de administración de la tierra, y los últimos como medio de obtener valiosos recursos.

La carrera del inmigrante portugés Pedro Carvalho (los notarios locales siempre escribían Carvallo), comprueba la importancia del arrendamiento y la diversificación que permitía. Carvalho y su esposa María

26 MNAH, Baltasar Martín, 3 de marzo de 1597 (1), 13 de diciembre de 1597 (1), 23 de julio de 1598 (1), 10 de noviembre de 1598 (1), 29 de diciembre de 1602 (4).

27 José Antonio del Raso "Notas estadísticas del departamento de Querétaro, hechas por la asamblea constitucional del mismo, en junio de 1845", *Boletín del Instituto Nacional de Geografía y Estadística* 3 (1852), p. 186.

Ruiz figuraron por primera vez en Querétaro en 1590. Durante los diez años siguientes se dedicaron sobre todo a la trata de ganado; Carvalho probablemente inició su carrera como mayordomo de los bienes de Pedro López Mejía. Finalmente, por medio del arrendamiento, llegó a tener suficiente ganado para ser un ganadero independiente. En algún momento de esa misma década compró en la ciudad una pequeña tienda, que conservó durante varios años antes de venderla a otro ganadero en 1602. Para entonces ya también era dueño de un viñedo, de un jardín y de unas casas que le producían una renta anual de 200 pesos. La carrera de Carvalho sufrió una transformación durante el período transcurrido entre 1598 y 1602. Después de 1598, su interés por la ganadería cedió ante sus negocios comerciales. Como era dueño de una pequeña tienda, había organizado una sociedad mercantil con comerciantes de la localidad y habían aumentado sus deudas a los almacenes de la ciudad de México. Carvalho era un verdadero comerciante, pero no nominalmente. Después de vender su tienda en 1602 volvió a interesarse por la tierra y tomó en arrendamiento un terreno agrícola para la siembra de trigo de un propietario local de quien previamente había recibido ganado en alquiler. La carrera de Carvalho, como ganadero, personaje en el comercio local y agricultor mostró una gran cantidad de inesperados cambios y de diversidad. Al dar cada nuevo paso utilizaba el arrendamiento para conseguir recursos que no hubiera podido obtener directamente.[28]

Los arrendadores de ganado como Carvalho generalmente eran propietarios de tierras, o las arrendaban para el pastoreo de sus carneros. En caso contrario, podían llevar a pastar a su ganado alquilado entre los rebaños del arrendador. Con frecuencia los grandes rebaños que se trasladaban de Querétaro a Michoacán o hacia el Norte incluían corderos alquilados. Cuando era así, se establecían estrechas relaciones entre los dueños y los arrendatarios. El arrendatario vendía lana y borregos al dueño y contaba con él para que le diera crédito. En este caso, el arrendatario desempeñaba más bien un papel como de mayordomo que había adquirido una participación importante en los rebaños que cuidaba, aun cuando en ocasiones buscaba mercados de manera independiente a fin de obtener la parte que le correspondía en el total de los bienes.[29] Muchos inmigrantes iniciaron su carrera precisamente de esta manera.

[28] MNAH, Juan Pérez de Aguilar, 20 de noviembre de 1590 (3), 28 de diciembre de 1590 (3); Baltasar Martín, 13 de marzo de 1597 (1), 7 de mayo de 1597 (1), 6 de julio de 1598 (2), 11 de julio de 1598 (1), 23 de julio de 1598 (2), 2 de octubre de 1598 (1), 25 de octubre de 1598 (2), 3 de diciembre de 1598 (2), 27 de agosto de 1602 (4), 29 de diciembre de 1602 (4).

[29] MNAH, Andrés de Trujillo, 28 de septiembre de 1597 (1), 24 de agosto de 1598 (1), 13 de septiembre de 1598 (1), 25 de octubre de 1598 (1), 25 de diciembre de 1597 (1), 1o. de enero de 1599 (2).

Los que lograban un feliz resultado, en ocasiones tan sólo al cabo de unos cuantos años, eran dueños de grandes rebaños que debían en arrendamiento a los demás. Las utilidades que derivaban de sus empresas les permitían crearse una cómoda posición en la sociedad de provincia. Los que no tenían buen resultado seguían como arrendatarios o como trabajadores bajo la dependencia del dueño de los bienes.[30]

El arrendamiento de terrenos agrícolas era semejante al de pastizales y de corderos. Los arrendadores intervenían en diversas actividades, principalmente como intermediarios financieros entre los arrendatarios y los acreedores. Aun cuando el arrendamiento de tierras con fines agrícolas fue tan frecuente como el de los de pastizales, parece que no intervino tanto en la acelerada transformación de la posición social como el pastoreo en los principios del siglo XVII. Algunos arrendatarios finalmente llegaron a ser propietarios, pero los casos en que tuvieron éxito no son tan impresionantes.[31] Las tierras arrendadas con fines agrícolas daban también una oportunidad de ganancia a los negros libres aun cuando la falta de pruebas nos hace difícil precisar el éxito que hayan tenido como agricultores.[32]

También había otras familias distintas de las que se han identificado estrictamente como agricultores o ganaderos, que tomaban igualmente tierras en arrendamiento. Duarte de Tovar se aventuró en las actividades agrícolas al tomar en arrendamiento una hacienda de un antiguo socio y abastecedor de lana.[33] Los tres hijos de Tovar siguieron su ejemplo. Todos llegaron finalmente a ser magnates rurales en la Nueva España. El capitán Antonio de Echaide, el capitán Antonio Godínez y Luis de Tovar, quien compró en 126 mil pesos el cargo de "secretario de la gobernación y guerra de Nueva España", lograron su arraigo inicial en el Norte mediante el arrendamiento de propiedades en los alrededores de Querétaro. Los dos hijos más activos en Querétaro fueron Antonio de Echaide y Luis de Tovar. El primer caso comprobado de arrendamiento de tierras por parte de Luis de Tovar ocurrió en 1606 cuando tomó en alquiler tierras para pastoreo en la provincia de Avala. Con posterioridad ya no vuelve a aparecer en los registros locales sino hasta 1631, cuando tanto él como su hermano eran, definitivamente, terratenientes bien establecidos. Diez años después, las propiedades de Luis

[30] MNAH, Baltasar Martín, 3 de julio de 1597 (1), 24 de agosto de 1598 (1), 13 de septiembre de 1598 (1), 25 de octubre de 1598 (1), 25 de diciembre de 1598 (1), 1o. de enero de 1599 (2).

[31] MNAH, Baltasar Martín, 22 de febrero de 1598 (1), 25 de marzo de 1598 (2); 9 de septiembre de 1602 (4); Nicolás de Robles, 30 de enero de 1606 (5), 23 de febrero de 1606, 4 de marzo de 1606 (5), 29 de abril de 1606 (5).

[32] MNAH, Tomás de los Reyes, 13 de enero de 1614 (1).

[33] MNAH, Baltasar Martín, 14 de marzo de 1602 (4).

eran enormes. Comprendían tres haciendas de corderos valuadas en 46500 pesos, que arrendaba a los residentes de Querétaro, diez estancias valuadas en 2 300 pesos y cincuenta estancias en Nuevo León, que no habían sido valuadas.[34]

Antonio de Echaide tuvo vínculos más estrechos y de mayor duración con la provincia que su hermano. En 1602 él y su padre encargaron a un sacerdote de la localidad que solicitara al rey de España títulos de nobleza para la familia, gestión cuyo resultado es incierto. De esa época en adelante su carrera se desenvolvió a través de tres fases sucesivas, cada una de las cuales vino a elevar su posición social. En 1606 era teniente de alcalde mayor de la localidad, en 1622 alcalde mayor de San Miguel y San Felipe y en 1631 alcalde mayor de Texcoco. Durante todo el tiempo en que prestó sus servicios como funcionario en diversas poblaciones conservó su domicilio en Querétaro (fue sólo en el decenio de 1640 cuando apareció como domiciliado en México) y grandes intereses económicos en la provincia. Hacia 1614 tomó en arrendamiento grandes extensiones de terrenos y abasteció de carneros a Zacatecas; diez años después, cuando aún era alcalde mayor de Texcoco, compró lana en el Bajío, probablemente para utilizarla en los obrajes de Texcoco. La destacada posición que tenían en Querétaro Antonio de Echaide y Luis de Tovar era bien reconocida; los dos arrendaban grandes rebaños de carneros, estancias y fincas para cultivar trigo, y disponían de grandes recursos de capital para los ganaderos del valle.[35]

Además de los Tovar, otros vecinos de Querétaro que eran conocidos única y estrictamente como comerciantes, incluso dueños de tiendas al menudeo, tomaban en arrendamiento tierras y carneros. En la mayoría de los casos los arrendamientos no traían consigo un cambio en la conducta económica de los comerciantes. Sus clientes y su capital estaban tan íntimamente entrelazados con los mercados rurales que el paso final de tomar en arrendamiento ganado y tierras parecía un avance natural.[36]

De la tierra que se cultivaba bajo contratos de arrendamiento se obtenía una parte significativa de los productos de la provincia. Por medio de las opciones inherentes al arrendamiento de la tierra, los

[34] AGN, Vínculos, vol. 51, 1634-1643. La muy celebrada secretaría que compró en 1619 en 126,000 pesos se estimó ingenuamente en 1641 que tenía un valor de 50,000 pesos.

[35] MNAH, Baltasar Martín, 14 de marzo de 1602 (4), 8 de abril de 1602 (4), Nicolás de Robles, 8 de abril de 1606 (5), 6 de junio de 1609 (5); Tomás de los Reyes, 13 de marzo de 1614 (1), 13 de septiembre de 1614 (1), 13 de noviembre de 1614 (1); Miguel de Solís, 22 de febrero de 1622 (8); Felipe de Santiago, 24 de marzo de 1631 (11), 7 de septiembre de 1631 (11).

[36] MNAH, Juan Pérez de Aguilar, 2 de junio de 1590 (3), 2 de abril de 1590 (3), 17 de febrero de 1591 (3), 26 de abril de 1590 (3); Baltasar Martín, 24 de febrero de 1597 (1), 23 de agosto de 1598 (1); Tomás de los Reyes, 1o. de diciembre de 1614 (1).

propietarios podían utilizar todos sus recursos, por muy diversos que fueran. Los propietarios no conservaban la tierra por consideraciones exclusivamente especulativas o de prestigio. Como resultado, era muy poca la tierra productiva de la provincia que se quedaba sin sembrar durante largos períodos. A la inversa, el arrendamiento permitía igualmente a los dueños de tierras y de ganado incrementar sus empresas, generalmente de manera consistente con sus intereses económicos ya establecidos, sin tener que destinarles grandes cantidades de dinero. Para el arrendatario, el arrendamiento de propiedades rústicas era el primer paso para convertirse en propietario. Los inmigrantes que acababan de llegar a Querétaro sin experiencia, sin dinero ni otros recursos, encontraron que el arrendamiento era la manera más conveniente de tener acceso a la riqueza rural y a la posición social. Muchos de los más grandes ganaderos de los siglos XVI y XVII habían iniciado su carrera como arrendatarios.

Tierras propiedad de la iglesia

Así como los individuos, las instituciones religiosas y filantrópicas españolas eran propietarias de tierras ubicadas en la provincia y las arrendaban. Su riqueza provenía en primer lugar de sus extensas propiedades agrícolas y en segundo de los donativos y legados que recibían. Hacia la década de 1630, la Iglesia, que aún estaba formada principalmente por el clero regular, era uno de los mayores propietarios. Por aquella época eran dueños de tierras los monasterios de San Francisco, de San Antonio, los carmelitas y la Compañía de Jesús. Igualmente era propietario de tierras el convento de Santa Clara de Jesús, fundado por don Diego de Tapia en 1606. Las cofradías asociadas a los diferentes monasterios eran dueñas de tierras y de corderos, y los daban en arrendamientos anuales. Por ejemplo, la cofradía del Santísimo Sacramento por el año de 1600 arrendaba rebaños de decenas de miles de cabezas.[37] Otras dos instituciones eran importantes propietarios; el hospital y el orfanatorio de la ciudad, y las dos eran dueños de rebaños de corderos.[38] A mediados del siglo XVII la mayor corporación propietaria de tierras era el convento de Santa Clara de Jesús.

Desde su fundación el convento era dueño de seis grandes fincas de trigo, de cuatro de maíz y de numerosas estancias de ganado mayor y de carneros; y estas tierras le producían un ingreso anual de 13 500 pesos.[39]

[37] MNAH, Baltasar Martín, 17 de agosto de 1598 (2).

[38] MNAH, Felipe de Santiago, 14 de septiembre de 1628 (11), 28 de septiembre de 1628 (11).

[39] Alonso de la Rea, *Crónica de la Orden de N. Seráfico P.S. Francisco, Provincia de San*

Con la ayuda de buenos administradores y substanciosos legados el convento progresó sobre estas bases y pronto surgió como el terrateniente más importante de la provincia. En 1626, ya era dueño de 19 diversas propiedades, la mayoría de las cuales las daba en arrendamiento a residentes de Querétaro parecidos a los que ya se han mencionado. Las rentas que percibía en 1625 y 1626 ascendían a 6 751 pesos. Recibía también otros 2 118 pesos que provenían del arrendamiento de la mayoría de sus rebaños de 24 802 corderos. El convento conservaba solamente unos pequeños rebaños para su subsistencia y vendía la lana sobrante. Por último, también percibió la pequeña cantidad de 100 pesos en 1626, proveniente del arrendamiento de sus propiedades urbanas. Las monjas de Querétaro, lo mismo que otros propietarios de provincia, no hacían grandes inversiones en propiedades urbanas.[40]

El convento en cambió sí administraba directamente tres fincas rústicas que le producían dinero en efectivo y productos agrícolas. En 1625 las tres fincas, San Juanico, Quimilpa y La Carretería, producían un total de 3 142 fanegas de trigo, 801 de maíz, 73 de frijol y 44 de chile. Por desgracia, estas cifras no son totalmente representativas de la producción, porque en ese año los peones indios no levantaron las cosechas en las tierras de Quimilpa y hubo un excedente en las cuentas que provenían de la producción de años anteriores. En 1626 las cifras parecen mostrar una reducción de la producción agrícola. Hubo grandes inundaciones que impidieron que se levantaran las cosechas de frijol y de chile, y que también redujeron las de trigo y maíz. Aun cuando estas cifras son incompletas no dejan de mostrar que el convento sólo dependía de la producción agrícola como fuente secundaria de ingresos. Los ingresos de más de 10 mil pesos que obtuvo en 1625 provenían en su mayor parte del arrendamiento y no de la venta de los productos agrícolas.[41]

Durante la mayor parte del siglo XVII el convento se ajustaba bien a la pauta general de la propiedad en Querétaro. Sus sistemas de producción, los diversos tipos de tierra que tenía, las cosechas que levantaba, el número de peones que empleaba, y todo el manejo de las tierras del convento era en efecto virtualmente igual al de las fincas de propiedad de particulares. La propiedad de tierras puede haber sido significativa socialmente para el convento pero, lo que es más importante, le ofrecía una inversión segura y productiva. No hay nada que demuestre que se haya dejado inactiva durante un largo período de tiempo ninguna de las propiedades del convento. La explotación ininterrumpida de la tierra,

Pedro y San Pablo de Michoacán en la Nueva España (México, 1882), pp. 157-162.

[40] Los censos sobre la propiedad le producían un ingreso adicional. AHMNAH, Fondo Franciscano, vol. 92, folios 10-31.

[41] *Ibid.*

ya sea por medio de la producción directa o por medio de contratos de arrendamiento, era la clave de su política de administración. Otra característica que reflejan los libros de contabilidad es la aparente autosuficiencia del convento. El mayordomo del convento y toda la gente que estaba a su servicio explotaban suficiente tierra y ganado para subvenir las necesidades de las monjas y de sus empleados. Los artículos que se cultivaban y se consumían por el convento incluían los cuatro productos principales de la localidad: trigo, maíz, chile y frijol, y también indudablemente aves de corral, productos cítricos y verduras. La autosuficiencia del convento puede haber sido en cierta forma anómala. Había fincas que no contaban con huertas o con tierras de cultivo, en tanto que otras probablemente las tenían. Las propiedades más grandes y más complejas tenían extensas tierras y muchos trabajadores, circunstancias que al mismo tiempo determinaban y hasta obligaban a que hubiera una tendencia a la autosuficiencia. Las fincas agrícolas más pequeñas no dejaban que se desviara la atención de la cosecha de productos para el mercado. Entre los terratenientes de Querétaro puede haber existido cierta tendencia hacia la autosuficiencia, pero era ligera y no se oponía a la producción de artículos destinados al mercado.

La organización de las finanzas del convento se modificó de manera importante en el siglo XVII. Los libros de contabilidad de 1625 a 1627, de 1652 a 1654 y de 1667 a 1668 revelan que los censos (gravámenes sobre la propiedad) contribuían con un porcentaje cada vez mayor de los ingresos. En 1625, los censos produjeron un cinco por ciento de los ingresos del convento; en 1668, cuarenta y dos por ciento. El aumento de los ingresos derivados de los censos se produjo en un momento en que se habían reducido los de los productos agrícolas y de las rentas. La mayor parte de las tierras del convento se vendieron por los años de 1690, y para fines del siglo XVIII el convento era un terrateniente insignificante. Los continuos problemas administrativos, el aumento incontenible de los gastos y el deseo de volver a una vida más espiritual determinaron esas ventas.[42] A pesar de que ya no poseía tierras, el convento seguía teniendo importante influencia rural por sus inversiones en préstamos e hipotecas. *(Apéndice II).*

En el siglo XVII, miembros particulares del clero, además de las instituciones religiosas, acumularon propiedades. Los presbíteros (clérigos seculares) formaban ya un notorio grupo social por el año de 1700, que afirmaban tener parentesco con las más importantes familias de la ciudad y que vivían de rentas vitalicias calculadas en relación con las

[42] Asunción Lavrin, "El convento de Santa Clara de Querétaro. La administración de sus propiedades en el siglo XVII", *Historia Mexicana* 25:1 (julio-septiembre 1975), pp. 100-110. AHMNAH, Fondo Franciscano, vol. 92, folios 10-31.

propiedades rústicas y urbanas. El aumento del número de presbíteros (a principios del siglo XVII sólo uno aparecía en los registros notariales) es un ejemplo más del incremento económico de la provincia. Las familias que habían adquirido propiedades durante los primeros años de la colonización habían prosperado lo bastante para crear beneficios en favor de sus hijos y sobrinos; algunos de estos curas jóvenes heredaron igualmente muy buenas propiedades.[43]

Todos los presbíteros hacían alarde de pertenecer a las clases más elevadas de la sociedad española, aun cuando había muy notorias diferencias en cuanto al monto de sus propiedades. Uno de los hombres más influyentes de la provincia era el presbítero y criador de ganado mayor y menor don Juan Caballero y Ocio, quien utilizaba sus enormes propiedades en el Bajío y en Nueva Galicia para financiar las empresas de los misioneros.[44] En el otro extremo se encontraba Antonio Rodríguez Jaimes, presbítero que murió quejándose de que había vivido en la pobreza sin tener siquiera una pequeña renta vitalicia con que sostenerse.[45] Entre estos dos extremos la mayoría de los presbíteros eran dueños de tierras, esclavos y plata, y vivían de una manera muy semejante a los agricultores y ganaderos que se han descrito.[46]

El personal de las fincas

Con excepción de los más pequeños ganaderos y agricultores, todos administraban sus bienes mediante mayordomos, hasta que en el siglo XVIII la palabra administrador se hizo más común. La responsabilidad de los mayordomos difería, de acuerdo con la complejidad y la organización de la empresa. Se elegían con gran cuidado ya que diariamente tenían que tomar decisiones importantes relacionadas con los bienes. En un principio los dueños siguieron la práctica común en todos los negocios de tratar de colocar a sus parientes como administradores. Donde más se podía confiar en ellos era al administrar las cuentas de la finca. Los parientes que más frecuentemente se empleaban eran sobrinos, hermanos y yernos. Los parientes generalmente trabajaban como

[43] MNAH, Diego García de la Paz, 7 de octubre de 1684 (42); Salvador de Perea, 21 de marzo de 1705 (51).

[44] MNAH, Diego García de la Paz, 20 de octubre de 1683 (42); MNAH. "Libro de becerros", 1697-1720", (27-28).

[45] MNAH, Sebastián Carrillo, 8 de marzo de 1566 (19).

[46] MNAH, Diego García de la Paz, 7 de octubre de 1684 (42), Juan Rodríguez Villaseñor, 17 de noviembre de 1684 (42); Ignacio Zerrano, 25 de julio de 1708 (48); Domingo Antonio Parra, 5 de julio de 1713 (51); MNAH "Libro de becerros, 1697-1720" (27-28).

empleados asalariados y en ocasiones como dueños de una parte de la tierra o del ganado. Los que vivían fuera de la provincia actuaban más bien como corredores que como administradores: hacían compras y ventas y cobraban adeudos.[47]

Los dueños de fincas que habían dado a sus parientes el cargo de administradores encontraron la confianza y la continuidad que buscaban. Unos cuantos más también lo lograron. El administrador de don Pedro de Quesada se quedó en la finca durante dos décadas después del fallecimiento de Quesada. El mayordomo del capitán Marcos García Sotomayor fue jubilado en 1628 después de veinte años de prestar fielmente sus servicios. Estas personas ya se habían convertido en miembros de la familia en todo salvo en cuanto al parentesco.[48] Otros dueños, sin embargo, no fueron tan afortunados. El mayordomo de doña María del Río durante cinco años se negó a rendirle cuentas exactas de los fondos de la finca. Sus problemas se complicaron más cuando el mayordomo falleció intestado y en una población lejana.[49]

El cargo de administrador traía consigo algo más que la sola supervisión de los bienes de otra persona. Existían diversos niveles en la relación que había entre el administrador y las fincas, y algunos conducían al mejoramiento económico de los administradores. Los administradores con iniciativa eran dueños de rebaños de corderos y de tierras y los daban en arrendamiento, frecuentemente fuera de la finca del dueño. Compraban y vendían corderos y lana por su propia cuenta. A fin de obtener crédito para efectuar esas operaciones, a menudo confiaban en sus amos. Las dobles actividades de los mayordomos, que les permitían crear sus pequeños negocios dentro de los negocios del amo, favorecían y al mismo tiempo contradecían la tendencia que mostraban a la estabilidad. Las condiciones en que prestaban sus servicios pueden haber incluido el beneficio de poder llevar a pastar sus pequeños rebaños junto con los del amo, lo cual determinaba que rindiera buenas ganancias el ser dueño de rebaños pequeños. Esas mismas condiciones propiciaban que un administrador que realizaba buenos negocios se pudiera convertir a la postre en propietario independiente.[50]

[47] MNAH, Baltasar Martín, 19 de febrero de 1598 (3); 22 de octubre de 1598 (1), 29 de diciembre de 1602 (4); Andrés de Trujillo, 26 de febrero de 1598 (1); Nicolás de Robles, 7 de enero de 1606 (5); Miguel de Solís, 24 de enero de 1622 (8), Felipe de Santiago, 1o. de marzo de 1626 (11); Sebastián Carrillo, 28 de enero de 1656 (6).

[48] MNAH, Gaspar de Porras, 10 de enero de 1609 (7); Miguel de Solís, 20 de mayo de 1622 (9); Felipe de Santiago, 2 de octubre de 1628 (11), Salvador de Perea, 30 de agosto de 1708 (51).

[49] MNAH, Salvador de Perea, 22 de noviembre de 1707 (50).

[50] MNAH, Andrés de Trujillo, 28 de septiembre de 1597 (1), 19 de febrero de 1598 (1); Baltasar Martín, 24 de agosto de 1598 (1), 29 de septiembre de 1598 (1), 5 de octubre de 1602 (4); Nicolás de Robles, 3 de septiembre de 1601 (5), 29 de septiembre de 1606 (5).

El uso indiscriminado del término "mayordomo" por parte de los dueños no debería implicar que los mayordomos formaran un grupo uniforme social y económico. La posición del mayordomo en la sociedad de provincia era distinta según las tareas que realizaba y las instituciones con las que estaba asociado. Diego Montañez, por ejemplo, mayordomo del convento de Santa Clara, era un hombre educado que tenía bajo su responsabilidad el diario regenteo de una enorme empresa económica. Su sueldo de 600 pesos anuales comprueba la importancia de su cargo. Montañez era un hombre amable, muy respetado localmente que hacía negocios con las personas más importantes de la provincia y de la ciudad de México.[51] Ya para el siglo XVIII algunos administradores tenían el título de don, y por medio del matrimonio habían entrado a formar parte de buenas familias. Don Mateo de Servito, administrador de la enorme hacienda de Juriquilla y hombre de negocios, se casó con dos doñas de la localidad; aportó más de 5 000 pesos a cada matrimonio y no recibió nada en cambio, lo que demuestra que un administrador aún no era un propietario.[52] Pero estas eran las excepciones. La mayoría de los administradores vivían en el campo y ganaban de 60 a 200 pesos anuales, lo cual nunca fue suficiente para que se pudieran trasladar a la ciudad.[53]

En las grandes fincas un grupo de empleados contratados por el dueño constituían el complemento del mayordomo. Por medio del instrumento jurídico del mandato, las fincas de Querétaro quedaban íntimamente ligadas a un sistema comercial que comprendía desde México al sur hasta Guadalajara al oeste y hasta Zacatecas y Nuevo León al norte. Los apoderados que residían en estas poblaciones eran como prolongaciones de la finca, y eran la conexión entre los terratenientes de la provincia y los grandes centros urbanos. Ya notorios por la década de 1590, se incrementaron esos lazos durante el siglo siguiente.[54]

Los mayordomos inspeccionaban el trabajo del resto del personal de la finca y eran el enlace entre los dueños y los amplios sistemas comerciales. Junto con numerosos indios, negros y mulatos había españoles pobres conocidos como labradores y pastores que cultivaban las fincas

[51] MNAH, Miguel de Solís, 18 de enero de 1622 (7), 9 de noviembre de 1622 (8); Felipe de Santiago, 16 de octubre de 1628 (11), 25 de marzo de 1630 (11); AHMNAH, Fondo Franciscano, vol. 92, folio 27.

[52] MNAH, Salvador de Perea, 6 de febrero de 1707 (50).

[53] AHMNAH, Fondo Franciscano, vol. 92, folios 13v-14v, 25v, 27v; MNAH, Salvador de Perea, 7 de mayo de 1710 (5), 22 de enero de 1711 (50).

[54] MNAH, Juan Pérez de Aguilar, 28 de septiembre de 1590 (3), 3 de abril de 1591 (3), Baltasar Martín, 3 de agosto de 1598 (1), 9 de agosto de 1598 (1), 7 de agosto de 1602 (4); Miguel de Solís, 30 de marzo de 1622 (9), 11 de julio de 1622, (9), 18 de julio de 1622 (9); Lorenzo Vidal de Figueroa, 14 de octubre de 1626 (9); Felipe de Santiago, 17 de octubre de 1628 (9); 15 de julio de 1622 (9).

de trigo y que acompañaban a los rebaños de corderos en sus migraciones de temporada. En este caso, el labrador es comparable desde el punto de vista social con el estanciero de la época de la conquista, o sea un empleado a sueldo que no tenía otra cosa que hacer que su diaria rutina de trabajo. No tenía bienes inmuebles de ninguna clase, ni siquiera una humilde casa en la población. El trabajo que efectuaba el labrador estaba exactamente un escalón arriba del que realizaban los trabajadores libres no españoles. A pesar de tener recursos tan limitados, los labradores se trasladaban de una finca a otra, aparentemente según la necesidad que había de trabajadores españoles.[55] El pastor era el otro tipo de trabajador español, también geográficamente inestable. Algunos pastores ganaban buenos sueldos (400 pesos anuales en 1637)[56], pero eran en general semejantes a los labradores por la característica marginal de sus vidas.[57] Por muy malas que fueran sus circunstancias económicas, los trabajadores rurales españoles estaban ligados con el mundo de los españoles por medio de quienes los empleaban, que frecuentemente los nombraban albaceas en su testamento, o por lazos de parentesco, de manera sorprendente con algunos de los más importantes vecinos de la ciudad, y por medio de la cofradía del Santísimo Sacramento que les permitía convertirse en uno de sus miembros.[58]

Las levas de trabajo organizado de los indios (repartimientos) trabajaban en los campos de Querétaro, pero no se conoce con exactitud qué es lo que abarcaba ni su duración. Las poblaciones que están al norte y al oriente, concretamente el poblado minero de Xichú y el centro triguero de Celaya, pidieron trabajadores a Querétaro en 1591 y 1603. En el primero de dichos años las autoridades dispusieron que se enviaran 200 peones indios a Celaya durante los meses de mayo y junio; y en el último enviaron a la mitad de los peones indios que había en Querétaro para

[55] El labrador, que era un trabajador asalariado, se diferenciaba muy considerablemente del que con anterioridad en este capítulo se ha definido como granjero. MNAH, Baltasar Martín, 26 de enero de 1598 (1), 27 de enero de 1598 (2), 1o. de marzo de 1598 (1), 3 de julio de 1598 (1), 22 de diciembre de 1598 (1).

[56] ANQ, Domingo de Urquiza, 23 de julio de 1637 (Civil, 1637-1648).

[57] No hay suficientes informaciones sobre los labradores y los pastores que nos permitan hacer una descripción completa de las diferencias sociales y económicas que existían entre los dos. El uso de esos términos nos da indirectamente un indicio. Los primeros labradores eran siempre españoles, en tanto que los pastores eran frecuentemente indios y mestizos. Las diferencias étnicas y el uso que se hacía del término labrador implica que había importantes diferencias sociales entre los labradores y pastores. Véanse las notas 55 y 58

[58] MNAH, Juan Pérez de Aguilar, 10 de abril de 1590 (3), 4 de noviembre de 1590 (3); Baltasar Martín, 25 de febrero de 1597 (1), 9 de marzo de 1597 (1), 22 de julio de 1597 (1), 26 de enero de 1598 (2), 27 de enero de 1598 (2); 1o. de marzo de 1598 (1), 5 de junio de 1598 (2); Miguel de Solís, 22 de enero de 1622 (8).

que cosecharan el trigo de Xichú.[59] Las levas de trabajadores probablemente constituyeron una fuente de trabajo poco frecuente para los agricultores de Querétaro. Para los años de 1590 era más frecuente la contratación de determinados indios. Los contratos que se celebraban entre el dueño y el trabajador eran semejantes a los de los obrajes de Querétaro. El trabajador se comprometía a trabajar para quien lo empleaba hasta que quedaba pagada su deuda, que generalmente estaba contraída originalmente en favor de una tercera persona. Los sueldos oscilaban entre dos y cuatro pesos mensuales (cantidades iguales a las que se pagaban a los trabajadores indios de los obrajes) durante toda la primera parte del siglo XVII.[60]

En un principio, sólo un pequeño número de trabajadores residía permanentemente en las fincas agrícolas. Las fincas productoras de trigo empleaban de uno a doce trabajadores indios de tiempo completo. Por ejemplo, Juan Jaramillo, un próspero agricultor en 1606, sólo tenía cuatro peones indios permanentes.[61] Es probable que el personal haya aumentado mediante el empleo de trabajadores temporales durante las épocas de siembra y de cosecha. Las instituciones que eran propietarias de tierras como el convento de Santa Clara de Jesús tenían un personal de peones indios más numeroso y más especializado. No se menciona en las cuentas el número real de trabajadores, pero con base en los sueldos anuales, tiene que haber sido muy elevado. Los indios de la finca de San Juanico percibían 1 983 pesos, los de Quimilpa 502 pesos y los cuatro carpinteros indios que había en las fincas percibían 351 pesos.[62]

A medida que las haciendas crecían y destinaban más recursos a la producción de cosechas, tenían necesidad de emplear más trabajadores. Al principiar el siglo XVIII, algunas tenían ya una gran cantidad de trabajadores. Una de las que empleaba más trabajadores era la hacienda y obraje de Jurica, que daba empleo a 203 trabajadores hombres, a 184 mujeres y a 66 niños. Por lo menos este era el número de trabajadores indios con adeudos que aparecen en un inventario levantado en 1725.[63] También trabajaban en Jurica seis esclavos negros y 13 indivi-

[59] AGN, General de Parte, vol. 4, Ep. 441, 20 de abril de 1591, vol. 6, Exp. 494, 3 de junio de 1603.

[60] MNAH, Baltasar Martín, 5 de agosto de 1598 (1), 21 de noviembre de 1598 (1), 12 de diciembre de 1598 (1), 22 de diciembre de 1598 (1); Nicolás de Robles, 30 de enero de 1606 (5), 23 de febrero de 1606 (5), 4 de marzo de 1606 (5); Tomás de los Reyes, 22 de diciembre de 1622 (8).

[61] MNAH, Nicolás de Robles, 14 de abril de 1606 (5); Miguel de Solís, 24 de enero de 1623 (8); 3 de agosto de 1622 (9), 24 de agosto de 1622 (8); Felipe de Santiago, 3 de marzo de 1631 (11), 10 de octubre de 1631 (11).

[62] AHMNAH, Fondo Franciscano, vol. 92, folio 14-14v.

[63] AGN, Tierras, vol. 440, Exp. 4, 21 de febrero de 1725.

duos que habían cometido delitos y habían quedado bajo la custodia del dueño. De esta época en adelante aumentó todavía más la población de trabajadores que residían en las fincas, hasta que a principios del siglo XIX varias haciendas que estaban próximas a Querétaro tenían más de 200 residentes, en su mayoría indios tributarios.[64] Los trabajadores temporales, a los que se conocía como gente alquilada, realizaban sus faenas junto con el personal residente durante la siembra y la cosecha.[65]

Así como los indios trabajaban principalmente en las fincas trigueras, los negros trabajaban generalmente en las estancias. El empleo de esclavos en el campo fue frecuente en Querétaro por lo menos hasta mediados del siglo XVII. La mayoría de los propietarios de estancias eran dueños de esclavos y tenían más que los agricultores y los comerciantes. Cuando se vendían las tierras de las estancias, hasta doce esclavos quedaban incluidos en la operación. Los agricultores que se especializaban en cítricos o en hortalizas empleaban también más esclavos que los que se dedicaban a otro tipo de agricultura. Aun cuando los negros realizaban trabajos que iban mucho más allá que los de los esclavos domésticos urbanos, se dedicaban sobre todo a faenas más especializadas, como la horticultura y la cría de ganado. Solamente en raras ocasiones trabajaban con los indios en las fincas de trigo y de maíz.[66]

Dos acontecimientos críticos tuvieron influencia en la historia del trabajo rural durante mediados y fines de la época colonial. El primero fue el cultivo más intenso de la tierra al iniciarse las décadas de 1620 y 1630. A fin de obtener mayores cosechas de productos agrícolas, se requirió una fuerza de trabajo más grande y más permanente. Este requisito se pudo satisfacer porque la población indígena había venido aumentando a partir de los años de 1590. *(Cuadro 26)*. Los dueños emplearon el mismo procedimiento de anticipar sueldos y de pagar las deudas a fin de tener asegurados a los trabajadores que habían venido utilizando desde la década de 1590. El segundo acontecimiento fue el rápido incremento en la población rural con posterioridad a 1750, lo que facilitó el camino hacia los sistemas de arrendatarios y arrimados que ya se han mencionado. Las encomiendas, los repartimientos y los sistemas de trabajo de los indios que venían desde antes de la conquista no habían tenido gran repercusión en el campo de Querétaro.

[64] AGN, Tierras, vol. 3,569, Exp. 9, 28 de noviembre de 1803.

[65] "Carta del licenciado Miguel Domínguez", 12 de octubre de 1802, *Boletín del Archivo General de la Nación* (2a. serie) XI, 3-4 (1970, p. 299).

[66] MNAH, Juan Pérez de Aguilar, 18 de agosto de 1589 (3); Clemente Pérez de Anda, 21 de enero de 1622 (9); Miguel de Solís, 14 de marzo de 1622 (9); Felipe de Santiago, 31 de enero de 1624 (22).

El financiamiento de las fincas

La persona más importante que había en el campo para el financiamiento de cualquiera actividad era el "aviador". Frecuentemente era una persona que tenía el carácter de comerciante cuyos recursos le permitían garantizar las operaciones de una finca y que tenía la perspicacia necesaria para sacar provecho de la situación. La ayuda financiera a las fincas tenía dos formas distintas: se les abastecía directamente de mercancías de las tiendas o almacenes, o se les daba acceso a los mercados de dinero de Querétaro y de la ciudad de México. El flujo de mercancías o de dinero de los comerciantes y de otros prestamistas creaba una corriente permanente de capital de operación para las fincas y creaba una estrecha relación entre los terratenientes y los financieros urbanos.

Durante las últimas décadas del siglo XVI las fuentes de dinero para las fincas de Querétaro estuvieron equilibradas entre los residentes locales y los de la ciudad de México. Los potentados del lugar, como Duarte de Tovar o Pedro de Soto, proporcionaban bienes y crédito para las fincas de trigo o de ganado. Además de las relaciones recíprocas establecidas entre los prestamistas y los terratenientes, que ya se han mencionado, el abastecimiento de bienes y de crédito por parte de estas personas les garantizaba su posición de compradores en primer término y de mayoristas de productos del campo. Para la década de 1620, esta situación se había modificado, ya que la riqueza de la ciudad de México había logrado predominar, sobre las fuentes locales de capital. Los comerciantes de la provincia siguieron tomando parte activamente en las operaciones de las empresas del campo, pero la página de los libros mayores relativa a los adeudos estaba llena de nombres de vecinos de la ciudad de México. Una de la razones de este cambio era que las necesidades de capital habían aumentado. En los años de 1590 los ganaderos debían a los comerciantes de la localidad cantidades que ascendían a cientos de pesos, rara vez más de mil o dos mil pesos. Treinta años después, frecuentemente debían cantidades de más de 10 mil pesos. El cambio en las fuentes del crédito rural no ocurrió como un fenómeno aislado. Formaba parte de una pauta que mostraba la importancia cada vez mayor de los residentes de la ciudad de México, tanto como comerciantes que abastecían los mercados locales que como individuos que adquirían tierras en la provincia.[67]

La ciudad de México, sin embargo, nunca logró tener un monopolio absoluto del crédito, porque los ganaderos y los agricultores siempre tenían la posibilidad de dirigirse al convento de Santa Clara de Jesús.

[67] Para tener ejemplos de adeudos en favor de residentes de Querétaro véase MNAH, Juan Pérez de Aguilar, 17 de octubre de 1591 (3); Baltasar Martín, 21 de marzo de 1597

El convento era el inversionista más importante del Bajío oriental, tenía hipotecas en su favor de una gran extensión de tierras y hacía frecuentes préstamos a los terratenientes. En el Apéndice II se muestra el control que tenía el convento sobre la propiedad rural. Cientos de propiedades rústicas y urbanas adeudaban grandes cantidades al convento. A fines del siglo XVII, el convento proporcionaba igualmente dinero en forma de depósitos, que eran préstamos directos en los que se aplazaba la fecha del vencimiento en favor de muchos deudores. La lista parcial de los que aprovechaban estos depósitos incluye muchos de los más ilustres nombres del Bajío: el capitán don José Merino de Arévalo, don Pedro García Acevedo, el bachiller don José Sánchez Gutiérrez, el capitán José Carrillo de Figueroa. El convento les proporcionaba cantidades hasta de 6 mil pesos con un interés de 5 por ciento y con garantía de sus fincas agrícolas y ganaderas.[68] Ninguna otra fuente aislada de crédito se aproximó siquiera a la importancia del convento en el Bajío oriental.

Antes de que el convento asumiera una supremacía indiscutible en el financiamiento del Bajío, personas particulares proporcionaban la mayor parte del crédito. La historia de la familia Galván es lo bastante conocida para que se le ponga como ejemplo del financiamiento de las fincas. La cuantía de los bienes de Galván era extraordinaria, pero la rápida acumulación de sus tierras y su aún más rápida desintegración constituyen un ejemplo de las tendencias importantes en el Bajío.

Hernando Galván, el patriarca de la familia, era un inmigrante llegado de Galicia, que probablemente había iniciado sus actividades de manera similar a la de otros muchos inmigrantes, tomando en arrendamiento pequeñas cantidades de tierra y de ganado hasta que le fue posible adquirir el título de propiedad de la tierra. Para el año de 1590, había logrado tener una posición social destacada, codeándose con los magnates de la localidad. Al ocurrir su fallecimiento a principios del siglo XVII, estaban bien definidos los bienes que formaban parte de la herencia, pero los linderos territoriales eran inciertos. Grandes extensiones de tierras de pastoreo en las proximidades de San Miguel y en otras regiones más al norte alimentaban rebaños de corderos y de otros animales, en su mayoría mediante el arrendamiento. El mayor presti-

(1), 19 de septiembre de 1598 (1); 31 de diciembre de 1598 (1), 2 de mayo de 1599 (2), 3 de mayo de 1599 (2), 11 de marzo de 1602 (4), 6 de mayo de 1602 (4); Nicolás de Robles, 12 de mayo de 1606 (5). Para los residentes de la ciudad de México véase MNAH, Miguel de Solís, 7 de marzo de 1622 (9), 8 de marzo de 1622 (8), 21 de marzo de 1622 (8), 22 de marzo de 1622 (9), 13 de julio de 1622 (9), 14 de julio de 1622 (9).

[68] Estos préstamos tenían también la ventaja de que podían ser renovados. MNAH, Salvador de Perea, 11 de junio de 1708 (50), 16 de julio de 1714 (52), 17 de julio de 1714 (52), 14 de agosto de 1714 (52) 2 de septiembre de 1714 (52), 7 de septiembre de 1714 (52). Los individuos también empleaban el depósito para prestar dinero, pero no tan frecuentemente como el convento. MNAH, Domingo Antonio de Parras, 19 de abril de 1713 (51).

gio social vino acompañado del incremento de la herencia.[69] Algunos de los hijos de Galván, tanto hombres como mujeres, se ligaron por medio del matrimonio con familias socialmente importantes. Una de sus hijas, la única a la que se dio el tratamiento de doña, que aportó una cuantiosa dote de 22 mil pesos que nunca se llegaron a pagar totalmente, entró por matrimonio en la influyente familia Aguirre y Gaona, de la ciudad de México. El único de sus hijos que se casó fue Juan Galván, cuya esposa fue doña Magdalena de Castro de la ciudad de México. Una segunda hija entró por matrimonio en la familia Zamorano, de los ganaderos importantes de la localidad. La tercera se casó con un inmigrante que provenía de su ancestral Galicia.[70] Mediante estos matrimonios se crearon muy convenientes lazos con gente de la localidad y de fuera.

Después de la muerte de Hernando de Galván, la administración y el control de los bienes pasaron a su esposa, Francisca de Espíndola, quien durante veinte años tomó parte activa en ello.[71] Cuando falleció, al principiar la década de 1630, parece que Hernando Galván y Rojas, probablemente el mayor de los tres hijos, recibió el manejo de los bienes de la herencia. Aunque había nacido en Querétaro y residía en esa población, nunca mostró interés (o capacidad) en la administración de los bienes de la familia, y fue durante la década de 1630 cundo los gravámenes sobre los bienes se volvieron insoportables.

No se puede determinar con precisión el índice de crecimiento de los bienes, porque el primer inventario que se conoce no se levantó sino en 1633, después de la muerte de Francisca. En esa época había 126 sitios de ganado mayor y menor y 40 caballerías de tierras en la región de Río Verde, además de otras parcelas diseminadas en las altiplanicies de los alrededores de San Miguel. En 1643, la totalidad de los derechos sucesorios de la herencia pasó a otro de los hijos, Miguel Galván, quien en forma discreta compró a los parientes y a la Iglesia todas las reclamaciones de la herencia, por cantidades que oscilaban entre 500 y 4 mil pesos.[72] En su carácter de único heredero, Miguel Galván asumió la responsabilidad de las numerosas deudas y gravámenes sobre la propiedad, cuyo importe era mucho mayor que el valor de ésta. En seguida se hace una lista de los acreedores de la herencia:[73]

[69] MNAH, Baltasar Martín, 17 de marzo de 1597 (1); 25 de diciembre de 1598 (1), 28 de diciembre de 1598 (1), 1o. de septiembre de 1602 (4).

[70] MNAH, Baltasar Martín, 22 de diciembre de 1598 (1); Clemente Pérez de Anda, 31 de octubre de 1643 (1), 1o. de noviembre de 1643 (10), 2 de noviembre de 1643 (10).

[71] MNAH, Felipe de Santiago, 3 de julio de 1628 (11), 20 de septiembre de 1628 (11), 5 de mayo de 1630 (11), 23 de mayo de 1630 (11), 7 de septiembre de 1631 (11), 12 de octubre de 1631 (11); Domingo de Urquiza, 29 de noviembre de 1631 (8).

[72] MNAH, Domingo de Urquiza, 31 de octubre de 1643 (1); Clemente Pérez de Anda, 31 de octubre de 1643 (10), 1o. de noviembre de 1643 (1), 2 de noviembre de 1643 (1).

[73] MNAH, Clemente Pérez de Anda, 3 de noviembre de 1643 (10), 6 de noviembre de 1643 (10).

Cantidad (en pesos)	*Nombre*	*Domicilio*
56 757	Herederos del capitán Diego Sánchez de Orduña	Ciudad de México
29 366	Capitán Antonio de Echaide	Ciudad de México
6 500	Luis Tovar	Ciudad de México
4 000	Convento del Carmen	Querétaro
3 500	Don José de Aguirre y Gaona	Ciudad de México
3 000	Herederos de Catalina Rojas	Querétaro (?)
2 500	Antonio Martínez Contero	Ciudad de México
1 560	Nicolás de Robles	Querétaro
1 500	Capitán Miguel Velázques Loera	Ciudad de México
1 300	Catalina de Segura	Querétaro
1 000	Diego Montañez	Querétaro
1 000	Melchor de Cabrera	Querétaro (?)
600	Capitán don Gabriel Sotomayor	Querétaro
500	Juan Martínez Capri	Ciudad de México (?)
500	Herederos de don Benito Becerro y de don Jorge Bocarre	Ciudad de México
500	Clemente Pérez de Anda	Querétaro
500	Convento de San Antonio	Querétaro
450	Don Juan de Herrera	San Luis Potosí
400	Juan de Miranda	Querétaro
300	Pedro de Luque	Querétaro
3000	Varias Personas	
119 934		

Casi 50 por ciento del total de los adeudos de la herencia se debía a la familia del capitán Diego Sánchez de Orduña, quien residía en la ciudad de México y era dueño de muchas propiedades en Querétaro y Puebla. El capitán Antonio de Echaide y Luis de Tovar, los ya mencionados hijos de Duarte de Tovar, tenían un interés combinado de más de 36 mil pesos en la herencia. En el caso de Antonio de Echaide, 23 160 pesos eran el saldo del adeudo anterior de Hernando Galván de Rojas por alquiler de corderos. El resto de la lista está compuesto de pequeñas cantidades que se adeudaban a residentes de Querétaro y de la ciudad de México. Los adeudos comprendían el pago de diezmos, servicios legales y préstamos. De manera curiosa, los comerciantes, que eran importantes en el financiamiento de otras fincas, no eran acreedores importantes de las propiedades de Galván.

En sus esfuerzos para consolidar su situación y apaciguar a sus acreedores, Miguel Galván hizo tratos directamente con el capitán don Juan de Orduña, hijo de Diego Sánchez de Orduña. Llegaron a un convenio por medio del cual Orduña se ofreció como fiador de Galván en el propósito de éste de establecer un programa de pago de los adeudos. En ocasiones, Orduña hasta llegó a hacer pagos directos a personas que le habían vendido su participación a cargo de la herencia. Al prestar su ayuda para renegociar los adeudos, Orduña se preocupaba principalmente por los acreedores más importantes y de mayor influencia. En tres días propuso un programa de pagos que fue satisfactorio para Antonio de Echaide, Luis de Tovar, don Gabriel Sotomayor y el convento de San Antonio.[74]

Parte importante de este acuerdo fue la aceptación de Miguel Galván de un alquiler de 40 mil corderos y parcelas adicionales de tierra de Orduña. Ostensiblemente se hacía esto con la esperanza de poner la herencia en posición de obtener utilidades, pero también resultó muy conveniente para Orduña, quien ahora contaba con un administrador de mucha experiencia para cuidar sus rebaños, y también con un gravámen directo sobre toda la lana y los corderos si no se daba cumplimiento a todos los detalles del programa de pagos.[75] Se formalizaron dos alquileres adicionales de corderos en favor de Galván, uno de 20 mil cabezas de Antonio de Arizmendi Gogorrán, vecino, minero y dueño de ganado de San Luis Potosí, quien intervenía como tutor de los herederos de don Pedro Pérez de Bocanegra, y otro de 1 604 corderos del capitán don Diego de Orduña, hermano de don Juan. Pronto se hizo evidente que era insostenible la posición de Miguel Galván, aun cuando don Juan de Orduña interviniera como fiador. Dos años después de haberse celebrado el arrendamiento con Arizmendi Gogorrán ya estaba atrasado en el pago de 3 750 pesos y tuvo que obtener más crédito.[76]

La parte más significativa y también la más esperada del convenio celebrado entre Miguel Galván y don Juan de Orduña fue la venta a éste de la mitad de toda la finca por el precio de 35 mil pesos. Tan sólo 14 mil pesos que se pagaron en efectivo, mil por medio de un gravamen sobre una hacienda propiedad de Orduña; 10 mil se destinaron a cubrir los adeudos vencidos de Miguel; y otros 10 mil se dedujeron de los 56 658 pesos que se debían a los herederos de Diego Sánchez de Orduña. Con la otra mitad de los bienes enredada en litigios que probablemente nunca se resolverían, Miguel Galván quedó reducido a la condición de arrendatario y mayordomo. Este último cargo se formalizó cuando Orduña le otorgó un poder para administrar sus propiedades y ganado en la región de Río Verde en 1644.[77]

[74] MNAH, Clemente Pérez de Anda, 6 de noviembre de 1643 (10), 7 de noviembre de 1643 (10), 8 de noviembre de 1643 (10).

[75] MNAH, Clemente Pérez de Anda, 2 de noviembre de 1643 (10), 17 de octubre de 1644 (10).

[76] MNAH, Clemente Pérez de Anda, 3 de noviembre de 1643 (10), 27 de octubre de 1644 (10), 22 de octubre de 1645 (10).

[77] MNAH, Clemente Pérez de Anda, 5 de noviembre de 1643 (10), 4 de noviembre de 1644 (10).

En 1645, la producción total de más de 60 mil ovejas alquiladas a Miguel fue de 10 849 corderos y 109 125 libras de lana. Esta última la vendió a un comerciante de la localidad, Nicolás de Robles, en 13 mil pesos que destinó inmediatamente a pagar a sus acreedores. (Robles ya estaba ligado en materia financiera con Orduña, quien intervino como fiador suyo en la compra de telas europeas y chinas). La posición de Miguel parecía de mayor solvencia en algunos aspectos, pero era dudoso que se modificara la pauta de adeudos que había tenido una parte importante en el incremento de sus bienes. En menos de dos generaciones, la familia de Galván había recorrido un círculo completo. Después de haberse iniciado como arrendatarios y pequeños ganaderos, los miembros de la familia habían incrementado sus propiedades de tierras y su posición social. Para los años de 1640, la familia, con Miguel Galván a la cabeza, había quedado reducida a su situación inicial. Por el contrario, la riqueza y la posición de Orduña se habían incrementado de manera significativa. Ahora era el general don Juan, ya no el capitán don Juan. Al mismo tiempo había obtenido el cargo de alcalde mayor de Querétaro, muy adecuado para un hombre que acababa de adquirir grandes extensiones de tierra en el Norte para el pastoreo de sus rebaños, que estaban aumentando rápidamente.[78]

En resumen, aun cuando el destino de la tierra sufrió importantes modificaciones en Querétaro, los dueños seguían estando cortados por las mismas tijeras. El dueño de la hacienda del siglo XVIII era sencillamente una ampliación del primitivo ganadero. Los cambios que ocurrieron se pueden considerar como brotes de raíces que se plantaron antes de 1600. El poder y la riqueza tenían dimensiones más formales en el siglo XVIII que en el siglo XVI, que se manifestaban por medio de la frecuencia con que se desempeñaban cargos políticos y por la propiedad de diversas empresas. Las familias eran más numerosas y tenían fincas más diversificadas, pero sus aspiraciones y los métodos que empleaban para realizarlas eran los mismos. La situación de los trabajadores en realidad se modificó más que la naturaleza de la propiedad. El cambio hacia la producción de cosechas agrícolas y el aumento en la población trajo como consecuencia una fuerza de trabajo rural más grande y más compleja en el siglo XVIII. El trabajo mismo vino a representar una parte más importante en las inversiones de capital de los terratenientes. Los adeudos se incrementaron al mismo tiempo que las necesidades de capital, pero las fuentes locales de crédito, particularmente el convento de Santa Clara de Jesús, siguió proporcionando una buena parte del capital necesario.

[78] MNAH, Clemente Pérez de Anda, 20 de septiembre de 1645 (10), 22 de octubre de 1645 (10), 28 de diciembre de 1645 (10).

Para fines del siglo XVII surgió una forma de restricción impuesta a sí misma en la estructura de la propiedad de la tierra. Siempre existieron relaciones personales y financieras entre la provincia y las demás regiones de México, pero ninguna fue esencial en la formación de la sociedad rural por el año de 1700. La provincia ahora ya tenía la capacidad para abastecer de crédito, de mercados, de trabajo, de hábiles administradores así como de los asociados por medio del matrimonio en el caso de que fallaran las fuentes de crédito externas. Era en este sentido como la provincia se había restringido a sí misma, ya que era capaz de llevar una vida propia pero nunca independiente del resto de México.

V. LAS MANUFACTURAS DE LANA: LOS OBRAJES Y LOS TRAPICHES

EN UN PRINCIPIO, los recursos del Bajío oriental no despertaron el interés de los conquistadores, de los acaudalados financieros de Sevilla o de la corte real. El trigo, el maíz, el carnero y la lana no alentaron como la plata, el azúcar y el cacao los sueños de los hombres con ambiciones. Como los productos de Querétaro estaban destinados a una mesa sencilla y nada más, no tenian lugar en el comercio trasatlántico del siglo XVI. Ni siquiera su costo de producción, tan bajo, podría compensar los enormes gastos del transporte.

Como no contaban con un producto primario de exportación, los colonizadores de Querétaro invirtieron todo su dinero y energías en el desarrollo intensivo de los productos destinados a los mercados internos. La ubicación de la ciudad, próxima a los grandes centros de población del Nuevo Mundo y su disposición de enormes rebaños de corderos llevaron, de manera natural, a que se concentraran los esfuerzos en la producción de telas de lana. Poco después de la colonización del valle surgieron empresas dedicadas a la manufactura de grandes cantidades de telas. Estas empresas, llamadas obrajes, se diferenciaban de la anterior producción de artesanías en su especialización cada vez mayor, en sus inversiones más cuantiosas, en el mayor número de trabajadores y en sus mercados más amplios. Posteriormente, también empezaron a producir unas versiones en pequeño de los obrajes, conocidos como trapiches. Al operar conjuntamente, los obrajes y los trapiches se convirtieron en las más importantes empresas dedicadas por completo a la manufactrura de provincia.

Dimensiones de la industria

El primer obraje que hubo en la ciudad fue establecido entre 1582 y 1589.[1] Durante las siguientes décadas se siguieron estableciendo otros obrajes, hasta que para la de 1640 había en la ciudad por lo menos seis

[1] Este capítulo es una revisión y ampliación de mi artículo "Querétaro obrajes: Industry and Society in Provincial Mexico, 1600-1810" *Hispanic America Historical Review*, SG: 2 (Mayo, 1976), pp. 197-216.

La descripción geográfica de Querétaro en 1582 no menciona ningún obraje, pero para 1589 Esteban de Aguilar era dueño de un obraje en el que daba empleo a muchos indios. Hernando de Vargas, "Descripción de Querétaro" *Colección de documentos para la historia de San Luis Potosí*, Ed. Primo Feliciano Velásquez (San Luis Potosí, 1897-1899), vol. I, pp. 1-48; MNAH, Alonso de Alavan, 26 de septiembre de 1589 (1-2).

de ellos[2] Gradualmente se fueron estableciendo otros y para 1718, fecha de la primera visita (inspección de obrajes) que consta, producían telas un total de 13 obrajes.[3] Por lo menos éste es el número de los que siguieron operando hasta el fin de la época colonial *(Cuadro 8)*. Las visitas muestran que el mayor número de obrajes que hubo en operación fue de 21, en 1783. Otras tres fuentes de información nos dan un

[2] Para tener ejemplos de dueños anteriores a 1650 véase: Baltasar Martín, 6 de agosto de 1598 (1), 16 de diciembre de 1598 (1), 17 de diciembre de 1598, 22 de enero de 1599 (1), 3 de diciembre de 1603 (4); Nicolás de Robles, 24 de febrero de 1606 (5); Gaspar de Porras, 9 de enero de 1609 (7); Miguel de Solís, 17 de enero de 1622 (8), 28 de enero de 1622 (8), 12 de febrero de 1622 (8); Felipe de Santiago, 26 de febrero de 1626 (11); Diego de Zerezada, 4 de marzo de 1644 (1).

[3] La mayoría de los datos estadísticos y algunas de las conclusiones sobre las implicaciones sociales de la propiedad de un obraje se obtuvieron de la revisión de unas 400 visitas de obrajes que se efectuaron en el siglo XVIII y a principios del XIX. Las visitas son unas de las más importantes fuentes de información sobre los obrajes, que frecuentemente proporcionan informaciones sobre el trabajo, el salario, los métodos de producción y las condiciones del trabajo. Las primeras visitas dedicaban mayor atención a los detalles que las del siglo XVIII. El visitador hacía entrevistas a cada trabajador para precisar su ocupación, su salario, sus adeudos y si estaba satisfecho con las condiciones de trabajo. Como en estas visitas se seguía un procedimiento regular, daban la oportunidad de entrar a conocer las vidas de los individuos, ya que transcribían al pie de la letra las respuestas de algunos trabajadores. Véase por ejemplo: MNAH, "Visita del obraje de Esteban de Aguilar", 26 de septiembre de 1589 (1-2). En las siguientes visitas se seguía un patrón más reglamentado. En el momento de entrar a un obraje, el visitador acompañado por un abogado y por un inspector del equipo, revisaba el permiso del dueño y verificaba si había puesto a la vista las últimas disposiciones oficiales. El visitador después hacía una entrevista a dos trabajadores de las principales ocupaciones del obraje, generalmente cardadores, hilanderos, tejedores y peinadores, haciéndoles las preguntas normales respecto de las condiciones de trabajo. En seguida el abogado revisaba las cuentas del obraje y finalmente el inspector del equipo revisaba la maquinaria. La mayoría de estas visitas seguían un patrón establecido. En lugar de hacer una descripción completa de cada visita, las siguientes notas proporcionan el nombre del visitador, la fecha en que inició la visita y el número del rollo del microfilm. Antonio Alvarez, 29 de abril de 1717 (25); don Martín Joseph de la Rocha, 2 de mayo de 1775 (25); don Juan de Villalbas y Velásquez, 11 de noviembre de 1782 (25), 23 de agosto de 1784 (25), 9 de diciembre de 1785 (25), 26 de septiembre de 1787 (25), 4 de noviembre de 1789 (25), 5 de octubre de 1790 (25), 10 de octubre de 1791 (25), 9 de octubre de 1792 (25); don Pedro Antonio Septién Montero, 11 de septiembre de 1793 (25), 11 de septiembre de 1794 (25), don José Ignacio Ruiz Calado, 18 de enero de 1796 (25); 4 de abril de 1797 (25), 27 de mayo de 1799 (25); don Luis Gonzaga Rico, 19 de noviembre de 1800 (25); don Miguel Domínguez 9 de junio de 1801 (25); don Antonio de las Cavadas, 16 de septiembre de 1802 (25); don Miguel Domínguez, 7 de octubre de 1803 (25), 17 de octubre de 1804 (25); don Ignacio Villaseñor Cervantes, 10 de diciembre de 1805 (25), 15 de diciembre de 1806 (25); don Miguel Domínguez, 4 de noviembre de 1808 (25), 9 de noviembre de 1809 (25); don Ignacio García Rebollo, 7 de diciembre de 1816 (25). Hay otros documentos que proporcionan información muy útil, entre los cuales se incluyen: MNAH "Diligencias hechas en virtud de comisión con los dueños de obrajes y trapiches", 17 de octubre de 1718 (34), "Relaciones de manufacturas de obrajes", 16 de septiembre de 1783 (18).

mayor número de obrajes. José Antonio Villaseñor y Sánchez, autor muy digno de confianza que escribía por los años de 1740, dijo que en la ciudad había 23 obrajes; en una inspección de la Nueva España de 1759 se mencionaron 24; y un grupo de propietarios que escribía en 1781 recordaba que la ciudad había sostenido en una ocasión 28 fábricas de lana, cifra que con ciertas reservas se puede aceptar como el límite máximo de los obrajes.[4]

Otra manera de determinar las dimensiones de la industria consiste en precisar el número total de telares, o más específicamente el número total de telares en operación. El mayor número de telares que hubo operando en un momento determinado fue 228, en 1781. El informe de 1759 indica 263 telares, pero no dice si estaban o no en actividad. El número más reducido de los que estaban en operación fue de 121 en 1785. Puesto que la capacidad de producción tiene poca relación con el número total de obrajes (y puesto que no tenemos a nuestra disposición las cifras de la producción total), el número de telares es la mejor forma de precisar el tamaño de la industria. Por ejemplo, de 1784 a 1785 hubo una disminución en el número de obrajes, de 19 a 16, pero un aumento en el número de telares, de 226 a 234, determinado principalmente por la expansión interna de dos obrajes.[6]

[4] Joseph Antonio Villa-señor y Sánchez, *Theatro americano. Descripción general de los reynos y provincias de la Nueva España y sus jurisdicciones.* (México, 1746-1748), vol. 1, 94; MNAH, "Solicitud de los dueños de obrajes de Querétaro", 26 de abril de 1781 (25); AGN, Civil, vol. 1,628, Exp. 1, 5 de noviembre de 1759.

[5] AGN, Civil, vol. 1,628, Exp. 1, 5 de noviembre de 1759.

[6] El aumento en el número de telares no necesariamente significaba que se hicieran nuevas inversiones, ya que en muchos obrajes se habían empezado a usar telares que estaban inactivos anteriormente. En seguida se muestran las diferencias entre el número total de telares y el número total de telares que estaban en operación en 14 obrajes de Querétaro en 1789 (Véase la nota 3).

Total	*En operación*
12	10
15	9
11	7
14	8
13	9
21	5
16	7
16	13
14	4
11	1
12	5
30	21
23	9
9	5
217	113

El crecimiento de los trapiches excedió, con mucho, al de los obrajes al finalizar la época colonial. En 1693 había en la ciudad 28 trapiches, cada uno con un promedio de 11/2 telares. Este número aumentó rápidamente en el siglo siguiente, en la misma proporción en que aumentaba la población. En 1803 Humboldt contó 300 trapiches, en tanto que su contemporáneo Zelaá e Hidalgo contó 327 trapiches.[7] Este número se redujo con la independencia, pero en los años de 1840 todavía había en la ciudad 195 trapiches de lana y 75 de algodón.[8]

Una buena parte de la población urbana que tenía empleo trabajaba en los obrajes y en los trapiches. Desgraciadamente las visitas del siglo XVIII no mencionan el número de trabajadores, por lo que se tiene que hacer una estimación. Humboldt, que es una de las mejores fuentes de información, dice que 1 500 trabajadores realizaban sus tareas en los obrajes en 1793, y 1 200 en los trapiches. En un informe oficial de 1800 se mencionan mil en los obrajes y 2 420 en los trapiches. En otra fuente se indica que en 1803 trabajaban en los obrajes 2 mil y 9 mil en toda la industria. En otra más se dice que en 1803 había 6 mil trabajadores en las fábricas textiles.[9] El mejor indicio para determinar el número de trabajadores de un año a otro en los obrajes es la afirmación de Humboldt de que 1 500 gentes trabajaban en 215 telares en 1793. Si aproximadamente siete personas trabajaban en cada telar, resulta que el número de trabajadores variaba de 1 683 en 1785 y 847 en 1787, y el número de trabajadores por obraje iba de 200 a unos cuantos.

Estas cifras no muestran totalmente las dimensiones de la fuerza de trabajo, porque las fábricas de Querétaro se valían del sistema de encomendar la tarea inicial de hilar la lana a trabajadores fuera de la fábrica. Los indios que vivían en los poblados próximos hilaban la lana de los obrajes y la devolvían a éstos para el tejido. Durante cierta época, unos 300 hilanderos trabajaban fuera de la capital, lo que implica que había un sistema amplio y bien organizado. Existen otras pruebas indirectas que apoyan la existencia de una fuerza de trabajo dependiente, de fuera de la fábrica. Las visitas y los inventarios muestran que la

[7] Alexander von Humboldt, *Ensayo político sobre el reino de la Nueva España*, Trad. Vito Alessio Robles (México, 1941), vol. IV, 13; José María Zelaá e Hidalgo, *Glorias de Querétaro* (México, 1803) p. 5.

[8] José Antonio del Raso "Notas estadísticas del Departamento de Querétaro, formadas por la asamblea constitucional del mismo, en junio de 1845", *Boletín del Instituto Nacional de Geografía y Estadística*, 3 (1852), p. 204.

[9] Estas cifras ocultan el carácter complejo de la fuerza de trabajo textil. Había tejedores, hilanderos, cardadores, fabricantes de cardas, tintoreros, sombrereros, fabricantes de mantones y de mantas y otros. AGN, Padrones, vol. 12, 1791. Para las estimaciones véase: Humboldt, *Ensayo Político*, vol. IV, 13; "Notas estadísticas", pp. 198-202; D.A. Brading, *Mineros y comerciantes en el México borbónico* (1763-1810), FCE., (1975), p. 232; Robert Potash, *El banco de avío de México* (México, 1959), p. 19.

mayoría de los obrajes tenía ruecas, pero su número pudo no ser suficiente para producir toda la lana que necesitaban los telares. Puesto que la proporción entre hilanderos y tejedores probablemente era elevada (en algunas regiones de Inglaterra en el siglo XVIII era de 10 a 1) los obrajes, especialmente los que empleaban de 20 a 30 tejedores, necesitaban acudir a otros recursos para poder disponer de suficiente lana hilada.[10] La lana provenía de las ruecas que operaban las familias de los indios.

La concentración de obrajes y de trapiches en la ciudad de Querétaro hizo de ésta la mayor productora de lanas en la Nueva España en el siglo XVIII. En 1759 sobrepasó con mucho a sus más cercanos competidores de la ciudad de México, de Puebla y de Cholula. Los más importantes centros que le seguían, Tlaxcala, San Miguel el Grande, Salvatierra y Valladolid tenían, todos, menos obrajes y telares que Querétaro.[11]

Capital, valor y utilidades

El capital necesario para la instalación y operación de los obrajes provenía de diversas fuentes. El dueño del primer obraje de Querétaro probablemente utilizó el dinero que había reunido mediante el comercio en general y el de la lana. Había vendido lana, había formado una sociedad mercantil con un socio de Querétaro y había obrado como intermediario en la venta de esclavos. Sus utilidades se encaminaron hacia el obraje.[12] Aun cuando el comercio proporcionaba la mayor parte del capital en los principios del siglo XVII, el dinero proveniente del campo en forma de crédito, préstamos y dotes contribuyó también al financiamiento de las operaciones, como lo hicieron también los terrenos urbanos.[13] Por el año de 1700, cuando los obrajes formaban parte de las grandes fincas, el capital fluía de la tierra hacia las manufacturas urbanas. En el siglo XVIII los recursos rurales que no tenían la forma de dinero en efectivo,

[10] MNAH, "Visita del obraje de don Bernardo de Lejarse", 9 de noviembre de 1809 (25); "Notas estadísticas", p. 198, nota 1; Herbert Heaton, *The Yorkshire Woollen and Worsted Industries* (Oxford, 1965), p. 338. No existen pruebas de que en Puebla durante la época colonial se hubiera implantado algún sistema para acabar con la industria de la lana. Jan Bazant, "Evolution of the Textile Industry in Puebla, 1544-1845", *Comparative studies in society and history*, 7 (octubre de 1964), p. 62.

[11] AGN, Civil, vol. 1,628, Exp. 1, 5 de noviembre de 1759.

[12] MNAH, Baltasar Martín, 1o. de enero de 1598 (1) 8 de enero de 1598 (1) 2 de septiembre de 1598 (2), 12 de enero de 1599 (2), 16 de enero de 1599 (2).

[13] MNAH, Baltasar Martín, 9 de abril de 1597 (1), 13 de septiembre de 1598 (1); 19 de septiembre de 1598 (1), 1o. de octubre de 1598 (1), 22 de enero de 1599 (2), 29 de abril de 1599 (2), 6 de septiembre de 1599 (2).

incluyendo la lana, el trabajo y probablemente muchos otros bienes, se destinaron directamente hacia los obrajes.[14]

La Iglesia, los préstamos personales y la concesión de créditos eran otras fuentes de financiamiento. El convento de Santa Clara de Jesús, que tuvo tanta importancia en el financiamiento rural, proporcionaba dinero para la manufactura de telas. Por ejemplo, en 1714 el convento prestó al capitán don Enrique de Saran y Victoria 2 500 pesos a seis años con intereses al cinco por ciento. Como garantía, el capitán hipotecó en favor del convento su obraje y sus esclavos.[15] Los préstamos de los comerciantes y de los terratenientes locales y de la ciudad de México eran tan importantes como los de la Iglesia. Los obrajes competían en forma efectiva respecto de esta fuente de financiamiento con otras instituciones de la provincia.[16]

En los siglos XVI y XVII los obrajes eran las empresas de provincia más costosas. El costo del trabajo, del equipo y de los materiales determinaba que el precio de venta de los obrajes estuviera muy por encima del de las fincas agrícolas y ganaderas. En 1598 Juan Rodríguez Galán vendió en 15 500 pesos a Antón de Arango un obraje, una casa, 4 mil arrobas de lana y el derecho de utilizar trabajadores indígenas. También le vendió otras 3 300 arrobas de lana, elevando el precio total a 17 mil pesos. Después de haberlo pensado bien, Arango se consideró estafado. En su opinión, el costo de todo lo que había comprado no debería haber excedido 3 mil pesos. Protestó y pidió que se redujera el precio o que se le permitiera devolver el obraje. Su protesta fue denegada.[17] Aun cuando el precio se hubiera reducido a la mitad, habría sido mayor que el de cualquier finca agrícola o ganadera que se hubiera vendido en la provincia hasta los años de 1630. En el siglo XVIII el valor de los obrajes aún excedía al de muchas fincas rústicas.[18]

Las principales excepciones de lo anterior eran las fincas, en que se combinaba la agricultura con la manufactura. Es posible que la más valiosa propiedad en Querétaro en el año de 1725 fuera la hacienda de Jurica, valuada en 426 320 pesos. Dos obrajes valuados en 73 591 pesos formaban parte importante de la finca. El avalúo incluía los adeudos de los trabajadores, que abultaban enormemente el precio.[19] Otra valiosa

[14] Baltasar Martín, ? de enero de 1598 (1), Miguel de Solís, 4 de abril de 1622 (9); Felipe de Santiago, 26 de febrero de 1626 (11); nota 3.

[15] MNAH, Salvador de Perea, 5 de noviembre de 1711 (51); Fray Francisco de Contreras, 30 de junio de 1714 (52); Domingo de Perea, 7 de septiembre de 1714.

[16] MNAH, Salvador de Perea, 5 de noviembre de 1711 (52), 24 de octubre de 1712 (52), Antonio de la Parra, 9 de noviembre de 1713 (51), 10 de noviembre de 1713 (51); Domingo de Perea, 28 de noviembre de 1714 (52).

[17] ANQ, Gabriel Chávez, 8 de mayo de 1602 (Civil, 1601-1602).

[18] MNAH, Salvador de Perea, 8 de agosto de 1714 (52).

[19] AGN, Tierras, vol. 440, Exp. 4, 21 de febrero de 1725.

propiedad rural menos compleja era la hacienda y el obraje de San Francisco de Paula. En ésta, el obraje constituía aproximadamente una tercera parte del valor total de la finca que era de 33 381 pesos, y los adeudos de los trabajadores representaban aproximadamente un quinto del valor del obraje. En el cuadro 9 se hace un extracto de los activos de la finca en 1804.

En un libro de contabilidad del obraje de San Francisco de Paula de la década de 1740 se encuentra la única comprobación específica de las utilidades de los obrajes. En los tres años en que hay anotaciones, los gastos excedían al importe de los ingresos, pero esto es engañoso. Los gastos que no se destinaban a la producción se llevaban al año siguiente. En otros términos, el inventario al fin de año era lo bastante cuantioso para evitar que aparecieran utilidades. Si el dinero destinado a la producción se compara con los ingresos, el obraje arroja una buena utilidad. La persona que regenteaba el obraje dijo al hacer un ajuste de cuentas posteriormente que las utilidades eran en realidad mucho mayores que las que aparecían porque se habían hecho anotaciones incorrectas y a los adeudos de los trabajadores.[20]

A fines de la época colonial decayeron muy considerablemente las utilidades de muchos obrajes, obligándolos a cerrar. No obstante, los obrajes para esta época habían logrado tener una imagen de seguridad y de utilidades. En la década de 1780 las personas aún los consideraban como inversiones seguras. Los funcionarios de la ciudad los veían como algo más que eso. Representaban la riqueza de la comunidad, y hasta la de toda la jurisdicción.[21]

Abastecimientos, producción y distribución

Las utilidades de los obrajes sólo podían obtenerse por medio del establecimiento de un delicado equilibrio entre los abastecimientos, la producción y la distribución. La producción de telas acabadas requería del empleo de muchas materias primas, algunas de las cuales llegaban de alejadas regiones. De estas materias la más importante era la lana. Hasta finales del siglo XVII la industria aprovechó los beneficios derivados de un abastecimiento de lana geográficamente próximo y relativamente barato.[22] Ya para 1700 habían pasado los días de rápido crecimiento y de abundancia de lana, y más obrajes tenían que competir para adquirir materias primas más escasas. Las instituciones y las

[20] AGN, Tierras, vol. 1 643, Exp. 3, 12 de octubre de 1745.

[21] AGN. Mercedes, vol. 81, folio 141v., 19 de septiembre de 1780; Civil, vol. 1 371, Exp. 10, 7 de enero de 1808.

[22] MNAH, Baltasar Martín, 29 de mayo de 1598 (1), 28 de septiembre de 1598 (1); Miguel de Solís, 12 de febrero de 1622 (8).

personas establecidas fuera de la provincia tenían una participación cada vez mayor en el control de la industria de la lana. Las grandes instituciones abastecedoras, como las catedrales de la ciudad de México, de Guadalajara y de Valladolid, eran dueñas de rebaños en el Bajío y más al norte. Los particulares, no obstante, seguían siendo los abastecedores más importantes, y los ganaderos de diversas regiones de México enviaban su lana a Querétaro. Los cambios que ocurrieron en la ubicación y la cantidad de lana condujeron a nuevas personas e instituciones a la industria textil, incrementándose así la dependencia de Querétaro de los recursos del exterior.[23]

La dependencia de los recursos externos también tenía aplicación en otros diversos materiales que necesitaban los obrajes. Los tintes, las sustancias minerales y el equipo que se requería para que operaran los obrajes en ocasiones eran difíciles de conseguir. Los obrajes adquirían igualmente grandes cantidades de alimentos, principalmente maíz, frijol, cordero, sal y azúcar de pilón, pero que provenían de fuentes locales de abastecimiento.[24]

Cuando tenían a su disposición todos estos recursos los fabricantes producían grandes cantidades de telas. Las cifras del promedio de producción en un período de 30 meses entre 1780 y 1782 muestra que 20 fábricas producían anualmente:[25]

paños	151,751	varas
bayetas	12,952	
jerguetilla	23,415	
sayal	3,824	
jerga	1,510	
frazadas	186	docenas

Estos totales son sospechosos porque provienen de registros de impuestos y contienen graves inconsistencias internas; la producción era probablemente mayor que la que esas cifras indican. De acuerdo con las cifras de Humboldt, para 1793 muestran que 215 telares y 1 500 operarios producían:[26]

paños	226,522	varas
jerguetilla	39,718	
bayetas	15,369	
jerga	17,690	

[23] MNAH, Salvador de Perea, 28 de septiembre de 1707 (50), 30 de abril de 1709 (50), 23 de junio de 1711 (50); Domingo de Perea, 28 de noviembre de 1714 (52).

[24] MNAH, Salvador de Perea, 8 de agosto de 1714 (52); AGN, Tierras, vol. 1,463, Exp. 3, 12 de octubre de 1745.

[25] MNAH, "Relaciones de manufacturas de obrajes", 16 de septiembre de 1783 (18).

[26] Humboldt, *Ensayo Político*, vol. IV, pp. 12-14.

Esta producción requería 42 270 arrobas de lana valuadas en 161 945 pesos. Si se toman por su importancia nominal, aun cuando Humboldt no tomó en consideración los sayales y las frazadas, estas cifras muestran que la producción total aumentó entre los principios de la década de 1780 y 1793. Cuando Humboldt hizo una visita a la ciudad, diez años después, dijo que el consumo de lana se había incrementado a 63 900 arrobas, pero ahora incluía entre los consumidores unos 300 trapiches, además de los obrajes. El incremento en la cantidad de lana empleada se debe sencillamente a la inclusión de los trapiches, y no indica que haya habido un crecimiento de la industria.[27] Otra estimación hace suponer que después de concluir el siglo hubo un gran incremento al afirmar que la industria consumió 83 mil arrobas en 1808, lo que representa un aumento de casi 30 por ciento respecto de 1803. No obstante, Sir Henry George Ward, sagaz visitante inglés de la ciudad en 1826, hizo notar que la industria únicamente utilizó de 63 mil a 65 mil arrobas anualmente con anterioridad a 1810.[28]

El comercio de los productos de los obrajes seguía las prácticas aceptadas por los hombres de negocios desde la década de 1580. Para las ventas interregionales, los dueños contaban con tres diversos tipos de personas: los mayordomos de los obrajes, los agentes especiales, que generalmente tenían experiencia en los obrajes, y los comerciantes. Además, algunos comerciantes que eran dueños formaban asociaciones con otros comerciantes para vender la mercancía. Los comerciantes recibían consignaciones, cobraban adeudos vencidos e intervenían como agentes de las personas que necesitaban telas. Los embarques interregionales iban dirigidas principalmente a Zacatecas, luego a Guadalajara, Guanajuato, la ciudad de México, León y Aguascalientes.[29]

Algo de la distribución se hacía en forma de trueque. Se celebraban convenios para la venta de lana que estaban vinculados a otros acuerdos, para el efecto de que se vendieran las telas en donde los dueños, como parte del precio de compra, estaban dispuestos a entregar telas además de dinero en efectivo. Por ejemplo, un funcionario de la ciudad de México vendió 1 004 arrobas de lana a un dueño de obraje en Querétaro al precio de 2 259 pesos. De esta cantidad, 1 159 pesos 4 reales tenían que pagarse en efectivo, y el resto en telas, valuadas a 2 pesos por

[27] *Ibid.*

[28] Sir Henry George Ward, *Mexico in 1827* (Londres, 1828), vol. 1, p. 315; Potash, *Banco de Avío*, p. 18, véase también "Notas estadísticas", p. 200, en relación con una exposición sobre el crecimiento.

[29] MNAH, Baltasar Martín, 17 de diciembre de 1598 (1); Miguel de Solís, 12 de febrero de 1622 (8); Salvador de Perea, 30 de septiembre de 1706 (51), 1o. de marzo de 1709 (50), 10 de junio de 1711 (50), 6 de septiembre de 1712 (52); AGN, Tierras, vol. 1 463, Exp. 3, 12 de octubre de 1745.

yarda, que se tenían que entregar en Zacatecas acreditándose a la cuenta del funcionario de la ciudad de México.[30]

Para su distribución exclusivamente local, la tela se vendía por medio de las tiendas de telas de los obrajes, o en los mercados de la ciudad o por medio de los contactos que tenía en la ciudad el comerciante dueño de obrajes. Una parte importante de las telas iba a dar directamente también a las fincas agrícolas o ganaderas. Los dueños de una fábrica que eran también dueños de una hacienda tenían un mercado cautivo. Fácilmente se puede apreciar el disgusto que les causaban los traficantes de telas y los dueños de trapiches. Otro mercado de cierta cuantía estaba en los trabajadores del obraje. La Corona había prohibido legalmente el pago en especie, pero los dueños frecuentemente pasaban por alto la ley y pagaban a los trabajadores parcial o totalmente con telas.[31]

La milicia constituía otro importante mercado para las telas de Querétaro. No se conocen con precisión los detalles de la relación que había entre la industria textil y los militares, pero tanto los orígenes de la milicia como mercado cuanto su continuación tienen que estar parcialmente relacionados con el gran número de oficiales que eran también dueños de fábricas. Cualquiera que haya sido el alcance de las relaciones entre los militares y la industria en las décadas de 1780 y 1790, para 1805 empezaron a recibir atención oficial cuando se hizo un intento de organizar las industrias de telas para la milicia. La asociación de la industria con la milicia sobrevivió después de la guerra de independencia, y en 1820 las fábricas textiles de Querétaro abastecían al ejército mexicano.[32]

Los trabajadores

El mantenimiento de una fuerza de trabajo especializado y no especializado constituía otro problema para la industria. Los sistemas para hacerse de trabajadores se iban modificando a medida que cambiaban el crecimiento y los requerimientos de la industria. Al principiar el siglo XVII, era pequeño el número de fábricas y suficientemente grande el de los trabajadores de que se podía disponer, de manera que la técnica que

[30] MNAH, Salvador de Perea, 1o. de marzo de 1709 (50), 10 de junio de 1711 (50); Antonio de la Parra, 9 de octubre de 1713 (51), 10 de octubre de 1713 (51).

[31] MNAH, "Visita del obraje de don Matías de Eyras y Puga" 4 de abril de 1797 (25); Joel Poinsett, *Notes on Mexico* (Filadelfia, 1824) p. 139; Eric R. Wolf, *The Mexican Bajío in the Eighteen Century: An Analysis of Cultural Interaction*, Middle American Research Institute, 17 (1957), p. 184; Ward, *Mexico*, vol. II, p. 183.

[32] Enrique de la Fuente Ferrari, *El virrey Iturrigaray y los orígenes de la independencia de México* (Madrid, 1941), p. 55, Ward, *Mexico*, vol. II, p. 184; Wolf, "The Mexican Bajío", pp. 183-184; Potash, *Banco de Avío*, p. 43.

se empleaba para tomar trabajadores seguía siendo sencilla y consistía en formular un contrato libre de trabajo y en una especie de esclavitud económica de los peones.[33] El trabajo de los esclavos negros suplementaba el trabajo fundamental de los indios. Después de la década de 1630 se invirtió esta situación, y algunos obrajes dependieron en primer lugar del trabajo de los escalvos y en segundo en el de los indígenas.[34]

Los trabajadores también entraban a prestar sus servicios en los obrajes por medio de un sistema de aprendizaje muy difundido y que se había estado usando desde la década de 1590. Los padres o tutores colocaban a lo jóvenes en los obrajes a fin de que aprendieran un oficio específico, generalmente el de tejedor, durante un período de tres años, término que parece haber persistido durante toda la época colonial. La mayoría de los aprendices empezaban a trabajar cuando ya tenían de 15 a 20 años. Las familias que ofrecían a sus hijos como aprendices eran principalmente de mestizos, negros y mulatos (eran muy pocos los indios que entraban de aprendices). Las pocas familias españolas que dedicaban a sus hijos al aprendizaje provenían de las clases bajas. Además, muchos de los aprendices, tanto españoles como no españoles, provenían de hogares sostenidos por madres viudas. Al terminar su aprendizaje, se supone que el trabajador tenía dos trajes, 30 pesos en efectivo y la especialización requerida por los obrajes.[35]

Había otras fuentes más esporádicas que contribuían a formar la fuerza de trabajo. La Corona ordenó que los individuos considerados como delincuentes trabajaran en las fábricas textiles. En estos repartimientos podían quedar incluidos los indios, los negros, los mulatos y los españoles, que a menudo provenían de poblados muy distantes. En 1734, un grupo de 42 indios provenientes de Monterrey se dividió entre las fábricas de Querétaro y otras, con instrucciones de que los indios estuvieran bien vigilados. También trabajaban en los obrajes otros individuos sentenciados y multados por los tribunales. Aun cuando el trabajo de los presos llegó a ser tema controvertido para los dueños y para la

[33] Para tener ejemplos de los primitivos contratos véase: MNAH, Baltasar Martín, 1o. de octubre de 1598 (1), 7 de noviembre de 1598 (1); Andrés de Trujillo, 16 de febrero de 1598 (1).

[34] MNAH, "Inventario del obraje de Pedro de las Casas", Diego de Zerezeda, 1o. de abril de 1644 (1); "Inventario del obraje del capitán Alonso Sánchez Grijaldo", Salvador de Perea, 22 de agosto de 1714 (52), nota 3.

[35] MNAH, Salvador de Perea, 6 de septiembre de 1709 (50), 16 de enero de 1712 (50), 15 de junio de 1714 (52), 20 de septiembre de 1713 (52); Antonio de la Parra, 29 de diciembre de 1711 (51), 13 de septiembre de 1712 (51), 12 de abril de 1713 (51), 5 de junio de 1713 (51), Pedro Ballesteros, 15 de mayo de 1713 (51). Los aprendices de fábricas textiles de Inglaterra en el siglo XVIII empezaban a trabajar a una edad menor, generalmente de 12 a 16 años, y prestaban sus servicios durante un periodo más largo, frecuentemente de siete años. Heaton, *Yorkshire Woollen and Worsted*, pp. 305-306.

Corona, numéricamente no tuvo mayores consecuencias para las fábricas de Querétaro, si bien a veces causaba a los trabajadores mayores gastos y problemas que los que se habían previsto.[36]

Hacia 1750 la relación entre los obrajes y los trabajadores se fue modificando más rápidamente a medida que se hacía más intensa la competencia por la mano de obra. Se ampliaron las técnicas para hacerse de trabajadores llegando directamente hasta el campo y los trabajadores urbanos. Los obrajes buscaban de preferencia a trabajadores del campo. Los trabajadores de las fincas agrícolas y los pastores que contraían deudas con el dueño se enfrentaban ahora a la posibilidad de prestar trabajos forzados en los obrajes. Indudablemente algunos de esos indios eran trabajadores agrícolas transitorios o de temporada, pero otros provenían de familias que habían estado empleadas por la misma hacienda durante varias generaciones. De la noche a la mañana un pastor rústico se podía comvertir en cardador o tejedor en una fábrica textil de la ciudad. En ésta los obrajes parecían ahora competir más activamente con los patrones urbanos no dedicados a la industria textil. Por ejemplo, los indios que residían en la ciudad y que trabajaban en los molinos de trigo o en los rastros se encontraron repentinamente trabajando en las fábricas de telas.[37] Por medio de los sistemas a los que acudían para hacerse de trabajadores, los obrajes se habían relacionado más íntimamente con el campo y con otras empresas urbanas al finalizar el siglo XVIII.

Por último, resulta necesario investigar cuál era la clase de vida que llevaban los trabajadores, que generalmente se describe en los términos más crueles que se puedan imaginar, apoyándose en la interpretación de la legislación colonial, en las observaciones de sus contemporáneos y en los registros de obrajes determinados, principalmente del tristemente célebre obraje de Melchor Díaz de Posada, de Coyoacán en 1660. En tanto que en algunas fábricas las condiciones eran indudablemente lastimosas, las visitas que se hicieron a otras las describen mejores. Había numerosos trabajadores que manifestaban su satisfacción con sus empleos puesto que, en su opinión, recibían un salario adecuado y tenían libertad para ir y venir. Demostraciones más convincentes se derivan de los registros que muestran que los indios, aun los confinados en los obrajes, reconocían y se aprovechaban de las costumbres jurídicas españolas a fin de garantizar su liberación. Los indios alcanzaban su libertad si encontraban fiadores que garantizaran que seguirían trabajando hasta que quedaran pagados sus adeudos. La vida en los obrajes era

[36] MNAH, "Remisión de los indios a los obrajes de Querétaro", 2 de septiembre de 1734 (25); Richard Greenleaf "The Obraje in the Late Mexican Colony", *The Americas* 22 (enero de 1967), p. 240.

[37] MNAH, "Visita del obraje de don Juan Rincón", 14 de diciembre de 1785 (25).

dura, indudablemente, pero no es tan seguro que fuera peor que en muchas minas o en las haciendas o fincas agrícolas.[38]

La crisis en la producción

La producción textil probablemente se incrementó a fines del siglo XVIII y principios del XIX, pero no de la manera dramática o espectacular que generalmente se asocia con el final del período de los Borbones. En tanto que en otras partes parece haberse experimentado una repentina prosperidad en las fábricas textiles a fines del siglo XVIII, particularmente bajo los virreyes Conde de Revillagigedo II (1789-1794) y Azanza (1798-1800),[39] la industria en Querétaro creció lentamente y de manera dispareja cuando a los años de producción abundante siguieron los años de depresión. Por una parte la producción textil partía de un punto básico mínimo que muy pocas veces era más bajo, ni aun en las peores épocas; y por otra su expansión y sostenido crecimiento se enfrentaba a limitaciones muy definidas. Y un toque de inestabilidad se dejo oír en la industria al finalizar la época colonial, y sus vibraciones se sintieron en toda la economía de la provincia.

De 1775 a 1816, tres grandes períodos de declinación interrumpieron la producción. El primero, que ocurrió de 1785 a 1792 se puede atribuir a ciertos cambios que probablemente afectaron a toda la industria de México. El año de 1785 perjudicó a México de manera catastrófica, las epidemias, las malas cosechas y la reducción del ganado mayor restringieron seriamente tanto la producción como el consumo. En algunas regiones del Bajío las circunstancias fueron particularmente graves, pues se calculó que una quinta parte de la población había muerto. En donde se criaban corderos la producción de lana se redujo por las sequías, las enfermedades y los ataques de los indios. El número de corderos disminuyó de cinco millones en 1779 a cuatro millones en 1788, determinando escaseces y elevación de precios.[40]

[38] MNAH, Alonso de Alavan, 26 de septiembre de 1589 (1-2); Baltasar Martín, 21 de abril de 1598 (2); nota 3. De conformidad con un bien fundado informe sobre los obrajes de Querétaro de 1801, uno de los peores abusos que los dueños cometían con los trabajadores consistía en encerrarlos en el obraje. Este informe, no obstante, es igualmente importante por cuanto que muestra que los obrajes se ajustaban a la legislación que reglamentaba la vida de los trabajadores. Miguel Domínguez, "Memorial sobre los obrajes en Querétaro", *Boletín del Archivo General de la Nación* (2a. serie) 11, 3-4 (1970), pp. 283-295. En Puebla durante la misma época, los dueños según parece cumplían tan estrictamente con las disposiciones que reglamentaban las condiciones de trabajo que sus empresas sufrían perjuicios económicos. Bazant, "Textile Industry in Puebla", p. 65.

[39] Greenleaf, "The Obraje", pp. 237-238.

[40] "Contestación del Consulado de México" (31 de mayo de 1788), "Sobre todo género de agricultura en Nueva España" (22 de abril de 1788) en *Documentos para la historia*

La industria textil de Querétaro redujo el número de los obrajes y telares en operación y se advirtió una mengua en la calidad de la tela. Además de fabricar la tela más delgada y más ligera los dueños mezclaban lana de mala calidad con el vellón de primera clase.[41]

Otra decadencia, que duró de 1805 a 1808, probablemente fue consecuencia de una combinación de factores. La Ley de Consolidación que se promulgó en 1805 obligó a la Iglesia a dar por vencidos sus créditos hipotecarios. No se conocen con exactitud los efectos locales de esta disposición, pero puesto que los dueños de la tierra y de los obrajes tenían adeudos tan fuertes en favor de la Iglesia *(Apéndice II)* tanto la producción como el comercio tienen que haber resultado afectados. Los obrajes de Querétaro también tuvieron que enfrentarse a la competencia cada vez mayor de los productores nacionales e internacionales. Una gran epidemia que se presentó en 1806 trajo consigo mayor pobreza. La cantidad de lana importada a la ciudad se redujo de 6 194 cargas en 1804 a 3 843 en 1805, y luego aumentó a 4 757 en 1806. En septiembre de 1807, los propietarios estimaron que en ese año sería inferior a la de 1806. Todas estas circunstancias reducían la producción de telas.[42]

De los tres desplomes, el que se inició en 1810 es el que se puede entender más fácilmente. La industria textil sufrió dislocaciones económicas y sociales causadas por los disturbios del movimiento de independencia. Con la destrucción y la emigración se redujo el valor de los bienes de capital de la industria y éste empleó menos operarios que en el período anterior a 1810. No obstante, la producción continuó durante la segunda década del nuevo siglo. Si la cifra correspondiente a 1816 es representativa, la producción superó el punto más bajo de las tres décadas anteriores. Por el año de 1844 la industria aún no había alcanzado los niveles anteriores a 1810, aunque más de 3 500 personas trabajaban en los obrajes, en los trapiches y en otras instalaciones fabriles.[43]

Durante la crisis, casi todos los obrajes sufrieron fluctuaciones anuales en el número de telares. El ejemplo más notable es el del obraje de San Juan Bautista, de don Melchor de Noriega, que en 1785 cuando

económica de México, Luis Chávez Orozco (Ed.) (México, 1933-1938), vol. II, pp. 17-18, 67. D.A. Brading, *Mineros y Comerciantes* p. 232.

[41] MNAH, "Solicitud de los dueños de obrajes de Querétaro", 26 de abril de 1781 (25); "Visita del Obraje de don Domingo Coder Merino", 19 de enero de 1796 (25).

[42] AGN, Civil, vol. 1,871, Exp. 10. 10 de septiembre de 1807. Asunción Lavrin, "The Execution of the Law of Consolidacion in New Spain: Economic alms and results", *Hispanic America Historical Review*, *53* (Febrero de 1973), pp. 27-49. Enrique Florescano. *Estructura y problemas agrarios de México* (1500-1821) (México, 1971), pp. 219-220; Hubert Howe Bancroft, *Works* (San Francisco, 1882-1890), vol. XII, p. 101; Brading, *Mineros y Comerciantes*, pp. 340-341: Greenleaf. "The Obraje", pp. 237-238: Potash, *Banco de Avío*, p. 20.

[43] "Notas estadísticas", pp. 200-202.

tenía 28 telares, era la fábrica más importante de la ciudad. Para 1787, el número de telares de San Juan Bautista se había reducido a 17, y en 1794, cuando don Melchor abandonó el negocio, era únicamente de cinco. Algunos propietarios conservaron el control de sus fábricas a pesar de la reducción en la producción. Don Juan Antonio Fernández del Rincón, regidor de Querétaro, fue dueño de un obraje de 1775 a 1789, pero ni siquiera se preocupó por llevar la contabilidad ya que la totalidad de sus operaciones había quedado casi suspendida debido al elevado costo de la lana y al bajo precio de las telas. Otro propietario logró conservar el control de su obraje, pero lo usaba únicamente para satisfacer las necesidades de su familia.[44]

Las crisis al parecer obligaron también a los trapiches a hacer ajustes. Tenían necesidad de lana, de equipo y de tintes, lo mismo que los obrajes. La escasez y el elevado costo de estos elementos llevó a la quiebra a los pequeños productores. Y puesto que los trapiches contaban al menos parcialmente con los obrajes por lo que respecta al equipo, la clausura de los obrajes impuso el cierre de los trapiches. El método más eficiente para enfurtir los paños después de tejerlos, consistía en usar una máquina llamada batán compuesta de gruesos mazos de madera que giran alrededor de un eje impulsado hidráulicamente, y este equipo sólo lo había en los obrajes. Los pequeños productores acudían al obraje de El Batán por la década de 1740 para enfurtir sus paños[45] y tienen que haber seguido haciéndolo hasta finalizar el siglo.

La crisis que hubo en la producción tuvo graves repercusiones sobre la fuerza de trabajo urbano. Al disminuir la producción se redujo el número de los trabajadores, lo que a su vez trajo consigo una contracción en toda la economía. Los operarios textiles que habían quedado sin empleo tienen que haber constituido una característica del fin de la época colonial. Por ejemplo, el número de telares que estaban en operación se redujo en 30 por ciento de 1801 a 1803. Esta reducción tuvo que provocar un enorme desempleo, tal vez no proporcional a la disminución del número de telares, pero que de todas manera fue muy grande. San Juan del Río, que en una ocasión llegó a ser también una población manufacturera, resintió una declinación aún más grave. La fábrica de don Francisco Morán, que daba empleo a 600 operarios, se clausuró al principiar la década de 1790, lo que determinó el desempleo. En 1791 en toda la población había tan sólo 12 telares en operación, que daban

[44] Véase la nota 3.

[45] AGN, Tierras, vol. 1 463, Exp. 3, 12 de octubre de 1745. Respecto de la maquinaria en las fábricas de Querétaro véase: MNAH, "Inventario del obraje de Pedro las Casas", Diego de Zerezeda, 1o. de abril de 1644 : Salvador Perea, 22 de agosto de 1714 (51). Se puede encontrar ya publicada una buena descripción del equipo de Fernando Silva Santisteban, *Los obrajes en el Virreinato del Perú* (Lima, 1946), pp. 41-57

empleo quizá a 100 personas. Como la producción de telas dependía en parte de un sistema casero, el desempleo también llegó al campo.[46]

No se puede poner en duda la existencia de una gran cantidad de desempleados en la ciudad, pero no son muy claras las razones de su existencia. Las pruebas de que disponemos nos dirigen hacia la naturaleza casi incontrolable de la crisis. La escasez de materias primas, los mayores costos, la competencia en el interior y en el exterior y los desastres naturales hicieron más lenta la producción y determinaron el desempleo. Enrique Florescano afirma que la crisis desorganizó la producción en la mayoría de los negocios de México y finalmente tuvo repercusiones en el precio y en la producción de maíz.[47] Esta comprobación apoya el supuesto de que el desempleo fue resultado de circunstancias inevitables que existían en la estructura de la producción.

De acuerdo con otra opinión, el desempleo fue intencional y no forzado. En 1807 y 1808, los dueños denunciaron en forma vehemente a sus malos trabajadores, acusándolos de ser los causantes del deterioro en la vida económica de la ciudad. Según los patrones, los trabajadores habían escogido una vida de vicio y de corrupción en lugar de una vida de trabajo en las fábricas. Trabajaban durante una semana y luego se dedicaban a beber y a jugar sin pensar en su familia o en su futuro. No tuvo ningún resultado el intento de los dueños de persuadirlos para que volvieran al trabajo, lo que obligó a los dueños a acudir a la Corona para pedir el permiso de encerrar a los trabajadores para obligarlos a trabajar. Los clérigos y los funcionarios del ayuntamiento apoyaron a los dueños y de manera unánime indicaron que la holgazanería de los trabajadores era la causa de la reducción de la producción. Las comprobaciones directas que existen a este respecto datan por lo menos de 1792 en Querétaro.[48]

Es difícil precisar lo que haya de cierto en estas quejas. Es indudable que los trabajadores pueden haber aprovechado todas las oportunidades para mostrar su disgusto por trabajar en los obrajes. Así lo hicieron los trabajadores textiles de Puebla durante la misma época. Con mucha frecuencia faltaban a su trabajo y causaban a los dueños muchos probiemas.[49] Para entender cabalmente las razones que había para el desempleo voluntario sería necesaria una descripción completa de los salarios, de los niveles de vida y de los extremos a que acudieron los dueños para

[46] "Compendio histórico, político, topográfico, hidráulico... de San Juan del Río, 1794", en las *Relaciones estadísticas de Nueva España de principios del siglo XIX* (México, 1944), p. 165.

[47] Florescano, *Problemas Agrarios*, pp. 105-116.

[48] AGN, Civil, vol. 1,418, Exp. 19, 27 de octubre de 1792, vol. 1,871, Exp. 10, 31 de agosto de 1807, vol. 1871, Exp. 10, 7 de enero de 1808.

[49] Bazant, "Textile Industry in Puebla", p. 65.

atraer a los trabajadores. Buenos salarios y gratas condiciones de trabajo probablemente hubieran atraído un suficiente número de trabajadores, pero los obrajes estaban entonces en la imposibilidad de ofrecer salarios más altos y mejores condiciones. Los demás factores que ya se han mencionado les hicieron imposible progresar en la proporción anterior. Una mayor cooperación por parte de los trabajadores pudo haber aliviado los problemas de los obrajes, pero no los habría solucionado. Los dueños no obstante consideraron que la obstinación de los trabajadores era lo que obviamente tenían que atacar. Y así lo hicieron, con la esperanza de obtener la aprobación oficial para tener un control más estricto de los trabajadores.

Los dueños de los obrajes y de los trapiches

Los típicos dueños de los obrajes eran españoles que tenían diversos intereses económicos. Esa propiedad frecuentemente reflejaba un interés económico de segundo o tercer orden. En los principios del siglo XVII la ocupación de mercader, que en términos generales quiere decir comerciante, era la que prevalecía sobre todas las demás. Los comerciantes que eran dueños de un obraje rara vez entraban en la categoría de terratenientes y tampoco tenían los medios de obtener un cargo en el gobierno local. Socialmente los que habían tenido éxito gozaban de prestigio por ser dueños de costosas residencias y de esclavos, y por otorgar buenas dotes a sus hijas y arreglarles buenos matrimonios. Sus pretensiones sociales, sin embargo, tenían ciertas limitaciones. Por ejemplo, ni un solo propietario, fuese cual fuese su riqueza o su influencia, recibió el tratamiento de "don" con anterioridad a 1650.[50]

Hacia 1700 se habían superado los obstáculos que se oponían a la diversificación económica y al progreso social, y los dueños ya podían competir simultáneamente en diversos negocios y codearse libremente con la élite de provincia. El grado de diversificación se puede advertir por la forma en que los dueños se identificaban a sí mismos en los contratos que celebraban. Uno se decía "residente, comerciante, ganadero y dueño de una hacienda y de un obraje".[51] Además había muchos dueños con grados militares. En su mayoría eran honoríficos, pero algunos dueños realmente tenían responsabilidades militares. Otros dueños desempeñaban igualmente cargos de tanta influencia como el de alcalde, corregidor, o el cargo eclesiástico de notario de la Inquisición. El cuadro 10 proporciona datos específicos sobre las ocupaciones de los dueños de 1706 a 1714.

[50] Véase la nota 2.
[51] MNAH, Salvador de Perea, 16 de septiembre de 1709 (50).

En los cuadros del capítulo VII se presentan algunas características sociales de los dueños de obrajes a fines del siglo XVIII. Por desgracia, estos datos no son totalmente representativos porque el número de personas que indicaban como su ocupación el ser dueños de obrajes en 1791 excede con mucho el número de obrajes que estaban en operación en Querétaro en ese año. Aun suponiendo que algunos dueños de obrajes no fueran dueños de uno durante ese año, la diferencia sería muy considerable puesto que en 1803 fue de 20 el número de obrajes que estaban en operación. La mejor explicación de esta diferencia sería que numerosas personas que eran dueñas de trapiches indicaron que su ocupación era la de dueños de obrajes. Por lo tanto esos datos muestran un cuadro deformado de la posición social de los verdaderos dueños de obrajes.

Se puede hacer una descripción más exacta de su posición social haciendo un análisis únicamente de las personas registradas en el censo de 1791 y que en realidad fueron propietarias de un obraje en cualquier momento durante el período transcurrido entre 1782 y 1810 (en el que las visitas proporcionaban el número y los dueños de obrajes). De los 29 propietarios, 26 dicen haber nacido en España y tres en Querétaro; 21 eran casados (19 con "doñas"); a todos se les daba el tratamiento de don. Siete eran comerciantes, seis hacendados, dos tratantes (una especie de comerciantes); además ocho eran funcionarios políticos y oficiales militares.[52] Las características sociales de los propietarios que eran evidentes al iniciarse el siglo XVIII subsistían con la misma intensidad al término de éste.

El hecho de desempeñar un puesto político por parte de los propietarios tenía implicaciones especiales respecto de toda la operación del obraje. Hombres como don Juan Antonio Fernández del Rincón, terrateniente y regidor, dueño del obraje de San José, don Antonio de la Carcova, regidor y comerciante, dueño del de Calle Nueva, y el capitán don Juan Antonio y Llata, alcalde y capitán de Sierra Gorda, dueño del de La Carretera, tenían toda clase de oportunidades para someterse o para desconocer la legislación que afectaba sus inversiones.[53] Hasta los dueños que no desempeñaban ningún cargo oficial se atenían a asociaciones transitorias para ejercer influencia sobre la política local.[54] El hecho de desempeñar un cargo, así como las asociaciones transitorias entre los dueños y los funcionarios significaba que la mayoría de la legislación colonial relacionada con la manufactura de telas se aplicaba en forma selectiva. En ningún momento quedaron excluidos los obrajes del sistema de gobierno de la provincia. A medida que la ciudad crecía,

[52] AGN, Padrones, vol. 12, 1791.

[53] *Ibid*, nota 3.

[54] MNAH, Salvador de Perea, 15 de mayo de 1707 (50), 19 de junio de 1707 (50).

los obrajes se convertían en un institución activa y poderosa que participaba en forma efectiva en la política local.

La propiedad de un obraje podía ayudar a lograr metas personales, pero no aportaba ningún valor intrínseco social o político: el obraje parecía una institución orientada exclusivamente hacia la obtención de utilidades. Consecuentemente, los cambios de propiedad de los obrajes dependían principalmente del juego entre las fuerzas del mercado y las alternativas de inversión. Desde el siglo XVII hasta los principios del XIX hubo una notoria tendencia hacia la inestabilidad de la propiedad, y la época en que fue más frecuente el cambio de manos se inició después de 1750. La escasez de materias primas y la competencia con los trapiches, que desde 1700 eran las dos quejas más frecuentes de los propietarios, ayudan a explicar ese cambio.[55] Los datos que aparecen en el Cuadro 11 muestran la duración de la propiedad de los obrajes de 1782 a 1809. De los 70 propietarios, 45 (I) tuvieron solamente un obraje durante un período ininterrumpido, y la mayoría los tuvo durante cuatro años o menos (71 por ciento). De las 25 personas (II) que eran propietarias de más de un obraje, o que aparecen ininterrumpidamente como dueños (lo que sugiere que cerraban un obraje y luego lo volvían a abrir) más de la mitad (56 por ciento) los regenteó durante un período en promedio de menos de cuatro años. El período más frecuente de operación continua dentro de este grupo es de menos de dos años. Ocasionalmente se operaba una fábrica durante más de 10 años y muy rara vez por más de 15 años.

La inestabilidad de la propiedad y la diversidad de los intereses económicos de los dueños tendían a impedir el establecimiento de una clase manufacturera permanente y coherente en Querétaro. Como frecuentemente estaban entrando y saliendo gentes nuevas en la clase de propietarios, pocas asociaciones personales duraderas tenían como centro el obraje, y también había pocas oportunidades de que se ejerciera una acción común apoyada en intereses comunes. En Querétaro no surgió un grupo fácilmente definible de fabricantes que tuviera valores propios distintos de los de los agricultores o ganaderos.

No obstante, los dueños compartían ciertos intereses específicos. Se enfrentaban a similares problemas de calidad, precios, mercados, competencia y trabajo. La gravedad de algunos de estos problemas hizo que se unificaran, y sus protestas y peticiones fueron casi unánimes. Uno de los principales objetivos de la década de 1780 era la formación de un fondo común para sostener el precio de los textiles. Los malos tiempos obligaron a muchos dueños a vender sus telas a intermediarios a precios bajos, lo que a su vez tuvo como resultado la producción de artículos de

[55] Salvador de Perea, 22 de agosto de 1714 (52); nota 3.

mala calidad. Esto tuvo el efecto perjudicial de restringir el mercado para los fabricantes de telas que se ajustaban a los patrones de calidad.[56] Además, los dueños resultaron perjudicados por la competencia con los trapiches, que eran un mayor número de productores pequeños no reglamentados. Las ventajas naturales de un obraje, el tamaño, el capital, la tecnología, no significaban nada mientras los pequeños talleres continuaran produciendo sin permiso y sin ajustarse a las normas de calidad.[57]

Los dueños de trapiches eran semejantes a los dueños de obrajes de la misma manera en que los labradores eran parecidos a los hacendados. Se dedicaban a las mismas actividades económicas, en ocasiones utilizando los mismos instrumentos y las mismas técnicas para crear los mismos productos. Pero sus similitudes económicas no llegaban hasta lo social. Los dueños de trapiches ocupaban una posición social claramente inferior en la escala social de la ciudad, que se mostraba particularmente por sus antecedentes étnicos. En la primera visita que se hizo a los trapiches, que se llevó a cabo en 1693, se hace una lista de 28 propietarios, de 21 de los cuales se conocen sus antecedentes étnicos. 16 eran indios, 4 mestizos y un mulato.[58] Más o menos había la misma distribución los años de 1790, con la excepción de unos cuantos españoles que se habían convertido en trapicheros. En 1791 sólo 50 de los cientos de propietarios no eran indios. De éstos, 26 eran mestizos, 22 españoles y dos castizos (hijos de español y mestiza).

Querétaro, el Nuevo Mundo y España

A fin de apreciar más ampliamente la significación de la producción textil en Querétaro, es conveniente hacer unos comentarios breves y generales sobre la industria en el Nuevo Mundo y en España. Fuera de la altiplanicie del centro de México, en donde Querétaro era el más importante productor en el siglo XVIII, la otra única región de importancia comparable estaba en el centro de la altiplanicie de los Andes. En el Perú de los españoles, el número de obrajes aumentó muy rápidamente desde que se estableció el primero en 1545. Más de 300 estaban en operación en el siglo XVII, o sea muchos más de los que había en Nueva España.[59] Las poblaciones de Otavalo, Ambato y Latacunga, ubicadas en los valles de tierras altas al norte y al sur de Quito, producían una

[56] MNAH, "Solicitud de los dueños de obrajes de Querétaro", 26 de abril de 1781 (25).
[57] MNAH, "Visita del obraje de don Antonio de la Carcova", 17 de noviembre de 1808 (25).
[58] MNAH, Lázaro Vitorica y Solarte, 12 de mayo de 1693 (34).
[59] AGN, Padrones, vol. 12, 1791.

enorme cantidad de telas. La mayoría de los obrajes andinos empleaban mayor número de trabajadores, en promedio más de 200, que los de Querétaro; y algunos tenían hasta 400 trabajadores.[60]

A pesar del número y del tamaño de los obrajes de los Andes, la producción de telas en la Nueva España del siglo XVI tiene que haber excedido a la de la región andina si no por otras razones por la de que era mucho mayor la población de la Nueva España. A principios del siglo XVII, cuando la población indígena de la Nueva España se había reducido radicalmente, la cantidad de telas que se exportaba de Perú se había incrementado; la producción en las dos regiones puede haber sido aproximadamente la misma. Ya para los fines del siglo XVIII la producción peruana sufrió graves contratiempos y el número de obrajes había descendido a 150.[61] Durante esta época la producción general en la Nueva España se estaba incrementando. Según parece, al finalizar el siglo XVIII no había ninguna ciudad en los Andes que se pudiera equiparar a Querétaro en cuanto al número de fábricas, el de trabajadores o la diversidad y cantidad de marcancías que se producía.

Más allá de la parte central de los Andes y de Mesoamérica, la producción textil estaba menos organizada y concentrada. Existían muy pocas fábricas. Se producían telas en Chillán, provincia de Chile, y en Córdoba, Salta y Tucumán en Argentina, pero se atenían a un sistema de maquila, y en tamaño nunca igualaron a Querétaro.[62] En Brasil hubo en el siglo XVIII una clara tendencia a la instalación de fábricas de telas en Río de Janeiro y Minas Gerais, pero fue restringida por una orden real de 1705 y por la importación de textiles en grandes cantidades en 1803.[63] La producción en la Norteamérica inglesa no llegó siquiera al nivel rudimentario de organización que había en muchas ciudades de Latinoamérica. La producción independiente casera predominó hasta el establecimiento de la primera fábrica de telas de lana, en 1788. Aun entonces fue lenta la transición hacia la manufactura al llegar el siglo XIX.[64]

Durante la época colonial, el país que resultó más afectado por la producción de Hispanoamérica fue España. En un principio, las Indias ofrecían un buen mercado para las telas de Segovia, Toledo, Córdoba y

[60] Santisteban, *Los obrajes del Perú*, pp. 18, 107-110, 162.

[61] *Ibid*, pp. 161-162.

[62] Tulio Halperin-Donghi, *Politics, Economics, and Society in Argentina in the Revolutionary Period* (Cambridge, 1975), pp. 6-16; James R. Scobie, *Argentina, A City and a Nation* (Oxford, 1964), pp. 53-60; Baily W. Diffie, *Latin American Civilization. Colonial Period* (Nueva York. 1967), p. 391.

[63] Caio Prado, Jr., *The Colonial Background of Modern Brazil* (Berkeley, Calif., 1967), pp. 260-262.

[64] Arthur Harrison Cole, *The American Wool Manufacture* (Cambridge, Mass., 1926), vol. 1, pp. 19-20, 65.

Cuenca; pero no fue permanente la prosperidad que encontraron en los nuevos mercados; los aumentos de precios en España que se debían a una creciente demanda y a la infiltración de la plata del Nuevo Mundo crearon una crisis interna. Con el fin de poner remedio a la situación, la Corona permitió la importación de telas y prohibió la venta de los textiles al exterior. Las telas fabricadas en el extranjero empezaron entonces a invadir los mercados españoles vendiéndose mucho mejor que los productos del país, de más baja calidad y de precios más elevados.[65] La industria española no podía estar capacitada para satisfacer las necesidades de telas baratas del Nuevo Mundo cuando en su propio país tenía que luchar para sobrevivir.

El estancamiento en la producción de lana en España a fines del siglo XVI subsistió hasta que en el siglo XVIII la Corona tuvo la esperanza de reanimar la producción y el comercio de textiles. Con el apoyo del rey, técnicos extranjeros y grandes cantidades de dinero se dedicaron a reanimar la industria; pero estos esfuerzos sólo tuvieron resultados parcialmente favorables. España producía más lanas y de mejor calidad, pero aun así casi no tenía la posibilidad de competir con un mercado como Querétaro, que ya para entonces había establecido firmemente técnicas de producción y de distribución que podrían enfrentarse aun a las importaciones inglesas en el siglo XIX. Finalmente, surgió una industria moderna textil de algodón en Cataluña, pero su tardío desarrollo restringió sus mercados coloniales a Cuba y a Puerto Rico.[66] La debilidad de la industria textil permitió a los obrajes de Querétaro desarrollarse independientemente de la producción española.

[65] Jaime Vicens Vives. *An Economic History of Spain* (Princeton, New Jersey, 1969), p. 354.

[66] Jaime Vicens Vives, *Economic History*, pp. 537-538; James Laforce, *The Development of the Spanish Textile Industry*, 1750-1800 (Berkeley, Calif., 1965), pp. 19-50.

VI. LOS COMERCIANTES Y EL COMERCIO

Como actividad económica, el comercio precedió a la agricultura y a la manufactura. Comerciantes aventureros fueron probablemente la conexión entre la provincia y la capital, y con las minas desde la década de 1530. Ya para la de 1590, cuando se inicia una documentación que puede utilizarse, el comercio estaba mejor organizado y había adoptado técnicas permanentes y pautas de intercambio. A partir de esta época, el comercio dependió de la agricultura local y de la manufactura; y su crecimiento estaba íntimamente relacionado con la producción y distribución de la lana y de la carne de cordero. La ciudad de Querétaro actuó siempre como cámara de compensación de este intercambio. Era el centro de una gran rueda comercial, cuyos rayos llegaban casi a todo México; pero el tamaño del centro siempre estaba más en relación con los intereses económicos locales que con los de México.

Los comerciantes de la provincia eran personas que participaban en el intercambio de mercancías, disponían de capital y de crédito y tenían muy amplias relaciones personales y de negocios. Existían diversas clases de personas con estas características. A mediados del siglo XVII se les llamaban mercaderes, término que se empleaba con flexibilidad. Incluía tanto a los ricos mayoristas como a los pobres que vendían al menudeo. La especialización llevó a la desaparición del término "mercader", para mediados del siglo XVIII. Ahora se les llamaba comerciantes y a sus ayudantes cajeros, palabras que probablemente se empleaban en todo México. Los comerciantes podían ser dueños de tiendas al menudeo, pero su interés principal estaba en el comercio entre las provincias. Los dueños de tiendas al menudeo de la época anterior, a quienes se llamaba mercaderes, ahora recibían diversos nombres.[1] Un tipo de comerciante cuyo nombre no se modificó fue el de tratante (comerciante viajero o pequeño comerciante), quien generalmente poseía muy poco capital. Había muchas otras personas que se dedicaban a comprar y a vender lo mismo que los comerciantes propiamente dichos, que ciertamente eran comerciantes en la práctica pero a los que no se les llamaba así con ese nombre.

Era muy grande el número de comerciantes que había en Querétaro. De 1590 a 1600 aparecen más de 25 comerciantes locales en una manifestación en la que se hace una lista de las mercancías importadas a la ciudad.[2] De 1590 a 1630, por lo menos 25 comerciantes llegados de otras

[1] AGN, Padrones, vol. 12, 1791.
[2] MNAH, "Libros de Manifestación", 1590-1600 (21).

ciudades, sobre todo de la ciudad de México, realizaban negocios regularmente en Querétaro. Durante el siglo XVII aparecen cientos de comerciantes en los registros locales. Por el año de 1791 ejercían el comercio en Querétaro 149 comerciantes (de los que 60 eran peninsulares), 79 cajeros y 57 tratantes.[3]

Los comerciantes por fin llegaron a tener un control sobre las mercancías que entraban o salían de la provincia. En su lista de importaciones colocaban en los primeros lugares a los esclavos, el vino y las telas de Europa y Asia. Después venían el cacao, las aceitunas, el aceite de oliva, el azúcar, el pescado y las confecciones. Los comerciantes enviaban al exterior una variedad más limitada de mercancías. En un principio, las más importantes eran el cordero y la lana, y después el trigo, el cuero, el ganado en pie y, para el siglo XVII, grandes cantidades de telas.

Los instrumentos del comercio

A fin de trasladar estas mercancías, los comerciantes utilizaban documentos específicos. La forma legal de los documentos, generalmente conocidos como escrituras, siguió siendo la misma desde el siglo XVI hasta el XVIII. Eran esenciales porque casi todo el comercio era una actividad profesional que se realizaba en el tiempo y el espacio e implicaba cantidades de dinero relativamente grandes. En el siglo XVI las cuentas locales eran por cientos de pesos; en el siglo XVIII ya eran por miles de pesos.[4] Para asegurar la fluidez de las operaciones, los comerciantes tenían que conocer la forma de emplear los poderes, los pagarés, los reconocimientos de deuda y las facturas de venta. Estos documentos tenían la característica común de que pocas veces traían consigo el intercambio de dinero. Se expedían cartas de pago, pero era notoria su escasez. Los negocios se realizaban mediante un interminable ciclo de promesas de pago, de ajustes de cuentas y de transferencias de documentos de financiamiento.[5]

La excesiva confianza en el crédito formó parte de la vida comercial en casi toda la América española. En lo que Querétaro pudo haberse diferenciado de otras regiones fue en el uso tan extendido que se hacía de las compañías para organizar el capital y el trabajo. Los hombres de negocios de Querétaro deseaban hallar un sistema para aportar propie-

[3] AGN, Padrones, vol. 12, 1791.

[4] Véase por ejemplo MNAH, Baltasar Martín, 30 de junio de 1598 (1); Salvador de Perea, 8 de octubre de 1706 (50).

[5] MNAH, Juan Pérez de Aguilar, 23 de mayo de 1590 (1); Baltasar Martín, 28 de agosto de 1598 (1); Eugenio López Guevara, 22 de agosto de 1699 (6); Salvador de Perea, 4 de febrero de 1710 (50).

dades reales y personales a fin de realizar inversiones; y las compañías los proporcionaron. Las companías eran asociaciones que estaban restringidas a determinados objetivos específicos y a limitados períodos de tiempo; no eran sociedades o asociaciones permanentes en el sentido moderno de la palabra. Las compañías tuvieron su origen en el Mediterráneo y luego, bajo los auspicios de los comerciantes genoveses, se difundieron a la península ibérica y finalmente hasta el Caribe.[6] Es bien conocida la penetrante influencia italiana en el comercio español, pero la subsistencia de las compañías durante todo un siglo y hasta las regiones de la provincia merece una atención especial.

Los contratos que se celebraban en Querétaro a principios del siglo XVII son semejantes a los convenios llamados *commenda* y *societas* que se celebraban seis siglos antes. Ya en el siglo XVI los términos "commenda" y "societas" empezaron a perder su significado, abriendo el camino en México al término "compañía", que es más amplio.[7] La compañía era, ya sea del tipo de la *commenda*, en el que se celebraba un convenio entre dos personas, de las cuales una aportaba capital y la otra servicios, o bien del tipo de la *societas*, en que todos los miembros de la compañía aportaban tanto capital como servicios. En Querétaro las asociaciones eran generalmente del tipo de la commenda y se utilizaban de preferencia con fines comerciales, más que financieros. Existen pocos documentos que demuestren que las compañías proporcionaban capital a un tercero para realizar inversiones a corto o a largo plazo. *(Cuadro 12).*[8]

En la mayoría de los contratos que se han examinado, los contratantes vivían en Querétaro y las actividades a que se referían tenían lugar dentro de la misma región. En ciertas ocasiones, sin embargo, se orga-

[6] En cuanto a la importancia de las compañías en el Mediterráneo y en el Atlántico véase Robert S. Lopez and Irving W. Raymond (eds.). *Medieval Trade in the Meditarranean World* (Nueva York. 1955): Ruth Pike. *Enterprise and Adventure: The Genovese in Seville and the Opening of the New World* (Ithaca, Nueva York, 1966); A.E. Sayous, "Partnership in the trade between Spain and American and also in the Spanish Colonies in the 16th Century", *Journal of Economic and Business History*, I (1929), pp. 282-31; Charles Verlinden, "Italian Influences in Iberian Colonization" *Hispanic American Historical Review*, 23 (Mayo de 1953), pp. 199-211.

[7] Sayous "Partnership", p. 184.

[8] A menos que se haga alguna otra indicación, las generalizaciones sobre las compañías de Querétaro están apoyadas en MNAH, Juan Pérez de Aguilar, 15 de octubre de 1590 (3); Baltasar Martín, 23 de febrero de 1597 (1), 9 de abril de 1597 (1), 7 de enero de 1598 (2); 12 de enero de 1598 (2), 6 de julio de 1598 (2), 28 de julio de 1598 (2), 26 de agosto de 1598 (2), 12 de septiembre de 1598 (2), 1o. de octubre de 1598 (1), 27 de octubre de 1598 (1), 10 de diciembre de 1598 (1), 25 de enero de 1599 (2), 3 de diciembre de 1602 (4); Nicolás de Robles, 13 de febrero de 1606 (5), 14 de febrero de 1606 (5), 13 de abril de 1606 (5), 10 de julio de 1606 (5), 20 de julio de 1606 (5), 3 de agosto de 1606 (5), 26 de agosto de 1606 (5); Tomás de los Reyes, 27 de marzo de 1614 (1); Miguel de Solís, 19 de julio de 1622 (9); Felipe de Santiago, 12 de febrero de 1630 (11), 10 de mayo de 1630 (11).

nizaban compañías que contenían disposiciones en el sentido de que la administración o el comercio se debían realizar en otras regiones de México. Las compañías, de manera análoga a las asociaciones sevillanas que enviaban a sus miembros jóvenes a hacer negocios al Caribe o a los puertos de la costa, vinieron a agregar otro eslabón a la cadena que unía a Querétaro con los más grandes centros de población y con los pueblos mineros.

Los hombres de negocios organizaban compañías en Querétaro por períodos limitados de tiempo, generalmente de tres a cinco años, o bien hasta que se realizara un fin determinado. Al redactar los contratos indicaban sus propósitos con toda precisión, teniendo siempre cuidado de describir los derechos y las obligaciones de cada uno. Después mencionaban sus respectivas aportaciones y la forma en que se deberían distribuir las utilidades. En todos los convenios se disponía que se deberían llevar cuentas estrictas que se someterían a las partes contratantes para su revisión y aprobación.[9]

Los comerciantes, especialmente los que hacían ventas al menudeo y que necesitaban apoyo financiero, eran los que más uso hacían de las compañías. En 1606 Francisco de Oviedo formó una compañía típica con Domingo Escudero, dueño de una tienda, para iniciar un negocio de ventas al menudeo. Oviedo recientemente había adquirido trajes en la ciudad de México y en Michoacán con valor de mil pesos, que entregó a Escudero para su venta. Escudero tenía que dar toda su atención profesional a la administración de la tienda. Oviedo quedaba en libertad de celebrar otros contratos semejantes y estaba facultado para tomar 300 pesos de la tienda cada tres meses. Cuando terminó la compañía Oviedo recuperó su aportación y luego las utilidades se repartieron equitativamente. Los convenios de esta clase frecuentemente incluían diversos grupos raciales y étnicos. Esos convenios hacían posible que hubiera más trabajo urbano independiente, lo cual habría sido imposible de otra manera.[10] Aun cuando quedaban un poco rezagados en el importe de su capital y su importancia social comparados con otros convenios de tipo económico, siguieron formando parte fundamental del comercio de la provincia.

Las personas influyentes formaban ese tipo de compañías para efectuar operaciones al menudeo, comerciando con artículos de mayor

[9] En la *Summa de Tratos y Contratos* de Tomás de Mercado, (Sevilla, 1571), se hace una descripción general contemporánea de las compañías. Las operaciones reales de las compañías se describen en detalle de una manera muy interesante por los comerciantes mismos en James Lockhart and Enrique Otte (eds.) *Letters and People of the Spanish Indies; the Sixteenth Century* (Londres, 1976), particularmente pp. 36-113.

[10] MNAH. Baltasar Martín, 12 de septiembre de 1598 (1); Nicolás de Robles, 26 de agosto de 1606 (5).

valor social y económico. Juan Rodríguez Galán y Luis de Tovar se pusieron de acuerdo para vender mercancía proveniente de China y de Castilla, en lugar de la de la ciudad de México y de Michoacán. Se fijó a la compañía un capital de 3 mil pesos, y quedó convenido que Rodríguez Galán aportaría el dinero y Tovar el trabajo. Tovar, que sólo tenía entonces 21 años era probablemente uno de los mejores financieros de la ciudad. Había aprendido las técnicas comerciales de su padre Duarte de Tovar, un financiero muy astuto.[11]

Este tipo de inversiones a corto plazo para ventas al menudeo no garantizaba elevadas utilidades. Es de presumirse que Rodríguez Galán y Tovar hayan tenido éxito por su experiencia y por el respaldo con que contaban. Pero se organizaron numerosas compañías que tan sólo acabaron en una disolución anticipada y en la quiebra. Las ventas a crédito eran mayores que las ventas al contado, y aun cuando se establecieran estipulaciones aplicables a las deudas vencidas, el monto de las cuentas por cobrar arruinaría cualquier negocio. Miguel Hernández y Hernando Cardoso dieron término a su compañía en 1597. En ese momento, el importe de las cuentas por cobrar ascendía a 3 054 pesos, cantidad que probablemente era igual al capital invertido. El libro mayor mostraba que 62 personas y otra compañía eran deudoras de la firma y que sus adeudos iban de 2 pesos a 182. Ambos socios tenían la esperanza de que se liquidaran los adeudos, pero como esto era poco probable Hernández se llevó mil pesos y Cardoso el resto.[12] Por lo menos la compañía de Hernández y Cardoso no resultó perjudicada por las deudas de juego de uno de sus socios, problema con el que se tuvieron que enfrentar algunas compañías. Si alguno de los socios destinaba al juego el capital, había muy pocas esperanzas de tener éxito.[13] Para estas compañías la quiebra significaba algo más que un revés económico. Los socios que no podían hacer frente a sus responsabilidades iban a dar a la cárcel hasta que pudieran hacer algún acuerdo satisfactorio.[14]

Las compañías comerciales cooperaron para que el capital de la provincia se uniera al de la capital metropolitana. Los comerciantes de la ciudad de México organizaban compañías con los de la localidad utilizando los mismos contratos que habían prevalecido en las empresas estrictamente locales. Por lo general, el socio de Querétaro era un subordinado, más bien un empleado que un socio. Algunos comerciantes de la ciudad de México ni siquiera operaban directamente con sus so-

[11] AGN, Mercedes, vol. 34, folios 111v-112v., 1619; MNAH Juan Pérez de Aguilar, 26 de julio de 1590 (3), 7 de noviembre de 1590 (3); Baltasar Martín, 3 de diciembre de 1602 (4); Nicolás de Robles, 24 de febrero de 1606 (5); Gaspar de Porras, 9 de enero de 1609 (7).

[12] MNAH, Baltasar Martín, 12 de septiembre de 1598 (1).

[13] MNAH, Nicolás de Robles, 13 de abril de 1606 (5).

[14] MNAH, Baltasar Martín, 6 de julio de 1598 (2), 24 de noviembre de 1598 (1).

cios y preferían dar sus órdenes por conducto de un agente local. Estas compañías generalmente tuvieron como resultado que se iniciara un flujo de dinero hacía la provincia, casi siempre bajo el control del comerciante de la metrópoli. Indican, en efecto, un incremento en el predominio de los comerciantes foráneos, pero los de la localidad también resultaban beneficiados al compartir las utilidades al cincuenta por ciento.[15]

Las condiciones en las cuales operaban las compañías mercantiles prevalecían también en las que se especializaban en ganado y en productos agrícolas. La importancia de Querétaro en el comercio de la Colonia dependía del transporte, el cual a su vez se atenía casi exclusivamente a las mulas. Como la cría de mulas era tan reducida en la provincia, la compra al mayoreo en otras provincias para venderlas en Querétaro prometía rendir magníficas utilidades. Los hombres de negocios carecían individualmente del capital necesario, por lo cual organizaron compañías para comprar mulas. A principios del siglo XVII. Francisco Fernández y Pedro Martín monopolizaron ese negocio. Su compañía compró 81 mulas en Valladolid al precio total de 1 873 pesos, que se debía pagar en dos abonos iguales. Martín intervenía con el carácter de ganadero, y Fernández con el de vendedor. Dentro de los quince días siguientes a la organización de la compañía, Fernández ya había encontrado compradores. Vendió las mulas aproximadamente a 35 pesos por cabeza. Si el precio se sostuvo, lo que es probable, la compañía obtuvo una utilidad de 972 pesos, con una inversión de 1 873 pesos.[16]

Había otras compañías que abastecían de carne a diversas ciudades o bien aportaban lo necesario para el cultivo de nuevas tierras agrícolas.[17] Los terratenientes utilizaban las compañías como alternativa para manejar las inversiones de capital haciendo contratos con los trabajadores, para desmontar y para sembrar sus tierras. Cuando se organizaban compañías agrícolas entre españoles e indios, al parecer se utilizaban para reemplazar parcialmente el sistema menos eficaz de las encomiendas y los repartimientos.[18]

Los hombres de negocios también utilizaban las compañías con otros dos propósitos: la producción de artesanías y la minería. Las compañías mineras eran las más especulativas y requerían que por lo menos uno de

[15] MNAH, Baltasar Martín, 28 de agosto de 1598 (1); Gaspar de Porras, 31 de agosto de 1607 (6); Nicolás de Robles, ? de noviembre de 1607 (6).

[16] MNAH, Baltasar Martín, 7 de agosto de 1599 (2), 17 de agosto de 1599 (2), 19 de agosto de 1599 (2).

[17] MNAH, Juan Pérez de Aguilar, 15 de octubre de 1590 (3).

[18] Don Diego de Tapia actuó como un intermediario importante en estos contratos. MNAH, Baltasar Martín, 21 de enero de 1598 (2), 27 de octubre de 1598 (1), 27 de noviembre de 1598 (1), 14 de junio de 1599 (2), Nicolás de Robles, 7 de enero de 1605 (5).

los socios tuviera un capital de importancia para dedicarlo a la especulación. Las condiciones en que se organizaban estas compañías no eran diferentes de las demás; una persona aportaba el capital y la otra el trabajo. Los residentes de Querétaro que organizaban compañías mineras no eran mineros sino hombres de negocios con diversos antecedentes, confiados en sus socios que vivían en las ciudades mineras. Las compañías mineras altamente especulativas y cuyas utilidades eran dudosas, proporcionaban los medios para que los miembros de una comunidad agrícola y comercial tuvieran la esperanza de participar en la riqueza de las minas.[19] Las compañías para la producción de artesanías eran inversiones más prosaicas, que lograban utilidades más pequeñas pero bastante seguras.[20]

Estas compañías subsistieron hasta el siglo XVIII y contribuyeron a que se unieran gentes con intereses materiales comunes.[21] Eran de especial importancia para aquellas personas que no tenían parientes trabajando en las actividades que les interesaban.[22] Los comerciantes pensaron que las compañías eran particularmente útiles para reforzar las relaciones, generalmente débiles, entre los mercados y las mercancías. Los ganaderos y los agricultores que tenían intereses diversificados las utilizaban para ligar el capital con el trabajo. Los especuladores, principalmente los que tenían inclinaciones hacia la minería, las empleaban para tener un punto de apoyo dentro de ese apresurado campo. La organización de una compañía se ajustaba a casi todos los propósitos económicos de la provincia.

El sistema de transporte para llevar la mercancía hacia adentro o hacia afuera de la provincia, era tan importante para el comercio como para el intercambio y la reunión de capitales. Por su ubicación, era Querétaro un centro de transporte más activo de lo que hubiera parecido tomando en consideración únicamente las circunstancias locales.[23] El ímpetu inicial para el desarrollo del transporte llegó de fuera de la provincia, pero para el año de 1600 la mayoría de los transportadores

[19] MNAH, Nicolás de Robles, 3 de agosto de 1606 (5), 10 de julio de 1606 (5); Tomás de los Reyes, 5 de marzo de 1614 (1).

[20] Baltasar Martín, 3 de junio de 1599 (2).

[21] Para tener ejemplos de compañías del siglo XVIII, véase MNAH, Salvador de Perea, 19 de julio de 1708 (5), 1o. de febrero de 1710 (5), 6 de septiembre de 1712 (52).

[22] Cuando las familias organizaban compañías lo hacían para dar empleo a parientes menos afortunados, ya como una tradición patriarcal. Por ejemplo, Pedro de Luque, un rico ganadero, entró en negocios con un primo pobre a fin de vender mercancía de Asia y de Castilla. El primo no era hombre de negocios, y dejó cuantiosas deudas para que las pagara Luque. En un gesto característico de su magnanimidad, Luque pagó las cuentas en lugar de obligar a los herederos de su primo a que lo hicieran. MNAH, Nicolás de Robles, 15 de noviembre de 1643 (6).

[23] MNAH, Felipe de Santiago, 20 de noviembre de 1651 (12).

locales hacían remesas principalmente de mercancía de la región.[24]

En la provincia, el transporte afectó no solamente la estructura comercial sino la vida de los españoles y de los indios.[25] Lo que resulta importante hacer notar en este momento es que las personas relacionadas con el transporte no se ajustaban a un molde social específico. Hasta la nomenclatura que se empleaba por el año de 1600 reconocía las divergencias sociales, pues se hacía una cuidadosa distinción entre los señores de carros, los dueños de carros, los carreteros, los señores de recuas y los arrieros. El tráfico se compartía entre los remitentes de Querétaro y de la ciudad de México, sin que ninguno pudiera dominarlo totalmente. Los de la ciudad de México aventajaban por lo que respecta al capital y al equipo, pero las familias de provincia, con sus conocimientos y recursos personales, competían con ellos venturosamente.[26]

La familia Colchado era la más importante en la actividad del transporte en el siglo XVII. Pablo Colchado, conocido como dueño de carros, era el jefe de la familia. Especulaba con la agricultura y con la minería pero la mayoría de sus ingresos provenían del transporte. Se inició en el negocio asociándose con un transportador de la ciudad de México, destinando importantes cantidades a la compra de ganado en pie. Para 1630 era el único dueño de un empresa floreciente. En ese año confió el cuidado y la administración de las carretas de la familia a su hijo Diego, quien inmediatamente aumentó el material rodante adquiriendo diez carretas y sesenta bueyes.[27] La importancia y la complejidad de los bienes de Colchado comprueban que la actividad del transporte podía ser ciertamente una empresa provechosa que no necesariamente rebajaba la posición social de una familia.

Los comerciantes de la ciudad de México

Los comerciantes de la ciudad de México utilizaban mucho las carretas que se trasladaban del valle central al Bajío. La terminal del tráfico en Querétaro era solamente una parada dentro de una red comercial mucho más amplia. Se crearon fuertes y específicos lazos entre la capital y

[24] MNAH, Juan Pérez de Aguilar, 10 de septiembre de 1590 (3), 28 de diciembre de 1590 (3); Baltasar Martín, 20 de marzo de 1597 (1), 27 de julio de 1597 (1); Nicolás de Robles, 10 de agosto de 1606 (5).

[25] MNAH, Baltasar Martín, 27 de octubre de 1597 (2), 8 de agosto de 1602 (1), 27 de octubre de 1603 (4).

[26] MNAH, Juan Pérez de Aguilar, 5 de noviembre de 1590 (3); Baltasar Martín, 7 de agosto de 1599 (2), 17 de agosto de 1602 (4); Miguel de Solís, 8 de agosto de 1622 (9).

[27] MNAH, Nicolás de Robles, 3 de abril de 1605 (5); Tomás de los Reyes, 2 de abril de 1614 (1); Miguel de Solís, 21 de febrero de 1622 (9), 4 de abril de 1622 (9 y 22); Felipe de Santiago, 4 de mayo de 1630 (11).

Querétaro, pero la mayoría de los comerciantes de la ciudad de México consideraban a Querétaro tan sólo como una parada dentro de un círculo mucho mayor, que se extendía desde el Bajío hasta Colima. El comercio de vinos ilustra esta situación. Desde la década de 1590, Querétaro importaba grandes cantidades de vino que transportaban tanto los comerciantes de la provincia como los de la ciudad de México.[28] En un principio, los comerciantes de la ciudad de México hacían remesas a Querétaro de dos pipas únicamente (120.5 galones por pipa); y para los años de 1620 ya hacían remesas aisladas de más de 20 pipas. Los mismos comerciantes que vendían vino en Querétaro encontraron bien dispuestos mercados en Valladolid, Pátzcuaro, San Luis Potosí, Guanajuato, Celaya y tan lejos hacia el Oeste como Colima.[29] Querétaro era simplemente un eslabón de una serie de mercados de provincia, que eran abastecidos por almacenes de la ciudad de México.

La organización de esta actividad comercial era sencilla. Los comerciantes de la metrópoli por el año de 1600 disponían de dos caminos para realizar la distribución. Podían o bien comisionar a un agente para que se trasladara a la provincia a fin de vender una determinada cantidad de mercancía dentro de cierto tiempo, o bien establecer un contacto permanente para realizar ventas al mayoreo. La riqueza del comerciante y el tipo de mercancía ejercían influencia en el sistema de distribución. Los comerciantes ricos, que tenían la posibilidad de abastecer una gran cantidad de mercancías, confiaban en un factor permanente llamado también agente comercial. Este arreglo facilitaba la compra, la venta y los cobros asegurando la continuidad entre la capital y la provincia. Los factores eran totalmente responsables en lo que respecta a las operaciones locales, pero rara vez se convertían en vecinos de Querétaro. El sistema de organización por medio de factores comerciantes, común en todas las Indias, fue el medio más importante para que las mercancías llegaran a Querétaro en el siglo XVII.

Matías del Castillo, que en la década de 1620 residió en la ciudad de México, era uno de los más prósperos comerciantes que utilizaban este sistema. Probablemente Castillo nunca visitó la ciudad de Querétaro. No tenía que hacerlo, puesto que su factor, Juan de Barahona, vivió en esa ciudad por lo menos durante siete años haciendo compras y ventas para Castillo. Poco después de su llegada a Querétaro, Barahona amplió

[28] ANQ, "Cuadernos de licencias que da su excelencia para traer vinos a este pueblo", 1616 (Civil, 1616-1617).

[29] Véanse las licencias para embarques de vino en AGN, General de Parte, vol. 5, Exp. 43, 23 de marzo de 1599, vol. 5, Exp. 129, 11 de mayo de 1599. vol. 5, Exp. 166, 2 de junio de 1599, vol. 4, Exp. 285, 7 de agosto de 1599, vol. 5, Exp. 286, 24 de noviembre de 1599, vol. 5, Exp. 629, 16 de diciembre de 1599. Los embarques de mayores cantidades se iniciaron en una fecha posterior; General de Parte, vol. 7, Exp. 330, 25 de agosto de 1632, vol. 7, Exp. 599, 4 de abril de 1633.

su posición como factor al otorgársele un poder general para administrar los negocios de otro comerciante de la ciudad de México. No obstante, siguó actuando principalmente como agente de Castillo. Poco antes de finalizar la década, Castillo designó otro factor para negociar en Querétaro. Estaba interesado, de preferencia en el tráfico de esclavos, y no substituía a Barahona sino que más bien complementaba su actividad.[30]

Pocos comerciantes llegaron a tener el control de que disfrutaba Castillo en 1622. Abastecía de vino, cacao, mercancías en general y ocasionalmente de esclavos al comercio de provincia, que crecía rápidamente. Sin embargo, el control de Castillo sobre el comercio local no se llegó a convertir en un monopolio. Los clientes exigentes que tenían diversas necesidades intentaban hacer los tratos en las mejores condiciones posibles.[31] Esto alentó a competir con Castillo a otros comerciantes de la ciudad de México, la mayoría de los cuales utilizó un sistema de organización semejante.[32] Otros utilizaron las compañías como instrumento de organización.[33] Otros más viajaban con su mercancía de ciudad en ciudad, actuando como una especie de factores viajeros. Como no disponían de capital ni de contactos comerciales, se quedaron en la periferia del comercio entre la ciudad de México y Querétaro, sin alcanzar nunca el volumen ni el valor de los comerciantes ya establecidos.[34]

La mercancía que llegaba a Querétaro de los comerciantes de la ciudad de México no siempre iba destinada al consumo local. Respecto de algunos artículos era el lugar donde se depositaban a fin de enviarse a otras poblaciones del Bajío y centros mineros. El comerciante de la ciudad de México generalmente conservaba el título de propiedad de la mercancía que vendía a clientes del Norte por conducto de su factor en Querétaro, pero había ocasiones en que la mercancía cambiaba de manos antes de ser remitida al Norte.[35]

Los comerciantes muy pocas veces percibían dinero al efectuar sus ventas. En su lugar aceptaban promesas de pago con vencimiento a los cuatro meses después de la entrega de la mercancía si los compradores

[30] MNAH, Joseph Cuenca (Ciudad de México), 19 de marzo de 1622 (9); Miguel de Solís, 13 de mayo de 1622 (9); Felipe de Santiago, 12 de julio de 1628 (11).

[31] MNAH, Miguel de Solís, 3 de marzo de 1622 (8), 1o. de abril de 1622 (8), 6 de abril de 1622 (8), 1o. de mayo de 1622 (8), 6 de mayo de 1622 (9), 18 de julio de 1622 (9), 20 de julio de 1622 (9), 21 de julio de 1622 (9), 8 de agosto de 1622 (9).

[32] MNAH, Nicolás de Robles, 30 de julio de 1606 (5); Tomás de Los Reyes, 10 de abril de 1614 (1); Miguel de Solís, 22 de agosto de 1622 (9).

[33] MNAH, Baltasar Martín, 28 de agosto de 1598 (1); Nicolás de Robles, ? de noviembre de 1607 (6).

[34] MNAH, Miguel de Solís, 4 de marzo de 1622 (8); Felipe de Santiago, 29 de septiembre de 1628 (11), 2 de octubre de 1628 (11), 31 de octubre de 1628 (11).

[35] MNAH, Gaspar de Porras, 10 de enero de 1609 (7); Miguel de Solís, 31 de marzo de 1622 (8), 23 de junio de 1622 (9); Clemente Pérez de Anda, 7 de noviembre de 1622 (1).

ofrecían un fiador aceptable. Los compradores acudían para solicitar la fianza a comerciantes de la localidad cuyo crédito ya había sido comprobado por medio de operaciones anteriores. Estas actividades financieras ordinarias a menudo determinaban agudas repercusiones económicas que afectaban las cuentas en Querétaro, en la ciudad de México y en otras poblaciones. Los fiadores que trataban de dejar satisfechos a los vendedores y los compradores que trataban de dejar satisfechos a los fiadores, hacían intervenir a terceros o a otras personas en las negociaciones. Las marañas financieras que se formaban asombrosamente complicadas, eran la regla y no la excepción en el comercio de provincia.[36]

Otros residentes de la ciudad de México que se hicieron ricos con el comercio en el Bajío, no eran comerciantes profesionales ni por su nombre, ni su preparación ni su organización. La forma en que ejercían el comercio era más flexible y al parecer carecía de la consistencia del tráfico que realizaban los otros comerciantes. Tuvo su origen en los residentes de la ciudad de México que habían sido funcionarios en Querétaro y que conservaban intereses comerciales después de abandonar su cargo. A pesar de su carácter informal, constituía una variante del sistema del factor comerciante.

El capitán Salvador Madera, que se había establecido en Querétaro después de sus campañas contra los chichimecas, impulsó el comercio a principios del siglo XVII. Era uno de los hombres más ricos y poderosos de la ciudad, en la que tuvo el cargo de alguacil mayor hasta 1622, cuando lo vendió por 15 625 pesos. Posteriormente se quedó como lugarteniente del alcalde mayor actuando todo ese tiempo como banquero de la localidad, en donde concedía préstamos por millares de pesos.[37] Dos residentes de la ciudad de México advirtieron las ventajas económicas que tenía la influencia de Madera. Uno fue el doctor Diego Barrientos y Rivera, cuyas relaciones con Madera se iniciaron en 1614 cuando el doctor era alcalde mayor de Querétaro. En su carrera posterior, el doctor obtuvo el puesto de abogado de la Audiencia de México, pero conservó importantes intereses comerciales en Querétaro. Madera tenía el carácter de contacto financiero del doctor en la provincia. Igualmente estaba asociado con don Lope de Monsalve y Armenda, quien había sido alcalde mayor en 1622, año en que Madera obtuvo el cargo de teniente. Esta designación llevaba implícitos aspectos de negocios, que aún perduraban en 1631, cuando Madera seguía actuando como mayordomo residente en la ciudad de los grandes rebaños de ovejas de los que Monsalve y Armenda era dueño en la región. Durante cerca de dos

[36] MNAH, Miguel de Solís, 16 de abril de 1622 (9), 18 de abril de 1622 (8), 21 de julio de 1622 (9).

[37] MNAH, Miguel de Solís, 9 de marzo de 1622 (3), 10 de mayo de 1622 (9).

décadas, Madera actuó como agente local dentro de una red muy extensa de intereses comerciales que manejaban residentes de la ciudad de México en la zona de Querétaro. Su papel en la relación entre comerciante y factor era esencialmente el de factor, y tenía la ventaja adicional de que podía utilizar su posición política para favorecer los intereses de sus clientes.[38]

En el mercado local intervenían los factores, los funcionarios políticos y las compañías. Pero esto no lo dice todo. En los registros notariales de Querétaro se pueden encontrar veintenas de convenios celebrados entre residentes de la localidad y personas de la ciudad de México, en cualquier década determinada de los siglos XVI, XVII y XVIII.[39] Estos convenios eran frecuentemente específicos e individuales, que tal vez debían su origen a los adeudos de terceras personas, a las compras efectuadas en alguna ocasión o a la amistad. Siempre eran importantes para la vida de la localidad.

Después de haberse iniciado con negocios de poca cuantía los comerciantes de la ciudad de México se encontraron fuertemente involucrados en el comercio de la provincia, pues vendían establos y productos terminados y compraban lana y carne de carnero.[40] Con posterioridad a 1590 hubo una época de expansión y de crecimiento particularmente rápido en las relaciones comerciales entre la capital y la provincia. La importancia cada vez mayor del sector ganadero y las exigencias de una población más numerosa y más rica fueron las principales características. Para la década de 1620, Querétaro ya se había convertido en un mercado maduro íntimamente relacionado con la capital en comercio y agricultura. Para fines del siglo, esa conexión llegaba hasta las más alejadas regiones del Norte.[41]

[38] MNAH, Tomás de los Reyes, 2 de abril de 1614 (1); Miguel de Solís, 18 de enero de 1622 (9), 5 de febrero de 1622 (9), 8 de marzo de 1622 (8), 9 de abril de 1622 (9), 9 de marzo de 1622 (9), 10 de mayo de 1622 (9), 8 de septiembre de 1622 (8), 22 de diciembre de 1622 (8); Felipe de Santiago, 5 de septiembre de 1631 (11).

[39] Véanse los siguientes testamentos, por ejemplo MNAH, Baltasar Martín, 10 de septiembre de 1598 (1); Sebastián Carrillo, 28 de febrero de 1656 (6); Salvador de Perea, 20 de septiembre de 1711 (5).

[40] MNAH, Clemente Pérez de Anda, 7 de noviembre de 1622, (10). Para el siglo XVIII el número de artículos de comercio había aumentado muy considerablemente. "Compendio histórico, político, topográfico, hidráulico... de San Juan del Río, 1794" en las *Relaciones estadísticas de Nueva España de principios del siglo XIX* (México, 1944) pp. 168-170.

[41] El capitán Blas de Mata constituye un ejemplo del nuevo y más emprendedor tipo de comerciante en el tráfico del Norte. Mientras estuvo en Querétaro en 1669 realizó negocios con dos alféreces de Monterrey, facultó a un agente para cobrar 2,200 pesos, aceptó recoger unos bueyes que se debían entregar a un cliente en Valladolid e hizo una operación de ganado con un comerciante de Querétaro. MNAH, Eugenio López Guevara, 22 de agosto de 1669 (6), 10 de septiembre de 1669 (6), 10 de septiembre de 1669 (6), 20 de septiembre de 1669 (6).

El tráfico de esclavos

Desde los primeros años de la colonización, el tráfico de esclavos formó parte importante del comercio mexicano. Al finalizar el siglo XVI, abarcaba la mayor parte del virreinato. En Querétaro el tráfico se realizaba con esclavos negros, mulatos y asiáticos. Con la excepción de un solo esclavo indígena, no hay pruebas de que en Querétaro existiera la esclavitud de indios con posterioridad a 1600.[42] Para el transporte y la venta de esclavos, los comerciantes en ocasiones acudían al sistema de los factores que de manera tan ventajosa los había auxiliado en otras clases de comercio. Eran más importantes, sin embargo, los tratantes que viajaban por todo el Bajío deteniéndose en los diferentes poblados.[43] Los comerciantes de la ciudad de México dominaban totalmente ese tráfico hasta que a principios del siglo XVII los comerciantes de Puebla y Texcoco ocasionalmente vendieron esclavos en Querétaro. Las ventas intermitentes de otras ciudades nunca compitieron seriamente con las de la ciudad de México.[44]

Los esclavos entraban al mercado en grupos muy pequeños, generalmente en parejas. La venta de hasta cuatro esclavos en una sola operación era muy rara. El esquema general de su distribución no incluía los grandes mercados centrales o remates. Nunca se utilizaron los intermediarios tan frecuentemente como en los demás tipos de comercio, en que la propiedad podía cambiar de manos a menudo antes de llegar a la venta final. En su mayoría, los esclavos vendidos eran adquiridos por personas de la localidad. Querétaro no fue un emporio del tráfico de esclavos.[45]

Los habitantes de Querétaro frecuentemente vendían y compraban esclavos entre sí. Los miembros de la mayoría de los diversos grupos de actividades en algún momento eran dueños de esclavos que utilizaban en el servicio doméstico o para trabajar en un negocio urbano o rústico. La demanda de esclavos se redujo hacia el fin del siglo XVII pero no desapareció sino hasta el siglo XVIII. En ocasiones, no obstante, los dueños de esclavos que posiblemente no había podido venderlos a un precio

[42] MNAH, Miguel de Solís, 28 de mayo de 1622 (9).

[43] MNAH, Nicolás de Robles, 29 de marzo de 1606 (5); 30 de marzo de 1606 (5), José de la Cruz (México), 20 de octubre de 1621 (8): Miguel de Solís, 28 de enero de 1622 (8), 23 de febrero de 1622 (8), 3 de marzo de 1622 (8); Joseph Cuenca (México), 19 de marzo de 1622 (9); Miguel de Solís, 31 de marzo de 1622 (8), 13 de abril de 1622 (8); Felipe de Santiago, 12 de julio de 1628 (11).

[44] MNAH, Nicolás de Robles, 3 de febrero de 1606 (5); José de la Cruz (México), 20 de octubre de 1621 (9); Miguel de Solís, 11 de julio de 1622 (9), 8 de agosto de 1622 (9).

[45] MNAH, Nicolás de Robles, 29 de marzo de 1605 (5); Tomás de los Reyes, 2 de abril de 1614 (1); Miguel de Solís, 9 de abril de 1622 (9), 8 de agosto de 1622 (9).

adecuado en la localidad, encargaban a sus agentes que los vendieran en otras regiones de México.[46]

Solamente en el tráfico de esclavos los comerciantes de la metrópoli estaban cerca de tener un control total respecto del comercio de la provincia. Eran generalmente vendedores mayoristas que dependían del sistema de ventas locales al menudeo para la final distribución de la mercancía. En el comercio de la mayoría de los artículos tenían que competir con los comerciantes de la localidad, algunos de los cuales se habían iniciado como asociados de las grandes empresas, logrando así el capital y la aptitud que les serviría de base para su éxito futuro.[47] El empleo de gente de la localidad no traía consigo lazos derivados del matrimonio o del compadrazgo. Los comerciantes de la ciudad de México, en cambio, se atenían a la competencia de los intermediarios de profesión para conservar el curso del comercio.

Los comerciantes locales

Los comerciantes de la localidad que ejercían el comercio más allá de los límites de la provincia eran muy semejantes a los de la capital. Sus negocios requerían de los mismos instrumentos para el intercambio de mercancías. Utilizaban el sistema de distribución de comerciante y factor, que a menudo era impulsado con el apoyo de los funcionarios locales. Vendían una gran cantidad de artículos a una clientela muy diversificada. El éxito que obtenían en su profesión les producía riqueza, poder y prestigio. Pero los comerciantes de Querétaro eran sólo un reflejo de los de la capital. Sus negocios eran más pequeños y estaban más limitados geográficamente. Podían sobrevivir y prosperar si se amoldaban a las condiciones de la localidad, y si estaban muy pendientes de los cambios que ocurrieran en la oferta y en la demanda. Los comerciantes locales se habían apoderado firmemente del comercio de la provincia mediante la satisfacción de sus necesidades y la de los pequeños poblados mineros y agrícolas de los alrededores. Por esta razón nunca quedaron totalmente dominados por la influencia de la ciudad de México.

Alonso de las Casas fue el jefe de la familia de comerciantes más prominente del Bajío oriental a principios del siglo XVII.[48] Obtuvo éxito

[46] MNAH, Baltasar Martín, 5 de septiembre de 1598 (2), 29 de abril de 1599 (2); Miguel de Solís, 5 de febrero de 1622 (9); Felipe de Santiago, 2 de mayo de 1628 (11).

[47] MNAH, Baltasar Martín, 28 de agosto de 1598 (1), 1o. de septiembre de 1598 (1).

[48] Para la carrera de Las Casas véase MNAH, Miguel de Solís, 25 de febrero de 1622 (9), 8 de mayo de 1622 (9), 4 de julio de 1622 (9), 19 de julio de 1622 (9), 26 de julio de 1622 (9); Felipe de Santiago, 19 de febrero de 1629 (11), 15 de marzo de 1628 (11), 3 de abril de 1628 (11), 23 de mayo de 1628 (11), 23 de agosto de 1628 (11), 12 de septiembre de 1628 (11), 20

porque comerciaba con toda clase de artículos de valor de la provincia y no la monótona especialización en uno o dos artículos. Las utilidades que acumuló por medio del comercio le permitieron financiar los esfuerzos de otros comerciantes y ganaderos de la localidad. Su prosperidad lo llevó finalmente a comprar el cargo de alférez real, que era principalmente honorífico, pero muy estimado localmente. Los intereses de Alonso de las Casas fuera de la provincia estaban a cargo de su hermano Pedro de las Casas, comerciante de la ciudad de México y dueño de un obraje en Querétaro. Nacido en Celaya y casado con una señora de Querétaro, Pedro de las Casas tenía fuertes lazos afectivos y financieros con el Bajío. La organización del negocio requería que aunque Pedro residiera en la ciudad de México fuera un miembro subordinado de la firma y actuara como factor de Alonso. Mediante la acumulación de los recursos de cada uno, los hermanos pudieron liberarse de la dependencia esclavizante de la ciudad de México.

La terminal del sur del negocio era la ciudad de México, y la del norte San Felipe y San Miguel. Alonso de las Casas vendía mercancías al alguacil mayor de San Felipe para que las revendiera en su población. Este tipo de relación era muy semejante al que se creaba entre el alguacil mayor de Querétaro y los comerciantes de la ciudad de México. Los términos alguacil mayor y alférez real eran casi sinónimos de mercader, y esos funcionarios ligaban a la capital con la población de provincia y a ésta con los poblados agrícolas y mineros.

Un ejemplo de la forma en que se llevaba a cabo el comercio local es la asociación que se formó entre Alonso de las Casas y Domingo de Urquiza. Urquiza era el notario más importante de la ciudad, y hasta se casó con doña Josefa Hidalgo, codiciable hija de un terrateniente muy respetado. En la primera operación que realizaron Urquiza y Las Casas, encargaron a un agente de la ciudad de México la compra de 36 pipas de vino proveniente de España.[49] Al precio de 200 pesos por pipa, esta inversión comprueba el crédito tan firme con que Urquiza favoreció a Las Casas. Aun cuando éste era un hombre rico, él solo no hubiera podido negociar totalmente la compra, el transporte y la distribución de una remesa tan grande. Esta operación es buena prueba de que los

de septiembre de 1628 (11), 28 de septiembre de 1628 (11), 16 de octubre de 1628 (11), 6 de febrero de 1630 (11), 26 de mayo de 1630 (11), 28 de mayo de 1630 (11).

[49] Al igual que los burócratas de poca categoría, los notarios frecuentemente realizaban actividades comerciales. Además de su asociación con Las Casas, Domingo de Urquiza compró lana a un alguacil mayor, intervino como fiador en un embarque de trigo para la ciudad de México en 1631 y fue acreedor de un ganadero local por casi 2 mil pesos. Era también dueño de muchas propiedades rústicas y urbanas y en 1628 vendió una finca de trigo en 1 500 pesos. MNAH, Felipe de Santiago, 3 de junio de 1628 (11), 11 de marzo de 1631 (11), 5 de octubre de 1631 (11), 11 de octubre de 1631 (11).

comerciantes locales habían logrado arrancar de las manos de los comerciantes de la ciudad de México una buena parte del comercio de vinos.

Además de traficar entre la ciudad de México y las pequeñas poblaciones del Norte, Las Casas y otros comerciantes descubrieron importantes mercados en las minas de la localidad. Les interesaban las grandes minas de Guanajuato y Zacatecas, pero durante el primer siglo de la colonización las minas más pequeñas parecían ser más atractivas. Don Diego de Tapia, y muy probablemente su padre antes que él, establecieron las primeras relaciones comerciales entre Querétaro y las minas.[50] Por la década de 1590, el capital, el trabajo y la tecnología fluían entre Querétaro y Cerro Gordo, Nuestra Señora del Rosario, San Luis y Xichú. La conexión con Xichú perduró hasta el siglo XVIII. Los comerciantes abastecían de mercancías a las minas y les compraban plata. Algunos llegaron a convertirse ellos mismos en mineros por medio de inversiones para la exploración y explotación de minas de plata.[51]

Con el desarrollo de los mercados internos los comerciantes de Querétaro empezaron a ver más lejos para hacer sus inversiones. Aun cuando para 1620 tenían la capacidad para comerciar con las más alejadas regiones al norte de México, no lo iniciaron sino el decenio de 1650, cuando el progreso de las ciudades y de la agricultura del Norte prometía utilidades en el comercio.[52] Para fines del siglo XVII ya se habían precisado las dimensiones del comercio de Querétaro, y el futuro sólo trajo consigo ligeras modificaciones. Los principales intereses de los comerciantes iban desde Monterrey en el norte hasta Oaxaca en el sur, y desde Guadalajara al poniente hasta Veracruz al oriente.

Los primeros comerciantes que traficaban en Querétaro a principios del siglo XVIII eran muy semejantes a sus predecesores del siglo XVII. Las características ideales de los comerciantes no se habían modificado. Tenían inversiones diversas, subordinados hábiles en las ciudades del exterior, un pariente próximo en la capital, acceso directo a la élite de la provincia y una posición de importancia en la política.[53] Estas caracte-

[50] "Información de los méritos y servicios prestados por don Fernando de Tapia, en la conquista y fundación de Querétaro y provanza del cacicazgo de don Diego de Tapia", AGN, *Boletín*, vol. V (1934).

[51] MNAH, Juan Pérez de Aguilar, 23 de mayo de 1590 (3); Baltasar Martín, 30 de marzo de 1598 (2); Nicolás de Robles, 14 de abril de 1606 (5); Miguel de Solís, 22 de julio de 1622 99); Domingo Antonio de Parras, 25 de junio de 1712 (51).

[52] MNAH, Eugenio López Guevara, 13 de agosto de 1669 (6), 10 de septiembre de 1669 (6), 12 de septiembre de 1669 (6), 18 de septiembre de 1669 (6), 20 de septiembre de 1669 (6), 9 de diciembre de 1669 (6).

[53] Don Alonso Rodríguez de Salcedo es un ejemplo típico de un comerciante próspero pero no rico del siglo XVIII. Después de emigrar de La Mancha ingresó por matrimonio en la familia Sorchaga, gran terrateniente de la localidad; y después afirmó más sus

rísticas habían traído consigo la prosperidad a los comerciantes desde los años de 1580.

El éxito en el comercio impulsó las aspiraciones sociales de los comerciantes. No había ningún estigma visible que afectara las ocupaciones de los comerciantes; si acaso, la palabra comercio implicaba respeto y prestigio. En ningún momento los comerciantes de Querétaro fueron advenedizos que pretendieran congraciarse con el orden establecido. La única diferencia que se pudo observar entre los comerciantes y los terratenientes durante todo el siglo XVII consistía en que los comerciantes no tenían el título de "don"; pero el tiempo acabó con esa diferencia, pues para 1700 se designaba con ese título a los comerciantes tan a menudo como a los terratenientes. Los comerciantes en general eran iguales a los terratenientes en cualquier otro aspecto que pudiera medirse, desde la cuantía de las dotes hasta la ubicación y valor de sus residencias urbanas.[54] La pauta de los matrimonios comprueba que el grupo de los comerciantes estaba perfectamente seguro socialmente desde mucho antes de 1700. Al finalizar el siglo XVI los matrimonios se efectuaban entre familias de comerciantes y familias de terratenientes. Los lazos del matrimonio se reforzaban por los del compadrazgo.[55] La más importante dinámica social en la historia de los comerciantes era su propósito de fundirse con otros grupos de la élite. En 1600, los comerciantes, los terratenientes y los dueños de obrajes tenían muchas conexiones sobrepuestas. Para 1700, las conexiones se habían enredado tanto que era difícil distinguir entre las diversas ocupaciones de la élite.

La lana y la plata

Había muy ligeras diferencias entre las pautas del comercio de diversos productos, que ya se han descrito, y los de la lana y de la plata. El comercio de estos artículos había alcanzado un nivel de especialización poco usual en la provincia. Los comerciantes que se especializaban en ese comercio eran locales, más bien que de la metrópoli. Estos últimos participaban igualmente pero nunca tuvieron el dominio, como respecto de los demás productos.

relaciones rurales al designar como padrinos de sus hijos a miembros de la familia Tello. El comercio proporcionó a don Alonso una buena vida y cuando falleció en 1712 dejó a sus herederos 18 mil pesos en efectivo, casas, una tienda, esclavos y una vajilla de plata. MNAH, Ignacio Zerrano, 8 de julio de 1703 (48); Domingo Antonio de Parras, 28 de abril de 1712 (51).

[54] Por ejemplo, los comerciantes siempre tenían buenas casas en la plaza mayor. MNAH, Juan Pérez de Aguilar, 5 de mayo de 1591 (3); AGN, Padrones, vol. 12, 1791.

[55] MNAH, "Libro de Velaciones", 1614-1630 (30); "Libro de bautismos", 1593-1608 (30).

A partir de la década de 1570, la lana en bruto ocupó un lugar muy particular en la economía del Bajío oriental. Los rebaños de ovejas producían miles de arrobas al año, que se destinaban a las fábricas textiles de la localidad o a las de las ciudades del Sur. En 1600 casi la mitad de la lana que se vendía en la provincia iba a dar a Querétaro, y la otra mitad a la ciudad de México, a Puebla, a Texcoco y a Tlaxcala.[56] Un siglo después, no existen pruebas que demuestren que se enviaran grandes cantidades de lana fuera de la provincia. Para esta época Querétaro importaba una gran cantidad de la lana que utilizaba de las provincias del Norte.

El precio de la lana aumentó en la provincia, con el transcurso del tiempo. Las ventas efectuadas en el siglo XVI muestran que los precios oscilaban entre cinco y siete reales por arroba *(Cuadro 13)*. Estos precios se sostuvieron hasta el decenio de 1620, cuando aumentaron muy considerablemente. Para el siglo XVIII habían aumentado al grado de que era poco frecuente encontrar ventas a menos de 16 reales por arroba. Para entonces la lana tenía un valor triple o cuádruple del que tenía en 1600. Los precios decididamente se incrementaron al paso de los años, pero había una fluctuación continua dentro de un año determinado, que se debía a la calidad y al precio del transporte. La lana de Querétaro que se enviaba al Sur obtenía un precio mucho mayor. En el año de 1618, ocho remesas de lana de Querétaro que se vendieron en Tlaxcala tuvieron un precio de 20 reales por arroba. Otra remesa se vendió a 15 reales por arroba, lo que representa un buen aumento aun teniendo en consideración los cargos por el transporte.[57]

La cuantía del comercio de la lana excluía la posibilidad de que pudiera predominar un solo comerciante o casa comercial. Había muchos comerciantes y otras diversas personas que participaban por lo menos en la periferia como productores, intermediarios y especuladores. Sin embargo, un hombre surgió en Querétaro como la más notable personalidad financiera de la provincia que se especializó en la compra y en la venta de la lana.

De 1590 a 1605, Duarte de Tovar, el hombre de negocios que ya se ha mencionado, ejerció el control sobre una parte de ese comercio. Inició sus actividades en el sur de la provincia de Querétaro como lugarteniente del alcalde mayor de San Juan del Río. Hacia 1590, se había trasladado a Querétaro en donde adquirió gran cantidad de inmuebles urbanos

[56] Como ejemplos de embarques a estas ciudades véase MNAH, Nicolás de Robles, 24 de junio de 1606; Miguel de Solís, 16 de mayo de 1622 (9); 6 de agosto de 1622 (9); Felipe de Santiago, 7 de septiembre de 1631 (11), 20 de septiembre de 1631 (11).

[57] David Szewczyk hizo el favor de proporcionarme información sobre las ventas de lana de Querétaro en Tlaxcala. La información proviene del vol. 44, Registro de Instrumentos Públicos, Archivo General, Tlaxcala.

y tuvo cargos como el de administrador del Hospital de Indios. Como actividad secundaria era dueño de una tienda de menudeo y, como es natural, los clientes que le debían dinero por la mercancía que habían comprado le vendían lana. En un principio operaba conjuntamente con un comerciante de la ciudad de México, pero pronto se lanzó él solo a los negocios.[58]

Duarte de Tovar compraba la lana a los más grandes ganaderos del valle, dejando a un lado a los pequeños, cuyos rebaños sólo le podían proporcionar unos cuantos cientos de arrobas. Por ejemplo, en 1598 compró lana de por lo menos siete proveedores, por un total de 13 700 arrobas.[59] Igualmente comerciaba con lana de la que no era dueño, actuando como fiador en ventas efectuadas a comerciantes de la ciudad de México.[60] Muy pocos hombres de negocios de la localidad tenían la potencialidad financiera para poderse comprometer a entregar siquiera dos o tres mil arrobas.

Después de haber concluido el siglo se dispersó más el control del mercado. Sin embargo, los hombres de negocios de Querétaro, particularmente Tovar, siguieron siendo los mayores agentes, haciendo grandes remesas de lana destinadas a las ciudades del Sur. Las compras locales adoptaban diversas formas. El sistema más usual consistía en comprar un determinado número de arrobas de la trasquila del año siguiente a un precio ya establecido. Los contratos se otorgaban en el otoño y la fecha de entrega se señalaba para el siguiente otoño, o por lo menos no antes del 25 de julio. Algunos contratos a futuro se redactaban con menos precisión sin especificarse el precio ni la cantidad. En 1606, Tovar compró toda la lana que se obtuviera de la trasquila de un rebaño de 20 mil ovejas en el año siguiente. Los contratos a plazo abierto eliminaban el compromiso de entregar una determinada cantidad de arrobas en una fecha fija, pero posiblemente aumentaba la posibilidad de especular y de aprovecharse del comercio de la lana. Las ventas en las que se prometía la entrega inmediata se celebraban con menor frecuencia.[61]

[58] MNAH, Juan Pérez de Aguilar, 26 de julio de 1590 (3), 7 de noviembre de 1590 (3), 5 de mayo de 1591 (3); Baltasar Martín, 12 de febrero de 1597 (1), 14 de abril de 1598 (6), 1o. de septiembre de 1598 (1), 8 de septiembre de 1598 (1), 13 de septiembre de 1598 (1), 20 de octubre de 1598 (1), 2 de noviembre de 1598 (1), 1o. de enero de 1599 (2), 21 de agosto de 1602 (4), 28 de diciembre de 1602 (4); Nicolás de Robles, 5 de agosto de 1606 (5), 30 de agosto de 1606 (5).

[59] MNAH, Baltasar Martín, 9 de agosto de 1598 (1), 1o. de septiembre de 1598 (1), 13 de septiembre de 1598 (1), 27 de septiembre de 1598 (1), 20 de octubre de 1598 (1), 1o. de noviembre de 1598 (1), 4 de noviembre de 1598 (1).

[60] MNAH, Baltasar Martín, 13 de diciembre de 1602 (2).

[61] MNAH, Baltasar Martín, 1o. de septiembre de 1598 (1), 1o. de noviembre de 1598 (1), 27 de agosto de 1602 (4).

La modificación más notoria en el comercio después de 1600 fue el aumento de compradores del Sur. Desde antes de 1600, los dueños de obrajes de la ciudad de México encargaban a sus agentes que compraran lana del Bajío y la enviaran directamente a sus obrajes. Los agentes de esta clase, así como otros intermediarios, hacían más difícil que los comerciantes de la localidad obtuvieran el control de la lana.[62] Al mismo tiempo, algunos dueños de ovejas empezaron a pasar por encima de los intermediarios, vendiendo su lana directamente a los comerciantes de la provincia o de la metrópoli. Los grandes ganaderos ya tenían sus propios representantes para el comercio de la lana.[63]

La lana fue el primer artículo de verdadero intercambio de la provincia. Su venta provocó una corriente de actividad en que la gente se apresuraba a hacer efectivas las utilidades que prometía. Sin embargo, esta característica dinámica de ese comercio no perduró. La lana fue siempre importante para la economía, pero para mediados del siglo XVII Querétaro ya no era un centro del comercio de la lana de México. La prosperidad que trajo consigo la lana de la localidad fue efímera, pero en cambio fueron permanentes las pautas de intercambio y de las instituciones que dejó.

La importancia que tuvo la lana en la primitiva economía de Querétaro fue semejante a la que tuvo en algunas regiones de España. Burgos, por ejemplo, prosperó con ese comercio en el siglo XVI mediante la compra de lana de la localidad, la fabricación de telas y su embarque a ultramar. El comercio de Burgos en su apogeo sobrepasó con mucho al de Querétaro. En 1547, los comerciantes exportaron 19 883 sacos (cada saco tenía entre 8 1/2 y 10 arrobas), a Flandes, Francia e Italia. Para 1579 cuando las exportaciones habían disminuido a 3 175 sacos, la cuantía del comercio de Querétaro y de Burgos puede haber sido aproximadamente la misma.[64] Hacia 1600 Querétaro ya había sobrepasado a Burgos como centro lanero.

Pero es importante reconocer que el comercio en Querétaro nunca fue tan claramente definido como el de Burgos, en donde aparecieron los comerciantes especializados y los factores que tenían su propia nomenclatura.[65] Esta diferencia se explica en parte porque el comercio de Burgos era internacional y el de Querétaro local e interprovincial. Asi-

[62] MNAH, Juan Pérez de Aguilar, 10 de abril de 1590 (3); Nicolás de Robles, 3 de septiembre de 1601 (5), 24 de junio de 1606 (5); Baltasar Martín, 6 de mayo de 1602 (4), 7 de agosto de 1602 (4), 13 de diciembre de 1602 (4); Miguel de Solís, 16 de mayo de 1622 (9), 17 de mayo de 1622 (9), 1o. de junio de 1622 (9); Felipe de Santiago, 2 de octubre de 1628 (11), 7 de septiembre de 1631 (11).

[63] MNAH, Felipe de Santiago, 27 de septiembre de 1628 (11).

[64] Manuel Basas Fernández, *El Consulado de Burgos en el siglo XVI* (Madrid, 1963), p 264.

[65] *Ibid.*, pp. 231-250.

mismo, el comercio de Burgos requería una inversión de capital mucho mayor. Alrededor de 1550, la lana se vendía a razón de 340 maravedís por arroba. En 1579, un embarque de lana fina se vendió a 782 maravedís por arroba, en tanto que la lana de más baja calidad se vendía a 388 maravedís.[66] La lana en Querétaro en el siglo XVI era mucho más barata, pues se vendía a razón de aproximadamente 225 maravedís por arroba. La diferencia de precio era considerable pero no suficiente para que la lana de Querétaro pudiera competir en el comercio de ultramar.

Por los años de 1620 surgió la plata como importante artículo de intercambio. Después de algunos años, el mercado de la plata siguió siendo particularmente local, ya que la mayoría de las operaciones se celebraban entre vecinos de Querétaro. Las grandes casas mercantiles de la ciudad de México aparentemente se saltaban Querétaro, favoreciendo así a las comunidades mineras del Norte. Ningún comerciante de plata de importancia operaba en el valle, si bien algunos comerciantes de la localidad se especializaban en las ventas de plata. La plata del diezmo, o sea la que ya había cubierto el impuesto establecido por la corona, era la que más frecuentemente era objeto de intercambio. Las inversiones en plata se habían convertido en una costumbre común en los residentes de Querétaro recién enriquecidos; y los miembros del clero, los agricultores y los ganaderos, los que comerciaban con seda e indios compraban plata.[67] La cantidad era variable, e iba de 29 marcos a más de 200. La plata tenía sus propios atractivos para los inversionistas; proporcionaba a sus dueños cierto alivio frente a la inestabilidad económica y, lo que es más importante, les daba fuerza en una economía en que había escasez de esa mercancía. Así, la propiedad de la plata era equivalente al prestigio social tanto como a la riqueza.

Miguel Gallardo era quien se aproximaba más a ser un comerciante de plata en Querétaro. Compraba plata directamente en Zacatecas y la vendía en Querétaro, contribuyendo al mismo tiempo a hacer las remesas de plata de Zacatecas a la ciudad de México.[68] Otras dos personas de la localidad hacían lo mismo aunque en menor escala.[69] Resulta imposible hacer una estimación de la cuantía del negocio de plata de la localidad, porque en los contratos de venta no se mencionaba el precio original pagado en las mismas. El precio oficial en los años de 1620 se había fijado en siete pesos y cuatro tomines menos un cuartillo. Las ventas de

[66] *Ibid.*, pp. 249-250.

[67] MNAH, Felipe de Santiago, 5 de febrero de 1626 (11), 2 de mayo de 1628 (11), 27 de junio de 1628 (11), 3 de septiembre de 1628 (11), 3 de abril de 1630 (11), 4 de abril de 1630 (11).

[68] MNAH, Miguel de Solís, 31 de diciembre de 1622 (9).

[69] MNAH, Miguel de Solís, 10 de enero de 1622 (3); Felipe de Santiago, 3 de abril de 1623 (11), 23 de septiembre de 1628 (11).

Querétaro se ajustaban más o menos a este precio, con variantes que pocas veces excedían de un peso por marco de plata. *(Cuadro 14)*.

Los comerciantes al menudeo

Por toda la América española, los comerciantes al menudeo figuraron de manera destacada en el proceso de colonización, asegurando la supervivencia y la prosperidad de las comunidades recién fundadas. En Querétaro los comerciantes al menudeo formaban el más numeroso grupo de comerciantes, y sus tiendas eran los edificios comerciales más comunes. A diferencia de los comerciantes al menudeo de otras muchas regiones, los de Querétaro eran independientes y no formaban parte de grupos mayores. Algunos que traficaban entre las provincias tenían tiendas al menudeo, pero esto no era lo común. Los traficantes de la ciudad de México nunca las tuvieron. Se había formado en el comercio una jerarquía de tres niveles. Los detallistas vendían al público, los que comerciaban entre las provincias vendían a los detallistas y al público y los traficantes de la ciudad de México vendían a los tres.

Los detallistas emprendedores amasaban grandes fortunas y se aseguraban cómodos refugios en la vida social de la comunidad. Juan de la Rea, un inmigrante de Navarra, se convirtió en un destacado dueño de tiendas en Querétaro a principios del siglo XVII. Por matrimonio entró a formar parte de una familia local poco tiempo después de haber llegado, adquiriendo así una dote de 4 300 pesos y, otra cosa igualmente importante, un suegro que fue su asociado financiero mientras vivió. El inventario de la tienda de Juan de la Rea que se levantó después de su muerte, mostró una gran provisión de mercancías diversas: alimentos, armas, utensilios de cocina, herramientas, muebles y muchas clases de telas y de vestimentas. Los trajes mismos eran reveladores de la clase a que pertenecían los clientes de la tienda. Había trajes hechos de ricas telas bordadas de seda y terciopelos, que sólo usaban los miembros de la élite local. Había también prendas de vestir hechas de tela burda, medias comunes y corrientes y zapatos, que tenían un mercado mucho más amplio. El propio guardarropa de Juan de la Rea y su servicio de plata demuestran que era un residente próspero, si no es que muy rico, capaz de imitar algunas de las actitudes tradicionales de la élite de la Colonia. Los empleados de la empresa eran seis esclavos negros y el sobrino de la Rea, que era el más importante, y finalmente el administrador de la tienda.[70] No se sabe si el empleo y adiestramiento de los sobrinos era tan

[70] MNAH, Tomás de los Reyes, 6 de diciembre de 1614 (22), 20 de diciembre de 1614 (22), 21 de diciembre de 1614 (1), 23 de diciembre de 1614 (22); Baltasar Martín, 16 de diciembre de 1614 (22), 19 de diciembre de 1614 (22).

común entre los comerciantes españoles en los inicios de Querétaro como lo fue al finalizar el siglo XVIII, pero al principio del siglo XVII era evidente el principio fundamental de confiar en los sobrinos.[71]

Al poner la administración de la tienda en manos de su sobrino, De la Rea dedicó todas sus energías en los últimos años de su vida a otros negocios financieros. El más interesante fue la inversión que hizo con su suegro en un rebaño de 20 mil ovejas y en tierras de pastoreo. La inversión en ganado era un final adecuado de una carrera que se había iniciado traficando activamente con mercancías de la localidad y contrayendo matrimonio con miembros de familias de dinero e influencia. Si se pudiera obtener información acerca del hijo de Juan de la Rea probablemente mostraría un interés persistente por la tierra y el ganado, en perjuicio de la profesión estrictamente comercial.[72]

La mayoría de los detallistas no lograron el éxito de Juan de la Rea. Sus tiendas eran más pequeñas y frecuentemente formaban parte de su habitación o las habían alquilado por anualidades. Algunos iniciaron algún tipo restringido de especialización y hacían ventas a las comunidades de indígenas de los alrededores o a los artesanos, pero nunca lograron grandes ganancias. En su mayoría habían seguido siendo tenderos hasta que morían, sin haber podido comprar esclavos o darles a sus hijas cuantiosas dotes. A sus herederos les dejaban una pequeña cantidad de ganado, muchas deudas y un libro mayor con las cuentas por cobrar para pagar las deudas.[73]

La vida económica de los comerciantes al menudeo se puede ver como una tentativa interminable de cobrar cuentas a los deudores. Como los detallistas no tenían cuentas vencidas por miles de pesos como los comerciantes más grandes, todo su medio de vida dependía de su eficacia para hacer cobros. En las constancias judiciales se mencionaban con frecuencia los apuros de los detallistas que promovían juicios contra sus deudores con la esperanza de obligarlos a pagar.[74] El comerciante al menudeo que lograba éxito era el que conocía bien a sus clientes y en forma juiciosa les concedía crédito por una cantidad adecuada.

Al concluír la época colonial, las ventas al menudeo se habían especializado mucho más que otros tipos de comercios. Los vendedores de dulces, nieves, frutas, pan, carne, vino y telas competían ahora con el dueño

[71] D.A. Brading *Mineros y comerciantes en el Mexico borbónico,* 1763-1810 (F.C.E., 1975), pp. 103-104, 111-113.

[72] MNAH, Tomás de los Reyes, 23 de diciembre de 1614 (22).

[73] MNAH, Baltasar Martín, 11 de marzo de 1599 (2); Tomás de los Reyes, 9 de febrero de 1602 (1); Gaspar de Porras, 14 de diciembre de 1609 (8); Pedro de Mansilla, 26 de abril de 1629 (6).

[74] ANQ, Rodrigo Fernández, 1o. de agosto de 1571 (Civil, 1570-1596); Gaspar de Porras, 26 de mayo de 1610 (Civil, 1603-1608); Diego de Castillanes, 10 de abril de 1602, 15 de abril de 1602. (Civil 1601-1602).

de la tienda que vendía toda clase de artículos, reduciéndole mucho el mercado. La misma clase de especialización se presentaba en la medicina, con los mismos efectos sobre los detallistas. Los proveedores de artículos para la salud como los médicos, los cirujanos, los barberos, los boticarios, tenían el control legal de la práctica de la medicina. Insistían en que los detallistas dejaran de vender sus aguas milagrosas, sus pomadas y purgantes, que era a lo que se dedicaban los que comerciaban con la salud.[75] Los panaderos tenían la misma exigencia. Decían que sólo ellos debían tener derecho a vender pan, porque los vendedores al menudeo frecuentemente vendían pan con menor peso y en condiciones antihigiénicas.[76]

En vísperas de la independencia, el comercio al menudeo era muy complejo, y cada tipo de comerciante se enfrentaba a una miríada de problemas especiales que afectaban su futuro; pero las circunstancias sociales de los comerciantes no se habían modificado. En su mayoría no eran ni ricos ni pobres, sino la espina dorsal de una creciente clase media urbana.

La historia comercial de Querétaro atravesó por diversas fases, que ejercían influencia sobre la orientación del comercio pero que no lo alteraban totalmente. Al principio el comercio fue tan sólo una ampliación de la actividad comercial de la ciudad de México. Esto se modificó a medida que Querétaro se convirtió en un centro económico por su propio derecho, dominando el Bajío oriental y los poblados mineros de los alrededores, así como la ciudad de México dominaba a Querétaro. Ahora la comunidad comercial de la localidad participaba en forma más activa y más independiente en el comercio entre la capital y la provincia. El mercado con el que se enfrentaron seguía estando bajo la influencia de los comerciantes de la ciudad de México, pero esto no impidió que los comerciantes de la provincia tuvieran su parte de las ganancias. El desarrollo de la provincia como productor de lana, de trigo, de carnero, productos que demandaba la capital, ofreció a los comerciantes una palanca que supieron aprovechar ventajosamente.

En otra de las fases se vio cómo Querétaro se convertía en un almacén entre el Norte y el Centro del país. A medida que avanzaba el siglo XVII, los comerciantes traficaban más con el Norte y con el Sur, así como entre Querétaro y el Norte. En el siglo XVIII el Norte se dio bien cuenta de esto y no dejó de quejarse amargamente.

Finalmente, existen pruebas, tanto del comercio como de la agricultura, que indican que Querétaro llegó casi a surgir como entidad independiente, quitándose de encima el dominio del centro e incrementando

[75] MNAH, Joachin Díaz Páez, 7 de diciembre de 1726 (23).
[76] MNAH, "Sobre arreglar el trato y comercio de panaderos", 1974 (23).

su control respecto del Norte. Eric Wolff, en su análisis del Bajío, dice que el capital local había llegado a tener cierto grado de independencia con relación al centro al finalizar el siglo XVIII, y que como resultado se creó una "conciencia criolla".[77] Esta idea de independencia tiene algo más que una parte de verdad en lo que respecta a Querétaro, pero requiere un estudio cuidadoso. Desde los años de 1590, los comerciantes locales habían actuado en forma independiente del centro, principalmente a causa de los productos agrícolas e industriales del Bajío oriental. No resulta totalmente claro, sin embargo, que con el paso de los años se hayan hecho más independientes. La complejidad de la economía del Bajío oriental, especialmente la íntima relación establecida entre la producción de lana y los textiles y toda la serie de relaciones económicas a que dieron lugar finalmente llevó a Querétaro a confiar en la producción de artículos destinados al exterior. Y los comerciantes del Bajío aún dependían, en definitiva, de los centros comerciales de la ciudad de México y de Veracruz. Los grandes almacenistas, con su enorme poder de compra, monopolizaban una gran parte del comercio del Atlántico hasta que se promulgó el decreto de libre comercio de 1778. Como consecuencia de este decreto, los comerciantes de Veracruz ingresaron como importantes reguladores del mercado. Los comerciantes de Querétaro tienen que haber seguido dependiendo de estas fuentes en cuanto a la mercancía extranjera que se distribuía en la provincia.[78]

El carácter criollo del comercio del Bajío es más difícil de demostrar. David Brading dice que la perspectiva social del comerciante peninsular difería de la del originario de la península o del criollo. En Guanajuato en 1791, 77 comerciantes eran peninsulares, 75 criollos y 10 mestizos y mulatos.[79] Según ya se ha dicho anteriormente, los comerciantes peninsulares también eran numerosos en Querétaro a fines del siglo XVIII. El punto de vista del mundo de los peninsulares probablemente ejerció influencia en el comercio, tanto como el de los criollos.

No se sabe cuántos conflictos desencadenaron en Querétaro los diversos antecedentes. En términos generales parece que los comerciantes criollos y toda la sociedad se rebelaban ante la riqueza y la influencia de los comerciantes peninsulares.[80] Los cuadros que se presentan en el siguiente capítulo demuestran que había muchas diferencias clave, que en realidad separaban a los criollos de los peninsulares. Queda por averiguar si estas diferencias en efecto modificaron la naturaleza del comercio. Tal vez para esta época los conflictos regionales de México,

[77] Eric R. Wolf, "The Mexican Bajío in the Eighteen Century: An Analysis of Cultural Integration", *Middle American Research Institute* 17 (1957), pp. 185-186.

[78] Brading, *Mineros y comerciantes*, pp. 114-120.

[79] *Ibid.*, pp. 109, 254.

[80] *Ibid.*, pp. 110-111

tan claramente descritos por Miguel Ramos Arizpe, eran más importantes. Antes del siglo XVIII no existía una diferencia clara entre los comerciantes criollos y los peninsulares. Prevalecía la armonía, antes que los conflictos. Los mecanismos para unir a los inmigrantes y a los de la localidad, desde el matrimonio y el compadrazgo hasta la participación en el capital y en los recursos, conservaron intacta a la comunidad de comerciantes.[81]

Sin tomar en consideración sus antecedentes familiares a su nivel de comercio, los comerciantes de Querétaro participaban animadamente en las empresas. Eran hombres que frecuentemente invertían su capital en aventuras inciertas con la esperanza de lograr cuantiosas utilidades. Toda la empresa de las Indias, en efecto, implicaba características empresariales. Los comerciantes en todas las etapas del descubrimiento y de la colonización se enfrentaron a grandes riesgos, pero la promesa de alcanzar grandes utilidades atraía hasta a los más tímidos. El comerciante de Querétaro no era una excepción, particularmente durante el inestable siglo XVI. Después el comercio fue más regular, lleno como estaba de instrumentos de intercambio, de factores permanentes, de productos y de vías de comunicación. Ahora los cambios y las innovaciones se derivaban principalmente del crecimiento. Los comerciantes se aprovechaban de ese crecimiento como miembros de la sociedad en que vivían y como hombres cuyos valores coincidían con los de los fabricantes, de los ganaderos y de los agricultores.

Los capítulos finales en la vida de los comerciantes ilustran mejor lo anterior. Los comerciantes incluían en sus testamentos exactamente las mismas disposiciones que los demás miembros de la sociedad.[82] Pedían a los sacerdotes que dijeran misas, hasta por miles para los ricos. Dejaban dinero a sus iglesias favoritas y a las cofradías. Fundaron capellanías para que se dijeran misas o para ayudar a los parientes. Establecían beneficios en favor de huérfanos y de otros miembros de la casa, particularmente si tenían aspiraciones de ingresar a la iglesia. Los comerciantes de Querétaro empleaban todas las técnicas conocidas para llegar a tener las fortunas que tanto deseaban. Pero, en definitiva, siempre destinaban su fortuna a ocupar un buen lugar en el otro mundo.

[81] Miguel Ramos Arizpe, *Report that Dr. Miguel Ramos de Arizpe...* Trad. de Nettie Lee Benson (Austin, 1950), pp. 19-23, 40-41.

[82] Véanse como ejemplos los siguientes testamentos: Baltasar Martín, 26 de mayo de 1559 (2); Tomás de los Reyes, 1o. de diciembre de 1614 (1); Pedro de Mansilla, 26 de abril de 1629 (6); Ignacio Zerrano, 8 de julio de 1703 (48); Domingo Antonio de Porras, 3 de octubre de 1711 (51), 28 de abril de 1712 (51), 12 de marzo de 1713 (51).

VII. OBSERVACIONES SOBRE LA SOCIEDAD DE PROVINCIA

COMO Querétaro fue una de las primeras comunidades europeas fundadas al norte del gran Valle de México, actuó como trampolín para la colonización del Norte y como un amortiguador entre el norte y el sur. Después de los años de 1530 se fundaron otras poblaciones en el Bajío y más al norte, que desempeñaron las mismas funciones, ampliando el mundo hispánico mucho más allá de la ciudad de México. El número cada vez mayor de españoles en realidad determinó una mayor inestabilidad en las recién nacidas poblaciones. A medida que los colonizadores corrían hacia la Gran Chichimeca, surgían nuevos conflictos entre europeos e indios, hasta que la guerra incendió la región entre Querétaro y Zacatecas después de mediados del siglo.

¿Hubo una sociedad de avanzada?

Las hostilidades brotaron por primera vez al sur de Querétaro, donde los guerreros chichimecas atacaron brutal y rápidamente. Jilotepec fue la primera población que sufrió sus embates de 1552 a 1556, cuando murieron más de 300 indios pacíficos.[1] Después, la guerra llegó a lugares más próximos a Querétaro, con el mismo resultado. Hacia el decenio de 1580, los poblados que estaban al sur y al oriente fueron completamente destruidos. Los indígenas eran los que aparentemente resultaban más perjudicados, pero no se salvaban los negros y los españoles. Se supone que los españoles fueron víctimas de las más crueles formas de tortura de los chichimecas al ser capturados. Un cronista que escribía desde Querétaro en 1582 decía que no pasaba un día sin que los indios rebeldes cometieran alguna nueva atrocidad. Ni siquiera las dobles cotas de malla que usaban los españoles podían detener las poderosas y certeras flechas de los chichimecas.[2] Los españoles que vivían y trabajaban en el campo conocían mejor que los demás los horrores de la guerra de los indios. Antonio Pérez Maldonado, que en 1587 era un ganadero de 55 años, había trabajado en la Gran Chichimeca durante 13 años conduciendo a las ovejas a sus pastoreos de invierno y de verano. Pérez Maldonado y los demás vivían en constante alerta, pues conocían muy bien los

[1] Phillip Wayne Powell, *Soldiers, Indians, and Silver, The Northward Advance of New Spain, 1550-1600.* (Berkeley, Calif., 1952), p. 60 [*La guerra chichimeca*, FCE., 1977, p. 56]

[2] Hernando de Vargas, "Descripción de Querétaro", *Colección de documentos para la historia de San Luis Potosí*, Ed. Primo Feliciano Velázquez (San Luis Potosí, 1897-1899), vol. I, pp. 20-21; MNAH, Juan Dalava Ybarra, 11 de agosto de 1587 (21).

peligros de su profesión. Cuando regresaban a Querétaro referían relatos de guerra a sus ansiosos oyentes, contribuyendo así a aumentar la inquietud entre la población.[3]

Aun cuando los indios, según parece, nunca llegaron a atacar la ciudad de Querétaro, sí afectaron la vida en ella. Los habitantes vivían temerosos, especialmente en los años de 1570 y a principios de 1580, cuando un poderoso grupo de chichimecas tenía sus guaridas en las colinas precisamente al norte de Querétaro. El miedo contribuyó a crear un odio sin distinciones hacia todos los chichimecas, que frecuentemente hacía que los encarcelaran por espías.[4] Los espías eran probablemente una realidad en Querétaro dada la importancia de ésta como base para el abastecimiento del ejército. Los jefes de los españoles y de los indios tenían en el Bajío su cuartel general, y ahí reunían a sus hombres y provisiones para después atacar al norte o al oeste. Todo esto tenía una palpable influencia social. Los terratenientes de más prestigio, por ejemplo, harían ostentación de sus grados militares mucho después de que la lucha había terminado. Sin embargo, eran simplemente agricultores y ganaderos y no miembros de una clase de guerreros que estuvieran disfrutando de los beneficios de la conquista. En cierta forma, las guerras pudieron tener un efecto social directo. Los residentes de Querétaro pidieron a la Corona que les concediera tierras y medios de subsistencia a cambio de sus años de servicios contra los chichimecas.[5] No se han encontrado casos en los documentos de la localidad de que estas peticiones hayan sido satisfechas.

Por el año de 1600 quedó pacificado el Bajío. A partir de esa época, tanto Querétaro como los poblados de los alrededores se vieron libres de la amenza directa de los indios. Los chichimecas habían sido derrotados en las fértiles zonas agrícolas y en las minas, regiones que más interesaban a los españoles. La paz, sin embargo, no llegó hasta las zonas marginales en donde los indios siguieron haciendo su vida normal hasta bien entrado el siglo XVIII. La árida Sierra Gorda situada al noreste de Querétaro fue donde habitaron los indios insurrectos hasta 1750.

Los jonaces chichimecas eran los indios más hostiles y más temidos en la Sierra Gorda. Tenían una reputación que perduraba desde 1585 cuando atacaron el poblado minero de Zimapán. Este incidente determinó que se organizara una ofensiva contra los indios encabezada por el encomendero de Querétaro, don Pedro de Quesada.[6] Las relaciones in-

3 MNAH, Juan Dalava Ybarra, 11 de agosto de 1587, (21).

4 MNAH, Alonso de Alarcón, 11 de noviembre de 1589 (21).

5 AGN, General de Parte, vol. 4, Exp. 28, 24 de diciembre de 1590; MNAH, 24 de agosto de 1598 (1).

6 Powell, *Soldiers, Indians, and Silver*...p. 185 (*La guerra chichimeca*, FCE; p. 177) p. 177]

tranquilas entre indios y españoles subsistieron hasta la década de 1630, cuando don Martín de Zavala logró pacificar la región, aunque durante un tiempo muy corto. Lo hizo mediante la organización de congregaciones, que eran poblados en los que se imponían trabajos forzados y eran miserables las condiciones de vida. Para el año de 1637 los indios estaban libres nuevamente y en forma periódica se lanzaban contra los asentamientos españoles.[7]

Estos ataques avivaron los deseos de los españoles de dominar las montañas. Después del fracaso de las congregaciones, intentaron llevar a cabo la colonización mediante un enfoque evangélico, cuya ausencia ya se había notado en el siglo XVI. Los dominicos construyeron seis misiones en la Sierra Gorda, por el año de 1700. Muy pocos años después fueron obligados a salir de las montañas, expulsados por los mismos a quienes habían querido ayudar.[8]

La solución al problema de los jonaces chichimecas se logró bajo la jefatura de don José de Escandón. Era un militar nacido en Burgos que había aprendido las técnicas de la guerra en Yucatán y en el Bajío. Intentó primero el sistema misionero de colonización, estableciendo nuevas misiones y afianzando las antiguas. Nuevamente, el resultado fue el fracaso. Aun después de haber vivido varios años en las misiones, los indios frecuentemente se escapaban para volver a las montañas. Para entonces los funcionarios habían externado opiniones muy violentas respecto de la solución del problema de los indios de la Sierra Gorda. El marqués de Altamira exigía "la inmediata y total extinción de una semilla tan perniciosa que no dejaba que nada prosperara". Afortunadamente, prevalecieron opiniones más mesuradas. Don José de Escandón derrotó a los indios en la batalla de la Media Luna en 1748, y luego se llevó a los prisioneros a Querétaro para distribuirlos entre obrajes, conventos y particulares.[9]

Don José de Escandón continuó con sus victorias militares e impuso un programa de recolonización, instalando en la Sierra Gorda colonos que al mismo tiempo eran soldados. El primero de estos establecimientos fue San José Vizarrón, en el que treinta soldados y sus familias recibieron tierras. Esta colonización logró sobrevivir y finalmente impuso la paz en la Sierra Gorda.[10]

Arturo Domínguez Paulín, *Querétaro en la conquista de las Californias* (México, 1966), pp. 100-102; Manuel Septién y Septién, *Historia de Querétaro* (Querétaro, 1967), vol. I, pp. 94-95.

[8] Septién y Septién, *Querétaro*, vol. I, p. 95.

[9] José de Escandón, *Pacificación de los chichimecas de la Sierra Gorda y Dictamen del Auditor de guerra marqués de Altamira* (México, 1944), pp. 22-26, 28-29; Domínguez Paulín, *Querétaro en la Conquista*, pp. 105-107.

[10] Escandón, *Pacificación*, pp. 13-14, 42-43.

Es indudable que en el Bajío hasta 1600 y la Sierra Gorda hasta 1750 fueron puestos avanzados. Estaban situados en el límite de la colonización española, y el deseo de alcanzar el dominio sobre esos territorios trajo consigo luchas intermitentes. Sin embargo, no fue considerable el efecto general que tuvieron en la historia de Querétaro. Ni los combates contra los indios en el Bajío ni la posibilidad de colonizar la Sierra Gorda surgen como las fuerzas más determinantes en el crecimiento de la provincia. Durante la época de las más intensas luchas, la ciudad de Querétaro creció rápidamente, casi sin resentir la amenaza de los indios. Desde antes de que los chichimecas hubieran sido derrotados, Querétaro ya tenía una estructura social estable y una economía diversificada. Es probable que los chichimecas hayan impedido el desarrollo inicial de las fincas agrícolas en el Bajío, pero constituyeron una fuerza negativa mucho menos determinante que la falta inicial de grandes mercados para los productos agrícolas. Los conflictos de la Sierra Gorda tenían una influencia aún menor respecto de Querétaro que los que ocurrían en el Bajío. Servían como escape para un pequeño número de residentes de Querétaro que tenían interés en adquirir tierras y que traían unos cuantos nuevos trabajadores a las fábricas de la ciudad, pero sin alterar de manera sustancial la organización social y económica de la provincia.

Mayor influencia tenían en la ciudad las actividades económicas locales, que se reconocían parcialmente sujetas a la amenaza de los indios. El carácter trashumante de la cría de ovejas, por ejemplo, que requería un constante traslado de gente y de ovejas, daba una apariencia de inestabilidad. En 1586, de los 96 españoles que dijeron residir en Querétaro, 26 no vivían ahí permanentemente.[11] Se iban a acompañar a los rebaños en sus migraciones anuales y trabajaban como pastores y vigilantes del trabajo de los indios y de los negros. Esta actividad errante reducía la población de hombres en más de veinticinco por ciento cada año, dejando a las esposas sin maridos, a los hombres sin compañeros de juego y a las cantinas sin clientes. El vacío que se creaba en la ciudad por la salida de los rebaños ocurría de manera regular, y dependía de las estaciones y de las lluvias. No era una interrupción imprevista de las actividades sociales, sino que formaba parte de ellas. Los hombres que conducían las ovejas hacia los alejados lugares de pastoreo constituían una parte de la vida de la ciudad y no una entidad social distinta. Tanto ellos como el carácter trashumante mismo, estaban arraigados en la ciudad de Querétaro.

Este ejemplo del carácter trashumante sirve para demostrar que las zonas de avanzada venían a reforzar tendencias que ya estaban presentes en Querétaro. La cría de ovejas o de ganado mayor generalmente

[11] MNAH, Juan de la Ibarra, 23 de noviembre de 1586 (21).

obligaba a los españoles a ir a regiones semiáridas, en que no había riquezas minerales. En el caso de Querétaro, la cría de ovejas fue muy adecuada precisamente por su carácter nómada. Cuando los edificios y las cosechas podían ser tan fácilmente destruidos por los indios, era preciso tener recursos que se pudieran trasladar. Como en España durante la Reconquista, las ovejas en Querétaro constituyeron una buena adaptación para las luchas intermitentes.

La sociedad de provincia: el otro aspecto

En Querétaro los hombres y las mujeres, como los de cualquiera otra parte, reñían, peleaban, robaban y engañaban. Sería interesante hacer un relato de la historia de estos problemas, pero no sería peculiar de la sociedad de provincia latinoamericana. Había otros problemas, no constantes, que parecían de efecto más duradero sobre la forma en que vivía la gente en el primitivo Querétaro.

La ilegitimidad fue una preocupación que afectó a mucha gente desde los primeros años de la colonización. La mayoría de los hijos ilegítimos provenían de una mezcla de razas, producto de uniones transitorias entre españoles e indias. Sólo unos cuantos españoles fueron traídos al mundo como consecuencia de concubinato o de adulterio. El destino de esos hijos no seguía un curso muy claro. Algunos se quedaban en la casa de su padre, y si eran especialmente afortunados, compartían su nombre y su riqueza, Otros, a los que probablemente no reconocía ninguno de sus padres, quedaban como huérfanos sociales, y vivían como criados en las casas de españoles y de mestizos.[12] Tal vez la mayoría se quedaba en las casas de los indios y vivían con sus madres indias. Los rasgos psicológicos individuales más bien que las inclinaciones generales sociales y económicas, intervenían decisivamente para determinar el destino de los hijos. Los lazos de sangre despertaban los más enérgicos sentimientos paternales en algunas personas, en tanto que en otras esos lazos casi no tenían significación. El sastre Rodrigo de Herrera exhibió las dos tendencias. Él y una criada mestiza tuvieron una hija ilegítima, que en un principio vivió con su madre y luego con el patrón de su madre. Herrera no mostró ningún interés por el destino de su hija sino

[12] Para conocer algunos ejemplos de la colocación de hijos ilegítimos, véase MNAH. Gaspar de Porras, 6 de enero de 1609 (7); Miguel de Solís, 21 de enero de 1622 (9); Diego García de la Paz, 7 de octubre de 1684 (42); Salvador de Perea, 21 de marzo de 1705 (50). Cuando los españoles criaban a los hijos legítimos de sus amigos o parientes, se acostumbraba que se les diera el parentesco de los hijos en los documentos formales como los testamentos. Si no se hacía esto y no había ninguna manifestación en contrario, generalmente se podía suponer que los hijos eran ilegítimos.

hasta que ésta ya tenía veintinueve años, en que legalmente la reconoció como hija suya.[13]

El significado social de la ilegitimidad no era uniforme. Para los españoles con aspiraciones sociales constituía una preocupación, algo que se debía evitar o debía corregir por medio de procedimientos legales en el caso de que llegara a ocurrir. La viuda María Tomás de Zamora acudió a los tribunales para pelear el estigma de la ilegitimidad de su hijo, a quien había enviado a una escuela fuera de la ciudad. A fin de apoyar su demanda ofreció el testimonio de cuatro de los residentes más importantes de la ciudad por los años de 1590.[14] Clara Jaimes, una castiza ilegítima ilustra precisamente el caso contrario. Tenía tres hijos ilegítimos pero poco interés o posibilidad de legitimarlos de acuerdo con la ley.[15] A las familias que tenían algo que ganar o que perder la ilegitimidad seguía causándoles problemas. Para los que nada tenían, no significaba nada.

La ilegitimidad pocas veces provocaba la violencia física que otros problemas traían consigo. Los altercados y las discusiones respecto de cualquier cosa acarreaban un acalorado intercambio de palabras, calumnia y difamación. Una forma de decidir esas disputas consistía en iniciar una acusación penal ante los tribunales; y otra, más directa, era pelear a puñetazos o puñaladas. Las querellas por asuntos de honor o de carácter y por la propiedad de caballos, mulas y mercancía en general eran un diario espectáculo en la vida de la comunidad.[16]

En la ciudad también había camorristas, gente desocupada o que sencillamente no se ajustaba a las costumbres de la comunidad. Francisco Franco, que se decía herrero, era el hombre más disoluto de la población al principiar el siglo XVII. Actuaba, o por lo menos se le acusaba de actuar, de una manera libertina, emborrachándose y causando un molesto griterío. No era, sin embargo, representante de un grupo social inferior, y el mayor perjuicio que causaba era la vergüenza de su hermano, persona respetable. El carácter de Francisco era "perjuicioso e incorregible" pero no causaba el temor y el daño que provocaban los grandes grupos de desocupados a finales del siglo XVIII.[17]

Los forasteros causaban perturbaciones más graves en la vida de la localidad, pero resulta difícil estimarlas, por su carácter errante. El forastero estuvo presente desde los primeros tiempos, ya como vagabundo que iba de paso, ya como huérfano que iba a la aventura de una

[13] ANQ, Clemente de Anda, 7 de octubre de 1615 (Civil, 1612-1615).

[14] ANQ, Baltasar Martín, 2 de agosto de 1599 (Civil, 1570-1596).

[15] MNAH, Ignacio Zerrano, 7 de enero de 1702 (48).

[16] MNAH, Alonso de Alarcón, 11 de noviembre de 1589 (21); véanse numerosos casos individuales en ANQ, Civil 1570-1596, y Civil 1603-1608.

[17] ANQ, Gaspar de Porras, 23 de julio de 1603 (Civil, 1603-1608).

poblacıon a otra, ya como vendedor que andaba pregonando su mercancía. Los forasteros eran vistos con desconfianza aun cuando se propusieran vivir permanentemente en la población. Esto se explica en parte porque ellos cometían una gran parte de los delitos en la provincia. Juan Bautista es un buen ejemplo de ladrón forastero. Una tarde de diciembre de 1595 Juan Arias, un ganadero de la localidad, vio que Bautista iba conduciendo una recua de seis mulas y dos potrillos. Arias advirtió que algunos de los animales llevaban la marca de Juan Nieto, otro ganadero local. Esto le hizo sospechar. Llevó a Bautista a una granja próxima, donde lo sometió a un interrogatorio; luego lo condujo a la población para ser interrogado por Duarte de Tovar y después por el lugarteniente y por el alcalde. Antes de que Tovar pudiera hacerlo, Bautista se escapó y se acogió al asilo del monasterio franciscano. Tovar, con la autorización del prior lo interrogó allí, alternando hábilmente sus preguntas sobre los antecedentes de Bautista y sobre el dueño legítimo de los animales. Bautista dijo que era arriero y que durante algún tiempo había trabajado en una mina en las afueras de San Miguel, pero no tuvo ninguna explicación convincente respecto a los animales. Entonces Tovar insistió en que se le llevara del monasterio a la cárcel de la población. El prior se negó y se provocó una disputa respecto de los derechos de monasterio y los del gobierno local.[18]

Estos eran los problemas a los que se enfrentaba la población. Desde un punto de vista restringido y personal, la vida era tumultuosa, llena de frustraciones y de alborotos; pero desde un punto de vista más amplio, durante la mayor parte de la época colonial la vida era estable y estaba a salvo de las fuerzas destructoras que podrían traer consigo súbitas transformaciones

Un perfil social en la década de 1590

La vida en Querétaro en la década de 1590 difería en muchos aspectos de la vida en la década de 1790. El más notorio cambio fue la mayor complejidad de la vida de provincia. Esto se puede ver con claridad si se analiza la estructura de las ocupaciones de la población. La ocupación es una de las dimensiones de la vida de un individuo que más fácilmente lo identifican. Y por lo que respecta a la antigua América Latina, cada ocupación tenía implicaciones en la posición social de un individuo. Así, los comerciantes tenían mayor categoría que los artesanos, y dentro de esas ocupaciones los traficantes que comerciaban entre diversas regiones tenían más categoría que los detallistas, y los plateros más que los

[18] MNAH, Andrés de Trujillo, 13 de diciembre de 1598 (21).

herradores de caballos. La ocupación es tan sólo un elemento para determinar la posición social de un individuo, pero es la forma más facil de describirlo a través del tiempo.

En la década de 1590, Querétaro tenía la estructura por ocupaciones de una población marginal de provincia. Estaba concebida con el propósito de satisfacer a la población sus necesidades de subsistencia y de producir unos cuantos bienes básicos para su venta en otras provincias. Comparada con otras poblaciones, más asentadas del centro de México, su escala por ocupaciones era estrecha. Pero Querétaro tenía una rudimentaria diversidad económica, ya evidente desde los años de 1590, que anunciaban una estructura por ocupaciones más complicada para siglos venideros.

Los criadores de ganado y unos cuantos cultivadores de trigo ocupaban el ápice de la jerarquía social en los años de 1590. Tenían invariablemente la mayoría de las cualidades que buscaban los españoles. Los comerciantes y los dueños de obrajes, ya con estrechos lazos con los terratenientes y los ganaderos, tenían casi la misma categoría. En los capítulos anteriores se ha hecho una descripción detallada de la vida de estos individuos en los siglos XVI y XVII.

En una posición inferior en importancia social y económica se encontraban los artesanos, que en 1590 aún eran poco numerosos y no estaban muy diversificados. Como la población de Querétaro dependía de la ciudad de México y de otras regiones para la mayoría de las mercancías, los artesanos de la localidad producían solamente los más básicos artículos necesarios para la subsistencia. En Querétaro trabajaban los sastres, los zapateros y los herreros, que eran las tres actividades decisivas para la supervivencia de los europeos. Unos cuantos más, como los carpinteros y constructores de molinos (maestros de hacer ingenios) trabajaban igualmente en esa zona, pero después de realizar un trabajo determinado se iban a otra parte.[19]

Las limitaciones tradicionales y la falta de oportunidades económicas impedían a los artesanos ser tan respetables socialmente como comerciantes y terratenientes. Los talleres de los artesanos (posiblemente no más de 15 o 20 a principios de la década de 1590) eran pequeños, y daban trabajo a una o dos personas, que se habían iniciado con un capital muy exiguo a fin de producir para un mercado muy restringido. La ineficacia, la competencia del exterior,[20] y el costo y escasez de algu-

[19] MNAH, Baltasar Martín, 23 de noviembre de 1597 (1), 31 de marzo de 1602 (4), 8 de agosto de 1602 (4); Nicolás de Robles, 29 de diciembre de 1605 (5), 22 de agosto de 1606 (5), 23 de agosto de 1606 (11); Felipe de Santiago, 18 de febrero de 1626 (11).

[20] Las tiendas de la localidad generalmente almacenaban numerosos artículos necesarios, tales como zapatos, que venían de fuera de la provincia. MNAH, Tomás de los Reyes, 6 de diciembre de 1606 (22).

nos materiales locales obligaban a muchos artesanos a vivir al nivel de la subsistencia. Tan sólo mediante una gran capacidad de organización, con tenacidad y con buena suerte podía un artesano salvar estas dificultades y convertirse en una personalidad local importante. Juan Lucas fue uno de los pocos que lo lograron en los años de 1590. Contrató para que trabajaran en su taller a unos zapateros que estaban en la cárcel, y les pagaba a destajo en lugar de hacerlo por mes. Los aprendices también trabajaban en su taller, les daba casa y comida y al término de su contrato un traje nuevo y herramientas. El éxito de Juan le permitió comprar una casa en la población, un par de terrenos urbanos como inversión, y le dio seguridad económica.[21]

La falta de documentación impide que se haga un análisis completo del número de ocupaciones o de las características sociales de los trabajadores durante los años de 1590. Solamente se pueden apreciar algunas tendencias generales.[22] La mayoría de las ocupaciones que se han mencionado anteriormente eran desempeñadas por españoles. Los que lograban mejor éxito se casaban con una mujer española, adquirían propiedades rústicas y urbanas, y por medio de otros matrimonios llegaban a formar parte de la élite creciente. Los más prósperos compraban un título, generalmente el de "don", o por lo menos procuraban que sus hijos lo llevaran. Los que tenían mezcla de sangre indígena no encontraban tan fácil obtener las compensaciones de la vida del nuevo mundo. Ninguno trabajaba en las ocupaciones de más prestigio, y sólo unos cuantos eran dueños de su propio taller de artesanía.

Una de las características más dominantes de la vida en esta época era la inmigración. El número de españoles, indios, negros y mestizos aumentaba cada año con los recién llegados de México, España y África. La mayoría de los españoles que se trasladaban a Querétaro habían vivido antes durante diversos períodos en México, principalmente en la capital. Los que inmigraban directamente de España generalmente tenían establecidas relaciones sociales y económicas en la población y eran fácilmente absorbidos por la vida de provincia. Había otra corriente migratoria que provenía del traslado de gente de otros poblados del Bajío y del centro minero de Xichú. El efecto neto de estos movimientos era un aumento de población en Querétaro.

Las experiencias y los recuerdos que los inmigrantes llevaban a la ciudad creaban una atmósfera cosmopolita, que conectaba a Querétaro con otras regiones de México y de España. Los recién llegados conserva-

[21] MNAH, Baltasar Martín, 29 de octubre de 1598 (1), 19 de noviembre de 1598 (1), 25 de enero de 1599 (2), 31 de marzo de 1602 (4), 6 de julio de 1602 (4); Nicolás de Robles, 8 de marzo de 1606 (5).

[22] La siguiente descripción se apoya en los registros notariales del MNAH de la década de 1590 a la de 1620.

ban sus lazos con el pasado, particularmente los que les ayudaban en sus empresas de negocios. Esto se podía notar más con la gente que provenía de la ciudad de México, pero estaba igualmente presente con los que llegaban de ciudades más pequeñas. Además, los residentes de Querétaro seguían ligados con España, tanto por medio de sus recuerdos de su vida anterior como por medio de sus bienes tangibles y de su parentesco. Cuando Juan Ramírez de Coy, inmigrante típico, abandonó su casa dé Cartaya al sur de España, dio facultades a su esposa para administrar sus bienes y para educar a su hijo, aún joven. En 1598 falleció su esposa (como se refiere a ella como su primera esposa es probable que se haya casado nuevamente en Querétaro antes de que ella muriera) y dio instrucciones a otro hermano, que aún era vecino de Cartaya, para que vendiera sus bienes y para que hiciera los arreglos a fin de enviar a su hijo a Querétaro.[23] El inicio de una nueva vida en Querétaro no traía consigo un rompimiento con el pasado; las emociones, los sentimientos y las actitudes hacia la vida en la península seguían siendo vigorosos.

Los que inmigraban a Querétaro, ya sea que tuvieran o no relaciones de parentesco previamente establecidas, pronto formaban parte de la vida de la comunidad. Durante el siglo XVII y en las primeras décadas del siglo XVIII no se pueden advertir diferencias duraderas en las empresas económicas o en las relaciones sociales entre los recién llegados y los residentes de una segunda y tercera generación. El matrimonio era el mecanismo más completo para la absorción de los nuevos residentes. Además, las prácticas económicas usuales de organizar compañías agrícolas y comerciales además de la posibilidad de disponer de tierras por medio del arrendamiento, allanaban el camino para ingresar en cualquier empeño económico que fuera concebible.

Había flexibilidad en la organización de la sociedad de provincia, particularmente en las diversas formas por las cuales los inmigrantes llegaban a formar parte del nuevo orden social. La falta de rigidez al definir la ocupación y la categoría social hacía más fácil la movilidad entre las diversas ocupaciones, lo cual a su vez tenía influencia en la categoría social. Por ejemplo, once de los veintiséis españoles que estaban a sueldo y que se dedicaban a cuidar las ovejas en el campo en 1586 aparecieron de nuevo en los registros notariales por 1590. Ocho de los once definitivamente habían mejorado su posición, algunos eran ya ganaderos y terratenientes, otros comerciantes y artesanos.[24]

[23] MNAH, Baltasar Martín, 29 de marzo de 1598 (2).

[24] Véanse los numerosos contratos que se celebraron en la década de 1590 por Pedro Carvallo, Marcos García, Diego de Grimaldo, Francisco Hernández, Rodrigo Herrera, Pedro Martín, Lorenzo Meneses, Lope Pacheco, Gerónimo Pérez y Melchor Rodea, que se encuentran en el MNAH, especialmente los rollos 1-4.

Dicho de otra manera, los diversos grupos se mezclaban tan frecuentemente que se volvían inciertos los límites entre comerciantes y terratenientes, o entre terratenientes y funcionarios públicos. Este aspecto ya mencionado de la sociedad de provincia requiere de mayor atención. Las actividades diarias unían a la gente. Por ejemplo, cuando la cofradía del Santísimo Sacramento se reunió en 1598 para decidir sobre la conveniencia de aceptar un donativo de tierras, se encontraban presentes trece de sus miembros más influyentes. De estos trece, existe disponible información biográfica respecto de doce, algunos ya mencionados en este estudio; Esteban de Aguilar (dueño de un obraje y comerciante) Gonzalo Domínguez (ganadero), Francisco Hernández (comerciante especializado en ganado), Diego Martín (ganadero y teniente del alcalde mayor), Juan Martín (hermano de Diego, sobrestante de una finca y representante financiero de su hermano), Francisco Muñoz Colchado (agricultor y ganadero), Simón Núñez (comerciante), Diego Ramírez de Coy (agricultor), Hernando Sánchez Cortés (ganadero), y Duarte de Tovar (funcionario del gobierno, comerciante y financiero).[25] Estos miembros representaban a cinco de las más importantes ocupaciones: agricultura, ganadería, comercio, producción textil y administración política. No queda perfectamente claro el verdadero significado de la cofradía para los miembros de la comunidad, pero esta lista comprueba que existía una íntima asociación entre los elementos que se suponían divergentes de la economía y de la sociedad. Fuera de la cofradía esas doce personas estaban sumamente interesadas en los asuntos financieros de cada uno. Al actuar como asociados en los negocios, como compradores, vendedores, fiadores, banqueros, agentes y representan es comerciales, todos esos miembros expresaban su interés por los asuntos de los demás.[26]

La mayoría de los miembros de la cofradía sólo podían aspirar a alcanzar la riqueza y el prestigio de los diputados. Eran mayordomos, artesanos y agricultores en pequeño. Pero aun estas personas además de su asociación por medio de la confradía, tenían numerosos contactos financieros y personales con la élite.[27] Las relaciones sociales y económicas encontraron en la cofradía el símbolo de la falta de diferencias rígidas y exclusivas de las asociaciones corporativas de la primitiva sociedad de

[25] MNAH, Baltasar Martín, 22 de noviembre de 1598 (1).

[26] Para tener ejemplos de las asociaciones económicas de estos individuos véase MNAH, Juan Pérez de Aguilar, 7 de noviembre de 1590 (3); Baltasar Martín, 25 de febrero de 1597 (1), 23 de julio de 1598 (2), 26 de julio de 1598 (1), 10 de septiembre de 1598 (1), 27 de septiembre de 1598 (1), 10 de noviembre de 1598 (1), 28 de diciembre de 1598 (1), 2 de enero de 1599 (1), 7 de agosto de 1599 (2), 27 de agosto de 1602 (4), 28 de diciembre de 1602 (4).

[27] MNAH, Andrés de Trujillo, 19 de febrero de 1598 (1); Baltasar Martín, 20 de septiembre de 1598 (1), 19 de noviembre de 1598 (1); "Libro de bautismos", 1593-1608 (30).

provincia. Los individuos que tenían antecedentes muy diversos formaban un todo coherente que se apoyaban en el contacto personal frecuente. Las diferencias que separaban a las personas eran menos notorias a consecuencia de las numerosas relaciones que las unían.

Un perfil social en la década de 1790

Uno de los buenos resultados que tuvo en el siglo XVIII la tendencia de los Borbones hacia un gobierno más eficiente fue la formación de datos estadísticos sobre la economía y sobre la sociedad de México. Estos datos nos permiten discutir de una manera mucho más precisa la sociedad de provincia que lo que podemos hacer respecto de otras épocas anteriores. Resulta particularmente útil el censo militar que se levantó en 1791 de la ciudad y de la jurisdicción de Querétaro. El censo contiene el resultado de una investigación hecha casa por casa, que frecuentemente proporcionaba informaciones sobre la ocupación de los varones, de sus antecedentes étnicos, lugar de nacimiento, edad, estado civil, antecedentes étnicos de la esposa y del tamaño de la casa. Desgraciadamente, el censo excluía a los indígenas, con excepción de los caciques, y a la mayoría de los mulatos, negros y pardos. En el censo se hace referencia a otros censos de mulatos y pardos, pero que no se han llegado a encontrar. Por las omisiones en que incurre el censo, se le debe interpretar sólo como una descripción relativamente exacta del número de españoles, mestizos y castizos dedicados a las diversas ocupaciones, más que como una descripción completa del número total de ocupaciones y de trabajadores.

Para hacer un estudio de la veracidad de los informantes no puedo hacer nada mejor que remitir al lector a las observaciones de David Brading sobre el censo de Guanajuato de 1792. Brading cree que las afirmaciones de los informantes son ciertas en general.[28] Lo mismo creo yo respecto del censo de Querétaro, con excepción de la deliberada deformación en cuanto a las ocupaciones y a la edad. Los trabajadores pueden haber mentido respecto de su ocupación y de su edad, ya que esto les podría servir para eludir la conscripción militar. En el censo se hacía una lista de diversas clases de hombres de acuerdo con su disponibilidad para el servicio militar. Las ocupaciones de comerciante, médico, boticario y unas cuantas más relegaban a una persona a la categoría que era menos probable que se llamara. Si una persona aún no cumplía diez y seis años era también poco probable que se le llamara. No existe

[28] D.A. Brading, *Miners and Merchants in Bourbon Mexico, 1763-1810* (Cambridge, 1971) pp. 247-248 [*Mineros y comerciantes en el México borbónico*, FCE., 1975, pp. 240-241]

ninguna manera fácil de determinar frecuentemente lo que mentían los informantes respecto de su edad y ocupación, si es que lo hacían. El único caso conocido de una ocupación ambigua es el de los dueños de obrajes, que se ha examinado en el capítulo v.

El análisis del censo que se hace a continuación se apoya únicamente en las personas que mencionaron una determinada ocupación. Cuando se mencionaban dos ocupaciones, solamente la primera se consignaba en los cuadros. Por lo tanto los datos que aparecen en éstos pueden ser ligeramente menores que los del censo, como sucede respecto del número de europeos que había en Querétaro o del número de personas que pretendían tener un título.[29]

La población de Querétaro en la década de 1790 trabajaba en 220 ocupaciones diversas. En el cuadro 15 se clasifican estas ocupaciones dentro de 30 categorías distintas y se clasifican de acuerdo a su frecuencia en la ciudad y en la jurisdicción. Las categorías, algunas de las cuales comprenden una sola ocupación, y otras más de 30, tienen como base el tipo de trabajo desempeñado y la destreza y pericia que se requerían. Las categorías tienen igualmente una coherencia social tal como lo sugieren los cuadros, pero algunas tienen también variabilidad interna. Por ejemplo, entre los administradores agrícolas hay peninsulares que tienen el título de "don", conocidos como administradores, y mestizos nacidos en Querétaro, conocidos como mayordomos. Sólo mediante un análisis por separado de todas las 220 ocupaciones por medio de los registros notariales se podría llegar a una adecuada determinación de las numerosas diferencias en cuanto a riqueza, orígenes y pautas matrimoniales en cada ocupación. Algunas de esas diferencias se examinan en otros capítulos de este estudio. En este lugar nuestro objetivo consiste simplemente en hacer un perfil general.

Los trabajadores que se mencionan más frecuentemente en el censo son los agricultores y los arrendatarios. En su conjunto comprenden a la mayoría de los trabajadores que no vivían en la ciudad. Aun cuando la manufactura ya había adquirido una importancia cada vez mayor, la agricultura seguía siendo la actividad que ocupaba mayor número de trabajadores en la jurisdicción. En la ciudad la mayor parte de los hombres trabajaban en las fábricas textiles, en los trabajos de artesanía en general y en las fábricas de tabaco. En conjunto, formaban el 36 por ciento de la fuerza de trabajo total. Yo supongo que si los indígenas hubieran quedado incluidos en el censo, las fábricas textiles habrían sido las que mayor número de trabajadores utilizaran, seguidas por las artesanías y las fábricas de tabaco. Además de lo anterior, la población trabajaba en la veintena de ocupaciones que requiere para vivir una

[29] Para tener el cómputo total de los europeos de Querétaro véase D.A. Brading "Los españoles en México hacia 1792", *Historia Mexicana*, 23:1 (Julio-Septiembre de 1973).

ciudad grande. Los comerciantes seguían teniendo gran importancia y representaban el 4 por ciento de la población ocupada. Los aprendices de comerciantes y los empleados representaban en total el 4 por ciento de la población ocupada. Los aprendices de comerciantes y los empleados representaban en total el 2 por ciento. Los que trabajaban el cuero, los dueños de trapiches, los criados, los trabajadores de los transportes así como los de la alimentación y las bebidas tenían cada uno más o menos, el mismo porcentaje. Ninguna de las demás categorías por la ocupación que había en la ciudad llegaba a más de 1.3 por ciento de la fuerza de trabajo. Los mineros formaban el grupo menos numeroso, menos de 0.2 por ciento del total. Con la excepción de la suma de los trabajadores de las fábricas de tabaco y de los militares de profesión, la estructura por ocupaciones era una transformación de la que ya existía a fines del siglo XVII. Ocurrió un refinamiento en las ocupaciones a fin de satisfacer las demandas de una población mayor y más rica, pero como las pautas de la economía seguían siendo básicamente las mismas, solamente surgieron unas cuantas ocupaciones nuevas.

Hubo un cambio importante en lo que respecta al origen de los trabajadores *(Cuadro 16)*. En 1791, la mayoría provenían de la ciudad de Querétaro, y después de la jurisdicción. En su conjunto contribuían con el 80.2 por ciento de la fuerza de trabajo, y venían en seguida los procedentes de México con 14.2 por ciento, y el 6.2 por ciento de España y de otros países. En el vecino Guanajuato la situación era semejante, con 77.7 por ciento de trabajadores nacidos en la ciudad y en la jurisdicción.[30] Doscientos años antes, la mayoría de los trabajadores habían inmigrado de España o venían de otras regiones de México. Los pocos españoles que llegaban ahora provenían principalmente de Santander y de las provincias vascongadas, en tanto que con anterioridad llegaban del sur de España. David Brading explica que esto constituía una pauta general para una buena parte de México.[31] En forma paradójica, la población urbana era cada vez más insular a medida que había ido creciendo. Aun la migración que venía de la provincia y del Bajío era menor que la del pasado. La atmósfera cosmopolita de los pequeños poblados en la década de 1590 había cedido su lugar al provincialismo de una gran ciudad en la de 1790.

Otra modificación menos impresionante fue la de la composición étnica de la fuerza de trabajo *(Cuadro 17)*. Ahora el 42 por ciento de los trabajadores eran no españoles, mientras que en los años de 1590 sólo del 5 al 10 por ciento. Los mestizos trabajaban más a menudo en el cuero y en los textiles, o como dueños de trapiches, sirvientes y en el

[30] Brading, *Miners and Merchants*, p. 248. [*Mineros y comerciantes* p. 241]

[31] Brading, "Los españoles", p. 135.

transporte, ocupaciones que tradicionalmente tenían varios no españoles. Las principales brechas en las ocupaciones eran las de administradores, agricultores y artesanos expertos y muy especializados, empleos que no estaban al alcance de muchos no españoles ni siquiera 100 años antes. (Véase en el cuadro 32 una lista de las ocupaciones específicas de los mestizos). Los no españoles habían realizado transformaciones, pero sus ambiciones tenían límites. Solamente los españoles trabajaban como hacendados, oficiales de la milicia y clérigos; igualmente predominaban en las categorías de empleados de tiendas, comerciantes, funcionarios del gobierno y profesionistas.

Entre los españoles habían surgido muy claras distinciones ocupacionales entre los criollos y los peninsulares para fines del siglo XVIII. A medida que disminuía la proporción de peninsulares, más reducido era el número de las ocupaciones en que participaban, restringiéndose a las de mayor respeto. La mayoría de los peninsulares trabajaban únicamente en nueve ocupaciones, que con excepción de los dependientes de tiendas, eran las de mayor prestigio en la ciudad *(Cuadro 18).* Predominaban entre los dependientes los oficiales de la milicia, los clérigos, y estaban bien representados entre los comerciantes, los hacendados y los funcionarios. Algunos trabajaban también como dueños de obrajes, funcionarios de las fábricas textiles y de tabaco y agentes. Puesto que se agrupaban en las ocupaciones más fuertes, la influencia de los peninsulares era probablemente mayor de la que puede suponerse dado su pequeño número. Además, los datos completos biográficos de los peninsulares podrían comprobar que eran más ricos y más poderosos que los criollos que desempeñaban las mismas ocupaciones.

Los rasgos distintivos de los peninsulares en la década de 1790 fueron el resultado de una transformación gradual que se aceleró a fines del siglo XVIII. Hasta entonces eran pequeñas las diferencias que separaban a los nacidos en la localidad y en el extranjero. Algunos inmigrantes traían dinero, otros llegaban sin un centavo; algunos progresaban rápidamente y trabajaban en las mejores ocupaciones, y otros como artesanos, dueños de tiendas al menudeo y agricultores.

Los trabajadores de Querétaro, cualquiera que fuese su origen étnico, no eran jóvenes.[32] Solamente cinco de las 30 categorías tenían más trabajadores menores de 30 años; eran los que trabajaban en las fábricas de tabaco, los dependientes, los diáconos, los sirvientes y los soldados *(Cuadro 19).* Los que trabajaban en el tabaco y los soldados eran las únicas categorías en las que el promedio era de menos de 30

[32] El censo menciona únicamente unos cuantos aprendices, y no están incluidos en el análisis. Si tuviéramos a nuestra disposición una información completa sobre los aprendices, probablemente se reduciría la edad promedio de algunas ocupaciones, especialmente en las categorías de artesanos y constructores.

años de edad. De estas cinco categorías solamente los dependientes tenían perspectivas de progresar en el futuro hacia ocupaciones más lucrativas. La edad constituía un impedimento casi tan efectivo como los antecedentes étnicos para tener acceso a ciertas ocupaciones. El 100 por ciento de los oficiales de la milicia, 93 por ciento de los funcionarios, 85 por ciento de los hacendados y 82 por ciento de los comerciantes y dueños de obrajes eran mayores de 30 años.

Si no se dispone de un perfil demográfico completo de la población, resulta difícil precisar el significado exacto de la distribución de la edad. Parece razonable que en Querétaro, como en la mayoría de las sociedades, se atribuyera más valor a la experiencia y a los conocimientos que venían después de dedicarse a una ocupación durante años. En consecuencia, las más respetadas ocupaciones quedaban reservadas para los que habían pasado varios años en el aprendizaje. Esto, sin embargo, no era invariable, ya que unos cuantos jóvenes, muy pocos menores de 20 años, eran comerciantes, hacendados o dueños de obrajes. Quizá eran más importantes para refrenar las aspiraciones de los jóvenes las limitaciones que existían para la expansión de numerosas ocupaciones. En la última parte del siglo XVIII no se establecieron nuevas fincas u obrajes y el comercio no siguió progresando indefinidamente. Para empeorar las cosas, las actividades económicas sufrían fluctuaciones. Los jóvenes inteligentes y ambiciosos sentían la frustración de vivir en una época en que las oportunidades eran limitadas. Particularmente los jóvenes criollos deben haber visto con envidia y tal vez con amargura cómo los peninsulares tenían una excesiva participación en las ocupaciones más lucrativas.

Casi todos los trabajadores de Querétaro tenían edad suficiente para casarse y la mayoría lo hacía. La información sobre matrimonios que se desprende del cuadro 20 muestra que el 74 por ciento de los informantes que mencionaban su estado civil estaban casados. El matrimonio era un estado generalizado respecto de todos los trabajadores que en la mayoría de los casos no tenía ninguna relación con el tipo de ocupación o con la edad del trabajador. Solamente dos ocupaciones (con excepción de los clérigos) tenían mayor número de solteros que de casados. Los solteros predominaban entre los dependientes y aprendices, a causa de las convenciones y las costumbres de las ocupaciones. Indudablemente los ingresos y las condiciones en que se prestaba el servicio no impedían el matrimonio entre esta clase de trabajadores. Parece que la pauta general en el Bajío era que numerosos dependientes eran parientes más jóvenes de los inmigrantes españoles y que aplazaban el matrimonio hasta después de su aprendizaje.[33] Los sirvientes también se casaban

[33] Brading, *Miners and Merchants*, pp. 103-104, 111-113. [*Mineros y Comerciantes*, pp. 90-91, 101-103]

menos que el promedio, tal vez porque lo dificultaban los términos en que prestaban sus servicios. La posición económica generalmente no impedía el matrimonio, puesto que algunas de las ocupaciones en las que se percibía la más baja remuneración tenían el mayor porcentaje de matrimonios. De los trabajadores, 91 por ciento de los que trabajaban en los transportes estaba casado; de los vendedores, 89 por ciento y de los trabajadores textiles 82 por ciento. Aparentemente la mayoría de los trabajadores de Querétaro tenía oportunidad y recursos para casarse. Aun cuando había muchas diferencias entre las diversas ocupaciones, la información de que se dispone respecto del matrimonio implica que el celibato era algo sujeto a la decisión personal, no impuesto por las consideraciones económicas o culturales de una ocupación.

La distribución étnica de las esposas no nos reserva ninguna sorpresa. En su mayor parte las ocupaciones que tenían el mayor número de españoles tenían también el mayor número de esposas españolas. Los hacendados, los legos de las iglesias, los funcionarios públicos, los dependientes y los comerciantes, se casaban todos principalmente con españolas. Por otra parte, los no españoles que trabajaban el cuero o los dedicados a la industria del transporte se casaban casi siempre con mujeres no españolas. Solamente unas cuantas ocupaciones específicas tenían una elevada proporción de matrimonios entre personas de distintos antecedentes étnicos: el 52 por ciento de los músicos eran españoles, y de ellos el 81 por ciento se habían casado con españolas; el 24 por ciento de los carpinteros y el 29 por ciento de los sirvientes eran también españoles, y de ellos se habían casado con españolas el 41 y el 29 por ciento respectivamente. Entre los cargadores había la tendencia inversa: 46 por ciento eran españoles, pero sólo 25 por ciento se había casado con españolas. Estos datos nos dan idea de la condición de las diversas ocupaciones, pero de ninguna manera son concluyentes.

En el cuadro 21 se muestran los patrones de matrimonios en los diversos grupos étnicos que se mencionaban en el censo. Entre los españoles, los criollos tenían la mayor inclinación a casarse entre sí, y el 18.4 por ciento se casaba con no españolas, principalmente mestizas. Los peninsulares y los españoles (muchos se identificaban a sí mismos como "españoles" sin indicar el lugar de su nacimiento, y por lo tanto resulta imposible determinar si eran peninsulares o criollos) se casaban entre sí con mucho menor frecuencia. Los mestizos y los castizos se casaban con personas pertenecientes a otros grupos, con mayor frecuencia que los criollos o los peninsulares. Puesto que los mestizos se estaban convirtiendo rápidamente en el grupo étnico más importante, son de particular interés sus pautas de matrimonios. Una gran mayoría de mestizos seguía casándose con mujeres mestizas, pero también eran muchos los que se casaban con mujeres españolas. Unos cuantos de los castizos que aparecen en el censo muestra una mayor inclinación para casarse entre sí, y el 68.3 por ciento se casaba con españolas y el 34.6 por ciento con mestizas. Las divisiones étnicas subsistieron, pero ya no eran tan distintivas. Solamente los españoles peninsulares eran capaces de mantener la pureza étnica de sus familias.

El censo nos proporciona informaciones adicionales sobre los títulos (principalmente el de "don") y el tamaño de las casas habitación *(Cuadro 22).* Los títulos ayudan a determinar el rango social a fines del siglo XVIII. Los trabajadores con el mayor porcentaje de títulos eran los hacendados, los clérigos, los funcionarios, los oficiales de la milicia y los comerciantes. Con la excepción de los comerciantes los demás habían sido las únicas personas que tuvieran títulos dos siglos antes. Para entonces los comerciantes ya habían adquirido el título aún importante de "don" a fin de legitimar más su posición social. Los administradores y los profesionistas también pretendían tener títulos, pero nunca tanto como los dedicados a las ocupaciones tradicionalmente importantes. En el resto de la población había muy pocos títulos. Cuando los tienen, nos ayudan lo mismo que las pautas de matrimonios y los antecedentes étnicos, a determinar el rango social de las diferentes ocupaciones. Por ejemplo, entre los artesanos ocurren muy claras graduaciones. El dos por ciento de los grabadores, impresores y trabajadores de metales, que generalmente eran españoles con esposas españolas, tenía algún título. También lo tenía el uno por ciento de los constructores, cortadores y fabricantes de velas, que frecuentemente eran mestizos casados con mestizas. Ninguno de los que trabajaban el cuero tenía título. En el curso de los siglos es posible que haya ocurrido la ostentación de títulos que en realidad no se tenían, pero nunca tuvo importancia.

Otra forma de analizar los títulos es por medio de su distribución étnica *(Cuadro 23).* Los criollos pretendían tener 48 por ciento de los títulos, pero sólo ocho por ciento los tenía, porcentaje que es mucho más pequeño que el de los peninsulares que tenían título (92 por ciento). Los españoles y los europeos tenían pocos títulos, pero de todas maneras más que los criollos. En esta época no había mestizos que adquirieran títulos. Las modificaciones que había en sus pautas de matrimonios y de ocupaciones no los llevaban a la adquisición del título de "don".

Por último, el censo nos da la posibilidad de hacer investigaciones respecto del tamaño de la casa habitación. En una casa ordinaria vivían 5.5 personas, pero había numerosas variaciones según las diversas ocupaciones. Los hacendados necesitaban las casas más grandes que tenían capacidad para 7.9 personas. Estaban muy cerca de llegar a la imagen de la *casa poblada* de los tiempos antiguos, cuando las casas estaban llenas de parientes y allegados. Los administradores rurales, que vivían en las haciendas, tenían casas de 4.2 personas, las más pequeñas de

Querétaro. No se puede encontrar una explicación fácil para estas diferencias. El estado civil tenía cierta influencia, pero frecuentemente era muy poco importante, ya que una casa habitación podía alojar personas con diversas ocupaciones. Los dependientes y los criados, por ejemplo, aun cuando generalmente eran solteros, habitaban en casas en las que el promedio era de 6.7 y 6.9 personas. De manera semejante, la posición económica de quien las habitaba tenía sin duda muy poca importancia. Los comerciantes, que eran personas de muchos recursos, tenían casas más pequeñas que los vendedores; los artesanos muy expertos tenían casas más pequeñas que los trabajadores en general. Lo que sí indica el tamaño de una casa es que las ocupaciones que tenían las familias más pequeñas tenían el mayor porcentaje de hombres que vivían solos, o solamente con su esposa, otro pariente o un criado; y los que tenían las casas más grandes tenían familias más numerosas o más de una familia vivía con ellos. Así los administradores de las fincas, los trabajadores agrícolas, los profesores, los barberos y los vendedores vivían solos más frecuentemente que otros trabajadores.

El censo de 1791 describe solamente una fracción de tiempo en una era de transformación. Por esta razón, es difícil hacer amplias inferencias sociales de los datos que incluye. Una limitación más grave consiste en que el censo sólo nos permite penetrar en la vida de los españoles, de los mestizos y de los castizos que estaban formalmente empleados. Considerados en su conjunto, estaban en las capas más elevadas de la sociedad de finales del siglo XVIII, pero no formaban el orden social completo. Las generalizaciones que se hacen en seguida se aplican exclusivamente a este segmento de la sociedad.

Los datos relacionados con la edad, los orígenes y el estado civil señalan una sociedad estable, sin inclinaciones a las modificaciones rápidas. La edad por sí sola llevaba hacia la conservación, más bien que hacia el cambio. El éxito en una ocupación bien recompensada llegaba tan sólo después de años de espera. Una vez alcanzado ese éxito los individuos tienen que haber relacionado con suspicacia a cualquier cambio social o económico. La estabilidad también provenía de que la gran mayoría de los individuos habían nacido en la ciudad. Sus creencias y actitudes formaban parte de una tradición social muy estable. Igualmente contribuía a la estabilidad de las relaciones sociales la elevada proporción de matrimonios. Además, es muy probable que la mayoría de las esposas hubieran nacido en Querétaro, lo que determinaba que la ciudad fuera casi endógama.

La complejidad de la estructura de las ocupaciones y las implicaciones sociales de éstas tenían definitivamente su origen en el pasado. Después de doscientos años predominaron las ocupaciones tradicionales de los terratenientes, comerciantes, funcionarios, dueños de obrajes, junto con las ocupaciones profesionales y militares, cada vez más numerosas. Querétaro no tenía, sin embargo, tan sólo una masa homógenea que estaba debajo de la élite. Los antecedentes étnicos, las pautas de matrimonios, la edad, los títulos daban lugar a una serie de graduaciones que separaban las diversas ocupaciones. Si se hubiera hecho una evaluación respecto de los ingresos, las pautas de matrimonios de los hijos, de las dotes, de la propiedad de los bienes urbanos, indudablemente apoyaría el argumento de que Querétaro era una sociedad con diversos grados de estratificación que separaban los diversos grupos.

Torcuato S. di Tella ha hecho hincapié en la existencia de un orden social complejo en Querétaro en la década de 1840. No había solamente una clase baja, sino varias clases bajas, cada una con sus problemas y aspiraciones. Di Tella dice que los "artesanos, los pequeños tenderos y los más bajos dependientes" constituyen los grupos más peligrosos de Querétaro a causa de la inseguridad de sus trabajos. Estaban siempre a punto de pasar a formar parte de las clases más bajas. Su temor de resbalar socialmente los hacía políticamente peligrosos.[34]

La vida en la década de 1790 era distinta. Los grupos más susceptibles de movilización política eran los mismos, pero se habían modificado las causas de su potencial agitación política. La más clara distinción que surgía en la sociedad de provincia era entre los criollos y los peninsulares. Éstos quedaban en primer lugar tanto por su origen como porque concentraban las mejores ocupaciones, por su menor proporción de matrimonios, por su alta proporción de matrimonios con españolas cuando se llegaban a casar, y porque era más frecuente que tuvieran derecho a usar títulos. Tenían también fuerza política. En 1791, tanto los alcaldes de provincia como el alguacil mayor eran peninsulares. También lo eran el subdelegado de la intendencia, el administrador de impuestos y el administrador del correo. El poder formal de los criollos aún se manifestaba en el cargo de regidor, en el que sólo uno de cada cuatro era peninsular.[35] La nueva posición de los peninsulares y la fuerza política que tenían probablemente creó la situación política más potencialmente explosiva en los años de 1790.[36]

Una mejor comprensión de las pautas de matrimonios de las clases superiores nos daría una idea más clara de lo que sentían los peninsulares hacia los criollos y éstos hacia aquéllos. Como ya se ha mencionado, más peninsulares que criollos se casaban con mujeres blancas, pero se

[34] Torcuato S. di Tella, "The Dangerous Classes in Early Nineteenth Century Mexico", *Journal of Latin American Studies*, 5:1 (Mayo, 1973), pp. 99-104.

[35] Para tener un análisis informativo del desarrollo de los acontecimientos políticos en Querétaro véase Hugh Hamill, Jr. *The Hidalgo Revolt* (Gainesville, Fla. 1966), especialmente pp. 98-116.

[36] AGN, Padrones, vol. 12.

desconoce el lugar de nacimiento de las mujeres. En el censo no se da información que nos permita decir si las esposas eran de España o de México. En Guanajuato, numerosos peninsulares se casaban con mexicanas, uniendo así a las familias. El matrimonio probablemente atenuaba la envidia que sentían los criollos por el lugar notoriamente preferente que tenían los peninsulares en el orden económico. Pero no es muy clara la forma en que esto haya influido en la política.[37]

A medida en que se hacían más agudas las diferencias entre los criollos y los peninsulares, se borraban las diferencias entre los criollos y los demás. Las inferencias que se podían hacer respecto de la vida de la gente apoyadas en sus antecedentes étnicos no eran ya tan válidas en el siglo XVIII como en el XVI. Los no españoles inteligentes y perseverantes podían llegar a ser administradores, dueños de tiendas, agricultores, orfebres y plateros. Sólo unas cuantas ocupaciones seguían siendo racialmente exclusivas. Los mismos no españoles podían casarse con mujeres españolas, ser dueños de casas cómodas, invertir en propiedades urbanas y mandar a sus hijos a la escuela. Al finalizar la época colonial, la raza parece haber tenido una consideración social menos importante.

La fusión étnica que está ocurriendo tiene que colocarse dentro de un marco económico más amplio. Todos los trabajadores de Querétaro se enfrentaban a una economía cada vez más difícil de controlar, sujeta a rápidas fluctuaciones y reveses. El crecimiento ya no era tan seguro como lo había sido en el pasado remoto, cuando la tierra, las ovejas y el comercio daban a los individuos emprendedores la oportunidad de hacer dinero y de pasar por encima de las barreras sociales. Aún había oportunidades, pero palidecían al compararse con las de épocas anteriores.

[37] Brading, *Miners and Merchants*, pp. 311-319. [*Mineros y comerciantes*, FCE., pp. 296-304]

VIII. LAS MUJERES ESPAÑOLAS

PARA el decenio de 1580, Querétaro era una comunidad europea notablemente integrada, con todos los recursos físicos y humanos requeridos para su incesante supervivencia como comunidad europea. La presencia de mujeres españolas era esencial para la naturaleza europea de Querétaro. Formaban parte inseparable de las organizaciones sociales y económicas desde fines del siglo XVI. No constituían un grupo que se hubiera injertado en un orden ya establecido, sino una parte del proceso primitivo de formación social, que hizo contribuciones verdaderamente importantes al progreso económico y al establecimiento y mantenimiento del hogar español.

Número de mujeres

El número de las mujeres españolas comparado con el de los hombres es un tema de importancia histórica, pero que resulta difícil precisar aun a fines del siglo XVIII. El mayor número de hombres o de mujeres supuestamente tenía consecuencias muy considerables para la conducta social y el desarrollo cultural. El superior número de hombres comparado con el de mujeres, que era la situación más común en las Indias Españolas en el siglo XVI, crea tensiones sociales e inestabilidad. El lastre social que significan las mujeres y el matrimonio desaparece rápidamente, creándose un estado de ilegalidad y de irreverencia a las instituciones y la conducta tradicionales, así como un aumento de la criminalidad. Lo que más caracteriza a estas sociedades es el carácter errático y rápidamente cambiante de las relaciones sociales.[1]

Estas generalizaciones parecen dar credibilidad a los conceptos tradicionales estereotipados de la sociedad en la conquista de la América Latina. Los colonizadores españoles, liberados de las responsabilidades del matrimonio y con el único deseo de obtener oro y de alcanzar la gloria, vivían en el libertinaje, bebiendo mucho, jugando excesivamente y haciendo vida marital con las mujeres indígenas. Como éstas no daban el mismo sentido de permanencia a las relaciones sociales que les habrían dado las mujeres españolas, surgió una sociedad turbulenta y desordenada.

[1] Roger Thompson, *Women in Stuart England and America, A comparative study* (London and Boston, 1974), pp. 21-24.

Las recientes investigaciones de los hombres de estudio se oponen enérgicamente a esta opinión, mostrando que las relaciones sociales ordenadas y sujetas a una pauta se iniciaron inmediatamente después de la conquista. Había suficientes mujeres españolas para garantizar la presencia y la continuidad de la familia y de la cultura española. En un región central, como el Perú, las mujeres representaban aproximadamente una décima parte de la población española durante la primera generación de la colonización española. Su influencia fue mucho más decisiva de lo que los números sugieren, por la mayor movilidad de los hombres y su mayor índice de mortalidad.[2] Las pruebas que existen respecto de México dejan ver una situación muy parecida. En Tlaxcala, Texcoco y Yucatán había suficientes mujeres que ayudaran al desarrollo de sociedades relativamente estables.[3]

Durante las primeras décadas de la existencia de Querétaro, cuando era un poblado fronterizo y comercial asentado precariamente entre la ciudad de México y las minas, había un mayor número de hombres que de mujeres. La escasez de mujeres probablemente contribuía a la inestabilidad social. Cuando la colonización se inició verdaderamente por los años de 1580, aumentó rápidamente el número de mujeres españolas. Por ejemplo, en los registros notariales, eclesiásticos y de la Inquisición que se han examinado de 1590 a 1630, aparecen 462 mujeres españolas, sin contar a las sirvientas y a las niñas recientemente bautizadas. Con base en este número y en la frecuencia con que aparecen las mujeres en los registros notariales (en donde generalmente tienen menos motivos para aparecer que los hombres) yo estimo que las mujeres representaban del 30 al 40 por ciento de la población española de la ciudad a principios del siglo XVII. El período decisivo de transición ocurrió entre 1580 y 1600, que fue cuando Querétaro adquirió todas las características de una población agrícola.

De 1600 en adelante, el número de mujeres españolas y su proporción con relación a los hombres se incrementó al grado de que para el fin de la época colonial era mayor que el de los hombres. En 1777 vivían en Querétaro 2 330 mujeres en comparación con 2 194 hombres; en 1778 vivían ahí 3 025 mujeres y 2 307 hombres. Estas diferencias se pueden atribuir por lo menos parcialmente a un mayor índice de nacimientos y de supervivencia entre las niñas españolas. En 1777 había 814 niñas y 782 niños; un año después las niñas eran 896 y los niños 852. El número de hombres españoles casados es igualmente importante para la historia de la ciudad. En 1777 sólo había 1 011 hombres casados, en 1778

[2] James Lockhart, *Spanish Peru, 1532-1560.* (Madison, 1963), pp. 150-151.

[3] Ida Altman and James Lockhart (eds.), *Provinces of Early Mexico* (Los Ángeles, 1976), pp. 49-50, 132, 150-151.

solamente 1 055, menos del 50 por ciento del número de hombres durante los dos años. No está a nuestra disposición el número de mujeres españolas casadas, pero el porcentaje posiblemente era por lo menos tan grande como el de los hombres españoles. Si este era el caso, menos mujeres españolas tenían la oportunidad de casarse con hombres españoles que a la inversa. Las pruebas de que se dispone acerca de las pautas de matrimonios comprueban lo anterior.[4]

El aumento del número de mujeres españolas en la provincia ofrece una explicación muy importante respecto del incremento en el número de mestizos. Cuando no podían casarse con españoles, las mujeres se dirigían cada vez más hacia los indígenas y después hacia los mestizos para contraer matrimonio. Las primitivas pautas de matrimonio casi se habían invertido. Los españoles que se casaban y vivían con mujeres indígenas enseñaron el camino a las mujeres españolas para que se casaran con mestizos y con indígenas.[5] Para fines del siglo XVIII las mujeres eran más importantes que los hombres en cuanto a la mezcla de razas que se realizó por medio del matrimonio. La mezcla de razas, sin embargo, sólo dependía en parte de las uniones legalizadas, y es probable que los hombres españoles participaran en éstas más que las mujeres españolas.[6]

No son tan claras las otras implicaciones que pueda haber tenido el exceso de mujeres. Es indudable que las actitudes hacia las mujeres tienen que haberse modificado después de las primeras fases de la colonización, cuando su escasez las hacía deseables social y económicamente.[7] Sus oportunidades de progresar socialmente por medio del matrimonio se redujeron a medida que pasaron los años. El matrimonio con un español de pocos recursos se hizo más frecuente para las mujeres que pertenecían a familias con rango social, en tanto que las mujeres de familias marginadassocialmente sólo podían casarse con mestizos y con indígenas.[8] Las mujeres igualmente se enfrentaban a una economía de

[4] AGN, Padrones, vol. 12, 1777, 1778, 1791.

[5] AGN, Padrones, vol. 12, 1791.

[6] Es común encontrar pruebas de que los hombres hayan tenido hijos con indias o con mestizas (véase por ejemplo, ANQ, Clemente Pérez de Anda, 7 de octubre de 1615) (Civil, 1612-1615), en tanto que hay pocas pruebas que demuestren que las mujeres españolas tenían hijos con mestizos o con indios fuera del matrimonio.

[7] Thompson en su estudio sobre las mujeres de Inglaterra y de los Estados Unidos durante los tiempos de la colonia cree que en las sociedades en que hay abundancia de mujeres existe "...una devaluación general de las mujeres, una explotación del sexo débil por el hombre y diversos recursos a los que acuden las del sexo oprimido para escapar a su destino y para dar a su vida algo de sentido y de justificación". Thompson ,*Women*, p. 22. No resulta muy clara la aplicabilidad de toda esta afirmación a Querétaro al final de la Colonia.

[8] AGN, Padrones, vol. 12, 1791.

mayor competencia en el siglo XVIII que la que existía con anterioridad. Había mayor número de hombres y de mujeres, ya fueran españoles, indígenas o mestizos, que luchaban para alcanzar los relativamente escasos cargos con riqueza y prestigio que estaban disponibles en la provincia. Es posible que estas modificaciones hayan determinado un descenso en la posición general de las mujeres españolas en 1800 en comparación con la que tenían en 1600, aun cuando de ninguna manera resulta clara la forma exacta en que esto haya afectado la vida de las mujeres. Quizá fue durante esta última época cuando el tan reconocido misoginismo ibérico realmente tuvo influencia en la conducta hacia las mujeres.[9] Evidentemente no ejerció ninguna influencia durante el primer siglo de la colonización.

Distinciones sociales y civiles

El creciente número de mujeres tuvo una unidad de lugar en el proceso histórico primitivo a causa de su idioma, de sus costumbres y de sus lazos con el Viejo Mundo. Las mujeres españolas tenían una unidad apoyada en la cultura que las distinguía de las demás mujeres de la provincia. Naturalmente eran deseadas por los españoles que tenían interés en reproducir tan exactamente como fuera posible la vida de España. Entre las mujeres españolas existían importantes distinciones que afectaban su vida diaria, pero parecen casi insignificantes cuando se les compara con la cualidad única que compartían todas las mujeres españolas: sus orígenes ibéricos. Esto se había empezado a modificar en los primeros años del siglo XVII, y ya para el siglo XVIII el ser de origen español tenía mucho menos peso social respecto a las mujeres. Otras normas, todas las cuales tenían su origen en los primeros años de la colonización, ejercían ahora influencia sobre el lugar de las mujeres tanto como sus antecedentes étnicos.

El título de "doña" fue siempre la distinción que se podía observar más fácilmente en cuanto al rango social de las mujeres. En un principio la mayoría de las mujeres a quienes se daba título de doña provenían de padres a quienes se daba el mismo título. Después de 1600 fue más frecuente que las mujeres cuyos padres no tenían el título de don ni el de doña lo usaran. Las familias que habían inmigrado a Querétaro y habían adquirido la propiedad de grandes extensiones de tierras, logran-

[9] O.R. Boxer, *Women in Iberian Expansion Overseas, 1415-1815* (Nueva York, 1975), pp. 97-104. Querétaro tiene una hija ilustre que encajaría perfectamente en la narración de Boxer sobre las personalidades famosas y las indignas de las Indias. Es doña Josefa Ortiz de Domínguez, "La Corregidora", quien logró que se informara a Hidalgo del descubrimiento de la conspiración revolucionaria.

do asi un lugar destacado social y económicamente apoyado en el tamaño de sus fincas, daban a sus hijas el título de doñas. Para los principios del siglo XVIII hasta los comerciantes que habían logrado una moderada prosperidad llamaban también doñas a sus hijas. El uso del título por parte de las hijas (y de los hijos) fue un paso significativo hacia la legitimación social de las familias de inmigrantes.[10]

Si se toman como base las mujeres que se han estudiado en el período inicial (1590-1630) es posible hacer una estimación del porcentaje de doñas que había en la población femenina. Del total (de 462), 52 mujeres eran identificadas como doñas, o sea el 11 por ciento de la población femenina. Dentro del grupo de doñas había diferencias en cuanto al linaje, la riqueza, la cuantía de la dote, los legados a la Iglesia y a la cofradía, la ubicación de su residencia y la ocupación de la familia, todo lo cual tenía una importancia adicional para ejercer influencia en la condición social. El título de "doña" puede haber sido un reconocimiento simbólico de distinción con respecto a solamente uno de estos criterios, pero continuamente prevalecía en relación con otros aspectos débiles que pudiera haber en los antecedentes sociales de una mujer. Sin embargo, gradualmente se redujo su alcance, hasta que para finales del siglo XVIII el exagerado uso que se hacía de ese término llegó a quitarle mucho sentido. Por ejemplo, de las 598 mujeres españolas que eran cabezas de familia en 1791, 114 pretendían ser doñas, o sea 19 por ciento comparado con el anterior 11 por ciento.[11]

Otro término con significado social para las mujeres españolas es el de "doncella". El sentido legal específico del término era que una joven no había llegado a la mayoría legal de edad de 25 años. Así, una joven como doña Juana de Jesús Ortiz, de 15 años, se refería a sí misma como doncella, en tanto que doña María de Cervantes, que tenía más de 25 años, se refería a sí misma como soltera más bien que como doncella.[12] Además, el término de doncella implicaba que una joven era virgen. En Querétaro el uso traspasó los límites de estos significados y solamente indicaba que una joven formaba parte de una familia de moderada importancia. Esto no era tan invariable como el uso del título de "doña" pero era poco frecuente que a las jóvenes de familias pobres se les llamara doncellas.[13]

[10] MNAH, Clemente Pérez de Anda, 2 de noviembre de 1643 (10); Salvador de Perea, 28 de diciembre de 1709 (50).

[11] AGN, Padrones, vol. 12, 1791.

[12] AGN, Tierras, vol. 265, Exp. 33, 2 de marzo de 1711; MNAH, Domingo Antonio de Parras 12 de noviembre de 1713 (51).

[13] MNAH. Para ejemplos del uso o del no uso del término doncella véase Baltasar Martín, 5 de mayo de 1597 (1), 27 de octubre de 1597 (1); Salvador de Perea, 7 de noviembre de 1711 (51), Domingo Antonio de Parras, 15 de febrero de 1713 (51).

Puesto que la mayoría de las mujeres carecía de título, había otras carecterísticas que también mostraban su condición social. En un Querétaro tan consciente de la moda, los vestidos servían para distinguir a una mujer de otra. Hasta los guardarropas de algunas mujeres que se podían considerar como de baja condición social, de acuerdo con otros criterios eran ricos en cuanto a su diversidad y a su valor en dinero. Leonor Sánchez, que se casó con un hombre de modestos recursos, tenía un bien surtido guardarropa que la distinguía de otras muchas mujeres. Su buen gusto para los vestidos, indudablemente determinado por la moda que prevalecía en la ciudad de México, mostraba una decidida preferencia por las telas y sedas importadas. Acicalada con una enagua acolchada de China, o con una falda de gala de Castilla, un fino sombrero de seda y una capa de tela azul tejida en Londres, debió sentirse muy a gusto entre las más ricas mujeres de Querétaro. Su guardarropa no contenía únicamente prendas importadas; algunas, llamadas de la tierra (hechas en México) tenían poco valor, y fueron vendidas en unos cuantos pesos cuando se remataron sus bienes.[14] Cuando una mujer no tenía títulos y carecía de tierras o de lazos familiares de importancia, un ostentoso guardarropa con prendas del extranjero servía para dar dignidad y respetabilidad.

Las leyes españolas hacían distinciones entre las mujeres de acuerdo con su estado civil. Las mujeres eran o bien solteras, o casadas o viudas y sus derechos dependían en parte de su estado. Las solteras, que vivían bajo la autoridad de sus padres o tutores, eran las que tenían menos derechos. En el otro extremo estaban las viudas, que tenían el derecho de comparecer ante los tribunales, de subscribir contratos y de administrar sus propios bienes. La mujer casada quedaba en una posición intermedia. Dependía de su esposo por lo que respecta a su situación legal, pero en ocasiones podía pasar por alto las restricciones que él le imponía.[15]

En general, las leyes españolas colocaban a las mujeres en una posición subordinada, restringiendo sus derechos y frecuentemente sometiéndolas a más severos castigos por los delitos que cometían. Las leyes españolas se trasladaron intactas al Nuevo Mundo, y sólo eventualmente aparecían modificaciones en cuanto a los derechos hereditarios de los conquistadores y los derechos a las encomiendas. Las leyes españolas eran restrictivas, pero no tanto como las leyes inglesas que daban al

[14] MNAH, Baltasar Martín, 17 de junio de 1602 (4). Leonor también era dueña de otras cosas, como más vestidos, joyas, camas, jofainas, una caja con cerradura, vajilla para mesa, almohadas, colchas, una escupidera y copas para beber.

[15] José María Ots Capdequi, *El Estado español en las Indias*, FCE., 1a. imp, 1941), pp. 73-112, y *Manual de Historia del Derecho Español en las Indias y el Derecho Propiamente Indiano* (Buenos Aires, 1945), pp. 424-426.

marido un control absoluto sobre todos los bienes de su esposa. Roger Thompson, en su estudio sobre las mujeres en la Inglaterra de los Estuardo y en América, cita el ejemplo de una mujer llamada Susannah Cooper, quien veinte años después de haber sido abandonada por su esposo seguía estando en la condición legal de mujer casada lo que le impedía vender o trasmitir por herencia sus propiedades o proceder legalmente contra los que la habían agraviado.[16] En Querétaro no ocurrían situaciones como esta. El abandono era frecuente, pero las mujeres podían acudir a los tribunales y obtener fácilmente que se les reconocieran sus derechos ante la ley.[17]

Las leyes españolas tenían igualmente aplicación en cuanto a la familia y al lugar de las mujeres dentro de ésta. La familia preocupaba de manera especial a la Corona, que la consideraba indispensable para la colonización. Consecuentemente, las leyes procuraban aumentar el número de mujeres y alentar el matrimonio. Otorgaban exenciones especiales a las mujeres solteras para inmigrar y al mismo tiempo trataban de impedir que los hombres casados viajaran sin sus esposas. Los colonos casados recibían más tierras, exenciones especiales de impuestos, indígenas para la construcción de su casa y preferencia para los cargos burocráticos.[18] Una vez que las familias habían quedado establecidas se aplicaban todas las leyes españolas, desde las relativas al adulterio como a las cuestiones sobre ilegitimidad. Pero en lo que respecta a las leyes que restringían los derechos de las mujeres, estas leyes daban solamente un marco de las relaciones humanas en la provincia, sin precisarlas.

La dote

A fines del siglo XVI, una gran cantidad de mujeres españolas trataron de asegurarse de que las características culturales europeas relacionadas con el matrimonio se trasladaran a Querétaro. El rasgo más notorio durante la primitiva colonización fue la dote. La dote era esencial para que una mujer pudiera conservar y quizás hasta elevar su propia posición y la de su familia en la comunidad. La dignidad era una calidad que no se tomaba a la ligera. La manera más segura de conservarla consistía en tener una dote adecuada. La dote también ofrecía la promesa de obtener ventajas económicas. Era un sistema bien controlado de reglamentar el aspecto económico de los lazos matrimoniales desde el punto de vista de las dos partes.

[16] Thompson, *Women*, p. 163.

[17] MNAH, Baltasar Martín, 13 de octubre de 1603 (4).

[18] Richard Konetzke, "La emigración de las mujeres españolas a América durante la época colonial", *Revista de la Sociología*, 3 (1945), pp. 123-150.

En Querétaro, la mujer daba la dote al marido. Existen pocos testimonios de que en Querétaro los hombres llevaran dotes al matrimonio, como lo hacían en un principio en el Perú cuando tenían gran intensidad las contiendas por las mujeres españolas.[19] Los hombres ocasionalmente hacían algún obsequio de valor como reconocimiento por la dote o por la nobleza y virginidad de sus prometidas. A esto lo llamaban las arras, que a su vez eran muy parecidas a las *propter nupcias*, en que la familia obsequiaba dinero para el buen éxito del matrimonio. Estos obsequios eran distintos de la dote, por un concepto importante. Pertenecían de manera inalienable a la mujer y eran administrados y controlados por ella. Aun en el caso de que falleciera, el dinero se transmitía a sus herederos y no a su marido. La dote, por otra parte, se reintegraba a la esposa después de la muerte del marido.[20]

La dote es un medio para hacer una estimación de la riqueza de una determinada comunidad, ya que la categoría de las dotes revelaba el nivel de la riqueza.[21] En Querétaro, hasta principios del siglo XVIII, las dotes pequeñas eran realmente de muy poca cuantía, y ascendían a 200 pesos *(Cuadro 24)*. El importe de la mayoría de las dotes era considerablemente mayor, e iba de 300 a 2 mil pesos. Dotes de esta cuantía las daban los comerciantes al menudeo o los artesanos, o bien los pequeños terratenientes. En ocasiones, una dote pequeña solamente indicaba que había muchas hijas, pero no que fuera una familia de pocos o medianos recursos. En las familias con muchas hijas, la responsabilidad de darles una dote a todas resultaba agotadora desde el punto de vista económico. Gaspar González, colonizador portugués que vivía en Querétaro, había logrado tener una segura posición económica cuando ocurrió su muerte en 1631. Pero es el caso que González tenía cinco hijas a las que tenía que dar dotes adecuadas, lo que le costó una buena parte de la riqueza que había acumulado. Vivió para ver casadas a cuatro de sus hijas, y a

[19] Lockhart, *Spanish Peru*, p. 156.

[20] Ots Capdequi, *Manual de Historia*, pp. 98-101.

[21] A menos que se indique otra cosa, las generalizaciones sobre las dotes están apoyadas en las siguientes cartas de dotes, promesas de dotes y testamentos: MNAH, Baltasar Martín, 22 de marzo de 1597 (1), 27 de noviembre de 1597 (1), 10 de agosto de 1598 (2), 17 de octubre de 1598 (1), 22 de diciembre de 1598 (1), 26 de mayo de 1599 (2); Alonso Rodríguez de Alarcón, 2 de junio de 1597 (1); Nicolás de Robles, 2 de febrero de 1606, 8 de febrero de 1606 (5), 21 de mayo de 1606 (5); Gaspar de Porras, 28 de septiembre de 1609 (8); Miguel de Solís, 1o. de julio de 1622 (9), 15 de julio de 1622 (9); Felipe de Santiago, 15 de marzo de 1631 (11), ? de septiembre de 1631 (11). La *carta de dote* era una carta que se dirigía a una mujer, generalmente por su esposo, en la que se reconocía haber recibido la dote. La *promesa de dote* era una promesa que hacía la supuesta prometida en el sentido de que daría la dote. En ambos documentos generalmente se hacían descripciones específicas y detalladas de los artículos que se daban, frecuentemente con estimaciones respecto de su valor en dinero.

cada una le dio una dote pequeña, no pagada íntegramente, que iba de 400 a mil pesos. Tuvo que apoyarse en otros miembros de la comunidad para que le ayudaran a pagar las dotes, particularmente en Antón Martín, también portugués y padrino por lo menos de una de las hijas de González. A su única hija soltera le dejó una casa y dos esclavos para que pudiera concretar un buen matrimonio.[22] González debió sentir una gran satisfacción al saber que había dejado satisfecha una importante obligación social.

Las dotes que oscilaban entre 2 mil y 5 mil pesos generalmente las concedían familias que habían obtenido grandes ganancias en el comercio, en el cultivo de la tierra o en las manufacturas. Las familias que podían dar más eran casi siempre de acaudalados terratenientes. Marcos Mejía García, dueño de una finca, dio a su hija la dote más cuantiosa que se conoce al principiar el siglo XVII. Estaba valuada en 20 mil pesos e incluía esclavos, tierras, ganado, costosos muebles y magníficas prendas de ropa.[23] Esta dote es desusada en cuanto a su importe, pero típica en su contenido. Como en Querétaro siempre había escasez de dinero, en las dotes se remplazaba éste por los bienes. Aun cuando las esposas prometieran aportar una dote en efectivo, los esposos tenían que conformarse con una dote en especie.[24] La tierra, los vestidos y los esclavos eran los bienes que más frecuentemente se daban; los esclavos y los vestidos connotaban un mayor valor social y económico. Algunas de las dotes reflejan verdaderamente la economía agrícola mixta de Querétaro. Ana Rodríguez dio a su esposo 50 cabras, ocho bueyes, 10 potrillos, ocho yeguas, 15 cerdos y 100 fanegas de maíz.[25] En las listas de artículos que eran objeto de dotes se observaba la ausencia de propiedades especulativas, como las minas; pero los derechos sobre las minas se utilizaban en ocasiones como garantía del pago futuro de una dote prometida.[26]

En comparación con las dotes, las arras eran casi insignificantes. Eran pocos los hombres que las daban, y cuando lo hacían importaban cantidades muy modestas, generalmente de 300 a mil pesos.[27] Por el hecho de no estar sujetas a restricciones, las arras, para las mujeres, tenían un valor real. Se puede uno imaginar las especulaciones a que daba lugar la posibilidad de obtenerlas. Tiene que haber sido una gran satisfacción para la madre o para el padre de la prometida que se le

[22] MNAH, Felipe de Santiago, 7 de julio de 1624 (22), 15 de marzo de 1631 (11).
[23] MNAH, Gaspar de Porras, 28 de septiembre de 1609 (8).
[24] MNAH, Baltasar Martín, 19 de agosto de 1598 (2).
[25] MNAH, Baltasar Martín, 15 de agosto de 1598 (1).
[26] MNAH, Baltasar Martín, 13 de septiembre de 1598 (1).
[27] MNAH, Miguel de Solís, 15 de julio de 1622 (9), 7 de septiembre de 1622 (9); Eugenio López Guevara, 15 de julio de 1622 (6).

dieran las arras. Éstas eran importantes desde el punto de vista económico, pero con esto no se pretende negar que los maridos las dieran por cariño a sus esposas, o como lo dijo Juan de Molina cuando se casó en 1622, por "su virtud".[28]

Las dotes eran obligaciones de carácter económico y a fin de poder cumplir con sus términos los individuos necesitaban atenerse a sus relaciones de parentesco. Los parientes por el lado de la madre, particularmente las tías maternas, ayudaban para que se diera una dote aceptable. María Magdalena, nacida en la ciudad de México y casada con un minero de Querétaro, había confiado en su tía Leonor de Cárdenas,[29] para que se le diera una dote de 800 pesos. Posteriormente María incluyó en su testamento disposiciones en favor de tres primas, y es de suponerse que lo hizo para ayudarlas a que se casaran.[30] La petición de ayuda iba más allá de los límites de la provincia y el buen matrimonio de una muchacha de la localidad frecuentemente dependía de parientes que vivían en otros lugares de México. Los hombres igualmente ayudaban casi por segunda naturaleza especificando en su testamento que ciertas cantidades estaban destinadas a los matrimonios.[31] Pero cuando se llegaba al momento de hacer arreglos concretos, las mujeres pueden haber sido más importantes que los hombres. Sabían mejor que nadie cuál era el valor de una dote.

Desde el punto de vista de los padres de la muchacha, una gran cantidad de consideraciones tenían influencia en la elección de un pretendiente adecuado. La más importante era la más obvia: la posibilidad de encontrar solteros que fueran solventes. La falta de hombres aceptables presentaba un serio problema a principios del siglo XVII, obligando a los

[28] MNAH, Miguel de Solís, 15 de julio de 1622 (9).

[29] Leonor de Cárdenas fue una mujer decisiva en los asuntos financieros y en los contratos de matrimonio de muchas jóvenes. Se había casado tres veces entre 1590 y 1605 y por lo tanto tenía lazos con muchas familias de la localidad, aun cuando ninguna de ellas pertenecía a la élite. Sus ingresos provenían del arrendamiento de sus propiedades urbanas y rústicas y de la venta de pequeñas cantidades de lana. Era una mujer vivaz y complicada, y su vida siempre creaba conflictos. En 1598 un vecino la acusó de ser judía (acusación que probablemente se derivó de una disputa sobre una propiedad). Posteriormente, ella a su vez se convirtió en acusadora y dio testimonio contra una mujer de quien se sospechaba que practicaba la brujería. Por supuesto que estas acusaciones y contraacusaciones tenían poco efecto sobre su importancia financiera. MNAH, Juan Perea de Aguilar, 9 de septiembre de 1590 (3), 27 de enero de 1591 (3), 2 de junio de 1591 (3); Baltasar Martín, 6 de marzo de 1597 (1), 26 de marzo de 1598 (1), 2 de octubre de 1598 (1), 15 de enero de 1600 (3), 26 de noviembre de 1602 (4); Nicolás de Robles, 29 de diciembre de 1605 (5), 3 de marzo de 1606 (5); AGN, Inquisición, vol. 302, folios 27-30, 14 de diciembre de 1614.

[30] MNAH, Nicolás de Robles, 25 de mayo de 1606 (5).

[31] Véase por ejemplo, MNAH, Baltasar Martín, 26 de mayo de 1599 (2); Salvador de Perea, 21 de marzo de 1705 (51).

padres a buscarlos fuera de la localidad. Numerosos matrimonios se celebraban entre mujeres de la provincia y hombres de fuera, ya fuese de otras poblaciones de México o recién llegados de España. Después de celebrado el matrimonio, la pareja generalmente se quedaba a vivir en Querétaro. Las pautas de matrimonios propiciaban tanto la estabilidad como el crecimiento de Querétaro. Los recién llegados entraban a formar parte de las familias ya establecidas y tenían acceso a los recursos de la provincia por medio de las dotes y del matrimonio.

La falta de datos biográficos anteriores sobre los recién llegados impide hacer una afirmación general acerca de su situación social y económica previa al matrimonio. Algún prestigio social pueden haber tenido los que venían de fuera, particularmente los que acababan de llegar de España, pero no es clara la forma en que esto haya afectado a los matrimonios. Cuando había alguna información disponible sobre los antecedentes tanto del esposo como de la mujer, mostraba que los matrimonios se celebraban entre miembros de grupos sociales y económicos relativamente iguales. Había casos en que el matrimonio mejoraba la posición de uno de los consortes, pero esto no era regla general.[32]

El temor de que el matrimonio trajera consigo una disminución del prestigio y de la dignidad de la familia era un factor mucho más importante que la esperanza en una milagrosa mejoría en la posición social. Los esponsales de doña Isabel de la Rea ilustran bien este caso. Doña Isabel, hija de Rodrigo de la Rea, miembro destacado de una importante familia de Querétaro durante una generación, tenía menos de trece años cuando sus padres iniciaron los tratos para casarla. Desde la década de 1580, su padre había sido un rico ganadero y terrateniente de Querétaro y de Michoacán, así como funcionario de la Inquisición. Su madre, Isabel López, también provenía de una de las más antiguas familias de Querétaro. Cuando murió Rodrigo de la Rea en 1597, aún no había confirmado el matrimonio de doña Isabel con Diego Jiménez Ayala, hijo de otro funcionario de la Inquisición. Isabel López, con la ayuda de Diego Franco, amigo íntimo de la familia, siguió adelante con las negociaciones, llevándolas a un término satisfactorio dentro del mismo año. Isabel prometió una dote de 4 500 pesos, que era la herencia de su hija, con la buena disposición de dar de su propio dinero una cantidad adicional de 2 500 pesos si el matrimonio se efectuaba dentro de dos años. Es comprensible la urgencia que mostraba Isabel López. Se trataba de una buena unión, mediante la cual quedaban ligadas dos familias propietarias de tierras que igualmente tenían mutuas relaciones con la Inquisición. Cuanto antes se consumara el matrimonio, más pronto Isa-

[32] MNAH, Baltasar Martín, 27 de noviembre de 1597 (1); Tomás de los Reyes, 22 de diciembre de 1622 (8).

bel López tendría la seguridad de que se conservaría la posición de su propia familia.[33]

Las conveniencias económicas también se tomaban en cuenta en las deliberaciones relacionadas con los contratos de matrimonio. La red creada por los lazos derivados del matrimonio en Querétaro era muy compleja y muy amplia. Mediante los matrimonios se perpetuaban y se aseguraban antiguas relaciones y se establecían nuevos lazos económicos entre las familias. Los lazos derivados del matrimonio tenían influencia sobre la elección de asociados en los negocios, o en cuanto a la ampliación de un crédito o a la compra y venta de mercancías. Es difícil precisar si los intereses económicos prevalecían sobre los sociales en las deliberaciones relacionadas con la dote. Es posible que un buen matrimonio trajera consigo nueva riqueza y un mayor prestigio social. En ciertos casos, no obstante, la posición social de una familia tenía una base económica deleznable. Pero aun en este caso el matrimonio no se puede considerar simplemente como un avance social, ya que las relaciones de negocios hasta con familias que estaban en quiebra podían significar mucho.

Después de celebrado el matrimonio, la nueva familia tenía que tomar resoluciones en cuanto al destino y la administración de la dote. La primera preocupación de la mujer era que su marido le diera un reconocimiento legal de la dote. Melchora Hernández tuvo esta preocupación. Después de más de dos años de haberse casado con Jorge Manrique, quien llegó a ser un importante ganadero de Querétaro, aún no había recibido una carta de confirmación de los 10 mil pesos que le había entregado como dote. Como no habían tenido resultado las gestiones personales que hizo ante su marido, no tuvo otra alternativa que acudir a los tribunales. Con la ayuda de un abogado local y con el testimonio favorable de muchos testigos, obligó a su marido a presentarse ante los tribunales, donde de mala gana reconoció haber recibido la dote mediante la expedición de una carta de dote (confirmación de dote). Los altercados de todas clases con respecto a la dote persistían en ocasiones durante todo el matrimonio. Al hacer su testamento, Francisco Fernández García, hombre de posición moderada, dijo que su esposa había contribuido a su matrimonio con una insignificante cantidad de dinero. Es de presumir que ella le haya refrescado su mala memoria, pues cuatro dias después modificó su testamento y dijo que ella había aportado una dote de 3 mil pesos.[34] Como la dote era aisladamente la

[33] MNAH. Juan Pérez de Aguilar, 14 de julio de 1590 (3), 30 de enero de 1591 (3); Baltasar Martín, 25 de mayo de 1597 (1).

[34] MNAH. Baltasar Martín, 14 de octubre de 1602 (4), 15 de octubre de 1602 (4), 16 de octubre de 1602 (4). Miguel de Solís, 15 de mayo de 1622 (9), 19 de mayo de 1622 (9).

salvaguarda más importante que tenían las mujeres contra las vicisitudes a las que podrían enfrentarse después de la muerte de sus esposos, tenían que asegurarse de que fuera reconocida.

La ley española concedía al esposo el derecho de administrar la dote, a menos de que hubiera procedido en forma notoriamente indebida. En ese caso la esposa tenía el derecho de administrarla, o de pedir que se nombrara un fiador que estaría obligado a reembolsarla en el caso de que sufriera una pérdida de dinero.[35] En Querétaro la esposa tenía en realidad un importante control sobre su dote. Su esposo no podía vender o arrendar ninguna de sus propiedades sin su permiso. Los esposos frecuentemente intervenían como agentes de las esposas para la administración de sus propiedades, pero solamente lo podían hacer si sus esposas les otorgaban un poder al efecto. Si una mujer se volvía a casar, conservaba el control de la dote que había dado a su primer marido, y el segundo legalmente sólo tenía el control de la segunda dote.[36]

Durante el siglo XVIII subsistieron los problemas relacionados con el reconocimiento y la administración de las dotes, pero ya no tenían tanta influencia. Para esa época muchas personas contraían matrimonio sin dote, tanto ricos como pobres. La familia de Juan de Santa María es un buen ejemplo. Había nacido en Querétaro y a su muerte, ocurrida en 1707, ya era alguacil mayor, cargo que tradicionalmente tenía gran influencia. Cuando se casó con doña Andrea del Castillo, ella no aportó nada al matrimonio. Cuando su hija doña Juana ingresó por matrimonio en la muy prestigiada familia Sánchez Grimaldo, no llevó dote alguna.[37] Otro ejemplo interesante es el de don José Merino de Arévalo, caballero de Santiago, natural de Sevilla. Cuando se casó por primera vez con una mujer de Celaya, percibió por concepto de dote 24 mil pesos; con su segundo matrimonio obtuvo dinero y joyas; y su tercer matrimonio no le produjo nada.[38]

Las dotes religiosas, sin embargo, no vinieron a menos como las seculares. Para ser admitidas en un convento, lo cual era una alternativa del matrimonio, por cuanto que ofrecía comodidad y seguridad, las mujeres necesitaban entregar una dote. La reclusión en un convento era una garantía de castidad y pureza de las novicias, y liberaba a los padres de la responsabilidad de casar a sus hijas, pero tenía un gran inconveniente. Era más difícil para la familia utilizar el matrimonio para ampliar las relaciones de parentesco, limitándose así un medio potencial para el progreso social y económico.

[35] Ots Capdequi, *Manual de Historia*, p. 100.

[36] MNAH, Baltasar Martín, 4 de agosto de 1597 (1), 12 de octubre de 1597 (1); Miguel de Solís, 30 de marzo de 1622 (9); Baltasar Pérez (Xichú), 8 de noviembre de 1625 (11).

[37] MNAH, Domingo Antonio de Parras, 12 de octubre de 1706 (50).

[38] MNAH, Salvador de Perea, 12 de abril de 1711 (50).

El convento de Santa Clara de Jesús era principal refugio que había en Querétaro para las mujeres solteras. La hermana Miriam Ann Gallagher, en el estudio que hizo de las profesas de 1724 a 1774 analizó las razones por las que las mujeres se recluían en el convento. Había muchas que tenían relaciones muy antiguas con el convento antes de profesar, que vivían allí desde que murieron sus padres, frecuentemente con las hermanas, las tías y las sobrinas; otras no tenían dote suficiente para poderse casar en el nivel social que pretendían; y otras más tenían una verdadera vocación religiosa.[39] Susan A. Soeiro, en su estudio sobre las monjas que se recluían en un convento en Bahía, señala consideraciones semejantes, mencionando de manera especial el temor de casarse rebajándose de nivel social como el motivo principal para recluirse en un convento.[40] Sean cuales fueren las razones más decisivas, las monjas de los conventos de Querétaro constituían un grupo muy selecto, ya que en total eran solamente 197 en 1777 y 201 en 1773.[41]

La mayoría de las monjas provenía de Querétaro (el 44 por ciento), y después seguían otras poblaciones de México, principalmente del Bajío (el 49 por ciento). Eran muy numerosas (37 por ciento) las que tenían padres peninsulares. Como el número de peninsulares que había en la ciudad en el siglo XVIII era mucho menor que el de los nacidos en la provincia, el convento era un refugio muy especial para sus hijas. Los padres peninsulares probablemente recurrían más al convento porque se les dificultaba aceptar la idea de que sus hijas se casaran con meztizos o con castizos, lo cual hacían las muchachas de la localidad cada vez con mayor frecuencia en esa época. Muchas de las familias que enviaban a sus hijas al convento en los siglos XVII y XVIII eran por lo menos moderadamente ricas y habían hecho su dinero en el comercio, en la agricultura y en la manufactura. La dote que había que entregar, las cantidades anuales suplementarias y la estricta aplicación de las reglas excluían de manera eficaz a las muchachas de las clases bajas.[42]

Durante todo el siglo XVIII, el convento desempeñó un valioso papel social. Era una institución que se amoldaba a los valores y a los ideales de la sociedad española, haciendo así que Querétaro fuera una más

[39] Miriam A. Gallagher, R.S.M., "The Family Background of the Nuns of Two Monasterios in Colonial Mexico": Santa Clara, Querétaro and Corpus Christi, Mexico City (1724-1822) (Tesis para el doctorado en filosofia, Catholic University of America, 1971), pp. 123-126.

[40] Susan A. Coeiro, "The Social end Economic Role of the Convent: Women and Nuns in Colonial Bahia, 1677-1800", *Hispanic American Historical Review* 54:2 (May, 1974), p. 218.

[41] AGN, Padrones, vol. 12, 1777, 1778.

[42] MNAH, Miguel de Solís, 1o. de febrero de 1622 (8), 15 de mayo de 1622 (9); Felipe de Santiago 1o. de septiembre de 1631 (11); AHMN, Fondo Franciscano, vol. 92, Folios 11, 23, 28, Gallagher, "Family Background", pp. 109-120.

completa comunidad europea. De manera específica por el hecho de dar una alternativa para el matrimonio, ayudaba a grupos sociales a eludir el cada vez más difícil problema de encontrar un marido para sus hijas.

Las mujeres y los negocios

Las mujeres ingresaban en el mundo de los negocios de la localidad de varias maneras. Además de la dote, que era siempre un convenio de negocios, recibían herencias de sus padres y de sus parientes. También recibían legados de sus esposos y de otros miembros de la comunidad. La lucha por disfrutar en realidad de sus herencias era frecuentemente la primera prueba para determinar la disposición de las mujeres a hacer grandes esfuerzos en los negocios.[13] Por último, las mujeres obtenían la riqueza por medio de sus inversiones y de la administración de todos los conceptos anteriores o mediante su propio trabajo. La riqueza arrojó a las mujeres hacia la economía como una catapulta, dándoles una fuerza económica igual a la de muchos hombres.

Las viudas, en atención a sus circunstancias, tenían generalmente más razones para participar en los negocios que las mujeres casadas o solteras. Algunas, no obstante, por su falta de experiencia o de interés confiaban a sus parientes o a sus amigos la administración de sus bienes. Catalina Dalva escogió este camino en relación con las tres estancias y media de ovejas que tenía cerca de la población de Zamora, en Michoacán. Le otorgó a su yerno un poder para vender, negociar o arrendar las tierras. Este arreglo resultó en provecho de toda la familia. Catalina vivía con su hija y su yerno en una cómoda residencia sin tener que preocuparse para nada de sus propiedades. Por la década de 1590 su yerno vendió la propiedad para comprar tierras más valiosas cerca de la población minera de Xichú. Cuando Catalina murió, dejó todos sus bienes, que incluían grandes cantidades de dinero que había prestado a ganaderos de la localidad, a sus dos nietas.[14]

El depositar la confianza en los hijos era una necesidad práctica cuando las propiedades estaban diseminadas o se encontraban a una

[13] Las mujeres se dirigían primero a los parientes varones para que las ayudaran a obtener lo que habían heredado, pero cuando surgían las discusiones trataban de asegurar los servicios de agentes especializados. MNAH. Baltasar Martín, 2 de septiembre de 1598 (1), 3 de agosto de 1606 (4); Nicolás de Robles, 9 de junio de 1606 (5); Miguel de Solís, 2 de marzo de 1622 (8); Felipe de Santiago, 16 de febrero de 1626 (11), 3 de abril de 1628 (11).

[14] MNAH, Juan Pérez de Aguilar, 5 de mayo de 1591 (3); Baltasar Martín, 17 de marzo de 1597 (1).

distancia considerable de Querétaro. En estos casos, los hijos y los yernos asumían una decisiva responsabilidad hacia las viudas, ayudándoles a asegurar su bienestar económico.[15] Cuando los bienes estaban más a la mano, los hijos eran menos importantes. Doña Melchora de Puga, viuda del encomendero de Querétaro, regenteaba muy bien sus fincas de trigo sin necesidad de su hijo. En cuanto a su finca cerca de San Juan del Río, decidió conservar como su mayordomo a Juan del Campo, a quien había nombrado por primera vez en 1598. Sin embargo, pronto se desilusionó de Del Campo y designó como mayordomo a un residente de Querétaro. Como aún no estaba satisfecha, volvió a contratar a Del Campo para que actuara como gerente, y se quedó en la finca durante muchos años.[16] En 1622 doña Melchora, que indudablemente para entonces ya era una septuagenaria, dio la hacienda en arrendamiento por mil pesos anuales, en lugar de tenerse que preocupar directamente por las ganancias y por las pérdidas.[17]

Muchas otras viudas de la provincia se ganaban la vida con las cosechas y con la cría de ovejas. Algunas eran dueñas de rebaños de más de 25 mil ovejas y podían vivir fácilmente arrendándolas.[18] Había otras que no eran tan afortunadas. Las que eran dueñas de rebaños de 2 mil a 5 mil cabezas no podían esperar una vida llena de comodidades pero sí una casa adecuada, vestidos y comida.[19]

Francisca de Espíndola fue una viuda especialmente importante en Querétaro en el siglo XVII. Cuando murió su esposo, Hernando Galván, a quien ya se ha mencionado anteriormente, se quedó con una finca muy grande y muy complicada. Aun cuando evidentemente no tenía ninguna experiencia anterior en los negocios, pronto llegó a dominar los cientos de detalles necesarios para regentear una gran finca de ovejas. Por la década de 1620 era ya la autoridad decisiva en todos los asuntos relacionados con la finca. A medida que envejecía y que aumentaban las deudas de la finca, empezó a confiar más en sus hijos, cediéndoles finalmente una buena parte de su administración. Lo mismo que otras viudas, Francisca de Espíndola tuvo un marcado interés en la economía local

[15] MNAH, Baltasar Martín, 7 de julio de 1602 (4).

[16] MNAH, Baltasar Martín, 30 de noviembre de 1603 (4); Nicolás de Robles, 5 de mayo de 1606 (5), 7 de mayo de 1606 (5), 5 de agosto de 1606 (5); Miguel de Solís, 23 de julio de 1622 (9).

[17] MNAH, Felipe de Santiago, 19 de febrero de 1630, 12 de abril de 1630 (11).

[18] MNAH, Baltasar Martín, 31 de agosto de 1597 (1); Miguel de Solís, 20 de enero de 1622 (9), 9 de mayo de 1622 (9); Felipe de Santiago, 3 de julio de 1628 (11), 20 de septiembre de 1628 (11), 5 de mayo de 1630 (11), 23 de mayo de 1630 (11), 7 de septiembre de 1631 (11), 12 de octubre de 1631 (11); Domingo de Urquiza, 29 de noviembre de 1631 (8); Diego de Zerezeda, 15 de junio de 1644 (1).

[19] MNAH, Miguel de Solís, 21 de febrero de 1622 (8), 22 de marzo de 1622 (8); Felipe de Santiago, 8 de octubre de 1628 (11).

así como una prudente conciencia de su propia vulnerabilidad al ir aumentando su edad.[50]

Otro sistema que se empleaba para administrar las propiedades era la constitución de un censo sobre la totalidad o una parte de sus inmuebles. Los censos conferían una cierta tranquilidad financiera ya que rendían un ingreso anual garantizado y se aseguraba el mantenimiento de las propiedades. Los censos producían de 50 a 100 pesos al año. En los censos llamados enfitéuticos quedaba convenido que se otorgaba el uso de un inmueble a una persona durante un determinado período, pagándose un canon anual, en el concepto de que se podían recuperar los bienes si no se daba cumplimiento a los términos en que se había constituido el censo. A pesar de la seguridad que ofrecían los censos, las mujeres de Querétaro no los utilizaban frecuentemente.[51]

Las que conservaban el dominio de sus tierras se enfrentaban a la posibilidad de ser objeto de amenazas legales y físicas por parte de otros reclamantes. Las viudas de baja condición social eran particularmente vulnerables, porque no podían pedir ayuda a personas influyentes a fin de comprobar sus derechos de propiedad. María Orduña era una viuda cuyo esposo se embarcó hacia el Oriente y nunca regresó, y que se mantenía, lo mismo que a sus cuatro hijos, con una pequeña finca de la que era dueña ubicada en el valle de Patehe, cerca de la población. La finca era muy pequeña, ya que tenía solamente una caballería, pero contaba con un buen sistema de riego. Originalmente había pertenecido a un gobernador indígena, después a un encomendero y finalmente a su esposo, al principiar el año de 1585. Poco después de su partida, indígenas y españoles trataron de apoderarse de la tierra y de desviar el abastecimiento de agua. Ni las órdenes del Virrey, ni los títulos de propiedad ni las resoluciones del alcalde mayor lograron contrarrestar los ataques. No se sabe cuál haya sido el destino final de María Orduña, pero no es probable que los intentos para arrebatarle su propiedad se hayan detenido.[52]

Las mujeres reaccionaban al estado de viudez de diversas maneras. Tan sólo en unos cuantos casos trataban inmediatamente de despojarse de sus responsabilidades por cuanto a su seguridad económica. La mayoría de las viudas conservaban por lo menos un control indirecto de sus bienes, en tanto que había algunas que se dedicaban enérgicamente al manejo de sus propiedades. Generalmente atendían sus fincas agrícolas

[50] MNAH, Juan Cavallero, 15 de junio de 1613 (22).

[51] MNAH, Nicolás de Robles, 20 de diciembre de 1605 (5); Tomás de los Reyes, 15 de enero de 1614 (1); Miguel de Solís, 23 de marzo de 1622 (9), 21 de julio de 1622 (9), 26 de julio de 1622 (9), 24 de agosto de 1622 (9); Felipe de Santiago, 25 de febrero de 1626 (11).

[52] Juan Manuel Pacheco, "El catecismo del ilustrísimo señor Luis Zapata de Cárdenas", *Ecclesiastica Xaveriana* (Bogotá, 1958-1959), citado por Virginia Gutiérrez de Pineda, *La Familia en Colombia* (Bogotá, 1963), vol. I, p. 156.

o ganaderas, pero había también mujeres que compraban y vendían esclavos, tomaban parte en el comercio con lugares alejados y en el de menudeo, procuraban participar en el monopolio de los productos farmacéuticos y de los naipes y hacían inversiones en la minería. Conocían bien el comercio de la localidad y no tenían ninguna vacilación en emplear todos los recursos legales y personales que tenían a su disposición para alcanzar sus objetivos financieros.[53]

Los intereses económicos de las mujeres casadas son más difíciles de comprobar mediante documentos. Como esto se debe en parte a las restricciones legales, no se refleja la verdadera importancia que tenían las mujeres en la economía. Las mujeres casadas eran menos activas que las viudas, pero el respetado adagio español del siglo XVI de que "el principal trabajo de las mujeres se encuentra en el hogar..."[54] es una descripción inadecuada del papel económico de las mujeres casadas.

En los documentos que se han examinado sólo aparecen unas cuantas mujeres que hayan tenido un determinado comercio u ocupación, ordinariamente la de administrador de una finca o de un parador. Más frecuentemente eran los socios encubiertos y las fuentes de ingresos de sus maridos. En el curso de sus matrimonios se familiarizaban con los mercados locales y de la ciudad de México, con los agentes de transportes, con los contratos legales y financieros y con las aptitudes requeridas para vigilar las fincas de ovejas y agrícolas. Participaban en casi todas las actividades económicas, fuese como consultores, subscriptores en unión de otras personas o como prestamistas.[55]

En ciertos casos, los esposos reconocían abiertamente la capacidad financiera de sus esposas. Cuando Jorge Griego, dueño de un obraje, de San Luis Potosí estuvo en Querétaro, reconoció con toda sencillez que su esposa, doña Antonia de Rojas, era a quien más debía toda su riqueza. Con los 2 mil pesos que aportó como dote al matrimonio, formó cuidadosamente la fortuna de la familia. Su perspicacia comercial y su astucia para hacer inversiones habían convertido a Griego en un hombre próspero y respetado. Éste lo aceptaba y como sufría de una enfermedad recurrente transfirió a su esposa sus facultades para la administración de sus negocios financieros. Sólo puso como condición que doña Antonia atendiera a sus comodidades materiales durante el resto de su vida.[56]

[53] MNAH, Baltasar Martín, 12 de octubre de 1597 (1), 17 de octubre de 1597 (1), 3 de agosto de 1602 (4), 28 de noviembre de 1603 (4); Nicolás de Robles, 9 de junio de 1609 (5); Tomás de los Reyes, 5 de enero de 1614 (1); Miguel de Solís, 23 de marzo de 1622 (8), 21 de julio de 1622 (9), 24 de agosto de 1622 (9); Felipe de Santiago, 8 de octubre de 1628 (11), 15 de octubre de 1628 (11).

[54] MNAH, Miguel de Solís, 9 de agosto de 1622 (9), 11 de agosto de 1622 (9).

[55] MNAH, Lorenzo Vidal de Figueroa, 2 de marzo de 1627 (9).

[56] Véanse ejemplos en MNAH, 1700-1720 (49-52).

Catalina González de Almeida, dueña de una finca de ovejas y de un obraje en el valle de Acámbaro, es otro ejemplo de la eficacia administrativa de algunas mujeres casadas. Cuando estaba en apogeo de sus actividades era dueña y tenía la vigilancia de la hacienda y del obraje de Nuestra Señora de la Encarnación, que constaba de 13 caballerías, nueve estancias de tierras para ovejas, muchas otras parcelas más pequeñas y un obraje. Éste era muy grande y a juzgar por sus actividades en la compraventa de lana, debía ser muy productivo. Tan sólo en la fábrica trabajaban 60 indígenas, pero era mucho mayor la fuerza de trabajo total de la finca. Catalina, que no tenía hijos, dejó posteriormente toda su fortuna a su marido (que era su mayordomo) previniendo que debería fundar capellanías y hacer otras donaciones de carácter religioso. Rodeada de sus sirvientes, y dueña de una empresa grande y complicada, Catalina González de Almeida llevó una vida supuestamente típica de un tradicional patriarca latinoamericano.[57]

Aún menos visibles que las mujeres casadas eran las solteras, cuyo número era cada vez mayor en el siglo XVIII. La escasez de documentos de que se dispone acerca de los detalles de su vida nos hace suponer que la mayoría vivía como las solteras indígenas y las mestizas. Como sólo contaban con recursos muy reducidos luchaban para proveer a sus necesidades y a las de sus hijos naturales de la mejor manera posible. Algunas vivían con españoles y por lo tanto pueden haber sido atendidas sus necesidades básicas elementales. Otras sostenían sus propias casas, atendiéndolas con perseverancia y con ingenio. En comparación con las viudas y con las casadas, las mujeres solteras vivían frecuentemente al borde de la pobreza. Eran las desheredadas de la sociedad española.[58]

Las mujeres españolas contribuyeron de manera muy significativa en la primitiva economía de la provincia. Lo hacían de una manera que no era muy distinta de la de los hombres. Empleaban las mismas técnicas y métodos de administración que los hombres en la agricultura y en la manufactura. Padecían de las mismas frustraciones y alcanzaban los mismos logros. Algo en que las mujeres tenían una importancia decisiva consistía en procurar la continuidad de las empresas recién establecidas. En los años de prosperidad alrededor de 1600, era frecuente que las mujeres se presentaran para administrar las empresas establecidas por sus esposos o por sus parientes. Lo siguieron haciendo en el siglo XVIII,[59] pero ya para esta época las mujeres estaban tan diversificadas en

[57] AGN, Padrones, vol. 12, 1791.

[58] MNAH, Gaspar de Porras, 6 de enero de 1609 (7); Salvador de Perea, 28 de diciembre de 1709 (50), 7 de noviembre de 1711 (51); Domingo Antonio de Parra, 15 de febrero de 1713 (51).

[59] Véanse ejemplos en MNAH, Juan Pérez de Aguilar, 26 de abril de 1590 (3); Baltasar

cuanto a sus ocupaciones que resulta difícil hablar de ellas como de un grupo. Ahora había muchas mujeres españolas que eran sirvientas, algo totalmente desconocido en 1600, cuando la mayoría de las mujeres españolas, cualesquiera que fuesen sus antecedentes, tenían la oportunidad de ejercer una influencia directa en el progreso de la provincia.[60]

Las mujeres y la familia

El hogar era la sala de juntas donde se fraguaban las estrategias económicas. Para alcanzar el éxito era preciso utilizar correctamente los amplios lazos de sangre y personales de la familia. Pero estos lazos no tenían su origen inmediato en la unidad de residencia de la familia entera. A fines del siglo XVI y a principios del XVII los hogares eran pequeños (de cuatro a seis personas) y estaban formados tan sólo por los padres, los hijos y los sirvientes. De los informes obtenidos de las ventas de casas resulta que los abuelos, los padres y los hijos casados vivían típicamente en hogares diferentes.[61] Según parece los hijos abandonaban la casa de sus padres después de casarse, ya que las dotes frecuentemente incluían las casas en donde podría vivir la pareja. Era frecuente que las hermanas y los hermanos, ya sea que fueran casados o solteros, no vivieran con sus padres, y las viudas generalmente seguían viviendo en las casas de sus difuntos esposos en lugar de irse a vivir con sus parientes.[62]

Los sirvientes, cuyo número era variable según las posibilidades de la familia, incrementaban en poca cuantía el tamaño del hogar. Eran indígenas, negros, mulatos y españoles, estos últimos mucho más comunes en el siglo XVIII que en el XVI. Debido a las constantes relaciones que había entre los sirvientesy los miembros del hogar, las actitudes hacia ellos eran personales. Los amos y las amas de casa frecuentemente los consideraban como miembros de la familia. En los testamentos se establecían disposiciones tanto en favor de los sirvientes con los que no se tenía parentesco como en el de los hijos que las sirvientes mujeres tenían con los jefes de familia. Cuando los hogares españoles eran grandes

Martín, 23 de junio de 1597 (1), 1o. de julio de 1597 (1), 17 de agosto de 1597 (1); Andrés de Trujillo, 9 de febrero de 1598 (1), Tomás de los Reyes, 19 de diciembre de 1601 (1); Gaspar de Parras, 2 de enero de 1609 (7); Tomás de los Reyes, 6 de noviembre de 1614 (11); Miguel de Solís, 11 de enero de 1622 (9); Felipe de Santiago, 12 de marzo de 1626 (11).

[60] En 1643 por lo menos 39 viudas eran dueñas de sus propias casas. MNAH, Antonio Juárez de Vargas, 16 de enero de 1654 (22-23).

[61] MNAH, Baltasar Martín, 26 de mayo de 1599 (2); Domingo de Urquiza, 17 de noviembre de 1643; Sebastián Carrillo, 6 de marzo de 1656 (6); Salvador de Perea, 21 de marzo de 1705 (5); AGN, Padrones, vol. 12, 1791.

[62] AGN, Padrones, vol. 12, 1791.

y de diversa formación étnica, tenían gran importancia para establecer una uniformidad cultural en la población.[63]

En la última parte del siglo XVIII el tamaño y la composición de los hogares no indígenas eran virtualmente los mismos que en los dos siglos anteriores. Como se ha dicho antes, en los hogares vivían en promedio 5.5 personas, y generalmente estaban restringidos a los miembros inmediatos de la familia o a los sirvientes. Si ocurría cualquier cambio, se refería a los límites extremos del tamaño de la familia. El aumento de población puede haber tenido como resultado nuevos acuerdos en cuanto a la forma de vivir, que determinaron que más individuos vivieran solos o que más familias vivieran juntas. En 1791, de 4 139 casas de familia, 178 tenían solamente un miembro, y 413 más de diez. La falta de datos estadísticos de un período anterior nos hace imposible decir con certeza que ésta haya sido una situación nueva. Lo que es indudable es que el tamaño en promedio de la casa de familia, que es la unidad social elemental, era el mismo en 1600 y en 1800.[64]

Las mujeres encabezaban un importante número de casas de familia. En un documento de 1643 relacionado con impuestos se hace una lista de 65 mujeres (el 25 por ciento) que eran jefes de 262 casas de familia no indígenas. El número absoluto de mujeres jefes de familia estaba en proporción directa con la creciente población, pero el porcentaje seguía siendo casi igual. En 1791, en 898 casas de familia, 4 139 (el 22 por ciento) el jefe de la casa era una mujer.[65] El cuadro 25 nos muestra el antecedente étnico y el estado civil de estas mujeres. Las españolas eran más frecuentemente jefas de familia, y después venían las mestizas, las cacicas (como no pagaban tributos estaban incluidas en la lista junto con las no indígenas) y las castizas. Entre todos los grupos étnicos, la mayoría de los jefes de familia eran las viudas, a las que seguían las solteras (doncellas y no casadas) y las casadas.

A falta de datos respecto de otras regiones de México, resulta imposible hacer una generalización del carácter típico de Querétaro. Sí parece probable que hubiera otras sociedades estables, agrícolas y comerciales, en las que hubiera un porcentaje semejante de mujeres jefas de familia. En las zonas en que la población era más inestable, como las mineras y las agrícolas para la exportación, o las fronterizas, el porcentaje puede haber sido más alto. Existe un ejemplo del Brasil que demuestra una mucha mayor influencia de la mujer en el hogar. En Vila

[63] MNAH, Antonio Juárez de Vargas, 16 de enero de 1654 (22-23); AGN, Padrones, vol. 12, 1791.

[64] Donald Ramos, "Marriage and the Family in Colonial Vila Rica", *Hispanic American Historical Review*, 55:2 (mayo, 1975), pp. 202-203, 218.

[65] MNAH, Juan Pérez de Aguilar, 6 de septiembre de 1590 (3), 9 de septiembre de 1590 (3), 27 de enero de 1591 (3).

Rica, población de la provincia de Minas Gerais que había tenido una historia de bonanzas y fracasos en el siglo XVIII y que ya se había estabilizado al iniciarse el siglo XIX, las mujeres encabezaban el 45 por ciento de todos los hogares. Otro dato igualmente importante es que el 83.1 por ciento de estas mujeres nunca se había casado, en tanto que en Querétaro el 77 por ciento estaban o habían estado casadas.[66] En Querétaro era más frecuente que en Vila Rica que un hogar formado por un matrimonio tuviera como jefe a un hombre, pero de todas maneras en Querétaro las mujeres dominaban en el 22 por ciento de los hogares y tenían una gran influencia en casi todos los demás.

Parece que las viudas ejercían una mayor influencia social en la familia que las casadas, también esto se puede atribuir a las deficiencias de la documentación. Las viudas tenían ellas solas la responsabilidad de organizar su hogar y de educar a sus hijos. También asumían la responsabilidad de educar a los hijos de parientes y amigos. Las mujeres casadas también eran tutoras y curadoras, pero con menor frecuencia. Como tutores o guardianes, términos que se empleaban indistintamente, las mujeres tenían la doble responsabilidad de administrar la herencia de los hijos y de vigilar personalmente su educación. Leonor de Cárdenas, viuda ya mencionada, administraba los bienes de los hijos de dos familias e igualmente confirió poderes en favor de otras personas para que la ayudaran a desempeñar esas funciones. A algunas de las personas que estaban a su cargo les guardaba el dinero hasta después de que habían pasado varios años de su matrimonio.[67]

Cuando una mujer que tenía la custodia primordial de sus propios hijos por causas de salud o por consideraciones económicas se veía obligada a dejar de ejercer el control que tenía como madre, procuraba en primer lugar colocar a sus hijos en la casa de un pariente próximo. Si esto no era posible, elegía a alguna persona de buena posición social y económica que viviera en la población. La tercera posibilidad consistía en utilizar las relaciones derivadas del compadrazgo y llevar a sus hijos a vivir con sus padrinos. En este último caso a veces tenía que enviar a sus hijos a una población alejada. Finalmente, podía colocar a sus hijos en el orfanato de Querétaro, institución de beneficencia que existía por lo menos desde los primeros años del siglo XVII.[68]

María de las Nieves, viuda de mediana posición económica y jefa de una familia compuesta de dos hijos y un criado indígena, se enfrentó al

[66] MNAH, Baltasar Martín, 29 de mayo de 1599 (2); Nicolás de Robles, 25 de febrero de 1606 (5), 12 de abril de 1606 (5); Miguel de Solís, 3 de febrero de 1622 (8).

[67] MNAH, Baltasar Martín, 13 de abril de 1597 (1), 12 de mayo de 1597 (1).

[68] Baltasar Martín, 17 de marzo de 1597 (1), 13 de abril de 1597 (1), 26 de septiembre de 1598 (1); Lorenzo Vidal de Figueroa, 2 de marzo de 1627 (9); Felipe de Santiago, 8 de octubre de 1628 (9), 15 de octubre de 1628 (9), 17 de abril de 1630 (9); Domingo de Urquiza ? de noviembre de 1631 (8); Diego de Zerezeda, 15 de junio de 1644 (1).

problema del bienestar de sus hijos cuando hizo su testamento en 1597. Pidió que Cristóbal Martín, como albacea y antiguo asociado de negocios de su esposo, educara a su hija y que el capitán Diego Franco, ganadero y hombre de negocios, educara a su hijo. Un mes después pensando según parece que los hijos deberían permanecer juntos, estableció en su codicilo que Cristóbal Martín debería educar a los dos hijos.[69]

Los testamentos de las madres siempre incluían disposiciones relacionadas con el futuro bienestar de los hijos, tanto para que tuvieran una casa adecuada en donde vivir como para hacerles algún legado. Hasta los hijos ilegítimos eran reconocidos con toda franqueza y frecuentemente recibían una parte de la herencia. Los hijos de padres desconocidos, sobre todo las hijas, vivían en las casas de familia y también recibían herencias, compartiendo las riquezas y en ocasiones los nombres de sus padres adoptivos. Al hacer su testamento los padres mostraban una marcada preferencia por las mujeres, otorgando legados a las hijas, a las sobrinas y hasta a las muchachas con las que tenían alejada relación de parentesco. María de las Nieves dio a su hija todos sus vestidos, imágenes religiosas, oro y joyas para ayudarla en su matrimonio, y a su hijo una estatuilla religiosa.

Tanto dentro como fuera de su casa las mujeres de Querétaro se sentían poco limitadas por las leyes y costumbres relacionadas con la *patria potestad*. De conformidad con éstas, el padre era la autoridad legal de la familia y tenía la responsabilidad de su esposa y de sus descendientes directos. La organización patriarcal de la sociedad descansaba plenamente en la autoridad omnipotente del padre, quien disponía de facultades ilimitadas sobre sus parientes y dependientes, apoyadas en las tradiciones familiares españolas. Pocas veces existió tal dominio en Querétaro. Excepto en el caso de ciertos terratenientes, los hogares no se ajustaban a la imagen de la *casa poblada*, con todos sus dependientes, criados y parientes de varias generaciones. Dentro del hogar las mujeres ejercían una gran influencia sobre los asuntos sociales y económicos, ostentándose en muchos casos como iguales a los hombres. Esto se debía parcialmente a los patrones hereditarios. La primogenitura no traía consigo necesariamente la herencia de las propiedades. Con frecuencia ocurría precisamente lo contrario, por la gran preocupación social y psicológica de los padres por el futuro de sus hijas. En el Querétaro primitivo la patria potestad tenía poco sentido específico en la historia de las mujeres.

El lugar de las mujeres españolas de Querétaro cambió con el paso de los siglos. En un principio eran muy solicitadas, proporcionaban dinero, aptitudes y cultura a una sociedad europea que estaba creciendo rápida-

[69] Ots Capdequi, *Manual de Historia*, pp. 94-95.

mente. En su mayoría se casaban pronto, y frecuentemente se volvían a casar cuando las circunstancias lo permitían. Aportaban a su prometido una dote y un conjunto de amigos y parientes que lo ayudaban a establecerse en la provincia. Durante el primer siglo de colonización, las mujeres tuvieron muchas oportunidades en la economía local. Pocos obstáculos, y mucho menos de carácter jurídico se interponían en el camino de las mujeres inteligentes y con ambiciones. Para los fines del siglo XVIII, la población de mujeres españolas se había diversificado más, y había un menor porcentaje de mujeres que fueran capaces de vivir como las del siglo XVII. Ya no podían encontrar tan fácilmente un marido español; llevaban a cabo trabajos que antes sólo desempeñaban las mujeres indígenas y las negras; tanto ellas como los hombres tenían menos oportunidades que antes para progresar social y económicamente. En suma, en 1600 un mayor porcentaje de mujeres españolas que en 1800 pertenecían a la élite de provincia. No son claras de ninguna manera las implicaciones culturales de lo anterior, pero por lo menos pueden haber traído consigo un cambio en la imagen de las mujeres en la sociedad de provincia.

IX. INSTITUCIONES Y REBELIONES INDIAS

CUANDO los españoles y los indígenas que venían del sur llegaron por primera vez al valle de Querétaro en 1531, no encontraron una población indígena numerosa y estable que tuviera una sólida organización. Encontraron, por el contrario, grupos indígenas seminómadas que tan sólo habían vivido allí temporalmente. La falta de una numerosa población indígena firmemente establecida afectaba la historia futura de los españoles y de los indígenas, y la diferencia de la historia del centro y del sur.

Número de indígenas

Hasta la década de 1580 las enfermedades y los ataques de los indios determinaron que fuera poco numerosa la población indígena de Querétaro. En 1544 y en 1576 las plagas afectaron mucho a la provincia reduciendo tal vez la población a la mitad. Las frecuentes incursiones de los chichimecas que merodeaban por la región contribuyeron a la pérdida de vidas.[1] Las persecuciones de los indios persistieron hasta la década de 1590, pero ya para esta época eran esporádicas y tenían poco efecto demográfico. Al aproximarse el fin del siglo, la población se empezó a recuperar de los efectos de las enfermedades y de la guerra. Alonso Ponce afirmó que en 1582 numerosos indígenas vivían en Querétaro.[2] Para entonces ya aparecían muchos indios en los registros notariales de la localidad, lo cual hace suponer que la población de indígenas era por lo menos tan grande como la de los españoles, y probablemente mucho mayor. Los registros bautismales nos proporcionan pruebas más detalladas sobre la magnitud de la población. En la parroquia de Santiago de Querétaro se bautizaron 1 761 indígenas entre 1605 y 1613, lo que da un promedio de 345 por año.[3] Con apoyo en esta prueba yo calculo que en la población de la ciudad en 1600 había de mil a 2 mil indios. Comparada con la de muchos poblados del Sur, la población indígena de Querétaro era pequeña. Pero era grande en comparación

[1] Hernando de Vargas, "Descripción de Querétaro", *Colección de documentos para la historia de San Luis Potosí*. Ed. Primo Feliciano Velázquez (San Luis Potosí, 1897-1899), vol. I, pp. 19, 31-32.

[2] *Relación breve y verdadera de algunas cosas de las muchas que sucedieron al padre fray Alonso Ponce en las provincias de la Nueva España* (Madrid, 1873), vol. I, pp. 536-537.

[3] ANGH, "Archivo de la Notaría Parroquial de Santiago de Querétaro", rollos 55-10317, 56-10318; MNAH (30, 31)

con la de poblados ubicados en la región más alejada del Norte. Por ejemplo, de 1605 a 1613 fueron bautizados 574 indígenas en San Luis Potosí, en tanto que en Charcas sólo 29 fueron bautizados durante el mismo lapso.[4]

A partir de 1600, la población continuó creciendo *(Cuadro 26)*. El mayor aumento absoluto ocurrió en la segunda mitad del siglo XVIII cuando la población de la provincia se elevó de 19 527 (1746) a 47 410 (c. 1790). La población siguió aumentando hasta que llegó a 63 mil en 1807, o sea más del triple de la de 1746. En la ciudad, la población no experimentó los mismos aumentos proporcionales. El aumento más considerable ocurrió en la segunda mitad del siglo XVII en que la población llegó a 10 500 por el año de 1710. Si son correctos los datos que arroja el cuadro 26, la población urbana en realidad declinó durante algunos años al finalizar el siglo XVIII. Como hubo fluctuaciones en la población de la ciudad, es posible que los datos sean correctos y que correspondan a años en que hubo reveses económicos o enfermedades. Si dispusiéramos de una información más completa, probablemente mostraría que la población urbana llegó a cerca de 15 mil habitantes durante algunos años al finalizar la época colonial.

La población indígena de Querétaro era la segunda del Bajío, después de Celaya, que tenía una población de 35 535 habitantes cerca de mediados del siglo y de 57 374 al fin del siglo. Otras ciudades del Bajío tuvieron en realidad un incremento más rápido que Querétaro en cuanto a su población indígena. La de Guanajuato aumentó de 5 mil a 26 618 en la segunda mitad del siglo XVIII; la de Salvatierra (incluyendo el valle de Santiago y la ciudad de Salamanca) saltó de 4 525 a 38 904. La población indígena de la Intendencia de Guanajuato aumentó de 58 095 a 190 210 convirtiéndolo así en el grupo de más rápido crecimiento de todo México.[5] El índice de crecimiento de Querétaro se quedó un poco atrás, pero de todas maneras fue uno de los más rápidos de México.

Fuera de la ciudad, los indígenas vivían en pueblos en donde había desde sólo un par de indios hasta más de 7 mil *(Cuadro 27)*. Al final del siglo XVI once pueblos salpicaban el campo entre San Juan del Río al sur y San Pedro Tolimán al norte. La peste y las guerras habían determinado fluctuaciones en el número de pueblos, reduciéndolos casi a la mitad para la década de 1570. Por la de 1740 habían aumentado a trece y para principios del siglo XIX a diez y nueve. En esta época los pueblos más

[4] Marcelo Carmagnani, "Demografía y sociedad: La estructura social de los centros mineros del Norte de México, 1600-1720", *Historia Mexicana*, 21 (1972) Apéndice 3, p. 450, Apéndice 4, p. 453.

[5] Las cifras comparativas se apoyan en la obra de Delfina E. López Sarrelangue, "Población indígena de la Nueva España en el siglo XVIII", *Historia mexicana*, 12 (Abril-junio de 1963), pp. 523-530.

grandes eran San Pedro de la Cañada (ubicado precisamente en las afueras de Querétaro), San Pablo, San Miguel Huimilpan y Santa María Tequisquiapan.[6]

Diversidad cultural

Desde el siglo XVI los otomíes constituían el grupo fronterizo más grande que se encontraba en un lugar intermedio entre los pueblos indígenas sedentarios y nómadas que había en la provincia. Son los otomíes los que más frecuentemente aparecen en las fichas históricas. Según parece los primeros otomíes llegaron de la provincia de Jilotepec para comerciar con los chichimecas antes de la llegada de los españoles. Es posible que hayan creado asentamientos temporales, pero fue sólo cuando los españoles, juntamente con los indios, fundaron Querétaro que gran número de dichos indios vino a radicarse en la provincia.[7] Entre los otomíes vivían otros indios provenientes de diversas regiones de México y que hablaban distintos idiomas. Los pueblos sedentarios del centro de México, como los aztecas del valle de México y los tarascos de Michoacán, eran los más numerosos de éstos. Las migraciones indígenas se iniciaron con la presencia de aztecas y tarascos como auxiliares en la colonización de Querétaro, y continuaron en el siglo XVII.[8] El tercer grupo estaba integrado por los indios pames, los guamares y los guachichiles, todos ellos comprendidos dentro del término general de chichimecas.[9] La población indígena tenía uniformidad únicamente si se la comparaba con la española. Diversos idiomas y costumbres subsistían aún en Querétaro ya bien entrado el siglo XVII.

El otomí era la *lengua franca* que se usaba en la provincia, pero otros idiomas nativos que ejercían una influencia importante en las relacio-

[6] Joseph Antonio Villa-Señor y Sánchez, *Theatro Americano, Descripción generàl de los reynos y provincias de la Nueva España y sus jurisdicciones.* (México, 1746-1748), vol. I, p. 94; "Descripción de Querétaro", p. 31; AGN, Tierras, vol. 3569, Exp. 9, 28 de noviembre de 1808.

[7] "Descripción de Querétaro", pp. 12-14.

[8] El mayor número de emigrantes indígenas a fines del siglo XVI provenían de la ciudad de México; otros venían de Acámbaro, Aguascalientes, Apapatero, San Pedro Tolimán, San Juan del Río, Texcoco y Uruapan. Algunos residentes indígenas decían que habían nacido en lugares tan distantes como Guatemala. MNAH, Baltasar Martín, 26 de febrero de 1598 (1), 8 de agosto de 1598 (1), 25 de agosto de 1598 (1) 4 de septiembre de 1598 (2), 12 de septiembre de 1598 (1), 1o. de octubre de 1598 (1), 2 de noviembre de 1598 (1), 7 de noviembre de 1598 (1), 21 de noviembre de 1598 (1), 4 de enero de 1599 (2), 4 de enero de 1600 (3), 27 de octubre de 1603 (4); Nicolás Robles, 13 de abril de 1606 (5). Una muestra muy representativa de los primitivos orígenes regionales se puede encontrar en dos visitas de obrajes: MNAH, Alonso de Alavar, 9 de septiembre de 1589 (1,2); Francisco de Ramos, 19 de junio de 1591 (25).

[9] *Ibid.*, y Gonzalo de las Casas, *Guerra de los Chichimecas* (México, 1944), *passim.*

nes sociales indígenas persistieron durante generaciones. Los indígenas generalmente se dirigían a otros indígenas que hablaran el mismo idioma y que provinieran de la misma región para que los ayudaran en sus tratos con el mundo español. La persistencia de idiomas y de afinidades regionales revela cierta solidaridad entre los grupos de indígenas inmigrantes y un proceso subyacente de refuerzo cultural.[10] Para los indígenas que hablaban el náhuatl y que vivían en Querétaro, el refuerzo venía generalmente de la ciudad de México, específicamente de la zona indígena de Santiago Tlatelolco. Numerosos indígenas que habían establecido su residencia en Querétaro emigraron de esta zona de la ciudad de México. Cuando llegaron a su nueva casa, un barrio y una confraternidad aztecas les dio la bienvenida, contribuyendo así a su cohesión cultural.[11]

Había ciertas fuerzas que tendían a separar a los indios de sus antepasados. De éstas tal vez fue la más importante el movimiento geográfico, puesto que la migración podía traer consigo nuevas relaciones sociales y económicas. Igualmente determinaron cambios los matrimonios entre indígenas de diversas culturas, aun cuando sea difícil precisar la magnitud de esos cambios.[12] De todos los grupos indígenas, los chichimecas se enfrentaban con mayores dificultades para su supervivencia cultural. Con posterioridad a 1600, su reducido número y su movilidad apresuraron su desaparición como grupo identificable. Las reacciones culturales continuaban efectuándose en dos niveles distintos: entre los diferentes grupos indígenas y entre los españoles y los indios. Los cambios que más fácilmente se pueden observar entre los indios derivaban de la presencia de los españoles. Un vasto campo de indígenas en posiciones de cultura de transición vivía entre los dos extremos de indígenas, los que parecía que procuraban conservar sus tradiciones culturales y familiares y los cabecillas indígenas que vivían más bien como españoles que como indígenas. Los españoles usaban el término ladino de manera muy imprecisa para calificar a estos indios. Los ladinos eran sencillamente los indios cuyo idioma y costumbres estaban íntimamente asociados con los de los españoles. No había diferencias permanentes que distinguieran a los ladinos de los demás indios en cuanto a sus trabajos, aptitudes o salarios. La mayoría de los ladinos que había en Querétaro, alrededor de 1600, eran también inmigrantes.[13]

[10] AGN, Tierras, vol. 67, Exp. 14, 17 de septiembre de 1593; MNAH, Andres de Trujillo, 26 de febrero de 1598 (1).

[11] Véase la nota 8.

[12] MNAH, Baltasar Martín, 1o. de julio de 1597 (1).

[13] Muy ladino, expresión poco usual en Querétaro, probablemente quería decir que un indio había adoptado los modales españoles además de poder hablar en español. Baltasar Martín, 4 de enero de 1599 (2).

Aun cuando de una manera no tan obvia como el idioma, la aceptación de los rasgos culturales indica la existencia de cambios entre los indígenas. Estaban muy familiarizados con los procedimientos jurídicos, particularmente con las obligaciones contractuales. Existen suficientes pruebas derivadas de los registros notariales locales que indican que las diversas formas y sistemas para legalizar las actividades de rutina diarias habían penetrado en forma selectiva al mundo indígena. Los indios que comparecían en la notaría daban lugar a documentos legales relacionados con traslaciones de propiedad o con legados. Fuera de éstos, hacían un uso muy reducido de los procedimientos jurídicos que tenían a su disposición. Por ejemplo, el poder, que era un instrumento muy frecuentemente utilizado por todos los españoles, sólo en raras ocasiones fue empleado por los indios. Los indios aprendieran muy rápidamente los sistemas que utilizaban los españoles para conservar el dominio sobre sus bienes, pero no imitaron totalmente las prácticas de los españoles.[14]

El hecho de que los indios supieran escribir o por lo menos firmar, fue otra indicación del cambio. La mayoría de los funcionarios indígenas podía firmar un documento, con frecuencia mediante firmas más elaboradas que las de los funcionarios españoles. Como ejemplo representativo podemos mencionar que seis de los ocho funcionarios indígenas de San Juan del Río suscribieron con su nombre un convenio en 1606.[15] Esta capacidad era prácticamente importante para los que desempeñaban un cargo, además de que les servía para distinguirse de otros indígenas. La posibilidad de escribir (y la calidad de la escritura) estaba íntimamente relacionada entre los españoles con la posición social de una persona. Lo mismo era aplicable a los indios. Eran muy pocos los indios de la plebe que supieran firmar y mucho menos leer y escribir.

La ubicación de las casas de los indios tenía efecto igualmente respecto a los cambios culturales. En la ciudad los indios vivían entremezclados con los españoles, los mestizos y los negros. En ningún momento en la historia de la ciudad se impuso la restricción de la residencia de los indios a causa de designaciones barriales. Los barrios existían desde finales del siglo XVI y fueron aumentando hasta mediados del XVII en que ya había por lo menos seis barrios. Para esta época una mayor cantidad de indios se había mudado del centro de la ciudad, tanto por el aumento en los precios como por consideraciones sociales que derivaban

[14] Véase por ejemplo MNAH, Baltasar Martín, 29 de julio de 1598 (1); Tomás de los Reyes, 13 de febrero de 1602 (1), 24 de febrero de 1602 (1); Gaspar de Porras, 6 de marzo de 1609 (7).

[15] MNAH, Juan Pérez de Aguilar, 15 de febrero de 1591 (3); Nicolás de Robles, 5 de agosto de 1606 (5); Miguel de Solís, 8 de junio de 1622 (9), 11 de marzo de 1622 (8); Felipe de Santiago, 29 de marzo de 1628 (11).

de una mayor población española. Las referencias a los barrios nos dan sin embargo una descripción inexacta de las pautas residenciales. Las informaciones derivadas de las ventas de casas y de terrenos en el periodo de 1590 a 1720 así como del censo de 1791, nos muestran que las casas de indios, algunas tan costosas y tan buenas como las de españoles, se podían encontrar en todas las zonas de la ciudad. Los indios, sin embargo, no estaban distribuidos de una manera uniforme en la ciudad. En su mayor número vivían al norte del río que divide a la ciudad y en los caminos que van a la ciudad de México, a Acámbaro, a Celaya, a Apaseo y a Apapátaro. En estas zonas también vivían muchos españoles.[16] Las pautas residenciales integradas no indican automáticamente que haya habido un cambio cultural, puesto que algunos indios de Querétaro que vivían entre los españoles seguían hablando la lengua indígena y se asociaban principalmente con los indios. Pero esto no significa que Querétaro fuera un lugar donde hubiera interacciones diarias entre los españoles e indios. Esta reacción tuvo influencia sobre la historia de la ciudad.

Instituciones indias

Los principios de organización que eran usuales en la Nueva España tenían aplicación respecto de la vida formal religiosa y política de los indios de Querétaro. En cuanto a la vida religiosa, las cofradías, que se establecieron originalmente en el siglo XVI, fueron las instituciones que ejercieron mayor influencia. Al principiar el siglo XIX, un total de veinte ejercían actividades en la ciudad, y eran muchas las que estaban dedicadas a los indios, a los negros y a los mulatos.[17] La cofradía de San Nicolás de Tolentino ilustra el potencial sentido social de las cofradías. En 1631 diez aztecas formaban la cofradía, quienes después eligieron funcionarios y redactaron una constitución. Ésta contenía quince artículos, de los cuales muchos estaban relacionados con asuntos sociales y económicos. La cofradía asumió la responsabilidad de visitar y de ayudar a los enfermos, de enterrar a quienes al morir carecían de dinero, diciéndoles misas de difuntos y haciendo préstamos de 6 a 20 pesos a los

[16] Para referencias respecto de la propiedad urbana de los indios véase MNAH, Juan Pérez de Aguilar, 21 de agosto de 1589 (3), 9 de septiembre de 1589 (3), 26 de abril de 1590 (3), 10 de febrero de 1591 (3), 29 de febrero de 1591 (3); Baltasar Martín, 7 de enero de 1597 (1), 12 de julio de 1598 (1), 10 de octubre de 1598 (1), 6 de noviembre de 1598 (1), 10 de noviembre de 1598 (1), 4 de diciembre de 1598 (1), 13 de junio de 1599 (2); Tomás de los Reyes, 3 de enero de 1602 (1), 21 de marzo de 1602 (1); Nicolás de Robles, 29 de diciembre de 1605 (5), 11 de febrero de 1606 (5); Gaspar de Porras, 5 de enero de 1609 (7); Miguel de Solís, 27 de julio de 1622 (9); Felipe de Santiago, 19 de febrero de 1626 (11); AGN, Padrones, vol. 12, 1791.

[17] José María Zelaá e Hidalgo, *Glorias de Querétaro* (México, 1803) p. 121.

parientes necesitados. Desgraciadamente, los escasos recursos de la cofradía desvirtuaban sus aspiraciones. En su primer año de actividades tuvo un ingreso de 84 pesos y 7 tomines, en tanto que los gastos ascendieron a 365 pesos. Los congregantes creyeron de manera optimista que los donativos y las cuotas cubrirían el déficit en el futuro.[18] Las cofradías cubrían muchos aspectos de la vida indígena de una manera más continua que el gobierno de los indios. Por esta razón pueden haber sido más importantes para el ajuste de los indios y para su supervivencia en la ciudad que el gobierno local.

El gobierno local, no obstante, disponía de más recursos y disfrutaba de mayores facultades legales que las cofradías. Por consiguiente, su historia es más fácil de investigar. Para fines del siglo XVI el concejo de indios había logrado tener una organización que perduró con sólo ligeras modificaciones hasta los principios del siglo XIX. Poco después de la fundación de la ciudad, un gobernador, dos alcaldes, dos regidores, un mayordomo, un fiscal y un notario eran los representantes de la población indígena. Dos funcionarios de menor categoría, los intérpretes y los pregoneros, completaban la burocracia indígena. De 1600 a 1800 aumentó el número de los miembros del concejo al agregarse dos regidores y dos alguaciles mayores. San Pedro Tolimán y San Juan del Río eran igualmente centros del gobierno indígena, que se diferenciaban del de Querétaro en que tenían solamente un alcalde y un regidor.[19]

Los numerosos pueblos pequeños de la provincia en la década de 1580 se supone que tenían una organización política similar a la de Querétaro. En realidad, en ninguno era tan complicada. Los pueblos no necesitaban ni funcionarios indígenas especiales para mediar entre los españoles y los indígenas, ni requerían de burócratas profesionales como las ciudades más grandes.[20] Es imposible seguir la historia política de estos pueblos a través de los siglos, pero aparentemente al finalizar la época colonial sólo unos cuantos tenían funcionarios. Entre éstos se encuentran San Pedro de la Cañada, San Sebastián, Huimilpan, San Pedro Tolimán, San Miguel, San Pablo y San Antonio. Cuando había elecciones en estos pueblos el número de candidatos variaba de 7 a 38 según los diversos cargos.[21]

Durante buena parte del siglo XVII, una jerarquía social que se podía distinguir fácilmente separaba a los funcionarios indígenas. En la cabe-

[18] MNAH, "Libro de cuentas y elecciones de la cofradía de San Nicolás de Tolentino, 1631-1715" (33). Esta cofradía tenía miembros españoles en el siglo XVII. ANQ, Gaspar de Porras, 11 de noviembre de 1608 (Civil 1608-1613).

[19] MNAH, "Elección de Governador y demás oficiales de la república de naturales de... Querétaro..." 30 de noviembre de 1787, 2 de diciembre de 1804 (23).

[20] "Descripción de Querétaro", pp. 36-37.

[21] MNAH, "Elección de Governador y demás oficiales de la república de naturales de... Querétaro..." 30 de noviembre de 1787 (23).

za se encontraba el gobernador de los indios, quien generalmente era también un cacique (figura social y política de gran influencia). Invariablemente se le daba el título de "don" y se le reconocía como el indio más poderoso de la provincia. Con anterioridad a 1590, cuando una parte de la provincia estaba convertida en un campo de batalla, los gobernadores indios eran elegidos entre personas del Sur para que fungieran como jefes militares. Eran hombres que se podían desplazar fácilmente, que dirigían las campañas militares y al mismo tiempo actuaban como funcionarios políticos. En la década de 1550, don Nicolás de San Luis Montañez, quien se decía descendiente de los reyes toltecas y pariente lejano de Moctezuma II, fue designado capitán general de los chichimecas, con cuartel general en Querétaro. Otro cacique indio que temporalmente tuvo importancia en la ciudad fue don Juan Bautista Valerio de la Cruz, natural de Texcoco, quien pretendía ser descendiente de Nezahualcóyotl.[22] Los funcionarios de menor categoría que provenían del Sur recibían en Querétaro únicamente nombramientos políticos.[23] Ninguno de los funcionarios permaneció en la ciudad ni creó relaciones sociales y económicas permanentes con posterioridad al desempeño de su cargo.

Una nueva fase de la historia política de los indios se inició cuando don Hernando de Tapia asumió el cargo de gobernador algún tiempo después de 1550. Los gobernadores ahora venían de la provincia o por lo menos tenían con ella relaciones muy antiguas. Aportaron al cargo su familiaridad con la vida local, el apoyo de los indios de la localidad y grandes intereses económicos en la provincia. Las familias de los Tapia y de los Martín dominaron la política local hasta la década de 1650. Aun durante las épocas en que no desempeñaban el cargo eran reconocidas como las familias indígenas más destacadas.[24]

Gradualmente, las responsabilidades militares de los gobernadores se substituyeron por responsabilidades fiscales y administrativas. La más importante era el cobro de tributos para el encomendero y para la Corona. Esta responsabilidad daba al gobernador la oportunidad de enriquecerse obligando a pagar a los indios que estaban exentos, pero igualmente los hacía vulnerables en cuanto a los juicios que se promo-

[22] "Nombramiento de Capitán a favor del cacique don Nicolás de San Luis", AGN, *Boletín*, 6 (1935), pp. 203-206; Fray Pablo de la Purísima Concepción Beaumont, *Crónica de los Santos Apóstoles S. Pedro y S. Pablo de Michoacán* (Publicaciones del AGN, XVII, XVIII, XIX, México, 1932); Anastasio Zerecero, *Memorias para la historia de las revoluciones en México* (México, 1869), pp. 475-477, 507-598; Phillip Wayne Powell, *La guerra chichimeca*, 1550-1600 (FCE., 1977), pp. 70-71.

[23] AGN, General de Parte, vol. 11, Exp. 1162, 21 de enero de 1581.

[24] ANQ, 27 de junio de 1599 (Civil 1570-1596), MNAH, Lorenzo de Figueroa, 13 de agosto de 1655 (11).

vían en su contra y a ser puestos en prisión cuando no podían cobrar.[25] Otra responsabilidad similar consistía en el cobro de los diezmos. En 1622 se impuso a la comunidad el pago de un diezmo de cincuenta fanegas de maíz. Sólo después de muchos esfuerzos se logró que el gobernador indio pagara el diezmo.[26]

Después de mediados del siglo XVII decayó el prestigio y el poder del gobernador. Su importancia para la comunidad estaba en proporción inversa al número de caciques que había en Querétaro. En 1600 cuando sólo había dos caciques, el gobernador era fuerte y vigoroso.[27] En la década de 1790, cuando había por lo menos 189 caciques, tenía muy poca fuerza. Las pruebas relacionadas con el abuso de las responsabilidades de todos los funcionarios se encuentran más fácilmente a medida que declinaba su importancia. Los abusos de poder, el pago forzado de tributos ilegales, la contabilidad mal llevada y la apropiación de fondos obstaculizaban al gobierno indígena. También se modificaron los antecedentes étnicos de los indios. Algunos ahora ya eran mestizos.[28]

Los alcaldes y los regidores ocupaban posiciones subordinadas en el concejo de indios y en la vida social y económica. Formaban parte de una élite hereditaria inferior que se conocía en todo México como los principales. Los alcaldes y los regidores prestaban sus servicios al concejo sobre una base anual y nunca ejercían la misma influencia que el gobernador pero siempre más que los pregoneros, los abogados y los intérpretes. La unidad étnica de la burocracia indígena se desintegró primero entre los funcionarios menos poderosos. Ya en 1587 un mestizo obtuvo el cargo de intérprete en el concejo de indios. Este cargo lo había desempeñado previamente un ladino, pero como los asuntos del concejo se trataban en tres idiomas, español, otomí y náhuatl, obtuvo el cargo un mestizo trilingüe. Los funcionarios que tenían menos autoridad, lo cual sucedía también en la burocracia española, daban frecuentemente más continuidad al gobierno local, y permanecían en sus puestos durante años.[29]

[25] AGN, Indios, vol. 33, Exp. 325, 23 de octubre de 1698; vol. 22, Exp. 109, 15 de marzo de 1715; vol. 25, Exp. 481, 22 de septiembre de 1779; MNAH, 30 de julio de 1636 (22), 9 de abril de 1657 (22); ANQ, Lázaro Vittorica y Solarte, 24 de septiembre de 1704 (Civil, 1702-1704).

[26] MNAH, Miguel de Solís, 15 de junio de 1622 (22), 21 de junio de 1622 (22), 23 de agosto de 1622 (22).

[27] AGN, Tierras, vol. 252, Exp. 1, 5 de agosto de 1715; Indios, vol. 22, Exp. 66, 1o. de octubre de 1714; MNAH, Diego García de la Paz, 8 de abril de 1679 (23), 16 de mayo de 1684 (23).

[28] AGN, Indios, vol. 31, Exp. 30, 24 de marzo de 1791.

[29] MNAH, Alonso de Alavar, 29 de septiembre de 1589 (2); Baltasar Martín, 2 de marzo de 1598 (2), 27 de octubre de 1597 (1), 17 de junio de 1602 (4); Nicolás de Robles, 7 de enero de 1606 (5), 5 de agosto de 1606 (5); Miguel de Solís, 8 de marzo de 1622 (8), 14 de marzo de 1622 (8), 8 de junio de 1622 (9), 13 de agosto de 1622 (9); Felipe de Santiago 5 de abril de 1628 (11).

El gobierno indígena sobrevivió en la provincia principalmente para cobrar tributos y administrar las propiedades comunales. Es difícil precisar la extensión total de las tierras comunales, pero alrededor de 1600 incluía propiedades agrícolas en las que se cultivaba maíz, chile, frijol y trigo, y además valiosos terrenos urbanos. Los funcionarios indígenas, aun los de los pueblos de las afueras, pronto reconocieron el valor del sistema legal español para proteger sus tierras. Por medio de una dirección enérgica y de persistentes gestiones ante los tribunales se lograba proteger las tierras de los indios al principio del siglo XVII.[30]

Las comunidades indígenas cultivaban sus tierras directamente o asociándose con los españoles. La tendencia para arrendar sus bienes era tan fuerte entre el concejo indígena como entre los españoles. Daba en arrendamiento grandes y productivas fincas rústicas. Probablemente una de las más valiosas fue dada en arrendamiento en 1617 por 850 pesos más 100 fanegas de trigo al año. El concejo igualmente alquiló los derechos de agua el mismo año, cobrando una cantidad adicional de 50 pesos. Los cabecillas indígenas organizaban y administraban los bienes con el propósito de recabar un permanente ingreso anual en dinero. No les preocupaba mucho la subsistencia. Aun los pagos de tributos, que se debían hacer en maíz, se efectuaban en dinero y no en especie.[31]

Con el fin de ayudar a hacer el pago de tributos el concejo igualmente daba en arrendamiento propiedades urbanas. A principios del siglo XVII era dueño de un rastro, de un molino, de un mesón, de una tienda y de varias casas.[32] Cada año alquilaba el mesón y la tienda. El ingreso que obtenía por el alquiler del mesón era solamente de 100 pesos al año en 1617, pero para 1623 ya le producía 212 pesos anuales. Por el año de 1625 tanto el mesón como la tienda se arrendaron a Martín de Zavala. Si la vida de éste era semejante a la de los dos primeros arrendatarios, era un inmigrante recién llegado y un comerciante de profesión. En 1625 formuló una cuenta de los ingresos acumulados y de los gastos de la propiedad. El ingreso por el mesón (en cuatro años) y por la tienda (en tres años) apenas llegaba a 894 pesos y en cambio los gastos ascendían en total a 1 372 pesos. La comunidad indígena fue obligada a pagar la diferencia descontándola de las rentas futuras. Los gastos más eleva-

[30] MNAH, Francisco de Cárdenas, 7 de junio de 1622 (9); Miguel de Solís, 8 de junio de 1622 (9), 13 de agosto de 1622 (9).

[31] MNAH, Nicolás de Robles, 7 de enero de 1605 (5); Clemente Pérez de Anda, 15 de diciembre de 1617 (22), Miguel de Solís, 15 de junio de 1622 (22), 21 de junio de 1622 (22), 27 de agosto de 1622 (22).

[32] En 1598 la comunidad alquilaba su rastro a Martín de Ugarte, arrendatario para el abasto de Querétaro, en 24 pesos. El contrato estipulaba que la comunidad indígena proporcionaría seis trabajadores indígenas cada sábado durante un año. Se supone que cada trabajador ganaba un real; el alguacil responsable de su comparecencia ganaba 2 reales. MNAH, Baltasar Martín, 2 de marzo de 1598 (2).

dos correspondían a las reparaciones de la tienda. El costo de las reparaciones (319 pesos) pudo haber sido exagerado por Zavala, pero no fue tan perjudicial para las finanzas de los indios. Era más grave el dinero que habían percibido los funcionarios indígenas por cuenta de la tienda. Más de 300 pesos habían ido a dar a las alforjas del gobernador, de los alcaldes y de otros funcionarios. Era una tendencia evidente en la que no había posibilidad de error. En el decenio de 1620, las propiedades indígenas operaban con un déficit que se llevaba adelante cada año, limitándose más la posibilidad de tener solvencia.[33]

Los ingresos derivados del arrendamiento de las propiedades en realidad continuó durante los primeros años del siglo XVIII, en que la comunidad dio en arrendamiento una hacienda en 700 pesos y un mesón en 190 pesos. La comunidad aún era dueña de derechos de agua que daba en arrendamiento. Por lo menos en un caso tuvo tierras suficientes para poder hacer una donación a un indio necesitado.[34] Los mayores ingresos no contrarrestaron la tendencia a incurrir en mayores deudas. Tampoco impidieron que se perdieran las tierras, que según la predicción de los cabecillas perspicaces se realizaría en su totalidad dentro de un corto término. Su infausta profecía se cumplió en menos de cien años. Al iniciarse el siglo XIX el concejo ya no percibía nada de dinero por el arrendamiento de las tierras. Sus ingresos totales ascendieron a la mezquina cantidad de 104 pesos y 4 reales.[35]

Los ataques a las tierras adoptaban diversas formas y cada una tenía como resultado un debilitamiento de la propiedad comunal. Los indios usurpaban tierras de indios. El pueblo de San Francisco, por ejemplo, ubicado precisamente en las afueras de Querétaro, perdió sus tierras comunales ante un recién llegado indígena, quien por medio de amenazas y de abusos se apoderó de las mejores tierras y de una buena parte del agua del pueblo.[36] Los caciques eran en cierta forma responsables de la pérdida de las tierras. Por su negligencia o por colusión traspasaban muchas tierras a los españoles.[37] Los ataques más eficaces a las tierras de los indios provenían de los españoles, no de los indios. A partir de la segunda mitad del siglo XVII, los españoles hicieron uso de la intimidación, de los procedimientos jurídicos y finalmente de la fuerza física

[33] Clemente Pérez de Anda, 15 de noviembre de 1617 (22), 29 de noviembre de 1617 (22), 2 de diciembre de 1617 (22); Tomás de los Reyes, 17 de mayo (?) de 1622 (22); Felipe de Santiago, 18 de enero de 1625 (22), 17 de junio de 1625 (22).

[34] MNAH, Claudio de la Cruz Morales, 15 de junio de 1690 (34).

[35] AGN, Tierras, vol. 252, Exp. 1, 14 de agosto de 1710; vol. 3569, Exp. 9, 28 de noviembre de 1808.

[36] ANQ, Lorenzo Vittorica y Solarte, 23 de septiembre de 1701 (Civil, 1700-1701); AGN, Indios, vol. 33, Exp. 188, 8 de junio de 1697.

[37] AGN, Tierras, vol. 252, Exp. 1, 5 de agosto de 1715; vol. 764, Exp. 3, 29 de octubre de 1571.

para apoderarse de las tierras. Se instalaban en las tierras de los indios, las reclamaban y exigían que los indios las cultivaran. Destruían las cosechas y las instalaciones con el propósito de obligar a los indios a que desalojaran las tierras.[38] Con cada pérdida se debilitaba más el concejo, hasta que para 1800 tenía ya muy poca fuerza económica. La eficacia cada vez menor del mando indígena y el volumen creciente de la población española vinieron finalmente a dictar el fin de la propiedad de las tierras.

El concejo indígena subsistió durante la época colonial pero sería erróneo suponer que era la expresión de una existencia corporativa indígena o de una comunidad indígena. Desde que se estableció a mediados del siglo XVI había tenido poco que ver con la vida de la gran mayoría de los indios de la provincia. Para los españoles tenía cierto valor porque lo utilizaban para efectuar cobros, pero hasta su ayuda a este respecto se redujo mucho en el siglo XVIII. Los indígenas de la ciudad de Querétaro formaban parte de una sociedad mucho más amplia y mucho más compleja de lo que se pudiera suponer mediante el sólo estudio de sus actividades oficiales.

Las rebeliones indígenas

Durante la mayor parte de la época colonial, los ataques de los españoles a las tierras de los indios fueron esporádicos e individuales. Los choques por las tierras carecían de la continua violencia y del encarnizamiento que hubieran podido alterar el curso de la antigua historia de la provincia. El reducido volumen de la población indígena y la falta de derechos de propiedad indiscutibles sobre las tierras anteriores a los españoles permitieron a éstos apoderarse fácilmente de la mayoría de las tierras de buena calidad alrededor de 1630. Aumentaron gradualmente su control sobre las tierras hasta que fue casi total en 1750, con muy relativa resistencia por parte de los indios.

Para fines del siglo XVIII se había modificado la naturaleza de los conflictos relacionados con las tierras por lo menos en una parte de la provincia. Las confrontaciones organizadas que arrastraban un gran número de españoles y de indios se desbordaron en la región de Tolimán. San Pedro Tolimán era la cabecera (el asiento del gobierno regional) de cuatro pueblos indígenas: San Francisco Tolimanejo, San Miguelito, San Pablo y San Antonio Bernal. En éstos los indios apenas podían subsistir con sus pequeñas parcelas de tierra. Un poco de tejidos y de comercio les proporcionaban un pequeño ingreso adicional.[39]

[38] AGN, Tierras, vol. 159, Exp. 8, 28 de julio de 1695; vol. 764; Exp. 3, 29 de octubre de 1751, Indios, vol. 29, Exp. 301, 9 de diciembre de 1687, Mercedes, vol. 14-17, 21 de octubre de 1750; MNAH, Lorenzo Vidal de Figueroa, 7 de diciembre de 1672 (34).

[39] AGN, Tierras, vol. 3569, Exp. 9, 28 de noviembre de 1808.

En 1767 hizo irrupción la violencia entre los indios de Tolimán y las haciendas de la región,[10] particularmente las del conde de Regla (Juchitlán el Grande), de don Felipe Teruel (Tequisquiapan) y de don Manuel Monroy Guerrero y Luyando (Capulín). Los mayordomos de las haciendas dirigían a los peones y a la servidumbre hacia los pueblos próximos para vengarse de los indios por supuestas invasiones de propiedades. Los trabajadores de las haciendas destruían las cosechas, quemaban las casas y golpeaban a los indios. Los dueños de las haciendas habían acusado a los indios de invadir y saquear sus tierras, sin tomar en cuenta para nada los linderos de las haciendas. Dijeron que los indios de la cabecera se habían unido a otros y se habían vuelto insolentes. Habían desafiado a las autoridades españolas civiles y religiosas. Como resultado, se produjeron dos levantamientos generales de indios entre 1767 y 1793.[11]

Surgieron tensiones en toda la región. Tanto los indios como los españoles eran muy sensibles a los más ligeros cambios en la rutina. Los indios proclamaban que las haciendas se habían apoderado ilegalmente de sus tierras. Los dueños de las haciendas señalaban los actos ilegales de los indios, particularmente su invasión de las tierras. Cada año que pasaba parecía que los indios se habían vuelto más atrevidos, al menos de acuerdo con las relaciones de los españoles. Invadían en masa las tierras de las haciendas, reclamándolas como suyas. En una invasión los indios empezaron a cultivar las tierras con 13 yuntas de bueyes, y 20 indígenas protegían cada yunta. Cuando el mayordomo español que estaba encargado de las tierras vio a los indios les ordenó que las abandonaran. Los indígenas le respondieron con insultos, gritándole al unísono que las tierras eran suyas.

Esos incidentes acarrearon los acontecimientos del 25 de junio de 1806. Don Pedro Sierra, el odiado administrador de Juchitlán, organizó un ejército de más de 100 hombres, entre los cuales había 24 soldados. Alrededor de la media noche del 25, cayeron sobre el pueblo de San Francisco Tolimanejo. Saquearon y robaron las casas y trataron brutalmente a cualquiera que se les opusiera. Sierra detuvo a 27 indígenas y se los llevó a la hacienda. El día 28 fue a San Miguelito, capturó a 14 indígenas, los amarró y los tuvo en prisión en un rancho cercano. Enton-

[10] En el conflicto de Tolimán había un antecedente. En 1641 los indios de la cabecera protestaron contra la usurpación de sus tierras por Alonso de Tovar. AGN, Tierras, vol. 184, Exp. 8, 18 de junio de 1641.

[11] Este párrafo y el que le sigue se apoyan en: AGN, Tierras, vol. 2650, Exp 6, "Queja presentada por los naturales del pueblo de San Pedro Tolimán..." 1774-1784; vol. 2688, Exp. 25, "Los naturales de San Antonio Bernal contra Felipe Teruel", 1798; MNAH, "Tierras de haciendas con los naturales de San Pedro Tolimán y otros pueblos", 1806-1828 (27); "Diligencias practicadas por el justicia de Querétaro en virtud de Real Provincia a pedimento del Regidor don Felipe Antonio Teruel y Consortes", 1793-1806 (23).

ces se fue a San Pedro Tolimán y detuvo a los funcionarios indios. Por último se dirigió a San Antonio Bernal. Cada ataque traía consigo la destrucción de las propiedades, el robo de dinero y de ganado, golpes a los hombres y violación de las mujeres.

Cuando la Audiencia tuvo conocimiento de esos ataques ordenó que los presos fueran puestos en libertad. La Audiencia comisionó al juez de Celaya para que diera cumplimiento a esas órdenes, pero éste pasó esa responsabilidad al corregidor de Querétaro, quien fue personalmente a Tolimán en julio de 1806. Lo apremiaron a ir varios dueños de haciendas que temían otros levantamientos, y hasta se ofrecieron a pagar a las tropas que fueran necesarias. El corregidor de Querétaro, al darse cuenta de que la situación requería que se tomaran acciones independientes, pasó por alto las órdenes de la Audiencia. Detuvo a los indios que creyó que encabezaban la rebelión y se aseguró de que los indios que habían sido previamente detenidos quedaran bajo custodia. Sin embargo, puso en libertad a algunos indios que en su concepto habían sido acusados injustamente. A fin de prevenir otros problemas sustituyó igualmente a algunos funcionarios indígenas. Al haber quedado en prisión los rebeldes y al haberse instalado una burocracia indígena dispuesta a cooperar, se restableció la paz. Pero fue sólo temporalmente. En 1808 los indígenas, armados de palos y piedras, traspasaron los linderos de las haciendas nuevamente y se pusieron a cultivar las tierras que reclamaban.

No resulta imposible referir las circunstancias específicas que determinaron las rebeliones indígenas, porque al formular este estudio hemos carecido de comprobaciones internas provenientes de San Pedro Tolimán. Lo que es evidente es que en esa región estaban ocurriendo trascendentales cambios demográficos. Durante los siglos XVI y XVII, sólo unos cuantos indios y españoles ocupaban esa región viviendo con dificultad del cultivo de las tierras y la cría de cabras. Tolimán era una de las regiones menos productivas de Querétaro y atraía solamente a los españoles que no tenían acceso a otras tierras de mejor calidad. Esa situación subsistió hasta mediados del siglo XVIII cuando la población empezó a aumentar rápidamente. La población que pagaba tributos se elevó a 1 725 personas en 1746 y a 9 115 en 1807 *(Cuadro 28)*. El aumento de población produjo nuevas presiones sobre las tierras. La creciente población indígena necesitaba más tierras para sobrevivir, particularmente cuando las sequías y los altos precios afectaban los abastecimientos. La solución consistía en trasladarse a las tierras en disputa. La solución para los propietarios españoles, igualmente afectados por las escaseces, estaba en hacer más estricto el control que tenían sobre las tierras que reclamaban. El deseo de tener tierras creó un conflicto, y finalmente trajo consigo la guerra.

X. LA PLEBE Y LOS CACIQUES

EN LOS capítulos precedentes hemos hecho referencia a la situación económica de los indios. Eran labradores y pastores, artesanos y trabajadores textiles, arrieros y boyeros, peones y sirvientes personales. Con excepción del comercio (no había indios identificados como comerciantes o mercaderes hasta el siglo XVIII), los indios trabajaban en la mayoría de las ocupaciones que había en el valle. Las diferencias por cuanto a las ocupaciones no determinaban diferencias sociales bien definidas entre la plebe. No se llegaron a usar términos generales o adjetivos descriptivos de manera semejante a los que se empleaban en el Valle de México. No había *macequales* (indios comunes), ni *mayeques y tlalmaites* (subordinados) y *aparceros* (labradores que pagan renta). Los que no estaban en la élite de Querétaro eran sencillamente indios. En realidad, había numerosas diferencias sociales y económicas que separaban a los indios, pero es difícil reducir estas diferencias a categorías sociales. La mejor manera de empezar a entender la historia de los indios de la provincia consiste en estudiar a los indios mismos, haciendo un bosquejo siempre que fuere posible de las más importantes dimensiones sociales y económicas de su vida.

Los plebeyos

Luis de Horos y Baltasar Pérez nos dan ejemplos que contrastan mucho entre sí,de la mayoría de los indios que trabajaban en Querétaro. Luis de Horos era un indio que hablaba otomí y que pertenecía a una segunda generación de residentes de Querétaro y vivía en una casa modesta que había comprado por 100 pesos. Su hija y su yerno vivían cerca de él en unas casas que habían sido de los padres de De Horos. En su testamento De Horos les dejó sus propiedades. A su otra hija, que aún no se había casado, le dejó la mitad de los productos de la venta de su casa. Era también dueño de otro pequeño terreno descrito como "pedasillo", que dejó a una cofradía local. Con excepción de estos bienes, los demás que tenía eran de muy poco valor. Había venido trabajando en una cofradía probablemente como criado o portero. Era muy poco lo que le quedó debiendo la cofradía por concepto de sueldo, apenas lo suficiente para mandarle decir un novenario de misas después de su muerte. El aspecto que más llama la atención en la familia de De Horos es su permanencia; para los primeros años del siglo XVII los De Horos ya habían residido en la población durante tres generaciones. Habían podido conservar la casa de la familia durante todo ese tiempo; las casas que habían pertenecido a los padres de Luis de Horos eran ahora de una de sus hijas. Tal como sucedía con otros indios que vivían en la población, aun los que habitaban en casas que estaban junto a las casas de los españoles, el otomí era el único idioma que se hablaba en la casa de De Horos. Aparentemente y a pesar de su nombre español, la vida cultural y familiar de los De Horos había cambiado muy poco a través de las generaciones, aun cuando la ciudad de Querétaro estaba pasando por una época de transformaciones muy rápidas.[1]

Baltasar Pérez, indio del Valle de México que hablaba náhuatl, llevaba una vida muy diferente. Era soltero y no tenía parientes ni propiedades, ni en su antigua casa de Guatitlán ni en Querétaro. Tenía, no obstante, estrechas relaciones económicas con sus asociados en las dos poblaciones, que le dieron cierto aspecto de formalidad a una existencia que de otra manera hubiera parecido extravagante. Pérez tenía la ocupación de pastor y trabajaba durante cortos períodos en varios ranchos ubicados al sur de Querétaro. Se distinguía de otros pastores indios en que usaba un caballo con su silla y su freno, que eran de un mestizo de Guatitlán. Poco antes de su muerte Pérez había trabajado con un ganadero de la localidad quien le debía 23 pesos por sus servicios como pastor. Dos pastores indios de Querétaro también le debían dinero. Una de las deudas provenía de los trajes que les había vendido. Por el tamaño de su guardarropa se puede pensar en que la venta de ropa de mediana calidad a otros indios era para él una fuente secundaria de ingresos. Cuando hizo su testamento en 1598, había en su guardarropa muchas prendas finas, muchas más de las que necesitaban los pastores en general. Dejó todos sus trajes en el hospital de indios en donde fueron vendidos para pagar las misas. A diferencia de la vida de Luis de Horos, Pérez vivía y trabajaba constantemente con las tres principales divisiones étnicas de la sociedad: la española, la indígena y la mestiza. Su vida, llena de movimiento y de asociaciones transitorias, se diferenciaba muy notablemente de la vida de De Horos, más urbana pero más restringida. Aun cuando Pérez estaba constantemente en movimiento y tenía pocas relaciones permanentes, sus movimientos tenían su propia consistencia. No era ni un inútil ni un vagabundo, sino un nuevo tipo de trabajador creado por la creciente economía pastoril. Pérez era el tipo de los traba-

[1] MNAH, Baltasar Martín, 13 de septiembre de 1598 (1), 8 de septiembre de 1602 (4); Tomás de los Reyes, 4 de febrero de 1602 (1); Nicolás de Robles, 24 de junio de 1606 (5). La familia también seguía siendo importante para los indios que trabajaban en los obrajes, aun cuando sus miembros estuvieran separados por grandes distancias. Juan Bautista, *indio mexicano*, envió a su familia a Guatitlán nueve pesos de sus ganancias en un obraje de Querétaro. MNAH, Alonso de Alavar, 29 de septiembre de 1589 (2).

jadores migratorios que vivían en Querétaro durante un corto tiempo y luego se iban a otra parte.[2]

Pérez y De Horos no vivían en la pobreza, pero había otros indios que sí. Las mujeres viudas y las solteras vivían generalmente una vida más desprovista de recursos que la de los hombres más pobres. Vivían con sólo unas cuantas posesiones sacando a duras penas algo con qué vivir de sus diminutos terrenos. Los testamentos de las mujeres indias no casadas, junto con los de algunas mulatas, nos señalan a uno de los grupos dependientes más empobrecidos de la sociedad urbana. Dejaban como herencia solamente un par de pesos que era lo que generalmente valía un pedazo de tierra, una imagen o una escultura religiosa, tal vez un poco de hilo y unos vestidos viejos.[3]

Unas cuantas mujeres indias eran la excepción, pues eran dueñas de tantos bienes inmuebles que resultaban más ricas que muchos españoles. La viuda Ana Enzemoche, de una tercera generación otomí de Querétaro, era dueña de 27 propiedades que habían pertenecido a su esposo, a sus padres y a sus abuelos. Dio en arrendamiento a don Diego Tapia su mejor propiedad, y es de presumir que las demás las alquiló a los indios que aparecían como deudores suyos en su testamento. Sus bienes muebles consistían en un pequeño guardarropa con vestidos corrientes, algunos utensilios de cocina y ocho pesos en efectivo. No tenía familiares próximos pero en su casa vivían un muchacho y una muchacha huérfanos que le servían como criados y la acompañaban. Su falta de parientes hizo que necesitara más de los amigos para que la ayudaran. Sus más íntimos amigos eran un arriero mulato y su mujer. Nombró herederas de todos sus bienes a las dos hijas del arriero, disponiendo que el dinero se destinara a las dotes de las muchachas. Eran muy frecuentes las relaciones íntimas entre los indios y los mulatos, pero son escasos los documentos de que se dispone acerca de la legalización de estas relaciones por medio del matrimonio.[4]

Ni siquiera las indias que se casaban con españoles modificaban su manera de vivir, de una manera uniforme. Cecilia Álvarez y Constanza Vázquez ambas indias que hablaban español, se casaron con españoles de bajo nivel social. Cuando Constanza Vázquez, que era de Toluca, se casó con Gaspar Borges rompió totalmente con el mundo indígena. Casi estuvo obligada a hacerlo ya que no tenía parientes en Querétaro con excepción de su esposo. Su único contacto con los indios era por medio de su criado indígena, a quien le dejó en su testamento una pequeña

[2] MNAH, Baltásar Martín, 17 de noviembre de 1597 (1), 29 de julio de 1589 (1), 5 de agosto de 1598 (1), 4 de enero de 1600 (3).

[3] ANQ, Lázaro Vittorica y Solarte, 1o. de julio de 1706 (Civil, 1705-1709); MNAH, Domingo Antonio de Parras, 7 de agosto de 1713 (51).

[4] MNAH, Tomás de los Reyes, 13 de febrero de 1602 (1).

propiedad. La diferente actitud de Constanza Vázquez en comparación con otros indios que hablaban español se manifestó claramente cuando dispuso que sus propiedades se destinaran a establecer una capellanía en la ciudad de México, lo cual era usual únicamente entre los españoles ricos durante esa época.[5] Cecilia Álvarez, por otra parte, aun cuando también se casó con un español, siguió viviendo más con los indios que con los españoles. Su único contacto directo con la vida española era por medio de su esposo.[6]

Los indios que vivían en Querétaro frecuentemente tenían que enfrentarse a los españoles y a sus costumbres. La ciudad misma, como núcleo de la presencia de los españoles en el Bajío oriental, era una importante fuerza cultural, pero que requirió siglos para modificar de una manera visible numerosos aspectos de la vida indígena. Durante una buena parte del siglo XVII los indios siguieron hablando sus idiomas nativos y casándose con otros indios, aun cuando tenían nombres españoles y trabajaban dentro de una economía española. Los indios que más cambiaron fueron aquellos cuyas ocupaciones les impedían vivir entre amigos y parientes indios. De manera hasta cierto punto paradójica, los pastores y los arrieros eran los indios que vivían más alejados de los grandes grupos españoles. Los indios que vivían en la ciudad reforzaban constantemente sus antiguos lazos regionales y étnicos por medio de la llegada de nuevos indios. Los recién llegados, ya sea que hablaran español o algún idioma indígena, no hacían ostentación inmediata de sus sólidas relaciones familiares y de propiedad que eran comunes entre los residentes ya establecidos.

Dentro de una generación empezaron generalmente a formarse esas asociaciones y llegaron a constituir los más determinantes elementos en la organización de la vida de las personas.

La limitada documentación de que disponemos nos permite tan sólo hacer comentarios experimentales sobre la vida de los indios en el campo. La composición étnica de los pueblos era más sencilla que la de la ciudad; el idioma y la cultura otomí eran más dominantes. Los pequeños pueblos indígenas tenían poco atractivo para los indios que emigraban del Sur y del Occidente. La fusión de los diversos idiomas y costumbres indígenas probablemente había decrecido al principiar el siglo XVII. Las uniones permanentes entre los indios y otros grupos étnicos tienen que haber sido mucho menores que en Querétaro. La interacción cultural se realizó principalmente entre otomíes y españoles. Era reducido el número de españoles que vivían en los pueblos indios, pero su influencia en

[5] MNAH, Baltasar Martín, 2 de junio de 1508 (2), 11 de septiembre de 1598 (1), 2 de noviembre de 1598 (1).

[6] MNAH, Juan Pérez de Aguilar, 10 de febrero de 1591 (3); Nicolás de Robles, 21 de mayo de 1606 (5).

la vida de los habitantes era mucho mayor de lo que su número podría sugerir. Algunos cambios en las costumbres y en la manera de vivir fueron también el resultado de la migración de indios a Querétaro, pero la frecuencia de los cambios de residencia o las indicaciones relacionadas con el ingreso a la provincia nos son desconocidos. Además de los indios de los pueblos que emigraban a Querétaro, algunos indios que residían permanentemente en Querétaro tenían parientes y asociados que vivían en los pueblos de los alrededores, aun cuando no existen pruebas de que hubiera una migración en sentido inverso. La organización económica de los pueblos era más sencilla que la de Querétaro y más reducido el campo de las ocupaciones accesibles para los indios. La vida económica de los indios estaba cerca de alcanzar una verdadera autosuficiencia con una mínima dependencia de la moneda española y que en ocasiones se había cultivado o manufacturado en otras regiones. Los indios que vivían en los alrededores de Querétaro estaban sujetos a influencias que determinaron cambios sociales y económicos, pero el ritmo de los cambios era más lento que en la capital de la provincia.[7]

Ya sea en el campo o en la ciudad, los indios a veces vivían una vida dura y brutal. Además de resultar afectados por los requerimientos de un nuevo sistema económico, sufrían físicamente los abusos de los negros, de los mulatos y de los españoles. Es muy abundante la documentación que existe relacionada con los delitos que se cometían contra los indios. Los mulatos peleaban con los indios, los esclavos negros atacaban a las mujeres indias y los españoles robaban descaradamente a los indios.[8] Todavía hasta el siglo XVIII los delitos contra los indios parecían más bien parte de la vida rural que de la vida urbana.[9] La pequeña extensión urbana de Querétaro durante los primeros años probablemente hacía posible una vigilancia adecuada, impidiendo que se cometieran las más flagrantes violaciones a la ley. Para fines del siglo XVIII la ciudad, como ya se ha indicado, era un centro de crímenes. Los conflictos entre los diversos grupos étnicos estaban más organizados y más sistematizados.

Los conflictos entre los indios eran en realidad más comunes que entre los indios y los demás. Una buena parte de la inestabilidad de la vida indígena se puede entresacar de un fascinante documento de finales del siglo XVI llamado "Libro de Visitas de Cárcel". Cada sábado el alcalde iba a la cárcel del lugar para hablar con los presos, precisar el delito que habían cometido e impartir justicia. Todo esto quedaba debi-

[7] Hernando de Vargas, "Descripción de Querétaro", *Colección de documentos para la historia de San Luis Potosí*, Ed. Primo Feliciano Velásquez (San Luis Potosí, 1897-1899), vol. 1, *passim*.

[8] ANQ, Baltasar Martín, 12 de diciembre de 1600 (Civil, 1570-1596), 18 de diciembre de 1600 (Civil, 1570-1596); 17 de septiembre de 1603 (Civil, 1603-1608).

[9] ANQ, Baltasar Martín, 12 de diciembre de 1600 (Civil, 1570-1596)

damente registrado en el "Libro de Visitas de Cárcel". La embriaguez, los ataques y los pleitos estaban en los primeros lugares de los delitos de los indios. La embriaguez conducía a una conducta libertina que a su vez traía consigo los ataques a las mujeres y los pleitos con los hombres. La mayoría del alcohol provenía de la ilegal actividad de los pulqueros, indios que fermentaban y vendían pulque en sus casas. Cuando las autoridades españolas capturaban a los indios les imponían severos castigos. La venta de pulque se castigaba con 50 latigazos y 2 meses de trabajos forzados. Las mujeres convictas del mismo delito recibían solamente 20 latigazos además de 2 meses de trabajos.[10]

Además de los delitos de violencia otros delitos de naturaleza económica trastornaban la vida de los indios. El robo era el más común de los delitos contra la economía. Los indios se robaban entre sí y a los españoles. Había frecuentes acusaciones y encarcelamientos a causa del robo de caballos, de carne y de mercancías en general. A fines del siglo XVI los indios ya habían aprendido bien a aprovecharse de la confianza de los demás. Un sistema de hacer dinero rápidamente consistía en vender a un precio muy bajo tierras de las que no se era dueño o que no existían. Otro método era el de pedir dinero prestado o recibir mercancía a crédito y no pagar.[11]

Las más graves disputas económicas tenían que ver con las tierras. Los indios promovían juicios ante los tribunales locales o ante los de la ciudad de México en relación con las tierras. Cuando en estos casos estaba involucrado un individuo y no la comunidad, provenían de tres distintos orígenes; discusiones relacionadas con ventas, inconformidades respecto de herencias o bien intentos descarados de apoderarse de tierras. La extensión de las tierras era pequeña en general, pero muy grande la importancia que tenía para el individuo.[12] Es tentador afirmar que el destino general de las tierras de propiedad individual seguía un curso paralelo al de la tierra de propiedad comunal. Eran muy pocas las tierras de buena calidad de las que fueran dueños indiscutibles los indios al finalizar la época colonial, pero se ignora si la cronología de su pérdida coincide con la de las tierras de la comunidad.

Los caciques y los principales

En Querétaro vivía un grupo de indios que por muchos conceptos era distinto de los ordinarios. Eran los caciques y los principales, que gene-

[10] MNAH, "Libro de visitas de cárcel", 7 de abril de 1590-20 de marzo de 1582 (21).

[11] *Ibid.*, "Lista de procesos", 11 de noviembre de 1589 (21).

[12] MNAH, Francisco Ramos, 24 de noviembre de 1576 (21); Juan Pérez de Aguilar, 18 de mayo de 1589 (21); ANQ, Lázaro Vittoria y Solarte, 28 de septiembre de 1701 (Civil, 1700-1701), 15 de julio de 1706 (Civil, 1705-1709), 2 de octubre de 1713 (Civil, 1712-1715).

ralmente desempeñaban cargos políticos y que exigían que se les diera el título honorífico de "don". Ese grupo comprendía indios de diversos niveles económicos y sociales; algunos vivían tan marginalmente como los indios comunes. Como sucedía con los miembros de la comunidad española, los títulos no siempre reflejaban patrones precisos de conducta o posiciones de influencia. Sin embargo, los indios que tenían riqueza y poder eran siempre caciques o principales.

En Querétaro no existía una clase indígena verdaderamente noble o aristocrática. En el Bajío no había nada parecido a los linajes reales que se encontraban en el centro y el sur de México. Los notables de Querétaro eran el producto de la conquista y de la colonización de la provincia. Sus fortunas en el mundo indígena y español dependían en gran parte de la cambiante estructura económica de la provincia. Las reclamaciones sobre la nobleza del linaje no afectan lo anterior.

La falta de sangre noble no impidió que surgiera una clase indígena superior compuesta de caciques y de principales. En los siglos XVI y XVII se diferenciaban de los indios comunes por su riqueza y por sus relaciones con el gobierno indígena de la comunidad. Eran dueños de grandes extensiones de tierras agrícolas y de pastoreo, perseguían diversos intereses económicos y tenían estrechos contactos con la comunidad de habla española. Además, se movían más fácilmente que los demás y viajaban más frecuentemente y más lejos.[13]

Algunos caciques tenían el propósito de crear cacicazgos, que eran puestos en los que se dominaba gran cantidad de tierras, tenían muchos dependientes y se apoyaban en la fuerza política. Los cacicazgos, no obstante, carecían de apoyo histórico, y después de la primera parte del siglo XVII eran ya casi insignificantes.

Ya se ha mencionado con anterioridad que el papel político de los caciques se empezó a modificar en el siglo XVII. Igualmente se modificaron sus papeles sociales y económicos. Los caciques fueron decayendo lentamente en importancia hasta que para fines del siglo XVIII ya casi se habían convertido en indios comunes. Para está época en su mayoría trabajaban simplemente como artesanos especializados o semiespecializados y como agricultores *(Cuadro 29)*. Tenían poca fuerza para hacer favores, para influir en la política local o para exigir respeto de los indios y de los españoles. Su posición como eslabón entre los españoles y los indios se había desvanecido. Los caciques tienen que haber pensado con añoranza en la época anterior a 1650 cuando sus títulos implicaban fuerza y poder.

Existe un aspecto de la vida de los caciques que no parece apoyar la idea de que su posición estuviera declinando. Al finalizar el siglo XVIII

[13] MNAH, Miguel de Solís, 11 de marzo de 1622 (8); Felipe de Santiago, 3 de junio de 1628 (11), 27 de junio de 1628 (11); Domingo de Urquiza, 20 de julio de 1643 (22,23).

un gran número de caciques se casaban con mestizas y con españolas *(Cuadro 30)*. Los que se casaban con indias lo hacían generalmente con cacicas. No se conoce bien la exacta significación de estos matrimonios porque existe muy poca información sobre el matrimonio de los indios ordinarios. Es poco probable que éstos se hayan casado con cacicas, con españolas o con mestizas tan frecuentemente como lo hacían los caciques. Aparentemente los caciques conservaban la vieja tradición de no casarse con indios ordinarios. El matrimonio puede haberles ayudado a mantenerse separados de los demás indios, pero no deduce el gran abismo social que separaba a los caciques del siglo XVI con los del XVIII.

Don Hernando y don Diego de Tapia

La historia de los Tapia es diferente de la de todas las demás familias indias del Bajío oriental. La riqueza y el poder de la familia estaban directamente relacionados con el conquistador y primer cacique de la ciudad don Fernando de Tapia, indio otomí que pretendía tener parentesco con la nobleza indígena de Jilotepec (no existen pruebas que apoyen esa pretensión). Después de tomar parte en la conquista de Querétaro, siguió estando activo en el servicio militar y encabezó varias expediciones hacia el norte. Se le han atribuido el descubrimiento y la conquista de grandes territorios y la fundación de muchas poblaciones. Don Fernando fue objeto de muchos elogios por la energía que desplegó y por las erogaciones que hizo en la conquista del Norte, y entre ellos, y no el de menor importancia, el de habérsele ennoblecido formalmente, concediéndole el título de hidalgo. Igualmente recibió el de "Capitán General de los Chichimecas" y fue designado gobernador de Querétaro.

Don Fernando de Tapia, de acuerdo con testimonios de sus contemporáneos, predominó en el desarrollo inicial de Querétaro. Distribuyó tierras entre indios y españoles y ayudó a echar los cimientos de la nueva ciudad; construyó canales de riego, levantó cosechas, gobernó en la nueva región, concertó matrimonios políticos para reducir las tensiones de los indios, construyó un hospital y de manera continua ayudó a los franciscanos para la propagación de la fe. Esta lista de elogios por sus realizaciones, tal vez exagerada, demuestra que don Fernando se movía con facilidad entre la sociedad española, adoptando muchos rasgos europeos. Sus primeras actividades mercantiles, que exigían trabajar con otras culturas, y la participación que tuvo en muy diversas actividades con posterioridad a la llegada de los españoles, contribuyeron a que aceptara rápidamente las nuevas condiciones impuestas por los españoles.[14]

[14] "Información de los méritos y servicios prestados por don Fernando de Tapia, en la conquista y fundación de Querétaro y probanza del cacicazgo de don Diego de Tapia",

La historia de los Tapia abarca tres generaciones. Don Fernando y su esposa, doña Magdalena, tuvieron cinco hijos; don Diego de Tapia, doña Magdalena, doña María, doña Catalina y doña Beatriz. Todas las hijas de don Fernando se casaron con indios principales, pero no tuvieron herederos legítimos.[15] Don Diego tuvo una hija, doña Luisa, quien vivió en Querétaro hasta la década de 1640.

Don Diego de Tapia, al igual que su padre, tuvo en su abono haber encaminado el desarrollo inicial de Querétaro. Igualmente participó en las expediciones que se dirigieron hacia el norte, contribuyendo al descubrimiento de San Luis Potosí, del valle de San Francisco y de las minas de Palmar, Escamela, Totanico y Huasquiluco.[16] Para poder distinguir entre don Diego el hombre y don Diego el "cacique", no basta hacer una lista de sus realizaciones. Es necesario efectuar una investigación sobre la forma en que don Diego participó en un orden social y económico cada vez más complejo.

La característica más notable de las actividades económicas de don Diego es la diversidad. Era dueño y administrador de estancias de ovejas y de ganado mayor, de fincas trigueras, de viñedos y de hortalizas. Una parte de sus bienes la había heredado de su padre y se le confirmó su título de propiedad en 1604.[17] Las tierras donde se cosechaba el trigo tenían solamente una extensión de tres caballerías. La mayoría de sus tierras las había adquirido mediante compras que hizo a españoles y no por herencia. Apegándose a una norma usual en los españoles dueños de fincas, don Diego frecuentemente tomaba en arrendamiento tierras de los demás, convirtiéndose así en arrendatario.[18] Como constantemente compraba y arrendaba tierras es imposible precisar la cuantía exacta de sus bienes.[19] Era comparable, indudablemente, a los bienes de los más importantes propietarios españoles. En su vida posterior (1590-1614) las tierras representaron su más importante activo financiero.[20]

Los ingresos derivados de sus propiedades provenían principalmente de la venta de productos agrícolas. El Cerrillo, Santa Magdalena y San Francisco eran tres haciendas ubicadas cerca de la ciudad, que en la

AGN, *Boletín* (1934), pp. 34-35; "Descripción de Querétaro", pp. 13-18; Alonso de la Rea, *Crónica de la Orden de N. Seráfico P.S. Francisco, Provincia de San Pedro y San Pablo de Michoacán en la Nueva España* (México, 1882), p. 275.

[15] "Información de los méritos", p. 48.

[16] Rea, *Crónica*, pp. 175-176.

[17] "Información de los méritos", pp. 47-61.

[18] MNAH, Juan Pérez de Aguilar, 11 de febrero de 1591 (3); Tomás de los Reyes, 13 de febrero de 1602 (1); Nicolás de Robles, 20 de julio de 1606 (5), 27 de julio de 1606 (5); Gaspar de Porras, 15 de febrero de 1609 (7).

[19] MNAH, Juan Pérez de Aguilar, 15 de agosto de 1589 (3), ? de junio de 1590 (3); Baltasar Martín, 30 de junio de 1598 (2), 24 de agosto de 1598 (1).

[20] MNAH, Baltasar Martín, 18 de agosto de 1602 (4).

década de 1590 producían cosechas que se llevaban a los mercados. En junio de 1599, don Diego vendió más de 1 500 fanegas de trigo de esas fincas. El comprador del trigo fue Francisco Fernández, distribuidor local de trigo y de ganado, asociado de negocios de toda la vida de don Diego. Hernando Cardoso, ganadero de la localidad y a veces comerciante, actuó como fiador. Cardoso y don Diego compartían otros intereses comunes, ya que confiaban en el mismo agente de la ciudad de México.[21] En sus tierras se producían además del trigo, importantes cantidades de maíz y de chile, que en ocasiones vendían en los mercados de otras provincias.[22]

En los alrededores de 1600, don Diego era el principal ganadero de origen indio de la provincia, aun cuando sus intereses en la ganadería habían venido disminuyendo desde 1590. La venta de ovejas, reses y cerdos le produjo mucho menos que la venta de cosechas en 1600. Las ventas eran sumamente importantes para su posición financiera, ya que la mayor parte se hacía a gente de la ciudad de México, quienes inmediatamente hacían pagos que se abonaban en la cuenta de don Diego en la ciudad de México, siempre escasa de fondos. [23]

Don Diego organizó y cultivó sus tierras agrícolas de una manera muy semejante a la de las tierras de propiedad de españoles. Para la administración de sus tierras nombraba mayordomos, siempre identificados como españoles. Los indios de la localidad que le debían pequeñas cantidades formaban el núcleo principal de su fuerza de trabajo. Su posición de cacique y de gobernador aumentaba su posibilidad de contratar el barato trabajo de los indios, pero a diferencia de los caciques de otras regiones, al parecer no tenía un grupo permanente de subordinados o dependientes. Por medio de contratos individuales de acuerdo con los cuales se hacía un pago moderado por concepto de anticipo de salarios continuó asegurándose su provisión de trabajadores.[24]

En la ciudad, don Diego era dueño de casas, hortalizas y lotes baldíos. No hacía uso de sus propiedades urbanas en forma tan consistente y concienzuda como de sus propiedades agrícolas. El mayor conjunto de edificios de su propiedad incluía una gran casa con muchas habitaciones, un patio interior y jardines. Sus demás propiedades eran mucho

[21] MNAH, Baltasar Martín, 26 de mayo de 1598 (1), 23 de junio de 1598 (2), 9 de junio de 1599 (2), 14 de junio de 1599 (2), 21 de junio de 1602 (4).

[22] MNAH, Juan Pérez de Aguilar, 29 de marzo de 1591 (3); Baltasar Martín, 27 de febrero de 1596 (2); Nicolás de Robles, 30 de mayo de 1606 (5).

[23] MNAH, Juan Pérez de Aguilar, 2 de agosto de 1590 (3), 7 de agosto de 1590 (3), 5 de noviembre de 1590 (3), 11 de febrero de 1591 (3), 6 de noviembre de 1591 (3); Tomás de los Reyes, 24 de noviembre de 1614 (1).

[24] MNAH, Juan Pérez de Aguilar, 29 de marzo de 1591 (3); Baltasar Martín, 2 de noviembre de 1598 (1).

menos valiosas. Durante la década de 1590 arrendaba de vez en cuando una buena parte de sus tierras, pero nunca dependía exclusivamente de las rentas para su bienestar económico.[25]

Los intereses que don Diego tenía en las tierras llegaban hasta la ciudad de México, en donde fue dueño de propiedades por lo menos hasta 1598. En ese año vendió unas casas de México para pagar una deuda importante. No se conoce la frecuencia de sus viajes a la ciudad de México, ni tampoco si residía allí en sus casas aun cuando fuera temporalmente, pero el solo hecho de que tuviera casas es otro ejemplo de las características españolas que trataba de emular. Ningún otro dirigente indígena durante esta época, y muy pocos dirigentes españoles, mostraron la misma diversidad en propiedad de tierras.[26]

De manera notablemente parecida a la del encomendero local, don Diego tenía un constante interés por las poblaciones mineras del Norte. Era dueño de fajas mineras en Xichú, Palmar, el valle de San Francisco y Escamela. La propiedad que tenía de estas minas tuvo su origen en su participación en las expediciones hechas por el Norte. Además, durante la primera década del siglo XVII encargó a sus agentes que descubrieran y registraran nuevas minas. Algunos de estos agentes, en especial los que habían sido mineros con anterioridad, eran profesionales que servían a muchos clientes de Querétaro, presentando las reclamaciones en su nombre.[27] Las estrechas relaciones de amistad que tenía don Diego con los mineros y el buen trato que dio a determinados individuos le sirvió para aumentar el número de sus propiedades mineras. En 1609, un residente de Querétaro que unos cuantos años antes había sido su socio, donó a don Diego un total de treinta lotes de propiedades mineras, a las que se daban indistintamente los nombres de minas, partes de minas y varas de minas.[28] Por supuesto que esa operación puede haber sido el disfraz del pago de adeudos o de alguna otra consideración que no se mencionó.

La minería era una industria costosa que requería de grandes inversiones de dinero antes de poder iniciar la producción. Tratando de sacar provecho de sus minas de Escamela, don Diego tuvo que invertir en materiales grandes cantidades de dinero. Un carpintero de Querétaro, utilizando las materias primas y los trabajadores proporcionados por

[25] MNAH, Baltasar Martín, 9 de febrero de 1598 (1), 27 de octubre de 1598 (1), 3 de diciembre de 1598 (1), 18 de diciembre de 1598 (1), 16 de diciembre de 1602 (4); Nicolás de Robles, 14 de junio de 1606 (5); Gaspar de Porras, 25 de febrero de 1609 (7).

[26] MNAH, Baltasar Martín, 16 de enero de 1599 (2), 6 de septiembre de 1602 (4).

[27] MNAH, Nicolás de Robles, 27 de diciembre de 1605 (5), 1o. de abril de 1606 (5), 2 de abril de 1606 (5), 23 de abril de 1606 (5), 24 de abril de 1606 (5), 29 de abril de 1606 (5).

[28] MNAH, Gaspar de Porras, 17 de noviembre de 1609 (8).

don Diego, vigiló las obras de Escamela en 1606. Los principales edificios, llamados hacienda de ingenio de agua para moler metales, tenían en su interior un molino de agua y cuatro hornos para fundir el mineral. Cuando se iniciaron los trabajos había tres niveles en la administración; Don Diego, un superintendente y coordinador y otro español al que se le llamaba mayordomo. En el primer mes de 1609, tal vez a causa de los altos costos de operación y la baja producción, don Diego ordenó que todo el negocio, incluyendo los trabajadores indígenas, se ofreciera en arrendamiento, sin restricciones en cuanto al monto de la renta o al término del contrato.[29]

En algunas de sus minas de Palmar, Xichú y del Valle de San Francisco, don Diego invirtió igualmente grandes cantidades de dinero. En comparación con sus demás inversiones, la minería era notoriamente más importante pero de menos provecho durante el principio del siglo XVII. La única mención relacionada con producción de plata proveniente de cualquiera de sus minas se hizo cuando destinó la plata de Xichú para liquidar una de sus cuentas. Para respaldar sus costosas empresas mineras, se atenía a los ingresos que le producían sus fincas en los alrededores de Querétaro.[30]

El crédito que le concedían las personas de la localidad y de la ciudad de México era esencial para don Diego. Era considerable el apoyo que le daban los ganaderos y los agricultores, pero nunca tan grande como el de los comerciantes.[31] Los comerciantes de Querétaro Juan Rodríguez Galán, Estaban de Aguilar y Antonio de Arango eran personajes importantes en sus negocios financieros. Los convenios que celebraban con don Diego podían ser muy complicados. En 1597, don Diego autorizó a Juan Rodríguez Galán para que contrajera obligaciones a su cargo hasta por la cantidad de 380 pesos para la adquisición de vino, cacao, plata y otras mercancías. Las mercancías debían ser entregadas al comerciante Esteban de Aguilar, quien tenía la obligación de venderlas. De los productos que obtuviera Aguilar podía quedarse con 260 pesos que don Diego le debía. El resto debía entregarse a otra persona, en nombre de un ganadero portugués. Esos financiamientos, apoyados únicamente en una promesa, desencadenaban una serie de operaciones que afectaban los créditos y los adeudos de otras muchas personas. El valor total de las propiedades de don Diego y el buen nombre de sus fiadores hacían posible este tipo de financiamientos. Los comerciantes,

[29] MNAH, Nicolás de Robles, 3 de agosto de 1606 (5), 23 de agosto de 1606 (5); Gaspar de Porras, 3 de enero de 1609 (7).

[30] MNAH, Baltasar Martín, 23 de noviembre de 1597 (1), 21 de enero de 1598 (1); Tomás de los Reyes, 21 de enero de 1602 (1); Nicolás de los Reyes, 27 de diciembre de 1605 (5).

[31] MNAH, Baltasar Martín, 17 de agosto de 1597 (1), 23 de enero de 1598 (1); Nicolás de Robles, 7 de enero de 1606 (5).

los ganaderos y los hombres de negocios influyentes como Duarte de Tovar firmaban los pagarés conjuntamente con él y garantizaban el cumplimiento de los contratos.[32]

La abundancia de dinero que producían algunas de las tierras de don Diego y su posibilidad de recurrir a los personajes importantes de la provincia para el financiamiento de sus empresas no deben velar la vulnerabilidad de su situación económica. Los Tapia, particularmente don Diego, eran partes litigantes en muchos de los juicios y contrademandas que formaban parte de la vida diaria de la provincia. Don Diego promovió pleitos legales contra sus parientes, contra otros indios y contra unos españoles. El primer documento probatorio de que se dispone sobre don Diego se refiere a un juicio que su madre promovió en su contra. Según parece, por la década de 1570 vendió propiedades de su madre sin su consentimiento. También utilizó el nombre de su madre para pedir dinero prestado, que difícilmente podría pagar a su vencimiento. Esos actos temerarios tuvieron como consecuencia que fuera puesto en prisión y se embargaran sus propiedades. Por lo menos dos veces fue encarcelado con anterioridad a 1600, lo cual era algo más bien frecuente, que no siempre afectaba la buena reputación de indios y españoles.[33]

Un buen número de los litigios promovidos por los Tapia tenían relación con la propiedad de sus tierras. Los pleitos tenían cierto carácter familiar. Uno era sobre la reparación de los daños causados por ganado que andaba suelto. Otro tenía que ver con tierras que estaban a discusión de la dote de doña María de Tapia. Otro más estaba relacionado con tierras de los Tapia que se habían arrendado a españoles, que obligaban a los indios a cultivar las tierras y prestarles servicios personales.[34] La gran cantidad de bienes que tenían los Tapia traían consigo muchos litigios pero éstos nunca tenían un carácter moral o tenían relación con delitos de violencia. En los litigios y listas de juicios que se han revisado nunca fue acusado ninguno de los Tapia de adulterio, robo o asesinato.

La posición de don Diego en la provincia lo hizo blanco de ataques de otro carácter. En un incidente que resulta muy ilustrativo, el alguacil

[32] MNAH, Juan Pérez de Aguilar, 17 de octubre de 1590 (3); Baltasar Martín, 7 de mayo de 1598 (1), 9 de abril de 1597 (1), 1o. de junio de 1597 (1), 17 de octubre de 1597 (1), 25 de octubre de 1597 (1), 9 de abril de 1598 (2), 21 de agosto de 1598 (1), 10 de septiembre de 1598 (1), 29 de octubre de 1598 (1), 10 de septiembre de 1598 (1), 31 de diciembre de 1598 (1), 11 de junio de 1602 (4); Nicolás de Robles, 17 de mayo de 1606 (5); Tomás de los Reyes, 11 de marzo de 1614 (1).

[33] MNAH, "Lista de procesos", 9 de noviembre de 1589 (21); Juan Dalava Ibarra, 17 de septiembre de 1584 (21), 17 de noviembre de 1584 (21), 7 de mayo de 1585 (21), 11 de noviembre de 1589 (21).

[34] MNAH, Francisco Ramos, 24 de noviembre de 1576 (21); Juan Dalava Ibarra, 18 de agosto de 1590 (21).

mayor de las minas de Xichú y Palmar de la Vega hizo encarcelar a don Diego. Calderón de la Vega, que igualmente era juez laboral de las minas, creyó que don Diego era responsable de haber obligado a unos indios de Querétaro a trabajar en Xichú, lo cual era inexacto. Don Diego arguyó con toda razón que supuesto que en esa época no desempeñaba ningún cargo con excepción del de cacique no podía ser responsable de los trabajos forzados. Para dar más fuerza a su argumento llamó como testigo al encomendero don Pedro de Quesada.[35] Don Diego pronto fue puesto en libertad. La comunidad española confiaba mucho en don Diego para que cooperara a hacer funcionar sus instituciones.

Los litigios relacionados con las propiedades de don Diego eran cada vez más numerosos a medida que crecían sus intereses económicos. Cada una de las empresas requería constantemente entrar en contacto con los españoles. En definitiva sus asociados en los negocios le ayudaron para que precisara su rango social ante los ojos de los españoles. Por ejemplo, tenía una amistad íntima con el comerciante Esteban de Aguilar y con su esposa. Juan de Chavarría, comerciante y dueño de un obraje, era compañero de juego de Don Diego. Residentes dignos de respeto y emprendedores buscaban su apoyo para sus aventuras de colonización. Andrés de la Rea, Francisco Marín y Francisco de Saldarriaga, los tres ganaderos con mucha fuerza, se unieron a él para solicitar autorización para fundar una población española en Río Verde.[36]

Al mismo tiempo que don Diego era económicamente activo en la comunidad española, seguía siendo importante en relación con los asuntos de los indios. Tenía una gran influencia en el concejo de indios todavía en 1641, mucho tiempo después de que había dejado de desempeñar el cargo de gobernador.[37] Su importancia iba más allá de la esfera política. Al igual que los españoles poderosos, don Diego y sus hermanas eran muy solicitados como testigos y como padrinos en los bautizos de los indios. Más representativas en relación con su posición en la comunidad eran las peticiones que se le hacían para que fuera padrino de hijos de españoles, lo cual es un honor que no se acostumbraba conferir a los indios.[38]

La estimación de la comunidad por don Diego aumentó a medida que él envejecía. Esto se dejaba ver en forma sutil en los registros notaria-

[35] ANQ, 27 de junio de 1599 (Civil, 1570-1596).

[36] MNAH, Baltasar Martín, 7 de mayo de 1597 (1), 19 de enero de 1598 (2), 7 de mayo de 1598 (1), 19 de diciembre de 1598 (1).

[37] MNAH, Nicolás de Robles, 29 de diciembre de 1605 (5); Tomás de los Reyes, 24 de noviembre de 1614 (1); AMGH, Archivo de la Parroquia de Santiago de Querétaro, "Bautismos y matrimonios de indios", 8 de septiembre de 1605, 7 de febrero de 1603, 18 de mayo de 1608 (55, 56).

[38] MNAH, "Libro de bautismos", 23 de noviembre de 1597 (30).

les. En las décadas de 1580 y 1590 se le mencionaba generalmente como "indio principal, ladino en la lengua española"; pero para 1610 lo de indio y ladino ya no aparecía. Se hacía referencia a él simplemente como "don Diego de Tapia, cacique". El 24 de noviembre de 1614 redactó el codicilio de su testamento. Su firma, que antes era enérgica y firme, aun cuando no tan rebuscada como las de algunos cabecillas indios, se había reducido a un débil garabato, casi ilegible. Debió de morir muy poco tiempo después.[39]

Los Tapia

Todo lo que se sabe de la primera mujer de don Diego es que era probablemente una india cacica nacida en Querétaro. Su segunda esposa la cacica doña María García, también había nacido en Querétaro. Doña María sobrevivió a don Diego casi treinta años, y finalmente se casó con otro funcionario indígena. Llevó muy pocos bienes a su matrimonio, tal vez porque ella había recibido tan sólo una pequeña parte de la herencia de don Diego. Para la década de 1640, sin embargo, ya era dueña de una considerable extensión agrícola que ella y su segundo esposo habían acumulado. Cuando hizo su testamento conservó religiosamente la memoria de la familia Tapia, disponiendo que se dijeran misas por don Diego en el convento de Santa Clara y por una de sus hermanas en el convento de San Francisco. Aun cuando se había casado con dos indios importantes que prácticamente vivían como españoles, doña María García nunca aprendió a hablar español ni estableció fuertes relaciones con la comunidad española.[40]

El matrimonio de doña María García con un cacique y luego con un indio principal ilustra una convención social muy común en las doñas indígenas hasta finales del siglo XVIII. Se casaban o bien con indios que tenían algún título o con españoles. A semejanza de las mujeres españolas, se preocupaban mucho por concertar buenos matrimonios, o por lo menos que no fueran malos. Para lograrlo luchaban para ofrecer buenas dotes a sus probables maridos.[41]

Las hermanas de don Diego tenían un mejor instinto para descubrir las oportunidades económicas que sus esposos. En particular doña Beatriz de Tapia y doña María de Tapia, las dos viudas y sin hijos por el año de 1590, concertaban numerosos contratos de negocios. Aun cuando probablemente no hablaban español, ya que siempre comparecían con

[39] MNAH, Tomás de los Reyes, 24 de noviembre de 1614 (1).
[40] MNAH, Diego de Zerezeda, 31 de marzo de 1644 (1).
[41] AGN, Padrones, vol. 12, 1791.

un intérprete, la organización de sus empresas y los aspectos sociales de su vida dan fe de una relación más íntima con la cultura española.

De todas las hermanas, doña Beatriz de Tapia fue la única que trató de volverse a casar. Después de la muerte de su primer marido, don Francisco de León, gobernador de Acámbaro, hizo un convenio con Miguel de Saucedo, inmigrante de Toledo, por medio del cual prometía llevar una dote de un tercio de sus bienes cuando se casaran. A partir de este momento es difícil seguir el curso de sus relaciones. Saucedo seguía compareciendo en las escrituras junto con doña Beatriz, interviniendo generalmente como fiador en relación con las operaciones sobre las propiedades de ella. Nunca se hacía referencia a él como su esposo. Cuando hizo su testamento en 1601 dejó un terreno a Juana de Tapia, tal vez pariente o criada, a quien se hacía referencia como la esposa de Saucedo. La comprobación de este matrimonio se confirma también por medio de los registros bautismales. Cualesquiera que hayan sido sus relaciones personales con Saucedo, doña Beatriz confiaba en él para la administración de sus bienes.[42]

La cuantía de los bienes de doña Beatriz aumentó considerablemente en la década de 1590, cuando adquirió nuevas propiedades. Algunas eran contiguas a las tierras que ya eran propiedad de su hermano.[43] Llegó a tener varias fincas de trigo que se extendían de Querétaro a Apaseo. Estaba más vivamente interesada por sus propiedades de Querétaro, que manejaba por medio de administradores españoles o bien en ciertos casos mediante la organización de sociedades agrícolas con españoles.[44] Con posterioridad a su muerte muchas de sus tierras fueron destinadas a las capellanías.[45]

Los intereses rurales de doña María de Tapia se inclinaban más hacia la ganadería que los de doña Beatriz. Las utilidades provenientes de las tierras de pastoreo y de la venta de ovejas eran mayores que las de las cosechas agrícolas. Para la venta del ganado doña María utilizaba los canales de distribución que había establecido don Diego. También se atenía a los comerciantes relacionados con éste para el abastecimiento de sus fincas. La extensión de sus tierras aumentó considerablemente

[42] MNAH, Juan Pérez de Aguilar, 4 de octubre de 1590 (3); Baltasar Martín, 4 de marzo de 1597 (1), 26 de agosto de 1597 (1); "Libro de bautismos", 23 de noviembre de 1597 (30), Francisco González Cossío, "Testamento de doña Beatriz de Tapia, hija del conquistador de Querétaro don Fernando de Tapia", AGN, *Boletín*, 18:4 (1946), pp. 475-489.

[43] MNAH, Juan Pérez de Aguilar, ? de 1589 (3); 4 de octubre de 1590 (3); Baltasar Martín, 4 de marzo de 1597 (1), 26 de agosto de 1597 (1).

[44] MNAH, Juan Pérez de Aguilar, ? 1589 (3); Baltasar Martín, 4 de marzo de 1597 (1); 9 de abril de 1597 (1), 1o. de junio de 1597 (1), 26 de agosto de 1597 (1), 27 de noviembre de 1597 (1), 9 de junio de 1599 (2).

[45] "Testamento de Doña Beatriz de Tapia",

en los años de 1590 por medio de nuevas adquisiciones, pero nunca llegó a ser tan grande como las de doña Beatriz.[46]

Era muy grande el total de las tierras de propiedad de la familia Tapia, que se extendían principalmente hacia el occidente, pero que incluían también tierras para pastoreo de ovejas al norte de San Miguel. Con excepción de algunos predios urbanos, los títulos de propiedad de las tierras estaban a nombre de los miembros de la familia. La propiedad individual no era un impedimento para que hubiera una íntima colaboración en los asuntos financieros. Don Diego garantizaba los contratos de sus hermanas y tomaba a su cargo sus deudas cuando no podían pagarlas. En ciertas ocasiones algunos miembros de la familia emprendieron conjuntamente empresas agrícolas dando en arrendamiento como si fuera una sola unidad bienes de propiedad de varias personas. En tales casos las hermanas Tapia siempre se sometían a la pericia de don Diego en materia de finanzas. Le otorgaron poderes para cobrar adeudos, pagar cuentas, comprar y vender propiedades e iniciar procedimientos judiciales.[47] La importancia de don Diego en los asuntos financieros del resto de la familia surgió nuevamente cuando fue nombrado albacea de las herencias de sus hermanas.[48]

El último heredero sobreviviente de los Tapia que aparece en los registros notariales fue doña Luisa, hija de don Diego, y única hija legítima de toda la segunda generación de los Tapia. La vida de doña Luisa transcurrió encerrada dentro de los muros del convento de Santa Clara de Jesús, en donde tomó el nombre de doña Luisa del Espíritu Santo. Periódicamente aparecía su nombre entre los de las monjas del convento cuando éste celebraba obligaciones contractuales. Su firma muestra que tenía educación y probablemente hablaba español. No se conocen los detalles de su vida fuera del convento.[49]

Como no había herederos varones supervivientes el dominio social y económico de los Tapia terminó a principios del siglo XVII. Con anterioridad su presencia en el Bajío se había dejado sentir muy enérgicamente en la agricultura, la ganadería y la minería. El nivel del control económico y de la prominencia social que había alcanzado la familia nunca pudo ser igualado por otros indígenas. Aun así, el término "caci-

[46] MNAH, Juan Ibarra Dalava, 3 de febrero de 1587 (1); Juan Pérez de Aguilar, 20 de febrero de 1591 (3), 2 de marzo de 1590 (3), 16 de marzo de 1590 (3); Baltasar Martín, 1o. de noviembre de 1599 (2).

[47] MNAH, Juan Pérez de Aguilar, 21 de enero de 1590 (3); Baltasar Martín, 11 de mayo de 1597 (1), 7 de enero de 1598 (2), 25 de enero de 1598 (2), 9 de diciembre de 1598 (2), 18 de diciembre de 1598 (2).

[48] MNAH, Baltasar Martín, 7 de julio de 1598 (2), 3 de noviembre de 1598 (1), 4 de noviembre de 1598 (1), 22 de noviembre de 1598 (1), 5 de noviembre de 1598 (1), 9 de diciembre de 1598 (2); "Testamento de Doña Beatriz de Tapia".

[49] MNAH, Miguel de Solís, 14 de febrero de 1622 (9).

cazgo" que en general se aplicaba a las tierras de indios de otras regiones, no es el adecuado para las tierras de don Diego y de sus hermanas. Se empleó solamente en una ocasión (en una confirmación oficial de las tierras recibidas por don Diego por herencia de su padre) en toda la documentación relacionada con la familia que se ha examinado. Ni el linaje ni la propiedad de tierras anteriores a la conquista fueron el origen de los bienes de los Tapia. La riqueza y el prestigio de la familia tuvieron su origen en las hazañas de don Fernando de Tapia al iniciarse la fundación de Querétaro. Don Diego y sus hermanas aprovecharon la riqueza y la reputación de su padre así como una sensata administración de sus bienes para engrandecer sus propias posiciones sociales y económicas en la comunidad. Cuando la vida de don Diego llegaba a su fin, sus actos y sus creencias eran los de un hombre totalmente hispanizado. Sus hermanas en cambio, aun cuando residían en la ciudad y eran grandes terratenientes y miembros de cofradías españolas, parece que culturalmente seguían siendo más indias que españolas. Nunca aprendieron a hablar español ni supieron firmar.

Los Tapia, tanto los hombres como las mujeres, desempeñaron un papel muy importante en la colonización del Bajío oriental. Aun con anterioridad a la fundación de Querétaro, don Fernando de Tapia intervino como eslabón entre el Bajío y el Valle de México. Después de la fundación de Querétaro la familia contribuyó a la unión entre las tierras colonizadas y las no colonizadas, entre los centros urbanos y los poblados minúsculos, entre los españoles y los indios. Al hacerlo, la familia Tapia fue esencial para la primitiva colonización del Norte.

Otros caciques

Una sucesión de personas y de familias siguió a los Tapia, dejando solamente débiles huellas en la historia de Querétaro. Surgió una familia notable junto a la de los Tapia al iniciarse el siglo XVII, pero su reputación y su riqueza nunca fueron iguales. Don Baltasar Martín fue el sucesor de don Diego de Tapia como cacique y gobernador. Era hijo de don José Martín y de doña Dorotea de la Cruz, quien puede haber sido hija de don Juan Bautista Valerio de la Cruz, el indio de Texcoco que fue designado capitán de los chichimecas en 1559.[50] Don Baltasar Martín no fue el primer gobernador de la provincia que llevara el apellido Martín, pero sí fue el primero que logró tener una influencia algo más que efímera. Era dueño de dos haciendas y de numerosas fracciones de terrenos y un traficante activo que llevaba cuentas con los comerciantes del lugar y con los de ciudades alejadas. Fue igual-

[50] MNAH, Lorenzo de Figueroa, 6 de junio de 1655 (22); Anastasio Zerecero, *Memorias para la historia de las revoluciones en México* (México, 1869), pp. 475-479.

mente el primer indio de la ciudad que obtuvo el permiso para explotar un obraje. Él y su esposa doña María Magdalena tuvieron tres hijos, dos de los cuales adoptaron el apellido de la Cruz. Su única hija se casó con un cacique de Tlaxcala.[51]

Resulta difícil seguir la huella de la familia después de 1655 en que ocurrió la muerte de don Baltasar Martín porque los nombres Martín y de la Cruz estaban muy difundidos entre los indios. Todavía en 1720 los indios de Querétaro que tenían aspiraciones de nobleza pretendían ser descendientes de la familia original de la Cruz. Cuando la documentación parecía suficiente, se aceptaban sus pretensiones.[52]

Al iniciarse el siglo XVIII, los caciques se encontraron con que era cada vez más difícil vivir como los Tapia y los Martín. Eran reducidos sus intereses en las tierras, quizá una cuantas parcelas y unas casas. Sus intereses comerciales eran aún más pequeños y más limitados geográficamente. La estimación y el poder de que disfrutaban en las comunidades españolas e indígenas era casi inexistente.[53] La posición de los caciques decayó más aún a medida que adelantaba el siglo.

De una manera muy general, la historia del Bajío oriental nace paradójicamente de la fusión del incremento de las distinciones sociales y económicas. La heterogeneidad cultural de la población indígena en el siglo XVI se transformó de manera casi imperceptible en homogeneidad cultural para la época de la independencia. Subsistían algunas distinciones culturales y lingüísticas, pero no tan marcadas como en los tiempos antiguos. Los indios eran sencillamente indios, en lugar de otomíes, chichimecas, tarascos o aztecas. La vida indígena en general estaba haciéndose menos distinta de la vida española. Sin embargo, la vida indígena no se había nublado totalmente, tan sólo formaba parte de un orden político y económico más íntegramente español que el de otras muchas regiones de México. La cultura indígena pudo sobrevivir debido a la permanencia del idioma y de los patrones de los matrimonios, pero no debido a la permanencia de las instituciones políticas y económicas de los indios.

El impacto español produjo la fusión pero también acarreó diferencias sociales y económicas. En la ciudad de Querétaro particularmente los indios trabajaban en diversas actividades, eran dueños de propiedades, se casaban con personas que pertenecían a diversos grupos étnicos y económicos y tenían un variable conocimiento del mundo español. Cada uno de estos factores contribuía a crear diferencias entre los indios que ya eran evidentes desde el siglo XVI.

51 MNAH, Lorenzo de Figueroa, 22 de julio de 1636 (22), 6 de junio de 1655 (22).

52 AGN, Indios, vol. 43, Exp. 231, 15 de marzo de 1720.

53 AGN, Indios, vol. 27, Exp. 184, 19 de julio de 1686, vol. 22, Exp. 66, 1o. de octubre de 1714, Tierras, vol. 252, Exp. 1, 5 de agosto de 1715; MNAH, Domingo Antonio de Parras, 9 de julio de 1713 (51).

XI. LOS MESTIZOS Y LOS NEGROS

Los mestizos y los negros son los residentes de la provincia más difíciles de entender por la falta de documentación adecuada. Generalmente llevaban una vida muy limitada en el aspecto económico y por lo tanto no aparecen en los registros notariales tan frecuentemente como los españoles. En raras ocasiones eran dueños de grandes extensiones de tierras y en consecuencia no se presentan en la voluminosa documentación que hay en relación con la tierra y con las disputas acerca de los títulos de propiedad. Como había muy pocas organizaciones que protegieran sus intereses, son muy limitados los registros relacionados específicamente con los mestizos y con los negros. (En Querétaro había cofradías de negros y de mulatos, pero no he logrado encontrar sus archivos). Sólo entretejiendo fragmentarias hebras de documentación obtenidas de diversas fuentes se puede intentar la descripción de los mestizos y de los negros.

Número de mestizos y de negros

La mezcla de razas ocurría en todas partes en donde los europeos se ponían en contacto con los indios. Poco después de la conquista se empezó a formar un nuevo grupo, que no era de indios ni de españoles pero que era parecido a los dos. El volumen y las características del grupo era variable de una región a otra y de una época a otra. Los lugares en donde la población indígena era poco numerosa y estaba al margen de la economía española se convirtieron en la residencia de los mestizos. En México esto sucedía al Norte, en Venezuela en los llanos, en Argentina en las pampas, en Brasil en la zona de Sao Paulo y en las regiones alejadas del norte. En las zonas centrales de Mesoamérica y de los Andes, el número absoluto de mestizos era mucho mayor, pero debido a la persistente importancia de los indios el papel histórico de los mestizos es menos notorio.

La mezcla entre españoles e indios empezó probablemente en la década de 1530 al establecerse permanentemente la colonización, pero no fue sino hasta fines del siglo cuando los mestizos aparecían con regularidad en los documentos. Aun entonces, eran con frecuencia inmigrantes que provenían de otras partes de México. El índice de crecimiento de los mestizos siguió siendo lento hasta mediados del siglo XVII y en la ciudad había sólo unos cuantos. Por los años de 1640 fueron muy pocos los que se casaron y se bautizaron en la provincia o que eran dueños de propiedades. Después de mediados del siglo el número de personas que se calificaban como mestizos aumentó mucho más rápidamente. En las parroquias había necesidad de llevar libros especiales para registrar los bautismos de los mestizos.[1]

A un lado de los mestizos surgieron otros grupos, Ya en los años de 1580 vivían en la provincia numerosos mulatos y negros, tanto esclavos como libres. Durante toda la primera mitad del siglo XVII había en la ciudad más negros que mestizos. A partir de esa época el número de negros probablemente seguió siendo el mismo y luego empezó a declinar después de las primeras décadas del siglo XVIII. Los mulatos, no obstante seguían siendo numerosos en el siglo XVIII *(Cuadro 31).*

En el siglo XVIII la tendencia de los españoles a hacer una clasificación étnica determinó que se elaborara una nomenclatura más precisa para aplicarse a la mezcla de razas. Dos de los términos que se usaban en Querétaro presentan problemas de definición. El primero es castizo, que se empleó en los censos de 1777 y 1778 y nuevamente en el de 1791. El término castizo generalmente se aplicaba en México al hijo de mestizo y española, y es de suponer que así se empleara en la provincia. La afirmación de que solamente 138 castizos vivían en la provincia en 1777 *(Cuadro 31)* es discutible, ya que 13 años después por lo menos 1 555 castizos vivían en la jurisdicción de Querétaro, mucho menor que la de la provincia.[2] Es posible encontrar varias explicaciones de esa diferencia. Quizá los términos se emplearon de manera diferente en los censos, aun cuando esto es poco probable. Quizá al levantarse los primeros censos era más fácil para los castizos pasar por españoles, aun cuando esto también es improbable. Otra explicación podría consistir en que al finalizar el siglo XVIII el número de mestizos que se casaban con españolas estaba aumentando rápidamente. El ya mencionado apuro en que se encontraban las mujeres españolas para casarse nos lleva a apoyar esta explicación. Aun cuando los castizos formaban un grupo que estaba creciendo rápidamente en la provincia, no constituían una entidad social distinta como los de más tradicionales mezclas de sangre.

El término "lobo" es más problemático que el de castizo. Un "lobo" podría ser el hijo de un indio y un "torna atrás", es decir, el hijo de un español y de una mujer albina (hija de un español y de una mujer morisca).[3] Es poco probable que lobo haya tenido este significado, pues-

[1] MNAH, "Libro de bautismos", 1593-1608 (30); "Libro de velaciones", 1614-1630 (30); Domingo de Urquiza, 29 de julio de 1632 (22-23). Para reunir una información más completa de los nacimientos y matrimonios de los mestizos véase la serie de Querétaro del AMGH.

[2] AGN, Padrones, vol. 12, 1777-1778.

[3] Magnus Morher, *Race mixture in the History of Latin America* (Boston, 1967), p. 58.

to que en la documentación del siglo XVIII no aparece ninguna referencia a los moriscos. Es más probable que lobo haya sido otra designación de los pardos, o sean los hijos de indios y negros o tal vez de indios y mulatos. Es muy reducida la información de la que podemos disponer respecto de la vida de los "lobos" en la provincia.

Después de los indios y de los españoles los mestizos constituían el grupo más numeroso de la provincia al finalizar el siglo XVIII *(Cuadro 31)*. Representaban el 18 por ciento de la población urbana y el 11 por ciento de la población rural en 1777. En seguida venían los mulatos que representaban el 10 por ciento de la población urbana y el 5 por ciento de la rural. Mucho más atrás estaban los lobos, los castizos y los negros, estos últimos casi inexistentes en esta época. En el censo de 1778 aparecen 6 003 personas más que en el de 1777, pero contenía aproximadamente la misma distribución por grupos. Las estimaciones que se han hecho con posterioridad respecto del número de los que tenían mezclas de sangre, aun cuando son muy generales, apoyan las cifras del censo.[4] Por los años de 1790, Humboldt dijo que en la ciudad había 20 por ciento de blancos, 40 por ciento de indios y 40 por ciento de los que tenían mezclas de sangre. En una estimación que se hizo a principios del siglo XIX se dijo que contenía 50 por ciento de indios, 20 por ciento de blancos y 30 por ciento de sangre mezclada.[5]

En la ciudad de Querétaro había con mucho la mayor concentración de personas de sangre mezclada de la provincia. Ahí nacían casi la mitad de los mestizos, de los mulatos y de los "lobos"; ahí trataban éstos de abrirse camino entre los grupos dominantes de españoles y de indios. Fuera de dicha ciudad, solamente en 4 de las 13 poblaciones de la provincia había mestizos. San Juan del Río tenía el mayor número con 459, y después seguía Tequisquiapan con 142, La Cañada con 86 y Santa María Amealco con 8.[6] Estos mestizos eran una minoría, ya que solamente comprendían el 12 por ciento de los mestizos de provincia. La mayoría de los mestizos de fuera de la capital llevaban una existencia más rústica, y vivían junto con los indios y con los españoles en las fincas y ranchos. En otras poblaciones, aun en aquellas que no estaban ubicadas en áreas rurales, seguían una trayectoria semejante. En Guadalupe, por ejemplo, que era un suburbio indígena de la ciudad de México localizado en el camino hacia Puebla y Veracruz, había tan sólo 12

[4] La única indicación respecto de la existencia de una gran población de pardos es la referencia a un censo de pardos que se menciona en el censo de 1791 de la jurisdicción de Querétaro. AGN, Padrones, vol. 12, 1791.

[5] José Antonio del Raso, "Notas estadísticas del departamento de Querétaro, formadas por la asamblea constitucional del mismo, en junio de 1845", *Boletín del Instituto Nacional de Geografía y Estadística*, 33 (1852), p. 233. Las cifras de Humboldt se mencionan en la misma página en las "Notas".

[6] AGN, Padrones, vol. 12, 1777, 1778.

mestizos en un total de casi 2 300 habitantes a principios del siglo XIX.[7] Los mestizos en el siglo XVIII evitaban los poblados indígenas procurando en cambio encontrar una manera de vivir en los grandes centros urbanos y en las fincas y ranchos. Es posible que los mestizos en cierta época hayan quedado confinados principalmente en el campo en otras regiones de la América Latina,[8] pero no existen pruebas que nos hagan pensar que esto ocurría en Querétaro.

Los mestizos

Es más difícil hacer una evaluación de la posición social de los mestizos que la de su número y su distribución por zonas. Se supone que pocos años antes de la conquista los mestizos empezaron a ocupar un nuevo lugar en la sociedad de Latinoamérica. Inicialmente formaban parte de un grupo que estaba estrechamente ligado con los padres, hasta que su creciente número y sus nuevas circunstancias los obligaron a vivir de manera separada. Muchos eran ilegítimos y esta carga estaba siempre encima de ellos en una sociedad tan consciente de la legitimidad. La discriminación legal acompañaba a la cultural relegando a los mestizos a llevar una vida claramente inferior al prohibirles ocupar ciertos cargos.[9]

Los observadores contemporáneos de la sociedad latinoamericana generalmente tenían opiniones ambivalentes acerca de los mestizos, que tal vez eran el símbolo de la ambivalencia que sentían respecto del orden establecido. Jorge Juan y Antonio Ulloa, por ejemplo, dijeron que los mestizos de Quito "...están bien dispuestos a dedicarse a las artes y a los negocios, pero escogen las ocupaciones que gozan de mejor reputación como la pintura, la escultura y otras semejantes" agregando que son "...excelentes para hacer imitaciones, ya que la copia es ciertamente lo que mejor se adapta a su carácter lento y tardo." Igualmente incluyeron la calificación de que "...son tan excesivamente indolentes y perezosos que en lugar de trabajar andan holgazaneando por las calles todo el día." Debe hacerse notar que de la misma manera criticaban a los españoles.[10] Una descripción de los mestizos que se hizo en Querétaro a principios del siglo XIX es semejante por lo que respecta a su ambivalencia...El mestizo era "puntilloso", "agradecido" y "sensato". Era un solda-

[7] Delfina E. López Sarrelangue, *Una villa mexicana en el siglo XVIII* (México, 1957), pp. 114-115.

[8] Morher, *Race Mixture*, pp. 97-102.

[9] Morher, *Race Mixture*, p. 75; Norman F. Martin, *Los Vagabundos en la Nueva España. Siglo XVI* (México, 1957), pp. 94-97.

[10] Jorge Juan y Antonio de Ulloa, *A Voyage to South America* (Londres, 1772), vol. I, p. 263.

do bueno y leal y cumplía bien con sus obligaciones. Pero también se le podía engañar y confundir fácilmente y a veces manifestaba crueldad y fanatismo. El mestizo rural era un trabajador bueno y humilde pero desgraciadamente era muy dado a la prevaricación.[11] Las descripciones modernas de los mestizos no son tan exageradas pero algunos ven a los mestizos como personas "desarraigadas", "desheredadas culturalmente" y que no tienen "un lugar estable en el orden social".[12]

Estas descripciones son inadecuadas para entender a los mestizos del Querétaro colonial. Y sin embargo es difícil hacer una completa descripción del mestizo, principalmente por los problemas derivados de la definición y de una adecuada documentación. ¿Quiénes eran los mestizos de Querétaro? La respuesta tiene que estar concebida desde el punto de vista étnico y de acuerdo con las normas. Era a los hijos de españoles y de indios a los que sus contemporáneos los llamaban mestizos. Los llamaban así porque por el año de 1600 empezaron a adoptar características sociales especiales, que contribuían a que se les colocara en un lugar separado de los españoles y de los indios.

Los individuos llamados mestizos invariablemente trabajaban en ocupaciones que carecían de elevada posición social y que no tenían oportunidades de obtener buenas ganancias. En la ciudad frecuentemente trabajaban como artesanos o más bien dicho como empleados de los talleres de artesanías (no existen pruebas de que los mestizos hayan sido dueños de talleres en el primer siglo de la colonización). Dentro de las filas de la artesanía los mestizos sólo podían trabajar como zapateros o sastres, que son las actividades más elementales de la artesanía. En cuanto a los hijos de los mestizos, el mejor tipo de empleo urbano que tenían a su disposición era trabajar como artesano. Los padres colocaban a sus hijos jóvenes como aprendices con los maestros españoles, quienes les enseñaban el oficio y les proporcionaban alojamiento, alimentación y útiles de trabajo. Además de ser artesanos, los mestizos trabajaban frecuentemente en los obrajes, efectuando las mismas tareas y ganando el mismo sueldo que los indios. De la misma manera que lo hacían los indios, los contratos de trabajo trataban de que los mestizos quedaran permanentemente ligados a su trabajo hasta que hubieran pagado sus deudas. En el campo trabajaban como ayudantes y pastores, y en este caso sus sueldos eran reducidos (40 pesos al año) pero ligeramente superiores a los de los indios.[13]

[11] "Notas estadísticas", p. 234.

[12] Eric Wolf, *Sons of the Shaking Earth* (Chicago, 1967), p. 12.

[13] Este párrafo y el siguiente se apoyan en MNAH, Juan Pérez de Aguilar, 21 de agosto de 1589 (3); Baltasar Martín, 25 de enero de 1598 (1), 2 de octubre de 1598 (1), 29 de octubre de 1598 (1), 30 de noviembre de 1598 (1), 31 de diciembre de 1598 (1), 25 de enero de 1599 (2), 10 de noviembre de 1599 (2); Miguel de Solís, 8 de enero de 1622 (8).

Un elemento común en el trasfondo de muchos mestizos era una especie de registro de antecedentes penales. Los delitos no quedaban especificados pero las multas que se les imponían pocas veces eran mayores de 30 a 40 pesos. Los dueños de los obrajes o de los talleres de artesanías pagaban las multas, incrementanto así el volumen de su fuerza de trabajo. Los adeudos de los mestizos venían a constituir un ciclo de dependencia ya que las deudas aumentaban cada año. El encarcelamiento de los mestizos se debía en parte a su marginal posición social y económica en la comunidad, y ciertamente el hecho de que hubieran sido encarcelados venía a confirmar su condición previa. Una vez que un mestizo había estado en la cárcel le era imposible ocultar sus antecedentes étnicos. Desde ese momento en adelante el término "mestizo" se emplearía libremente siempre que se hicieran referencias a él en los contratos de trabajo. Más aún, las asociaciones personales de los mestizos reforzaban el empleo del término. Los mestizos trabajaban con los indios, con los negros y con otros mestizos, pero no con los españoles. Hasta las esposas indígenas de los mestizos frecuentemente hablaban solamente en un idioma indígena. Los mestizos primitivos formaban parte de ese complejo mundo al que en forma tan imprecisa se referían los españoles como la "república de los indios".

La palabra "mestizo", por lo tanto, tenía diversas pero bien definidas connotaciones alrededor de 1660. Las circunstancias sociales y económicas de los antecedentes de una persona servían para determinar el uso del término. Los mestizos bien reconocidos formaban un pequeño grupo, principalmente trabajadores dependientes, que estaban continuamente en deuda e íntimamente asociados a los indios y a los negros. Es indudable que a muchos residentes de la ciudad que biológicamente eran mestizos no se les llamaba así.

En el curso de cien años se produjeron importantes modificaciones en los mestizos de la provincia. Particularmente su posición económica había mejorado en comparación con la de la época anterior. Ahora ya tenían acceso a la tierra como arrendatarios y como dueños (rancheros) de pequeñas propiedades, en tanto que con anterioridad eran solamente trabajadores del campo. Igualmente eran dueños de sus propios caballos, de las monturas y de armas. Si se comparaban con los bienes de los hacendados, sus propiedades eran minúsculas, y consistían en fracciones de caballerías y en unos cuantos cientos de cabras o de ovejas, un par de mulas, caballos y bueyes. Sus propiedades, no obstante, eran mayores que las que controlaban la mayoría de los residentes. Lo que era aún más importante, los agricultores mestizos parecía que estaban relativamente libres de deudas, y cuando más debían 100 o quizá 200 pesos. Su nueva vida les dio independencia y la oportunidad de tener una mayor riqueza. Aun cuando así lo parecía no les dio una nueva posición social. Aún se seguían casando solamente con mestizos, con indios o con mulatos.[14]

Al finalizar el siglo XVIII la situación de los mestizos había cambiado nuevamente. En los cuadros que se mencionan en el capítulo VII se ha mostrado la posición general de los mestizos durante esta época. Desempeñaban la mayoría de las categorías de ocupaciones de la jurisdicción, excluyéndose únicamente las de mayor prestigio. El cuadro 32 nos proporciona mayores datos sobre las ocupaciones específicas de los mestizos. Persistía la tendencia que se había iniciado alrededor de 1700 de que los mestizos trabajaran las tierras o las arrendaran. Constituían un tercio de los agricultores y arrendatarios que había en la jurisdicción. En la ciudad trabajaban en muy diversas ocupaciones pero se agrupaban más bien alrededor de las artesanías elementales relacionadas con el transporte, con los textiles y con las fábricas de tabaco. (Los castizos trabajaban en las mismas ocupaciones). Tan sólo unos cuantos mestizos habían tenido acceso a las ocupaciones más lucrativas o socialmente más estimadas; había cuatro comerciantes, dos especialistas en azogue, un amanuense y un minero.[15] Estas excepciones son dignas de mención porque muestran que se habían logrado progresos en la ocupación que cien años antes habrían sido imposibles.

Los cambios económicos fueron acompañados de modificaciones significativas en los patrones de matrimonios *(Cuadro 21)*. Veintinueve por ciento de los mestizos que tenían empleo se casaban con mujeres españolas, lo cual es un porcentaje excepcionalmente alto si se reconoce que alrededor de 1600 no aparecía un solo mestizo en los registros de mujeres casadas españolas. Ahora sólo el 6.9 por ciento se casaba con mujeres indígenas, y el resto se casaba con mestizos y unos cuantos con castizos. El ser mestizo ya no implicaba como antes que formara parte de un grupo que viviera más bien como los indios que como los españoles. Social y económicamente el mestizo se había convertido en una parte más estrechamente ligada con el mundo español.

Los mulatos libres

Hasta mediados del siglo XVII las pocas pruebas de que se dispone muestran que los mulatos vivían de manera muy semejante a los mestizos. Trabajaban más intensamente en las actividades relacionadas con las artesanías, en los obrajes y en los trabajos manuales rurales, que inicialmente rechazaban muchos españoles. Unos cuantos mulatos lograban

[14] MNAH, Salvador de Perea, 12 de octubre de 1707 (5), 24 de diciembre de 1707 (50); Domingo de Perea, 19 de junio de 1710 (50).

[15] AGN, Padrones, vol. 12, 1791.

escapar de esta situación, pero eran excepciones; los mulatos, igual que otros individuos con mezcla de sangre, estaban más estrechamente relacionados con el mundo indígena; y aun a finales del siglo XVIII se casaban sólo muy rara vez con españoles o con castizos. También figuraban de manera más destacada en las actuaciones penales, lo cual es otra característica muy especial de los individuos que tenían mezcla de sangre.[16]

Las mulatas vivían de una manera aún más encubierta que los hombres. Casi nunca celebraban contratos y por lo tanto su vida económica y social ha quedado en el misterio. Dos mujeres mulatas sí dejaron sus testamentos a principios del siglo XVIII. Isabel López de Espinosa y Ana de San Antonio, ambas nacidas en Querétaro, eran hijas naturales y no sabían quiénes habían sido sus padres. Las dos vivían en pequeñas casas de adobe con unos cuantos muebles y sus posesiones personales eran mínimas. Ninguna de las dos tenía hijos ni familia numerosa a quien recurrir en una necesidad. Isabel tenía una hermana que vivía con ella. Ana vivía sola. No tenía ni siquiera un heredero a quien dejarle su casita. Probablemente las dos se ganaban la vida trabajando como criadas o vendedoras ambulantes, o tal vez como mancebas o prostitutas. Sus testamentos parecen indicar que eran mujeres muy solitarias, que carecían de amigos o parientes.[17] Es muy semejante el único testamento de que se tiene noticia de una mujer castiza de la misma época. Era soltera y tenía muy pocos bienes. Tuvo cinco hijos pero no parece que hayan estado muy apegados a ella.[18] Las mujeres solteras que tenían mezclas de sangre llevaban una vida muy dura, muy parecida a la de las mujeres solteras indígenas.

Los esclavos negros

La población de esclavos de Querétaro aumentó rápidamente en la década de 1590 a medida que la ciudad entraba en una nueva fase de crecimiento. Los españoles trataban de tener esclavos tanto para que trabajaran como para hacer ostentación de su nueva riqueza y de su influencia.[19] Dicho aumento ocurrió precisamente en el momento en que el comercio internacional de esclavos de México se estaba trasladando del Senegal y Sierra Leona a Angola. Un muestreo de las ventas de

[16] MNAH, Baltasar Martín, 17 de septiembre de 1597 (21), 27 de julio de 1598 (1), 13 de enero de 1600 (3); Nicolás de Robles, 13 de septiembre de 1636 (22); Salvador de Perea, 27 de diciembre de 1711 (51), 16 de enero de 1712 (52).

[17] MNAH, Domingo Antonio Parras, 26 de abril de 1712 (51), 15 de noviembre de 1714 (52).

[18] MNAH, Ignacio de Zerezeda, 7 de enero de 1702 (43).

[19] En esto Querétaro era semejante a otras regiones. James Lockhart, *Spansih Peru, 1532-1560* (Madison, Wisconsin, 1968), pp. 171-193; Frederick P. Bowser, *The African Slave in colonial Peru, 1524-1650* (Stanford, 1974), *passim*.

esclavos que se efectuaron en Querétaro confirma la gran importancia que tuvo Angola como lugar de origen de los esclavos, ya que el 90 por ciento provenían de ahí. El lugar de origen que le seguía en importancia era el vecino Congo, y venían después poco frecuentes apariciones de esclavos de Terranova, Biafra, Guinea y del lugar designado como Bañol.[20]

Los residentes de Querétaro empleaban términos para referirse a sus esclavos que tenían una significación panamericana. Durante la primera parte del siglo XVII a la mayoría de los esclavos les llamaban bozales, lo que quería decir que había nacido en América; a otros les llamaban criollos, o sea nacidos fuera de África, ladinos a los que hablaban español, y entre bozal y ladino al esclavo que no era ni español ni africano. La mayoría de los esclavos criollos venían de México o del Caribe y muy frecuentemente eran ladinos. Sólo unos cuantos esclavos que no eran negros vivían en Querétaro durante esta época.

Al iniciarse el siglo XVIII los residentes seguían comprando y vendiendo numerosos esclavos, pero su origen es incierto. En los contratos de venta no se menciona el origen ni el grado de hispanización. Debido a la preponderancia de los mulatos se puede suponer que en su mayoría eran latinoamericanos, probablemente mexicanos. Los negros siguieron viviendo en Querétaro pero su número disminuyó rápidamente. Tan sólo 33 vivían en toda la provincia en 1777 *(Cuadro 31)*. El esclavo negro fue en Querétaro principalmente un fenómeno del siglo XVII. El número de negros se habían reducido considerablemente desde mucho antes de que concluyera formalmente el tráfico de esclavos, por el aumento de población indígena y mestiza.[21]

El cuadro 33 muestra algunas de las características generales de los esclavos que se vendían en Querétaro. Apoyados en una muestra de 182 esclavos, los esclavos varones tenían un promedio de 18 años cuando se vendían y 21 años las mujeres durante el período de 1590-1630; para el de 1700-1720 la edad promedio de los hombres había aumentado a 23 años y la de las mujeres a 25. Las mujeres se vendían por un precio ligeramente mayor probablemente a causa de su edad, de su escasez comparada con los varones y de su utilidad para el hogar. A medida que aumentaba su edad se reducía el precio de los esclavos. el precio de los varones se redujo de 356 pesos a 307, y el de las mujeres de 373 pesos a

[20] Gonzalo de Aguirre Beltrán, *La población negra de México: 1519-1810* (México, 1946) p. 244. Para obtener un analisis de los datos de Aguirre Beltrán y de la posición de México en el tráfico de esclavos véase Philip D. Curtin, *The Atlantic Slave Trade, A Census* (Madison, Wisconsin, 1969), pp. 46, 88, 98, 99, 111-113. Las observaciones generales sobre los orígenes de la esclavitud y de la nomenclatura están apoyadas en los cientos de referencias a los esclavos en los registros notariales de Querétaro.

[21] Aguirre Beltrán, *Población negra*, p. 81.

315. Esta reducción de precios va contra la tendencia general de los precios en la provincia. La mayoría de las cosas, desde las casas hasta la lana, aumentó de precio aun cuando sea ligeramente en el siglo XVII. La reducción de precios estaba evidentemente relacionada con un aumento de oferta en relación con la demanda local. Las esclavitud seguía siendo importante en 1720 pero ya no era tan esencial para el desarrollo social y económico de la provincia como lo había sido en 1600. Ningún sistema de producción había venido a depender exclusivamente de la esclavitud, a diferencia de lo que había ocurrido en muchas de las regiones de la costa de la América Latina o en alguna de las zonas de tierra adentro que producían artículos de trópico para su exportación. Como la provincia no tenía necesidad económica no tenía para que conservar categorías sociales rígidas relacionadas con una raza determinada. Al finalizar el siglo XVII y al iniciarse el XVIII, gradualmente los negros habían cedido el paso a los mulatos, y los esclavos a los hombres libres.

Por la gran difusión que tuvo la esclavitud el precio de los esclavos es un aspecto muy importante de la historia económica de México, que nos permite penetrar a la dinámica de la economía de las provincias. En las diferentes provincias los precios eran distintos de acuerdo con consideraciones internas. Por ejemplo, Puebla era uno de los mercados de esclavos menos costosos, en donde se vendían en 173 pesos (105 pesos de oro de minas) a mediados del siglo XVII. La reducida población española y una suficiente fuerza de trabajo indígena contribuían a que el precio permaneciera bajo. En la ciudad de México, donde la demanda era mayor, los esclavos se vendían por un precio que era 25 por ciento superior durante la misma época.[22] Cien años después, en Zacatecas los esclavos alcanzaban un precio mucho mayor: casi 300 pesos en 1656 y algo más de 300 pesos en 1685. El bajo precio de los primeros años se puede atribuir a un desplome en la producción de plata, en tanto que para la década de 1680 la producción ya había aumentado, trayendo consigo un aumento de precios.[23] Se puede obtener otro ejemplo en la zona central de México, en donde las haciendas azucareras de Cuernavaca utilizaban muchos esclavos. Por la década de 1590 la mayoría de los esclavos varones se vendía alrededor de 400 pesos, y el precio promedio era de 425 pesos. Ya en 1655 se había reducido a 332 pesos y en 1741 a 311 pesos. Esta indudable reducción de precios estaba probablemente relacionada con una baja en el precio del azúcar.[24] El precio de los esclavos (y probablemente su vida) no era uniforme en México. La diná-

[22] Peter Boyd-Bowman, "Negro Slaves in Early Colonial Mexico", *The Americas*, 26 (Octubre de 1969), pp. 140-143.

[23] P.J. Bakewell, *Minería y sociedad en el México colonial. Zacatecas 1546-1700* (FCE., 1976), pp. 123-124.

[24] Ward Barret, *The Sugar Hacienda of the Marqueses del Valle* (Minneapolis, Minnesota, 1970), pp. 82-83.

mica interna de las diversas provincias constituía un peso muy grande que tenía mucha influencia en el curso de la esclavitud en México.

Aun cuando los esclavos realizaban diversos tipos de tareas en las citadas provincias, generalmente se concentraban en una o dos ocupaciones específicas. En Querétaro la mayoría de los esclavos trabajaba en las fábricas textiles.Durante el principio del siglo XVII constituían casi toda la fuerza de trabajo en ciertas fábricas. En 1644 todos los trabajadores de la fábrica de Pedro de las Casas eran esclavos. Las fuerzas de trabajo que existían a principios del siglo XVIII eran muy semejantes. Sin embargo, a fines del siglo XVIII los negros y hasta los mulatos representaban un porcentaje mucho menor en la fuerza de trabajo de las fábricas textiles. De una fuerza de trabajo total de 1768 trabajadores había 6 negros y 109 mulatos en 1778.[25]

Los demás esclavos de la ciudad trabajaban como sirvientes o como artesanos. Eran numerosos los españoles que eran dueños por lo menos de un esclavo en tanto que los ricos en forma ostentosa tenían hasta nueve.[26] En una casa habitación bien organizada siempre había esclavos, lo mismo que vajillas de plata y buenos muebles. Los deberes de los esclavos en esas casas deben haber comprendido todo lo concebible desde pajes y lacayos hasta cocineros y cuidadores de niños. Los amos también empleaban a sus esclavos como artesanos, especialmente como herreros y sastres. Estos esclavos eran muy valiosos puesto que generaban un ingreso que podía destinarse al sostenimiento de la familia.[27] En el campo, en donde el número de negros nunca fue grande, la mayor parte de esclavos trabajaba en la cría de ganado. Una finca ganadera muy grande como la que era propiedad de don Juan de Orduña, empleaba solamente catorce esclavos negros, que es el mayor número que se había visto en el siglo XVII.[28] Como se mencionó anteriormente, cuando trabajaban en otro tipo de empresas rurales era siempre de manera especializada, generalmente en las fincas trigueras o en la vinicultura.[29] La esclavitud rural es análoga a la de las provincias del interior del Perú, en las que los indios formaban el grueso de las fuerzas de trabajo pero que se complementaban con los negros que trabajaban regularmente sólo en determinadas ocupaciones.[30]

[25] MNAH, Diego de Zerezeda, 1o. de abril de 1644 (1); Salvador de Perea, 22 de agosto de 1714 (22): AGN, Padrones, vol. 12, 1777-1778.

[26] MNAH, Ignacio Cerrano, 25 de julio de 1708 (43).

[27] Por ejemplo, véase MNAH, Nicolás de Robles, 28 de enero de 1606 (5); Miguel de Solís, 15 de mayo de 1622 (9).

[28] MNAH, Clemente Pérez de Anda, 17 de octubre de 1644 (10).

[29] Para tener diversos ejemplos de los empleos de los esclavos véase MNAH, Juan Pérez de Aguilar, 18 de agosto de 1589 (3); Miguel de Solís, 14 de marzo de 1622 (9); Felipe de Santiago, 31 de enero de 1624 (22), ? de marzo de 1631 (11).

[30] Bowser, *African Slaves*, pp. 88-95.

La ocupación puede haber sido la fuerza más determinante para dar forma a la dimensión económica y social de la vida de los esclavos en la provincia. Los que trabajaban como pastores en las fincas ganaderas vivían de manera más semejante a la de los españoles y mestizos que tenían la misma ocupación; igualmente, los que trabajaban como artesanos o en las fábricas textiles vivían de manera muy parecida a la de los indios dedicados al mismo trabajo. Esto no siempre traía consigo una total armonía entre los esclavos y el resto de la población. Es muy sugestiva la forma en que Juan Lobo describía a su esclavo Diego, de quien decía que era muy bueno y que "sólo una vez había tratado de escapar." Los esclavos se llegaban a escapar y tenían ocupados a los amos tratando de recuperarlos. La embriaguez y el libertinaje también formaban parte de la vida de los esclavos, pero eran incidentes aislados que tenían poco efecto duradero sobre la naturaleza de la esclavitud en la provincia.[31]

Era muy importante para esta última la manumisión individual de los esclavos. Desde 1606 los amos empezaron a liberar a sus esclavos ya sea en reconocimiento de sus buenos servicios o porque los esclavos tenían el dinero suficiente para comprar su liberación. No sólo eran éstos los viejos o achacosos. Los niños esclavos y los adultos jóvenes, solos o en grupos hasta de cuatro individuos, obtenían su liberación. Existen numerosos ejemplos que demuestran que la manumisión era algo que ocurría con mucha frecuencia en la ciudad.[32] La manumisión y el cada vez más reducido número de esclavos que se traían a la ciudad acabaron con la esclavitud como institución importante de la provincia en los primeros años del siglo XVIII.

[31] MNAH, Alonso de Alarcón, 9 de noviembre de 1589 (21); Baltasar Martín, 16 de junio de 1598 (2), 7 de octubre de 1598 (1); "Nómina de causas criminales, 1710-1711" (34).

[32] Para obtener ejemplos véase MNAH, Nicolás de Robles, 15 de mayo de 1606 (5); Felipe de Santiago, 13 de marzo de 1628 (11), 17 de mayo de 1630 (11); Domingo Antonio de Parras, 20 de septiembre de 1712 (51), 15 de octubre de 1712 (51), 1o. de septiembre de 1713 (51).

XII. CONCLUSIÓN

DURANTE la época colonial Querétaro pasó por muy claras fases de crecimiento. Se les puede comparar con los cuatro tiempos de una sinfonía que se toca en diferentes aires. El adagio, caracterizado por un lento y disparejo traslado de gente y de instituciones españolas e indígenas hacia la provincia, transcurrió de 1531 a 1580. Querétaro era sencillamente una ampliación de la ciudad de México que aún estaba luchando para poder sobrevivir como una avanzada de la civilización española. Siguió el *prestíssimo*, que fue un periodo de crecimiento notablemente rápido que duró hasta los años de 1620. Para esta epoca ya se habían establecido los patrones básicos de la vida social y económica de la ciudad y del campo. Después vino el *allegro* de 1630 a 1750 en que el ritmo de crecimiento se hizo más lento, sin que se llegara a detener. Ocurrieron pequeños cambios cualitativos y sólo se produjo una elaboración de lo que ya existía. El *scherzo* transcurrió de 1750 a 1810. El ritmo de la vida se hizo más rápido, las personas y las instituciones se enfrentaron a nuevos y cada vez más complejos problemas y las ideas y los acontecimientos internacionales tenían un mayor efecto inmediato que antes.

Esta clasificación general de la historia de la provincia en períodos se apoya principalmente en los cambios económicos y de la población. Si se apoyara en otras modificaciones, tendría que alterarse. Por ejemplo, la transición de un sistema pastoral a un sistema de producción de cosechas agrícolas no queda claramente comprendida dentro de ningún periodo. Tampoco se ajustarían los procesos como la mezcla de razas o los cambios en las convenciones sociales. Se puede hacer también la observación de que cada uno de estos periodos seguía su propio ritmo de modificaciones, caracterizado por avances y retrocesos. Constituyen un buen ejemplo de lo anterior los desastrosos años de la década de 1780.

El desarrollo de Querétaro no siempre corrió al parejo con el de las demás provincias de México. En el Valle de México las dos primeras generaciones después de la conquista fueron años de enormes cambios. Tenochtitlán se convirtió en la capital española, la Iglesia inició y terminó colosales programas de edificación, la gente y las costumbres españolas se introdujeron en el campo en todas direcciones. Muchos de los más notorios cambios que produjo la colonización pareció que se hacían más lentos al concluir el siglo. La exuberancia y la rapidez de los primeros años de la colonización habían terminado. Por el contrario, el periodo de crecimiento de Querétaro estaba apenas empezando en la década de

1580, cinco décadas después de que fue fundada la ciudad. Aun cuando la colonización de Querétaro debería considerarse parcialmente como una ampliación de la colonización inicial del Valle de México, la cronología específica de la historia de la provincia pocas veces coincidía con la de la metrópolis.[1]

La cronología del desarrollo de Querétaro nos proporciona importantes informaciones relacionadas con el problema aún no totalmente resuelto del crecimiento o de la declinación en el siglo XVII. El ensayo de Woodrow Borah en el que se relaciona la disminución de la población indígena con una contracción general de la economía sigue siendo el argumento más convincente respecto de la declinación del siglo XVII[2]. En cuanto a Querétaro, Zacatecas [3] y Yucatán[4] no es correcta la tesis de que haya habido una declinación general a principios del siglo XVII. En estas zonas la fortuna de la comunidad española no dependía necesariamente de la existencia de una gran población indígena. Las conscripciones de trabajadores y los tributos eran insignificantes en Querétaro en relación con la producción de lana al terminar el siglo XVI y al iniciarse el XVII. Cuando en el siglo XVII iniciaron las fincas la producción de cosechas agrícolas para su distribución interregional, la población indígena era suficientemente grande para el abastecimiento del trabajo que se necesitaba. En las fábricas textiles había disponibles suficientes negros e indios para garantizar una mayor producción.

En cuanto a México en conjunto, es posible afirmar que la producción en 1620 era inferior a la de 1520, si se toma en cuenta la casi increíble reducción de la población indígena después de la llegada de los europeos. Por lo que respecta a Querétaro, sin embargo, esto no es aplicable puesto que la población en 1520 era pequeña y fácilmente se trasladaba de un lugar a otro. Solamente podrá llegarse a resolver de manera definitiva el problema de la declinación después de que se haya presentado la historia de las distintas provincias de México a través de todo el período colonial.

Las razones a las que se puede atribuir el crecimiento de Querétaro se modificaron con el transcurso del tiempo. Para el periodo crítico de los alrededores de 1600 los estudios de Francois Chevalier y de P. J. Bakewell han anticipado una relación de causa a efecto entre el aumento de

[1] Para obtener información sobre la cronología del desarrollo de las diversas provincias véase Ida Altman y James Lockhart (eds.) *Provinces of Early Mexico* (Los Angeles, 1976).

[2] Borah, Woodrow, *New Spain's Century Depression* (Ibero-Americana, 35, Berkeley y Los Angeles, 1951), *passim*.

[3] P.J. Bakewell [*Minería y sociedad en el México Colonial*, FCE., 1977] pp. 237-241.

[4] Marta Espejo-Ponce Hunt, "The Processes of the Development of Yucatan 1600-1700", en Altman y Lockhart, *Provinces*, p. 59.

la producción de plata, particularmente en Zacatecas, y el crecimiento del Bajío. Bakewell ha fijado la mejor época de la producción de Zacatecas en las tres primeras décadas del siglo XVII. Como éste fue también el período en que se formaron las fincas del Bajío es razonable suponer que hubo una relación directa entre la agricultura del Bajío y las minas del Norte.[5]

Aun cuando el progreso de Zacatecas y las crecientes necesidades para la alimentación de sus habitantes sustentan este razonamiento, no demuestran que haya existido una relación causal directa. Como lo muestra Bakewell, la población española de Zacatecas fue más bien constante durante los primeros treinta años del siglo: de 1 200 a 1 500 españoles durante los años de 1602 a 1621. Tal vez se podrían agregar 3 mil personas más, entre los que tenían mezclas de sangre,[6] los negros y los indios, para llegar a una población total de 4 500. Aun cuando se supusiera que una población cinco veces mayor que la de Zacatecas se atenía exclusivamente a los productos que recibía de fuera (lo cual no sería exacto), es discutible que las necesidades de todas esas personas puedan ser consideradas como la razón primaria del desarrollo del Bajío. Zacatecas, sin embargo, sí recibía algo de trigo del Bajío, y en algunos años aislados posteriores a 1630 se anotaban esas remesas en el registro local de granos.[7] Del estudio de Bakewell se desprende claramente que las minas ofrecían un mercado para la producción del Bajío; pero es dudoso que las minas hayan constituido los mercados más importantes o los que tuvieran una demanda más estable.

En la iniciación del siglo XVII Querétaro y Zacatecas estaban ligados por relaciones comerciales. La plata de Zacatecas se canjeaba por el ganado y los granos de Querétaro, pero no eran muy grandes ni la cuantía ni la frecuencia de las operaciones. Ni Zacatecas ni ninguna de las demás poblaciones mineras importantes eran los grandes destinatarios de los productos de Querétaro. El comercio con los distantes lugares del Norte era esporádico y desigual. Con posterioridad en el siglo XVII y al iniciarse el XVIII los poblados norteños se convirtieron en mercados de mucha mayor cuantía para los granos y los productos textiles de Querétaro. En cuanto a Querétaro y tal vez respecto de todo el Bajío, la región central de México seguía constituyendo el mayor mercado para el carnero, la lana y el trigo del Bajío. Particularmente la ciudad de México era el factor aisladamente más importante para el progreso de las fincas de la provincia. El descubrimiento y el desarrollo de los centros mineros apresuraron ese progreso. Los comerciantes utilizaban

[5] Bakewell, *Zacatecas*, pp. 58-64; Francoise Chevalier, *La formación de los grandes latifundios en México*. (FCE., 1976), pp. 37-39, 54-56.

[6] Bakewell, *Zacatecas*, p. 268.

[7] *Ibid.*, p. 237.

la plata de Zacatecas para comprar productos de Querétaro, pero lo hacían para que fueran consumidos en la ciudad de México y no en Zacatecas.

La supervivencia y el crecimiento de Querétaro dependían en parte de la ciudad de México, en parte de las minas y en parte de los acontecimientos de la localidad. Cuando se reducía la influencia en el mercado de algunos de estos factores, otro tomaba mayor fuerza para suplir la deficiencia. A diferencia de otras muchas regiones de la América Latina, Querétaro no dependía directamente de los mercados extranjeros, de abastecer la demanda europea o de la producción de artículos de exportación de gran valor. Hasta la última parte del siglo XVIII, las fuerzas externas que daban forma a la provincia eran principalmente mexicanas, no internacionales. En consecuencia, Querétaro pudo evitar los ciclos de altas y bajas que afectaban las regiones en donde se producía cierto tipo de mercancía destinada a los mercados especiales.

La economía de Querétaro era interna pero de ningua manera aislada o retrasada. Cada rama de la economía estaba conectada con las demás formando un sistema complejo de producción e intercambio. Todo formaba parte de la economía mexicana más amplia. Debido a la complejidad de la economía y a las modificaciones que sufrió, resulta difícil someter su organización a ningún marbete general. Comprendía instituciones y tradiciones que la asemejaban a la organización feudal europea. Tenía que enfrentarse a la incesante legislación reglamentaria de la Corona que le daba cierto matiz mercantilista. El carácter feudal y mercantil difícilmente tenía relación con la vigorosa y abierta economía de Querétaro a mediados del siglo XVII. Los hombres a las mujeres estaban haciendo sus fortunas en Querétaro. Tenían un vivo interés por las ganancias y sabían cuáles eran los métodos para obtenerlas. Invertían todo lo que fuera necesario para que fueran provechosos la agricultura, la industria y el comercio, desatendiendo en ocasiones totalmente las leyes que reglamentaban esas actividades. Los hombres y mujeres de negocios de Querétaro generalmente se dirigían hacia la diversificación y no hacia la especialización. Los dueños de las fincas a menudo tenían también intereses en la manufactura y en el comercio. La diversificación estaba muy en consonancia con el propósito de tener utilidades. Como cada sección de la economía dependía tanto de la otra, la diversidad de la propiedad dio a los hombres de negocios más medios para controlar sus destinos financieros.

Las estrechas relaciones entre la agricultura, la manufactura y el comercio nos hace imposible señalar con especialidad una determinada rama de la economía como la de mayor influencia en la vida de provincia. De manera semejante, después de mediados del siglo XVII nos resulta cada vez más difícil individualizar a los agricultores, a los fabricantes o a los comerciantes que ejercían mayor influencia en la provincia. Cada una de estas actividades afectaba el curso de las demás. En su conjunto formaban una economía que se caracterizaba por las cuantiosas inversiones de capital, por los eficientes métodos de producción e intercambio y por un crecimiento relativamente constante.

Hasta los finales del siglo XVIII la economía y la organización social que se moldearon a su alrededor mostraron cohesión y armonía. La cohesión y la armonía existían debido en parte a las oportunidades que había para progresar y en parte porque aquéllas sin oportunidades estaban firmemente atadas al orden establecido. Las desconexiones que habían ocurrido eran insignificantes si se comparaban con la capacidad de la provincia para ajustarse y para adaptarse. Aun las grandes guerras indígenas del siglo XVI y los problemas con la frontera de la Sierra Gorda tuvieron muy poco efecto en la vida de provincia.

Después de la década de 1750 los conflictos se convirtieron en una fuerza más decisiva en la historia de la provincia. Entonces el fuego se veía más fácilmente que el combustible. Tanto la ciudad como el campo pasaron por un estado de intranquilidad que no tenía precedentes pero sus causas específicas y su verdadera extensión no han sido totalmente comprendidas. Lo que parece haber sucedido de una manera muy general es que la provincia ya no podía proporcionar oportunidades sociales y económicas a una población mucho más numerosa. El aumento al doble de la población de 1740 a 1810 ejerció una tremenda presión sobre los recursos disponibles de la provincia. Dos de los resultados que trajeron consigo los cambios fueron un gran desempleo en la población urbana de Querétaro y un mayor número de indios despojados de las tierras que poseían al norte de la provincia. Esta época también trajo problemas a la clase social más acomodada de la provincia. En especial, se redujeron muy considerablemente las oportunidades de los criollos jóvenes y de los hombres acostumbrados a obtener las recompensas propias de la iniciativa y de la competencia. No nos debe extrañar que Querétaro haya sido cuna de planes políticos subversivos.

Sin embargo, estos planes políticos y el cada vez mayor número de conflictos no acarrearon modificaciones radicales o una violencia de cataclismo. En el momento en que la provincia entró al siglo XIX el consenso general era más importante en la vida que los conflictos. Hasta el conflicto que efectivamente sacudió a la provincia parece moderado y templado si se compara con los de otras regiones de la América Latina. Esto se puede ver de manera simbólica por la forma en que Querétaro pudo eludir una gran parte de la violencia de 1810. Miguel Hidalgo y sus ejércitos marcharon victoriosos hacia Guanajuato, en donde ya habían ocurrido disturbios. Evitaron pasar por Querétaro, que era una ciudad en donde prevalecía la estabilidad.

CUADRO 1. *Población de Querétaro, 1590-1810*

Fecha	*Ciudad*	*Provincia*	*Fuente*
1590	1 000	-----	Estimación Personal
1630	5 000	-----	Estimación Personal
1746	26 721	34 771	Villaseñor y Sánchez, *Theatro*, vol.1, p.94.
1777	25 581	75 094	AGN. Padrones, vol. 12 [b]
1773	27 399	81 097	*Ibid.*
1778	47 000	-----	Antonio de Alcedo *Diccionario*, vol. 3, p. 265
1793	-----	70 600	Padrón de 1793 en las "Notas Estadísticas", p. 200
1793	-----	77 660	Humboldt en "Notas Estadísticas", p. 200
1797	45 359 [a]	-----	Padrón de 1797 en las Notas Estadísticas", p. 200
1800	40 000	-----	Septién y Septién, *Querétaro*, p. 201
1803	50 000	-----	Zeláa e Hidalgo, *Glorias*, p. 5
1803	35 000	-----	Humboldt, *Ensayo Político*, vol. 2, p. 265
1804	31 641	-----	Lambarri, *Directorio*, p. 33.
1810	58 000-60 000	126 597	"Notas Estadísticas", p. 200

[a] Jurisdicción.
[b] Para las conversiones de las cifras mencionadas por Villaseñor véase el Cuadro 29.

CUADRO 2. *Número de edificios de Querétaro, 1791*[a]

Edificios ocupados		
Casas de españoles, mestizos y castizos		3 234
Casas de indios tributarios		793
Casas de mulatos y de mulatos tributarios		163
Casas de pardos		55
Casas de morenos		1
		4 246
Edificios desocupados		
Oficinas (asesorías)	488	
Casas	305	
Tiendas	84	
Cocheras	35	
Diversos (y edificios a los que se hace referencia solamente como sin gentes y sin vecindad)	135	1,047
		5 293

[a] FUENTE: AGN, Padrones, vol. 12, 1791. Con excepción de las casas de españoles, mestizos y castizos, ninguno de los demás datos se debe considerar como exacto, ya que el empadronador en ocasiones cambinaba las categorías, como tributarios indios y mulatos o tributarios indios y pardos. Cuando ocurría lo anterior he asignado el número total al grupo étnico mencionado.

CUADRO 3. *Tamaño de las haciendas y ranchos de Querétaro*[a]

Clase	La más pequeña (hectáreas)	La más grande (hectáreas)
	Tierras de labor	
pedazo	21	43
caballería		43
hacienda	1 756	14 216
haciendas de labor (riego, trasquila, temporal, trigo, trigo de riego)	129	7 802
otras haciendas (pan llevar, temporal, trigo de riego, riego y temporal)	86	3 901[b] 8 779
labores (riego y temporal, temporal, y trasquila, de venta)	86	8 864
rancho (de labor, temporal)	43	780
	Tierras de ganado	
estancia de ganado menor		780
estancia de ganado mayor		1 756
sitio	780	1 756
haciendas (de ovejas, de ovejas y cabras, de trasquila, de labor matanza)	7,022	24.437
agostadero	3 121	58 519
(ovejas, cabras)	7 022[b]	131 667[b]
rancho		780

[a] FUENTE: AGN, Tierras; MNAH. **Registros notariales de Querétaro.**
[b] Cuando los registros sobre la extensión de la finca se refieren solamente a sitios, les he dado la categoría probable de la extensión de una finca.

CUADRO 4. *Precios de los predios rústicos 1598-1714* [a]

Descripción	*Precio (pesos)*	*Fecha*
Tierras de labor: caballerías, pedazos		
2 caballerías	500	1589
pedazo de tierra de pan llevar	220	1590
pedazo	10	1590
1 caballería	100	1593
1 caballería	100	1597
2 pedazos	274	1597
1/2 caballería	180	1599
1 caballería	300	1598
1 caballería	400	1598
1 caballería	100	1599
1/2 caballería	60	1622
1 caballería	400	1622
1 caballería	250	1626
1 caballería, pedazo	400	1628
1 1/2 caballería	400	1711
1 3/4 caballerías	500	1713
Tierras de labor: haciendas, labores		
sitio de labor, 2 caballerías	670	1597
hacienda	2 000	1593
hacienda de labor	350	1599
hacienda de labor	1 100	1622
hacienda de labor, 2 estancias	4 100	1622
hacienda	1 274	1622
labor de trigo de riego	1 500	1628
hacienda de labor	7 000	1631
2 haciendas de labor	7 000	1631
tierras	1 300	1707
hacienda de labor de temporal	7 000	1707
hacienda de labor de temporal, 1 1/2 sitios	4 300	1708
hacienda de labor de trigo de riego	24 250	1712
hacienda	5 350	1712

CUADRO 4 *(continuación)*

Descripción	*Precio (pesos)*	*Fecha*
	Tierra de labor: haciendas, labores	
hacienda	3 500	1712
hacienda	5 810	1713
	Tierras de ganado: estancias	
1/2 estancia de ganado menor	300	1590
2 estancias (ganado mayor, potreros, 2 caballerías)	1 200	1590
1 estancia de ganado menor	405	1591
1 estancia de ganado menor	450	1591
1 estancia de ganado menor, 2 caballerías	670	1597
1 estancia de ganado menor, 2 caballerías	100	1598
2 estancia (ganado mayor, potreros) 2 caballerías	1 200	1598
1 estancia de ganado menor	450	1598
1 estancia de ganado menor, 4 caballerías	200	1598
2 estancias (ganado menor, potreros), 2 caballerías	2 904	1602
2 1/2 estancias de ganado menor, 1 caballería	250	1602
2 estancias de ganado menor 2 caballerías	150	1602
4 estancias (ganado menor; mayor), 1 caballería	1 200	1602
1 estancia de ganado menor	80	1606
1 estancia de ganado mayor	400	1606
1 estancia de ganado mayor	1 000	1609
1 estancia de ganado mayor	1 000	1609
1 estancia de ganado mayor, 2 caballerías	350	1614
1 estancia de ganado menor	1 274	1622
1 estancia de ganado menor	440	1622
1 estancia de ganado mayor	400	1628
2 estancias de ganado menor, 4 caballerías	800	1628
1 estancia de ganado menor	250	1628
1 estancia de ganado mayor	250	1628

CUADRO 4 *(continuación)*

Descripción	*Precio (Pesos)*	*Fecha*
	Tierra de ganado: estancias	
73 estancias (ganado menor, mayor) 20 caballerías	35 000	1643
20 estancias (ganado menor, mayor) 8 caballerías	1 500	1669
1 estancia de ganado menor, 2 caballerías	500	1670
1/2 sitio, 2 caballerías	1 000	1712
1 estancia de ganado mayor	1 000	1714
	Tierras de ganado: haciendas	
hacienda de ovejas	1 200	1589
hacienda	9 000	1712
hacienda de labor matanza	6 650	1712

[a] FUENTE: MNAH, registros notariales de Querétaro.

CUADRO 5. *Importe de las rentas de la propiedad rústica; 1597-1714*[a]

Descripción	*Importe anual (pesos)*	*Número de años*	*Fecha*
Tierras de labor (caballerías, estancias, huertas, pedazos, ranchos)			
2 caballerías	150	2	1598
viña o huerta	200	2	1602
pedazo	120	4	1607
pedazo, viña, huerta	40	2	1609
huerta,venta	350	3	1609 (?)
estancia de labor	687	3	1622
estancia de labor	500	1	1629
caballería	36	6	1670
rancho de labor	100	6	1711
pedazo	60	3	1713
huerta	200	9	1713
pedazo	30		1713
Tierras de labor (haciendas, labores)			
labor de pan llevar	120	2	1597
haciendas y labor de pan	450	4	1598
labor y tierras	150	2	1598
labor	110	2	1606
labor de pan llevar	250	2	1606
hacienda de labor	250	3	1614
labor de venta	550	3	1622
labor y estancia	500	3	1622
hacienda de labor	1 000	4	1622
hacienda	351	3	1622 (?)
hacienda	325	4	1626
hacienda	50	6	1628
hacienda	100	3	1630
labor	500	3	1631
labor	1.100	3	1631
hacienda y labor	180	3	1631
labor	250	2	1631
labor	600	3	1640
hacienda de labor temporal	200	5-1/2	1643

CUADRO 5 *(continuación)*

Descripción	*Importe anual (Pesos)*	*Número de años*	*Fecha*
Tierras de labor (haciendas, labores)			
hacienda de labor	690	2	1706
hacienda	300	9	1707
labor de riego y temporal	75	6	1707 (?)
hacienda de temporal	350	4	1707
hacienda	700	4	1708
hacienda de labor temporal	260	4	1709
hacienda de labor temporal	200	4	1713
hacienda de labor temporal	200	5	1714
hacienda de labor de trigo de riego	700	4	1714
Tierras de ganado (estancias, sitios)			
2-1/2 estancias de ganado menor	200	6	1589
1/2 estancia de ganado menor	80	2	1597
estancia de ganado menor	95	3	1597
sitio y labor	30	2	1598
estancia de ganado menor, 2 caballerías	60	2	1598
(?) estancias, 2 caballerías	350	3	1599
estancia ganado menor, caballería	150	4	1602
6 estancias de ganado menor	120	4	1606
estancia de ganado menor	130	4	1609
estancia de ganado menor	130	4	1609
estancia de ganado menor	150	4	1609
9 sitios, 26 caballerías	200	1	1614
sitio, 4 caballerías	225	3	1622
sitio, tierras	120	4	1622
sitios, tierras	450	4	1628
estancia, 3 caballerías	100	3	1629
estancia de ganado menor y labor	500	6	1631

[a] FUENTE: MNAH, registros notariales de Querétaro.

CUADRO 6. *Importe de las rentas de ovejas y cabras, 1589-1712*[a]

Tamaño del rebaño	*Importe anual por 1 000 cabezas*	*Número de años*	*Fecha*
	Ovejas		
2 000	62	2	1589
3 000	66	2	1591
10 000	75	1	1597
7 000	75	3	1597
3 000	80	4	1597
2 000	62	2	1598
1 000	75	1	1598
16 439	80	3	1598
14 500	73	3	1598
5 036	70	3	1598
9 000	80	3	1598
1 000	60	1	1598
9 176	80	3	1598
5 000	76	3	1598
2 000	75	1	1598
2 800	75	3	1599
13 000	80	-	1599
4 000	70	5	1600
7 400[b]	70	5	1600
6 300[b]	70	3	1602
[b]	110	4	1606
2 238	60	2	1607
11 000[b]	85	4	1607
30 000[b]	100	5	1622
6 000	90	4	1622
7 182	70	1	1625
7 058	70	3	1625
10 600	75	3	1627
11 500[b]	90	3	1629
15 000	80	3	1631
6 000	100	4	1631
20 500[b]	80.4	4	1643
40 000[b]	90	6	1644
500-	72	3	1656
15 400[b]	110	3	1669

CUADRO 6 *(continuación)*.

Tamaño del rebaño	*Importe anual por 1 000 cabezas*	*Número de años*	*Fecha*
	Ovejas		
11 876[b]	80	1	1693
3 036	80	5	1707
2 000	92	9	1707
500	60	5	1709
150	100	3	1712
	Cabras		
300	200	3	1598
2 765	167	4	1628
1 000	200	1	1631
500	60	6	1710

[a] FUENTE: MNAH, registros notariales de Querétaro.
[b] La tierra está incluída en el importe de la renta.

CUADRO 7. *Precios del ganado, 1590-1709*[a]

Número	*Precio por cabeza Reales/granos*		*Fecha*
	Carneros		
20 000	6.9		1590
10	6		1591
1 600	10		1597
600	15.6		1597
-	7.6		1597
-	7		1597
4 000	9.6		1597
1 400	13		1606
5 000	14.6		1614
5 000	15		1614
8 000	14		1622
552	11.6		1622
2 720	11		1622
3 000	3.6		1622
4 400	11.6		1622
510	27		1622
520	11.5		1622
4.935	11.6		1622
2 600	8.4		1629
4 200	16		1709
	Corderos		
300	4		1590
3 000	3.4		1590
1 500	3.3		1590
6 000	4		1590
3 601	5		1591
1 750	2.21	maravedís	1591
150	2.6		1591
450	3.6		1591
3 000	3.6		1591
1 000	2.7		1591
6 000	4		1591
1 000	3.6		1591

CUADRO 7 *(continuación)*

Número	*Precio por cabeza Reales/Granos*		*Fecha*
	Corderos		
1 000	5		1597
400	5.3		1597
	5		1597
800	5		1597
600	4.6		1597
9 600	5		1597
1 500	5.9		1598
1 500	5.1		1598
2 000	3.2		1602
2 000	2.9		1602
2 500	2		1602
5 306	4.6		1602
2 500	2		1602
2 000	4		1603
7 175	6.3		1606
7 500	7		1622
1 606	3.9		1622
	Ovejas		
6 000	4		1590
1 500	3.21	maravedís	1590
3 000	3.6		1590
792	5		1590
300	4		1590
450	3.6		1591
1 000	2.21	maravedís	1591
1 000	3.6		1591
1 750	2.7		1591
12 000	5		1597
1 500	3		1597
600	4.6		1597
800	5		1597
1 000	5		1597
2 000	2.9		1602
2 000	2.9		1602
2 500	2.		1602
2 500	2		1603
2 000	4		1606

CUADRO 7 *(continuación)*

Número	*Precio por cabeza Reales/Granos*	*Fecha*
	Ovejas	
7 175	6.3	1622
7 500	7.6	1622
1 606	3.9	1622
	Mulas Pesos/reales	
2	20	1590
3	38.4	1597
2	40	1597
3	26.4	1597
2	38	1597
9	38	1598
3	26.4	1598
6	35.2	1599
81	23	1599
7	35	1599
2	38	1602
8	28	1602
16	37.4	1606
5	26.4	1606
5	35.4	1606
14	12.4	1606
44	30.1	1622
50	30	1628
18	28	1628

[a] FUENTE: MNAH, registros notariales de Querétaro.

CUADRO 8. *Número de obrajes y telares en Querétaro 1718-1816*[a]

Año	*Número de obrajes*	*Número de telares (en operación)*
1718	13	-
1775	16	-
1780	18	-
1781	19	-
1782	20	228
1783	21	-
1784	19	226
1785	16	234
1787	15	121
1789	14	146
1790	14	156
1791	13	153
1792	15	163
1793	17	227
1794	17	218
1796	17	160
1797	18	218
1799	17	205
1800	13	172
1801	17	231
1802	19	228
1803	20	208
1804	17	216
1805	17	187
1806	17	184
1808	16	164
1809	17	218
1816	18	124

[a] FUENTE: Véase la nota 3. Cuando no estaba disponible respecto de un año determinado la información de los telares de un obraje, se utilizó el número en promedio de telares del año anterior y de los años siguientes respecto de ese obraje. En cuanto a 1816, se tomó el promedio del número de telares por obraje para completar los datos faltantes.

CUADRO 9. *Balance del obraje de Batán y de la Hacienda de San Francisco Paula, 1804*[a]

Partes de la finca	*Valor (pesos)*	
Obraje	9 325	
Almacén	5 442	
Bodega	622	
Carpintería	159	
Tienda	534	
Tienda	448	
Labor	11 540	
Trabajadores y sus deuda		28 070
39 Tejedores	370	
53 Cardadores	537	
58 Hiladores	843	
21 Hiladores	80	1 830
32 de la cuadrilla de Pueblito	115	
55 de la cuadrilla de San Bartolomé	263	
22 de otra cuadrilla de San Bartolomé	111	
74 de la cuadrilla de Coronec	400	
43 Labradores	501	889
4 de la tenería	78	501
Deudas diversas de los trabajadores	2 071	78
		2 071
		33 439

[a] FUENTE: "Balance de 2 años (1 mes) 25 días del obraje del Batán y hacienda de San Francisco de Paula, 1804". MNAH, (26).

CUADRO 10. *Ocupaciones adicionales de los dueños de obrajes de Querétaro: 1706-1714*[a]

Número de dueños identificados	*21*
Unicamente dueños de obrajes	2
Dueños de obrajes y de tierras y ganado	10
Dueños de obrajes y comerciantes	8
Dueños de obrajes y funcionarios	4
Dueños de obrajes y notarios	2
Dueños de obrajes con grados militares	14
Combinaciones adicionales	5

[a] FUENTE: MNAH, registros notariales de Querétaro.

CUADRO 11. *Duración de la propiedad de obrajes 1782-1809*[a]

Años	*Dueños (I)*[b]	*Dueños (II)*[c] *(duración en promedio)*
0-1	23	7
2-4	9	7
5-7	4	8
8-10	5	2
11-13	3	1
14-16	1	0
Total	45	25

[a] FUENTE: Nota 3. Este cuadro se apoya en la frecuencia con que comparecen los dueños en las *visitas*. Como no estaban disponibles los datos de cada año de 1782-1809, tomé el último año en que aparecía el dueño como el último año de la propiedad. Esto podría significar que la duración de la propiedad en ciertos casos fue ligeramente mayor que la que se desprende del cuadro anterior.

[a] Duración continua de un obraje.

[b] Propiedad de más de un obraje o comparecencia intermitente de los dueños.

Cuadro 12. *Compañías organizadas en Querétaro, 1590-1630* [a]

Organizadores	*Objeto*	*Fecha*
Rodrigo de la Rea	Venta de ovejas	1590
Pedro Díaz de Yllanes		
Juan de Chavarría		
Antonio Samaniego	Venta de mercancía	1597
Hernando Cardozo		
Miguel Hernández	Venta de mercancía	1597
Doña Beatriz de Tapia		
Don Diego de Tapia	Operación de un viñedo	1598
Andrés de la Rea		
Iñygo de Arcocha	Venta de mercancía	1598
Pedro Caravallo		
María Ruíz	Venta de mercancía	1598
Francisco de Lavna		
Luis Mejía	Venta de mercancía	1598
Diego de Morales		
Cristóbal Gutiérrez	Venta de mercancía	1598
Antonio Diez		
Juan Brizeño	Venta de mercancía	1598
Don Pedro Lorenzo de Castilla		
Juan García	Operación de una finca de maíz	1598
Francisco Hernández Indias	Operación de una finca	1598
Diego Franco		
Francisco Hernández	Operación de una forja	1599
Francisco Fernández		
Pedro Martín	Venta de mulas	1599
Luis de Tovar		
Juan Rodríguez Galán	Venta de mercancía	1602
Pablo Colchado		
Luis Mújica	Operación de una estancia	1606
Luis Alonso		
Juan Jiménez	Venta de mercancía	1606
Marco García		
Simón Núñez	Venta de mercancía	1606
Pedro González Cabezón		
Cap. Diego Velásquez	Administrar una hacienda	1606
Pedro Chávez		
Diego Chávez	Venta de mercancía	1606
Francisco de Cárdenas		

CUADRO 12 *(continuación)*

Organizadores	*Objeto*	*Fecha*
Francisco Ladrón del Castillo	Descubrir y trabajar minas	1606
Don Diego de Tapia		
Pablo Hernández	Operación de minas	1606
Francisco de Oviedo	Venta de mercancía	1606
Domingo Escudero		
Juan de Tejada		
Juan Ruillán	Venta de mercancía	1606
Francisco Moreno		
Juan González de Lice	Venta de mercancía	1607
Martín de Guevara		
Juan del Castillo	Venta de mercancía	1607
Luis Mejía		
Jusepe Ambrossio	Operación de minas	1614
Diego de Mendiola		
Juan de Ysla	Venta de mercancía	1627
Don Gaspar de Sandoval		
Andrés Montañez	Operación de una finca	1630

FUENTE: MNAH, registros notariales de Querétaro.

CUADRO 13. *Precios de la lana, 1590-1713* [a]

Fecha	*Cantidad (arrobas)*	*Precio por arroba (reales/granos)*
1590	800	6.9
1590	1 000	6
1590	1 000	6.9
1590	600	5.9
1590	80	5.9
1591	1 000	6
1591	700	6
1591	150	5.6
1597	2 500	5.9
1597	--	6
1597	150	7
1598	1 500	6.9
1598	2 500	6.9
1598	1 000	5.9
1598	2 000	6
1598	1 000	5.9
1598	1 200	6
1598	200	6
1598	1 400	6
1598	2 000	6
1598	2 000	6
1598	4 000	6
1602	2 200	6
1602	2 500	6
1606	1 000	9
1606	--	10
1622	2 200	4.6
1622	2 200	4.6
1625	25	8.5
1628	300	10
1628	1 500	9.6
1628	1 300	10
1628	2 100	12
1631	280	17.6
1645	--	6
1709	600	21.6

CUADRO 13 *(continuación)*

Fecha	*Cantidad (arrobas)*	*Precio por arroba (reales/granos)*
1709	316	26
1711	2 000	13
1711	1 500	19
1713	2 000	16
1713	1 000	17.6
1713	1 004	18
1713		16

[a] FUENTE: MNAH, registros notariales de Querétaro.

CUADRO 14. *Precios de la plata, 1609-1630*[a]

Precio por onza (reales granos)	*Cantidad vendida (marcas onzas)*[b]	*Fecha*
7.3	42.4	1609
9	73.1	1609
7.1	29.5	1614
7.4	63.1	1614
9.1	87.5	1622
7.2	36	1622
7.2	78.7	1622
7.2	24.2	1622
7.2	85.7	1622
7.2	58.6	1626
6.3	73.5	1626
7.2	181.4	1626
8.2	30.4	1626
14.8	44.5	1626
6.6	152.6	1628
5.7	41.6	1628
7.2	103.3	1628
7.2	238.5	1628
7.2	118.5	1628
7.6	210.2	1628
7.2	29.7	1628
7.2	73.4	1628
6.7	74.4	1628
7.2	222.1	1628
7.2	69.1	1628
7.7	77.4	1628
7.2	20.5	1630
8	84.1	1630
7.3	56.1	1630
7.5	72	1630

[a] FUENTE: MNAH, registros notariales de Querétaro.
[b] Se ha hecho el promedio de los pesos hasta la onza más próxima.

CUADRO 15. *Distribución de la frecuencia de las ocupaciones en Querétaro, 1791*[a]

Ocupación	*Número total*	*Porcentaje en la ciudad*	*Porcentaje en la jurisdicción*	*Porcentaje del total*
Agricultores, arrendatarios	946	14	86	22.7
Trabajadores, textiles	621	96	4	15
Constructores, cortadores, fabricantes de velas	588	96	4	14
Trabajadores en fábricas de tabaco	298	99.9	1	7
Comerciantes	149	100	0	4
Grabadores, impresores, trabajadores de metales	135	99	1	8
Alimentos y bebidas	130	95	5	8
Transportes	123	71	29	3
Sirvientes	108	94	4	2.6
Administradores agrícolas	102	2	98	2.4
Trabajadores agrícolas	89	12	88	2.1
Trabajadores de cueros y pieles	79	100	0	2
Dependientes, aprendices	79	96	4	2
Dueños de trapiches	64	96	4	2
Profesionistas	59	100	0	1
Tratantes	57	96	4	1
Barberos, peluqueros	53	100	0	1.3
Profesores, músicos	50	90	10	1.2
Soldados, no oficiales	50	100	0	1.2
Dueños de obrajes	50	100	0	1.2
Hacendados	47	96	4	1.1
Sacerdotes, funcionarios eclesiásticos	46	87	13	1
Agentes, administradores, guardas	40	90	10	1
Vendedores en comer-				

CUADRO 15 *(continuación)*

Ocupación	*Número total*	*Porcentaje en la ciudad*	*Porcentaje en la jurisdicción*	*Porcentaje del total*
cios en pequeño	40	88	12	1
Obreros con poca pericia	40	98	2	1
Gerentes de textiles y tabacos	36	86	4	1
Funcionarios	30	100	0	1
Oficiales militares	29	100	0	.7
Diáconos, sacristanes	16	94	6	.4
Mineros	12	92	8	.2
Total	4,167	73	27	100

[a] FUENTE: AGN, Padrones, vol. 12.

CUADRO 16. *Lugar de nacimiento de los trabajadores de Querétaro, 1791*[a]

Lugar	*Número*		*Porcentaje*	
Querétaro				
Ciudad	2 216		69.2	
Jurisdicción	357		11	
		2 573		80.2
México				
Celaya	57		1.8	
Ciudad de México	42		1.3	
San Juan del Río	41		1.3	
Apaseo	32		1	
San Miguel el Grande	26		.8	
Guanajuato	23		.7	
Cadereyta, Irapuato, León				
Irapuato, Guanajuato, Valladolid, Xichú, San Luis Potosí, Guadalajara, Puebla	65		2	
[b] Otras poblaciones de México	170		5.3	
		456		14.2
España y otros lugares				
Santander	27		.8	
Provincias vascongadas y Navarra	26		.8	
Galicia	19		.6	
Andalucía	15		.5	
Castilla la Vieja	9		.3	
Reinos de Castilla	8		.2	
La Rioja	6		.2	
Castilla la Nueva	1		.0	
Murcia	1		.0	
Aragón	1		.0	
Valencia	1		.0	
[c] Españoles europeos	24		1.7	
Europeos (no españoles)	. 32		1	
Otros	3		1.1	
	3 202	173	100	6.2

[a] FUENTE: AGN, Padrones, Vol. 12.

[b] Muchos de estos individuos probablemente habían nacido en la jurisdicción de Querétaro, pero como son tan comunes los nombres de los poblados y haciendas que dieron como lugar de nacimiento, resulta imposible afirmar esto con seguridad.

[c] El cuadro no incluye a 206 individuos mencionados solamente como españoles cuyo lugar de nacimiento no se proporcionó.

CUADRO 17. *Ocupación y antecedentes étnicos, 1791*[a]

Ocupación	*Porcentaje de*			*Número*
	Españoles[b]	*Mestizos*	*Otros*	*total*
Textiles y tabaco				
Dueños de obrajes	67	33	10	48
Dueños de trapiches	35	42	23	62
Gerentes, supervisores	92	8	0	36
Trabajadores, textiles	40	49	11	582
Trabajadores, tabacos	69	29	2	259
Comercio				
Comerciantes	96	3	1	139
Dependientes, aprendices	99	1	0	69
Vendedores (tratantes)	76	24	0	54
Vendedores ambulantes, dueños de pequeñas tiendas	65	35	0	37
Funcionarios del gobierno y funcionarios privados				
Funcionarios	93	0	7	30
Agentes, administradores	83	15	2	40
Profesionistas	96	2	2	50
Eclesiásticos				
Clérigos, funcionarios	100	0	0	20
Diáconos, sacristanes	90	10	0	10
Trabajadores especializados y semiespecializados.				
Trabajadores de cueros y pieles	34	51	15	74
Constructores, cortadores fabricantes de velas	51	38	11	522

CUADRO 17 *(continuación)*

Ocupación	*Porcentaje de* *Españoles* [b]	*Mestizos*	*Otros*	*Número total*
Trabajadores especializados y semiespecializados				
Grabadores, impresores, trabajadores de metales	75	19	6	120
Diversos				
Alimentos y Bebidas	59	31	10	118
Transportes	39	57	4	120
Minería	59	33	8	12
Profesores, músicos	69	34	7	44
Barberos, peluqueros	88	12	0	43
Obreros, trabajadores con poca especialización	39	53	8	36
Sirvientes	43	48	9	99
Agricultura				
Hacendados	100	0	0	46
Agricultores, arrendatarios	59	39	2	812
Administradores	76	23	1	97
Trabajadores	50	50	0	84
Militares				
Oficiales	100	0	0	26
Otros	72	25	0	32
	58	*35*	*3*	*3 724*

[a] FUENTE: AGN, Padrones, vol. 12.
[b] Incluye europeos.

CUADRO 18. *Ocupaciones con el mayor porcentaje de peninsulares,*[a] *1791*[b]

Ocupación	*Porcentaje*	*Número*
Dependientes, aprendices	97	57
Oficiales militares	65	17
Clérigos, funcionarios	60	12
Comerciantes	43	60
Hacendados	41	19
Funcionarios	37	11
Profesionistas textiles y de tabacos	19	7
Dueños de obrajes	18	9
Agentes, administradores	18	7

[a] Incluye a los españoles y a los europeos.
[b] FUENTE: AGN, Padrones, vol. 12.

CUADRO 19. *Edad de los trabajadores*[a]

	Edad promedio	*Porcentaje de menos o de más de 30 años*	*Número*
Textiles y Tabaco			
Dueños de obrajes	42.8	18/82	50
Dueños de trapiches	37.3	33/67	64
Administradores, supervisores	44.1	61/39	36
Trabajadores textiles	34.8	39/61	621
Trabajadores de tabaco	28.7	60/40	298
Comercio			
Comerciantes	41.5	18/82	149
Dependientes (cajeros)	30.0	52/48	79
Vendedores (tratantes)	37.3	23/77	57
Vendedores ambulantes, dueños de pequeñas tiendas	37.3	33/67	40
Profesionistas del gobierno y privados			
Funcionarios	45.9	7/93	30
Agentes, administradores	42.0	15/85	40
Profesionistas	34.3	31/69	55
Trabajadores eclesiásticos			
Clérigos, funcionarios	44.4	25/75	45
Diáconos, sacristanes	32.8	50/50	16
Trabajadores especializados y semiespecializados			
Trabajadores de cueros y pieles	35.7	32/68	79
Constructores, cortadores, fabricantes de velas	34.3	40/60	588
Grabadores, impresores y trabajadores de metales	33.2	43/57	135

CUADRO 19 *(continuación)*

	Edad promedio	*Porcentaje de menos o de más de 30 años*	*Número*
Diversos			
Alimentos y bebidas	36.1	36/64	130
Transportes	37.4	24/76	123
Minería	36.0	17/83	12
Profesores, músicos	36.3	35/65	50
Barberos, peluqueros	34.7	45/55	53
Obreros, trabajadores con poca especialización	38.0	31/69	40
Sirvientes	30.7	62/38	108
Agricultura			
Hacendados	46.2	15/85	47
Agricultores, arrendatarios	35.1	41/59	946
Administradores	39.3	18/82	102
Trabajadores	32.7	46/54	89
Militares			
Oficiales	43.7	0/100	28
Otros	28.0	53/47	50
	35.3	38/62	4.160

[a] FUENTE: AGN, vol. 12.

Cuadro 20. *Patrones de matrimonios según las ocupaciones, 1791* [a]

Ocupación	*Porcentaje total de casados* [b]	*Con españoles* [c]	*Con mestizos* [c]	*Con otros* [c]
Textiles y tabaco				
Dueños de obrajes	86	64	24	12
Dueños de trapiches	89	45	39	16
Administradores, supervisores	88	83	17	0
Trabajadores, textiles	82	45	42	13
Trabajadores, tabaco	75	58	36	6
Comercio				
Comerciantes	62	94	5	1
Dependientes, aprendices	22	100	0	0
Vendedores (tratantes)	79	81	16	3
Vendedores ambulantes, dueños de pequeñas tiendas	89	68	29	3
Funcionarios del gobierno y privados				
Funcionarios	89	92	0	8
Agentes, administradores	79	74	13	13
Profesionistas	68	97	3	0
Eclesiásticos				
Clérigos, funcionarios [a]	3	100	0	0
Diáconos, sacristanes	50	86	14	0
Trabajadores especializados y semiespecializados				
Trabajadores de cueros y pieles	85	38	45	17

CUADRO 20 *(continuación)*

Ocupación	*Porcentaje total de casados* [b]	*Con españoles* [c]	*Con mestizos* [c]	*Con otros* [c]
Trabajadores especializados y semiespecializados				
Constructores, cortadores y fabricantes de velas	78	59	33	8
Grabadores, impresores y trabajadores de metales	78	74	16	10
Diversos				
Alimentos y bebidas	86	57	29	14
Transportes	89	45	51	4
Minería	91	64	27	9
Profesores, músicos	73	77	16	7
Barberos, peluqueros	52	83	13	4
Obreros, trabajadores con poca especialización	91	42	52	6
Sirvientes	37	47	42	11
Agricultura				
Hacendados	74	100	0	0
Agricultores, Arrendatarios	68	63	32	5
Administradores	81	79	19	2
Trabajadores	81	45	49	6
Militares				
Oficiales	78	89	6	5
Otros	69	84	5	11
	74	61	32	7

[a] FUENTE: AGN, Padrones, vol. 12.
[b] Con base en 3 792 respuestas.
[c] Con base en 2 767 respuestas.
[d] Incluye gente como los tenientes de cura que se podían casar.

CUADRO 21. *Patrones étnicos de los matrimonios, 1791* [a]

		Grupo étnico de la esposa (porcentaje)					
Esposo	*Porcentaje de casados*	*Española*	*Mestiza*	*Mulata*	*India*	*Castiza*	*Total conocido*
Criollo	85	81.6	14.6	.6	2.4	.7	1 511
Peninsular	54	98.6	0	0	1.4	0	73
Español	14	86.2	10.3	0	3.4	0	29
Europeo (no español)	5	100	0	0	0	0	3
Mestizo	72	29	62.3	0	6.9	.9	913
Castizo	77	65.3	34.6	0	0	0	26

[a] FUENTE: AGN, Padrones, vol. 12.

CUADRO 22. *Ocupaciones de quienes tienen el título de don y tamaño de la casa.*

Ocupación	*Porcentaje de los que tienen el título*	*Tamaño de la casa*
Textiles y tabaco		
Dueños de obrajes	16	5.6
Dueños de trapiches	0	6.4
Administradores, supervisores	33.3	6.1
Trabajadores, textiles	.0	5.5
Trabajadores, tabaco	.3	5.8
Comercio		
Comerciantes	59.1	5.2
Dependientes, aprendices	16.5	6.7
Vendedores (tratantes)	5.3	5.7
Vendedores ambulantes, dueños de pequeñas tiendas	7.5	4.7
Profesionistas del gobierno y privados		
Funcionarios	70	6
Agentes, administradores	17.5	5.2
Profesionistas	38.2	6
Trabajadores eclesiásticos		
Clérigos, funcionarios	80	5.4
Diáconos, sacristanes	6.3	5.7
Trabajadores especializados y semiespecializados		
Trabajadores de cueros y pieles	.0	5.7
Constructores, cortadores fabricantes de velas	.7	5.5

CUADRO 22 *(continuación)*

	Porcentaje de los que tienen el título	*Tamaño de la casa*
Trabajadores especializados y semiespecializados		
Grabadores, impresores y trabajadores de metales	2.2	5.4
Diversos		
Alimentos y bebidas	4.6	5.8
Transportes	.0	5.7
Minería	25	6.3
Profesores, músicos	6	4.8
Barberos, peluqueros	0	4.8
Obreros, trabajadores con poca especialización	0	6.3
Sirvientes	0	6.9
Agricultura		
Hacendados	93.6	7.9
Agricultores, arrendatarios	2	5.1
Administradores	10.8	4.2
Trabajadores	0	4.6
Militares		
Oficiales	64.3	6.5
Otros	2	5.8
	13.4	5.5

[a] FUENTE: AGN, Padrones, vol. 12.

CUADRO 23. *Distribución de los títulos según los antecedentes étnicos, 1791* [a]

Antecedentes étnicos	*Don*	*Otros* [b]	*Total*	*Porcentaje de títulos*	*Porcentaje de grupos con títulos*
Criollos	135	13	148	48	8
Peninsulares	117	8	125	41	92
Españoles	26	0	26	8	13
Europeos	7	0	7	2	16

[a] FUENTE: AGN, Padrones, vol. 12.
[b] Incluye un marqués y combinaciones de don con capitán, bachiller y licenciado; excluye los caciques.

CUADRO 24. *Importe de las dotes en Querétaro, 1590-1713* [a]

Fecha	*Cantidad*	*Esposa*	*Esposo*
1590	1 000	Doña Beatriz de Tapia	Miguel de Saucedo
1597	1 500	Isabel González	Gonzalo Hidalgo
1597	500	María García	Bartolomé Hernández
1597	7 000	Doña Isabel de la Rea	Diego Jiménez de Ayala
1598	2 000	Beatriz Mejía	Simón Núñez
1598 [b]	500	Ana Rodríguez	Bartolomé Mejía
1598	600	Francisca de Villalobos	Silvestre Velázquez
1598	1 000	María Ortiz	Pedro Martín
1598	3 000	Catalina de Espíndola	Diego Ramírez de Coy
1598	500	María Galván	Gonzalo de Cárdenas
1599	300	María del Olmo	Alonso de Buenrostro
1599	2 400	Francisca González	Juan de Chavarría
1599	2 000	María de León	Juan González de Elías
1599	8 000	María de Medina	Juan Cavallero
1600	800	Francisca González	Juan Martín Romero
1600	1 000	Luisa González	Juan Robles
1600	3 000	Catalina de Soto	Agustín de Santa María
1600	3 000	Ana de Soto	Francisco Hernández
1606	650	Beatriz de la Parra	Miguel Sánchez
1609	20 000	Doña María Mejía	Don Gonzalo Ramírez
1614	4 300	Magdalena de Urrera	Juan de la Rea
1621	22 000	Doña Francisca de Espíndola	Don Nicolás de Aguirre y Gaona
1622	1.021	Isabel Sánchez Jijosa	Juan de Molina
1622	3 000	Ana de Soto	Francisco Fernández García
1622	2 000	Doña Leonor de Rivera	Don Fernando Mejía de Velasco
1628	1 100	María de Mora	Juan López Romano
1628	10.500	Catalina de Soto	Juan Ruíz Cotan
1628	12 000	Ana Sánchez	Juan Jiménez
1628	1 000	Luisa Estava	Gaspar González
1629 [b]	600	Doña Isabel de Cárdenas	Melchor Ruíz
1631	800	María del Olmo	Martín Juárez
1631	1 000	Luisa González	Juan de Albova
1656	200	Teresa (huérfana)	Manuel Gómez
1669	300	Doña María del Real y Soria	Juan del Castillo

CUADRO 24 *(continuación)*

Fecha	*Cantidad*	*Esposa*	*Esposo*
1670[b]	250	María de Malagón	Miguel de la Vega
1670	7 185	Doña Catalina Guzmán	Cap. Francisco Martin Gallardo
1670	534	Doña María Fajardo	Juan Gómez Martínez
1684[b]	300	Doña Melchora Fajardo	Lic. Nicolás del Guante
1700	12 634	Doña Catalina de Artiaga	Don Domingo Ignacio de Zavala
1703	2 600	Doña Luisa de Sorchaga	Alonso Rodríguez de Salcedo
1706	2 649	Doña Gertrudiz de Urtiaga	Juan de Corre
1707	200	Magdalena Suárez Redondo	Antonio Sánchez
1711	24 000	Doña Teresa de Alcorta	Don Domingo Ignacio de Savala
1711	24 400	Doña María Saravia	Don Joseph Merino de Arévalo
1713	300	Doña Rosa Tello	Francisco Romero de la Rossa

[a] FUENTE: MNAH, registros notariales de Querétaro. Algunas fechas son estimativas o son las fechas de los testamentos.
[b] Estimación mía sobre el importe de la dote.

CUADRO 25. *Mujeres jefes de la casa familiar, 1791* [a]

Antecedentes étnicos [b]	*Número*	*Porcentaje*
Españoles	598	67
Meztizos	253	28
Indígenas (cacicas)	37	4
Castizos	8	1
Desconocidos	3	
	898	100
Estado civil	*Número*	*Porcentaje*
Viudas	593	67
Doncellas	167	19
Casadas	101	11
Solteras	28	3
Desconocido	9	

[a] FUENTE: AGN, Padrones, vol. 12, 1791.
[a] Excluye a las indias (con excepción de las cacicas), las mulatas, las negras y las pardas.

CUADRO 26. *Población indígena de Querétaro, 1600-1807*

Año	*En la ciudad*	*En la provincia*	*Fuente* [a]
1600	1 000	---	Estimación mía
1644	2 600	---	Miranda, "Población indígena", p. 186
1688	7 000	---	*Ibid*
1710	10 500	---	AGN, Tierras, vol. 252, exp. 1
1743	--	25 328	Gerhard, *Historical Geography*, p. 225
1746	12 903	19 527	Villaseñor y Sánchez, *Theatro*, vol. 1, p. 94
1777	13 942	44 696	AGN, Padrones, vol. 12
1778	14 883	47 430	*Ibid*
1790	--	47 410	López Sarrelangue, "Población indígena", p. 524
1802	--	60 255	Gerhard, *Historical Geography*, p. 225
1804	11 584	---	Lámbarri, *Directorio*, p. 33
1807	9 819	63 000	Véase el cuadro 27

[a] Las poblaciones de 1644, 1688 y 1710 se calcularon empleando un factor tributario de conversión respecto de la población total de 3.5; el factor de conversión que se usó para 1802 y 1807 fue de 4.57. Sherburne F. Cook y Woodrow Borah, *Essays in Population History: Mexico and the Caribbean.* (Berkeley, Calif. 1971), vol. 1, pp. 292, 346-348. Las poblaciones de 1743 y 1746 se calcularon usando un factor de conversión de 4.6 de una familia respecto de la población total. Cook y Borah, *Essays*, vol. 1, pp. 347-348.

CUADRO 27. *Indios tributarios de Querétaro, 1807* [a]

Ubicación	*Indios tributarios*		*Total de indios* [b]
	Completos	*A medias*	
Ciudad de Querétaro	110	41	
Barrio de Santiago	50	15	
Barrio de Santa Cruz	135	28	
Obrajes y trapiches	712	146	
Haciendas	59	12	
Tenerías	37	20	
Curato de Santa Ana	156	72	
Obrajes y trapiches	117	80	
Tenerías	10	12	
Curato del Espíritu Santo	104	29	
Obrajes y trapiches	63	98	
Curato de la Divina Pastora	181	64	
Obrajes y trapiches	97	18	9 819
	1 831	635	9 819
Pueblos de San Sebastián y Santa Rosa	736	170	3 752
Pueblo de San Pablo	296	93	
Haciendas	911	280	
Labores	14	7	
Ranchos	12	3	
Tenerías	17	24	
Trapiches	9	5	
	1 259	412	6 695
Pueblo de San Pedro de la Cañada	462	133	
Haciendas	631	163	
Labores	194	40	
Ranchos	105	16	
Venta	7	1	
	1 399	353	7 200

CUADRO 27 *(continuación)*

Ubicación	*Indios tributarios*		*Total de indios*[b]
	Completos	*A medias*	
Pueblo de San Francisco Galileo	412	78	2 061
Pueblo de San Miguel Huimilpan	146	40	
Haciendas	658	190	
Trabajadores	109	23	
Obrajes y trapiches	20	12	
	933	265	4 869
Pueblo de San Juan del Río	643	298	3 619
Pueblo de San Sebastián	56	21	304
Pueblo de San Pedro Ahuacatlán	74	16	
Haciendas	572	178	
Trabajadores	60	16	
Ranchos	55	11	
	761	221	3 983
Pueblo de Santa María Amealco	125	17	610
Pueblo de San Juan Guedo	109	21	546
Pueblo de San Miguel Dehti	66	9	322
Pueblo de San Bartolomé del Pino	110	46	
Haciendas	5	4	
Ranchos	9	2	
Batán	22	9	
	146	61	807
Pueblo de Santa María Tequisquiapan	520	140	
Haciendas	417	112	
Ranchos	130	29	
	1 067	281	5 518
Pueblo de San Francisco Tolimanejo	453	157	2 429
Pueblo de Santo Domingo Soriano	285	94	
Haciendas	249	74	
Labores	160	45	
Ranchos	21	11	
	715	224	3 779

CUADRO 27 *(continuación)*

Ubicación	*Indios tributarios*		*Total de indios* [b]
	Completos	*A medias*	
Pueblo de San Pedro Tolimán	448	192	2 486
Pueblo de San Antonio Bernabé	178	72	978
Pueblo de San Pablo	228	104	1 280
Pueblo de San Miguel	326	93	
Haciendas	42	21	
	368	114	1 942
	11 933	3 705	63 000

[a] FUENTE: AGN, Tierras, vol. 3569, exp. 9, 28 Nov. 1808.
[b] Véase el cuadro 26.

CUADRO 28. *Población indígena de San Pedro Tolimán, 1746-1807*

	1746 [a]	*1777* [b]	*1778* [b]	*1807* [c]
San Pedro Tolimán	607	1 250	1 375	2 486
San Miguel	345	1 501	1 513	1 942
San Pablo	212	1 843	1 853	1 280
San Antonio Bernabé	147	539	558	978
San Francisco Tolimanejo	414	1 040	1 165	2 429
	1 725	6 173	6 464	9 115

[a] FUENTE: Villaseñor y Sánchez, *Theatro*, vol. 1, p. 95.
[b] FUENTE: AGN, Padrones, vol. 12.
[c] FUENTE: Véase cuadro 27.

CUADRO 29. *Ocupaciones de los caciques, 1791*[a]

Ocupación	*Número*	*Porcentaje de caciques*	*Porcentaje de ocupación*
Tejedor	36	19	13.6
Sastre	17	9	8.2
Agricultor, arrendatario	16	8.5	1.8
Dueño de trapiche	12	6.3	18.8
Herrero	10	5.3	15.6
Zapatero	8	4.2	7.3
Carpintero	7	3.7	10.8
Albañil	7	3.7	28
Sombrerero	6	3.2	5.9
Panadero	6	3.2	10.9
Hilandero	5	2.6	5
Curtidor de cuero	5	2.6	13.9
Dueño de obraje	4	2.1	8
Arriero	4	2.1	4.1
Fabricante de mantas	3	1.6	5.3
Comerciante	3	1.6	2
Sirviente	3	1.6	9.7
Trabajador de gamuza	3	1.6	11.5
Fabricante de mantones	2	1.1	5
Fabricante de jabón	2	1.1	25
Escultor	2	1.1	8.7
Sillero	2	1.1	25
Fabricante de carruajes	2	1.1	28.6
Trabajador de cigarrillos	2	1.1	.7
Abogado	2	1.1	100
Lacayo	1	.5	25
Paje	1	.5	50
Molinero	1	.5	25
Carnicero	1	.5	33.3
Fabricante de dulces	1	.5	20
Fabricante de gelatinas y helados	1	.5	33.3
Músico	1	.5	2.9
Grabador	1	.5	20
Fabricante de fuentes	1	.5	100
Mensajero	1	.5	8.3

CUADRO 29 *(continuación)*

Ocupación	*Número*	*Porcentaje de caciques*	*Porcentaje de ocupación*
Aguador	1	.5	10
Portero	1	.5	50
Cardador	1	.5	4
Alfarero	1	.5	25
Pintor	1	.5	4
Fabricante de cal	1	.5	11.1
Cortador de piedra	1	.5	10
Curtidor	1	.5	14.2
Atrapador de perros	1	.5	100
Soldado	1	.5	9.1
	189	100	

[a] FUENTE: AGN, Padrones, vol. 12, 1791.

CUADRO 30. *Patrones de matrimonios de los caciques, 1791*[a]

Esposa	*Número*	*Porcentaje*
India	63	39.6
Mestiza	51	32.1
Española	44	27.7
Castiza	1	.6
	159	100

[a] FUENTE: AGN, Padrones, vol. 12, 1791.

Cuadro 31. *Composición étnica de Querétaro, 1777-1778*[a]

	Indio	*Español*	*Mestizo*	*Mulato*	*Castizo*	*Negro*	*Lobo*	*Total*
1777								
Total en la ciudad	11 035	6 630	4 688	2 617	132	33	446	25 581
Porcentaje del total	43	26	18	10	5	1	2	100
Total en la provincia	33 661	7 304	5 624	2 326	6	00	593	49 513
Porcentaje del total	68	15	11	5	.01	00	1	100
1778								
Total en la ciudad	11 470	7 080	4 997	2 732	257	34	829	27 399
Porcentaje del total	42	26	18	10	9	.01	3	100
Total en la provincia	35 960	8 341	5 867	2 589	64	3	874	53 698
Porcentaje del total	67	16	10	5	1	.0005	2	100

[a] Fuente: AGN, Padrones, vol. 12. El padrón de 1778 indica incorrectamente un total de 80 197 habitantes en la provincia. El total real de las cifras del censo es de 81 097.

CUADRO 32. *Ocupaciones con diez o más mestizos, 1791*[a]

Ocupación	*Número*	*Porcentaje de ocupación*
Agricultor, arrendatario	315	33
Tejedor	125	50
Trabajador de cigarrillos	86	33
Zapatero	65	66
Hilandero	64	67
Sastre	57	31
Arriero	50	53
Vaquero	32	63
Sombrerero	31	30
Sirviente (criado)	31	50
Fabricante de mantas	28	51
Dueño de trapiche	26	42
Herrero	26	43
Panadero	22	46
Fabricante de carruajes	18	72
Dueño de obraje	16	32
Curtidor de cuero	15	45
Carpintero	15	29
Fabricante de mantones	14	29
Vendedor	13	24
Sirviente	13	42
Trabajador de gamuza	13	50
Cardador	12	50
Músico	12	41
Ayudante de agricultor	12	40
Administrador (de finca)	10	19
Albañil	10	43

[a] FUENTE: AGN, Padrones, vol. 12, 1791.

Cuadro 33. *Esclavos vendidos en Querétaro, 1590-1720*[a]

Sexo y antecedentes étnicos

	Hombres	Mujeres	Negro	Mulato	Asiático
1590-1630	54	31	67	2	1
1700-1720	58	39	18	74	

Edad promedio al momento de efectuarse la venta

	Hombres	Mujeres
1590-1630	18	21
1700-1720	23	25

Precio promedio (pesos)

	Hombres	Mujeres
1590-1630	356	373
1700-1720	307	315

[a] Fuente: MNAH, registros notariales de Querétaro.

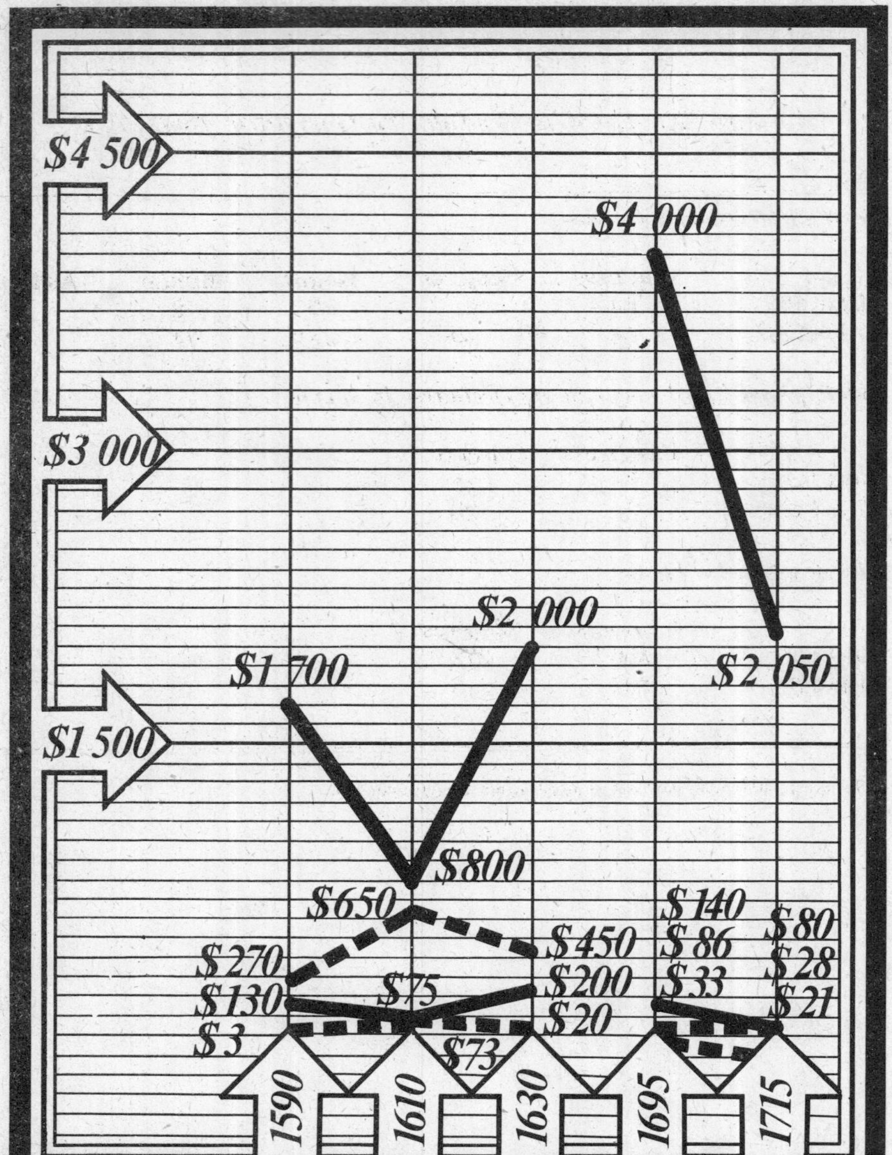

GRÁFICA 1. *Los precios más altos y los más bajos de las propiedades de la ciudad, 1590-1715.*

——— Casas
– – – – Terrenos

FUENTE: Con base en 58 ventas de casas y en 56 ventas de terrenos en el MNAH y archivos notariales de Querétaro.

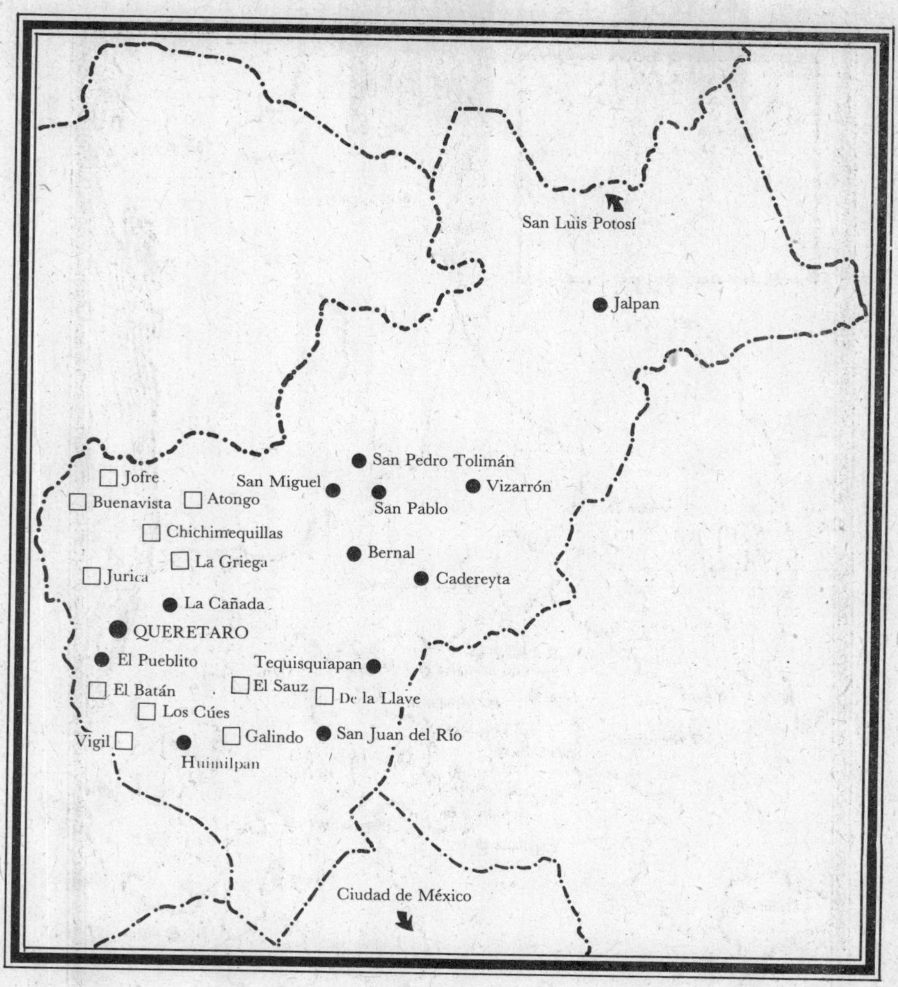

MAPA 1. *La antigua provincia de Querétaro.*
● Poblaciones
□ Grandes haciendas del siglo XVIII

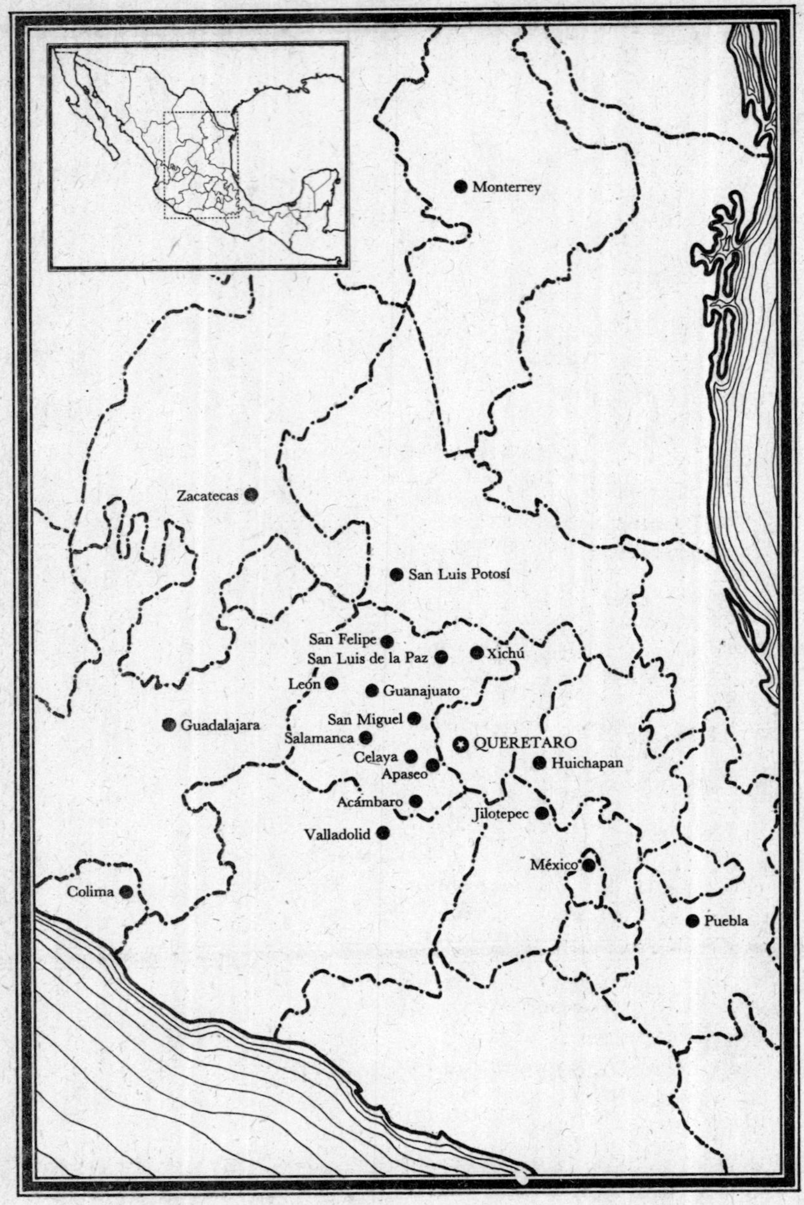

MAPA 2. *Poblaciones importantes para el crecimiento comercial de Querétaro.*

Apéndice I

Controversias sobre Tierras y Aguas de Querétaro, 1581-1804

Fecha	*Litigantes*	*Tipo de tierra*	*Fuente* [a]
	Rústicas		
1581	Leonor de Alvarado, Angel de Villafane	Estancia	46,3
1665	Margarita de Lessea (herederos), Convento de Santa Clara	Hacienda	108,4
1679	Juan Pasqual, Baltasar, indio[b]	Terreno	r. 23
1681	Convento del Carmen, Santa María Atongo	Tierras	376,1
1689	Francisco de Bocanegra, Mateo de Morales	Agua	272,2
1695	Pedro de Sosa, San Pedro de la Cañada[b]	Tierras	159,8
1695	Juan Martínez, Teresa de Morales	Sitio	159,5
1696	Marqués del Villar del Aguila, Juan Gómez de Cervantes	Hacienda	164,1
1699	Magdalena Guerrero Villaseca, Marqués de Buenavista	Sitio	168,2
1700	Santa María Magdalena, Juan Lázaro de Mora[b]	Tierras	177,7
1703	Juan Servín de Mora, Juan Caballero	Sitio	224,3
1709	Pedro de Avalos Bracamonte, Teresa de Morales	Sitio	244,2
1709	Cristóbal Sánchez de Guevara, Antonio Basilio Pérez		285,2
1710	Luis de Silva, Leonel Gómez de Cervantes	Hacienda	45,8
1710	San Pedro de la Cañada, Juan Antonio Terreros[b]	Tierras	2 765,18
1710	Salvador de la Cruz, Francisco Martín[b]	Tierras	r. 34
1711	Querétaro, Juan Servín de Mora[b]	Tierras	r. 34
1711	Convento del Carmen, José Servín de Mora	Tierras	1 437,1
1712	Convento del Carmen, José Servín de Mora	Agua	2 647,1
1714	María Cervantes, San Juan del Río[b]	Tierras	307,2
1716	Francisco de Bocanegra, José Tello Menchaca	Tierras	2 688,10
1718	San Juan del Río, Gerónimo de Vivar[b]	Sitio	381,2
1719	Francisco Servín, Francisco Díaz Varela	Tierras	1 441,30
1720	Hernando de Osornio (herederos), José Narciso de Quintana	Tierras	1 041,1
1721	Clara de los Angeles, Juana de los Angeles[b]	Tierras	r. 34
1722	San Pablo, Alonso Salvador Soto del Aguila[b]	Tierras	397,2
1722	Juan Francisco de las Navedas, Andrés de Mier y Terán	Sitio	403,5
1723	José Tello Menchaca, Juan de Rucoba	Tierras	458,7
1723	Alonso Salvador Soto del Aguila[b] Congregación de Carillo	Tierras	417,1

Fecha	*Litigantes*	*Tipo de tierra*	*Fuente* [a]
1724	Agustín Medrano y Menchaca, Antonio Velázquez Salmerón	Tierras	441,6
1726	Marqués de Buenavista, José Ramos de Silva	Tierras	445,5
1732	Antonio de Solar Iglesias, Josefa Hurtado de Mendoza	Tierras	835,1
1738	Pedro López Ballesteros, Bernardo Gil de Suaznavar	Tierras	583,3
1740	Luis Miguel de Luyando, José de Velasco y Tejeda	Tierras	647,1
1743	Luis Miguel de Luyando, Administrador de Obra Pia	Tierras	675,3
1744	Luis Moreno de Villaseca y Luyando,	Tierras	673,7
1751	Pedro Primo y Jordán, Pedro García de Azevedo	Tierras	760,3
1751	San Sebastián y San Roque [b] Juan Primo y Jordán [b]	Agua	764,3
1752	San Juan del Río, Gabriel Pérez Romo [b]	Sitio	765,1
1753	San Pedro de la Cañada, José de Escandón [b]	Agua	819,4
1753	Pedro García de Azevedo, Pedro Primo y Jordán	Tierras	776,5
1758	Diego de Silva, José Gómez de Cervantes	Sitio	1 351,8
1774	San Pedro Tolimán, Felipe Teruel [b]	Tierras	2 650,6
1779	María Josefa Morales, Alejandra de la Barceira	Tierras	r. 23
1797	Manuel de Cuevas Guerrero y Luyando, Pedro Jiménez Caro	Tierras	1,290,1
1798	San Antonio Bernal, Felipe Teruel [b]	Tierras	2 688,25
1804	Ana Josefa Muñoz y Velarde, Mariano Joaquín	Agua	1,353,1
	Urbanas		
1593	Elvira de Cárdenas, Diego de la Parra	Casa	67,14
1634	José Landeros Belloso, Salvador Servín	Casa	95,3
1660	Querétaro, Francisco Picón de Guevara [b]	Tierras	r. 34
1672	Francisco Martínez, Querétaro [b]	Agua	r. 34
1701	Juan Servín de Mora, Miguel de la Rocha [b]	Casa	191,5
1701	Querétaro, Gaspara Muñoz [b]	Tierras	r. 34
1705	Querétaro [b] ——	Agua	r. 34
1705	Marcelo Sánchez, Matías de Santiago	Solar	541,7
1706	Pedro Martín, Antonio de la Cruz	Solar	231,4
1708	Germana Campi del Castillo, Josefa Arias Leguizamo	Casas	1 428,1
1709	Juan de Lázaro, Joseph Rico [b]	Agua	r. 34
1710	Simón de la Cruz, Antonia de la Cruz	Casa	475,11
1714	Agustin Zárate, Juan Martín	Casa	335,3
1714	José de Urtiaga y de la Parra, Antonio Montaño	Casa	307,3
1719	Antonio Osornio, Juana María de la Peña	Casa	370,2
1722	Francisco de Olivares, ——	Acueducto	400,5
1723	Juana de León, Manuela de Monsalve	Casa	426,2

Fecha	*Litigantes*	*Tipo de tierra*	*Fuente* [a]
1725	Pascual Pérez, Juan Vázquez Herreros	Tierras	440,2
1725	Juan Rodríguez de la Plata [b] Luis de Silva (herederos)	Casa	493,2
1729	José Lorenzo, Pascual Pérez	Casas	1 458,1
1732	Asencio de la Cruz, Nicolás Silvestre	Casa	525,4
1733	Francisco Javier de Aguilar, Bernarda de Adame	Casa	1 458,1
1735	Francisco de Sierra, Diego de Santa María	Solar	553,3
1741	José Joaquín Ramos, Teresa Tadea Rodríguez	Casa	619,6
1742	Juan Miguel Calvo, Gerónima Urquiza	Casa	638,3
1769	Román Olayo García, José Narciso Sánchez	Casa	1 236,2
1777	Querétaro, ——	Agua	r. 23
1783	Manuel Antonio González, Juan Pérez	Solar	1 091,4
1788	José Dionisio Contreras, María Antonia Jiménez	Solar	1 173,3
1789	Pablo Mendoza, Isidro Celada	Solar	1 185,4
1790	Juana Rodríguez Contreras, Antonio Vicente Bocanegra	Casa	1 253,2
1791	Jacinto Roque, Felipe de Jesús	Solar	1 212,3
1794	María de los Santos Juárez [b] José Murillo Hernández	Casa	2 765,3

[a] Las referencias a los rollos (r.) tiene relación con la sección de microfilm. Serie de Querétaro. MNAH. Todas las demás referencias se hacen en relación a los volúmenes y expedientes de Tierras, AGN.

[b] La controversia involucra a indios.

Apéndice II

GRAVÁMENES SOBRE LA PROPIEDAD REGISTRADOS EN QUERÉTARO, 1696-1720 [a]

Fecha del registro	Propiedad gravada	Cantidad	Beneficiario del gravamen
20 enero 1696	Hacienda	2 000	Convento de Santa Clara
24 enero 1696	Casas	1 000	Convento de Santa Clara
3 febrero 1697	Hacienda	3 000	Convento de Santa Clara
6 mayo 1697	Casa	2 000	Convento de Santa Clara
10 octubre 1697	Casas	2 000	Convento de Santa Clara
5 abril 1698	Labor	700	Convento de Santa Clara
5 abril 1698	10 Sitios	5 000	Convento de Santa Clara
5 abril 1698	Sitio	200	Convento de Santa Clara
5 abril 1698	Tierras	1 000	Convento de Santa Clara
6 abril 1698	Casas	2 000	Convento de Santa Clara
7 abril 1698	Casas	1 000	Convento de Santa Clara
7 abril 1698	Casas	1 000	Convento de Santa Clara
7 abril 1698	Casas	500	Convento de Santa Clara
7 abril 1698	Hacienda	1 200	Convento de Santa Clara
7 abril 1698	Hacienda	3 000	Convento de Santa Clara
9 julio 1698	Obraje	4 000	Don Juan Cavallero y Ocio
10 Sep. 1698	Haciendas	1 000	Convento de Santa Clara
12 enero 1699	Hacienda	3 000	Convento de Santa Clara
12 enero 1699	3 Haciendas	4 000	Convento de Santa Clara
12 enero 1699	Labor	600	Convento de Santa Clara
24 abril 1699	Hacienda	3 000	Convento de Santa Clara
24 abril 1699	Labor	1 000	Convento de Santa Clara
24 abril 1699	Hacienda	1 000	Convento de Santa Clara
8 junio 1699	Hacienda	7 000	Convento de Santa Clara
8 junio 1699	14 00 ovejas	2 000	Convento de Santa Clara
8 junio 1699	Casas	775	Joseph de Silva
25 abril 1702	Tienda	500	Convento del Carmen
18 mayo 1702	2 Casas	2 000	Convento de Santo Domingo
27 Dic. 1702	Hacienda	700	
16 oct. 1703	Hacienda	3 000	Convento de Santa Clara
15 Feb. 1704	Casas	700	Convento de Santa Clara
15 Feb. 1704	Tiendas	1 000	Convento de Santa Clara
15 Feb. 1704	Tiendas	2 000	Convento de Santa Clara
15 Feb. 1704	Casas	1 000	Convento de Santa Clara
15 Feb. 1704	Hacienda	3 000	Convento de Santa Clara
16 Feb. 1704	Sitio	800	Convento de Santa Clara (?)
16 Feb. 1704	Casas	----	Convento de Santa Clara

16 Feb. 1704	2 Haciendas	19 108	Convento de Santa Clara
16 Feb. 1704	Hacienda	4 000	Convento de Santa Clara
17 Feb. 1704	Hacienda	1 000	Convento de Santa Clara
18 Feb. 1704	Hacienda	2 000	Convento de Santa Clara
18 Feb. 1704	Hacienda	11 200	Convento de Santa Clara
1 Mar. 1704	Hacienda	2 220	Convento de Santa Clara
1 Mar. 1704	Hacienda	1 500	Convento de Santa Clara
15 Sep. 1705	Hacienda	500	Convento de Santa Clara
15 Sep. 1705	2 Haciendas	3 000	Convento de Santa Clara
15 Sep. 1705	Hacienda	3 500	Convento de Santa Clara
15 Sep. 1705	2 Haciendas	3 000	Convento de Santa Clara
16 Sep. 1705	3 Caballerías	600	Convento de Santa Clara
16 Sep. 1705	Hacienda	1 000	Convento de Santa Clara
16 Sep. 1705	Hacienda	3 000	Convento de Santa Clara
16 Sep. 1705	Obraje	1 600	Convento de Santa Clara
16 Sep. 1705	Casas	500	Convento de Santa Clara
16 Sep 1705	Hacienda	1 000	Convento de Santa Clara
16 Sep. 1705	Hacienda	2 000	Convento de Santa Clara
16 Sep. 1705	Hacienda	1 500	Convento de Santa Clara
16 Sep. 1705	Hacienda	541	Convento de Santa Clara
16 Sep. 1705	Obraje	1 130	Convento de Santa Clara
17 Sep. 1705	Hacienda	2 000	Convento del Carmen
17 Sep. 1705	Labor	3 000	Convento del Carmen
17 Sep. 1705	Casas	300	Convento de Santa Clara
17 Sep. 1705	Solar	200	Convento de Santa Clara
17 Sep. 1705	Hacienda	3 000	Convento de Santa Clara
17 Sep. 1705	Hacienda	500	Convento de Santa Clara
17 Sep. 1705	Hacienda	6 000	Convento de Santa Clara
17 Sep. 1705	Derechos de agua	500	Convento de Santa Clara
17 Sep. 1705	2 Sitios	1 000	Convento de Santa Clara
17 Sep. 1705	Casas	900	Convento de Santa Clara
17 Sep. 1705	Hacienda	3 000	Convento de Santa Clara
17 Sep. 1705	2 Caballerías	200	Convento de Santa Clara
17 Sep. 1705	24 Sitios	3 640	Convento de Santa Clara
17 Sep. 1705	Casas	800	Convento de Santa Clara
17 Sep. 1705	Hacienda	500	Convento de Santa Clara
17 Sep. 1705	Sitio	400	Convento de Santa Clara
17 Sep. 1705	Hacienda	500	Convento de Santa Clara
18 Sep. 1705	Sitio	500	Convento de Santa Clara
18 Sep. 1705	Hacienda	3 000	Convento de Santa Clara
18 Sep. 1705	Casas	3 000	Convento de Santa Clara
18 Sep. 1705	3 Haciendas	2 000	Convento de Santa Clara
18 Sep. 1705	3 Haciendas	2 000	Convento de Santa Clara
18 Sep. 1705	11 000 ovejas	5 000	Convento de Santa Clara
18 Sep. 1705	10 casas	3 000	Convento de Santa Clara
18 Sep. 1705	Sitio	500	Convento de Santa Clara

18 Sep. 1705	Casas	450	Convento de Santa Clara
18 Sep. 1705	Hacienda	4 000	Convento de Santa Clara
18 Sep. 1705	2 Haciendas	6 000	Convento de Santa Clara
18 Sep. 1705	Hacienda	3 000	Convento de Santa Clara
19 Sep. 1705	Huerta	1 100	Convento de Santa Clara
19 Sep. 1705	Obraje	2 000	Convento de Santa Clara
19 Sep. 1705	2 Haciendas	4 100	Convento de Santa Clara
19 Sep. 1705	Casas	1 000	Convento de Santa Clara
19 Sep. 1705	Casas	2 000	Convento de Santa Clara
19 Sep. 1705	Casas	2 000	Convento de Santa Clara
19 Sep. 1705	Labor	1 000	Convento de Santa Clara
19 Sep. 1705	Obraje	1 900	Convento de Santa Clara
19 Sep. 1705	2 Haciendas	4 350	Convento de Santa Clara
19 Sep. 1705	Hacienda	6 452	Convento de Santa Clara
19 Sep. 1705	Hacienda	745	Convento de Santa Clara
19 Sep. 1705	2 Haciendas	19 108	Convento de Santa Clara
19 Sep. 1705	Hacienda	3 000	Convento de Santa Clara
19 Sep. 1705	Hacienda	3 000	Convento de Santa Clara
19 Sep. 1705	Hacienda	2 000	Convento de Santa Clara
19 Sep. 1705	Casas	1 100	Convento de Santa Clara
9 Nov. 1705	2 Caballerías	1 000	Convento de Santa Clara
22 Dic. 1705	Hacienda	4 000	Convento de Santa Clara
18 Feb. 1706	Hacienda	3 000	Don Domingo de Saval
1 Mar. 1706	Hacienda	8 000	Convento de Santa Clara
1 Mar. 1706	Casa	2 000	Convento de Santa Clara
22 May. 1706	Hacienda	6 000	Convento de Santa Clara
6 Jul. 1706	Casas	300	Congregación de Guadalupe
16 Mar. 1708	Hacienda	2 000	Convento de Santa Clara
3 Ene. 1709	Hacienda	100	Convento de Santa Clara
3 Ene. 1709	Hacienda	1 000	Convento de Santa Clara
29 May. 1709	10 Casas	3 000	Don Félix de Mier y Caso
19 Jun. 1709	Casas	570	Convento de San Francisco
22 Jul. 1709	Rancho	2 052	Convento de Santa Clara
9 Oct. 1709	Hacienda	3 000	Convento de Santa Clara
29 Nov. 1709	Hacienda	2 000	Convento del Carmen
6 Dic. 1709	Hacienda	2 000	Convento de Santa Clara
19 Feb. 1710	Casas	4 000	Capellanía
1 Ago. 1710	Casas	200	Tercer Orden
1 Ago. 1710	3 Casas	500	Orden de la Penitente Teresa
1 Ago. 1710	2 Casas	800	Tercer Orden
1 Ago. 1710	Casas	200	Tercer Orden
1 Ago. 1710	Casas	100	Tercer Orden
1 Ago. 1710	Casas	800	Tercer Orden
1 Ago. 1710	Casas	450	Tercer Orden
17 Sep. 1710	Hacienda	1 200	Convento de Santa Clara
24 Jul. 1711	Casas	1 800	Convento de Santa Clara (?)
24 Sep. 1711	Rancho	2 000	Convento de Santa Clara

9 Oct.	1711	Casa	600	Convento de Santa Clara
22 Feb.	1712	Hacienda	1 500	Convento de Santa Clara
4 Jun.	1712	Hacienda	1 500	Convento de Santa Clara
4 Jul.	1712	3 Casas	3 000	Convento de Santa Clara[c]
8 Jul.	1712	Casa	3 000	Convento de Santa Clara[c]
16 Sep.	1712	2 Caballerías	1 000	Convento de Santa Clara
11 Nov.	1712	Casa	981	Don Tomás de Mera y Mina[c]
13 Jun.	1712	Hacienda	3 500	——
28 Jul.	1713	Hacienda	6 480	Convento de Santa Clara
2 Sep.	1713	Hacienda	3 000	Convento de Santa Clara
10 Mar.	1714	Hacienda	7 600	Convento de Santa Clara
25 Abr.	1714	Hacienda	4 300	Convento de Santa Clara
25 Abr.	1714 (?)	2 Haciendas	3 000	Convento de Santa Clara
25 Jun.	1715	Casa	200	Cofradía de las Almas del Purgatorio
22 Jul.	1716	Ovejas	——	Cofradía del Santísimo Sacramento
8 Ago.	1716	Casa	500	Cofradía del Santísimo Sacramento
26 Oct.	1716	Casa	800	——
26 Oct.	1716(?)	Hacienda	1 000	Convento de Santa Clara
31 Jul.	1817	Casas	2 000	Capellanía
1 Sep.	1717	Hacienda	5 000	Convento de Santa Clara
11 Ene.	1718	Hacienda	3 000	Capellanía
8 Mar.	1718	Obraje	4 000	Tercer Orden
4 Mar.	1719	Casas	300	Convento de Santa Clara
2 Abr.	1719	Hacienda	3 000	Dote
20 may.	1719	Hacienda	1 000	Convento de Santa Clara
7 Jun.	1719	2 Casas	500	Convento de Santa Clara
15 Jun.	1719	Casas	200	Convento de Santa Clara
15 Jul.	1719	Casas	1 000	Convento de Santa Clara
14 Sep.	1719	Casas	500	Convento de Santa Clara
14 Sep.	1719	Casas	1 300	Convento de Santa Clara
12 Oct.	1719	Hacienda	4 000	Congregación de Guadalupe
31 Oct.	1719	Casas	500	Convento de Santa Clara
19 Ene.	1720	Casas	200	Convento de Santa Clara
20 Feb.	1720	2 Casas	4 000	Convento de Santa Clara
19 Mar.	1720	Casas	2 626	Hospital
19 Mar.	1720	2 Casas	4 300	Hospital
19 Mar.	1720	Cochera	600	Hospital
20 mar.	1720	Casas	1 100	Hospital
20 Mar.	1720	Casa	1 450	Hospital
20 Mar.	1720	Casas	1 000	Hospital
21 Mar.	1720	Casas	2 500	Hospital
21 Mar.	1720	Casas	1 925	Hospital
21 Mar.	1720	Casa	1 000	Hospital

[a] FUENTE: "Libro de Becerro". 1697-1720. MNAH (27-28).
[b] Cancelación de un gravamen.
[c] Gravamen a corto plazo (depósito).

BIBLIOGRAFÍA

Antecedentes en manuscritos

El PRESENTE estudio se apoya casi exclusivamente en tres categorías generales de manuscritos, los cuales traslapan. La primera en cantidad e importancia en cuanto a las características sociales y económicas que se presentan en el texto son los documentos llamados protocolos y justicia del Archivo de Notarías de Querétaro, muchos de los cuales se pueden obtener en forma de microfilms en el Museo Nacional de Antropología e Historia. Los protocolos son muy copiosos en cuanto a su variedad y al parecer completos respecto de muchas notarías. Las diversas clases de documentos que encontré que más auxilian, son: *aprendiz, arrendamiento, cancelación, carta de dote, censo, codicilio, compañía, concierto, depósito, deuda, donación, empeño, finiquito, fianza, flete, ahorro, inventario, lasto, libre, nombramiento, obligación, poder, promesa de dote, remate, renta, servicio, sustitución, testamento, traspaso, trueque* y *venta*. Los registros de justicia son menos completos pero no obstante proporcionan una penetración importante y divertida en los problemas y personalidades de la vida de provincia.

La segunda categoría incluye los registros de las diversas instituciones políticas y religiosas que tuvieron influencia en la vida de provincia. La siguiente lista da una idea de la extensión y de la diversidad de estas fuentes; registros de bautismos, causas de inquisición, libros de contabilidad del convento de Santa Clara de Jesús, permisos para ejercer el comercio, registros del cabildo, libros de registros de marcas de ganado, registros de hipotecas, concesiones, peticiones y pleitos relacionados con tierras y aguas y visitas a boticas, panaderías y obrajes.

La tercera categoría está formada por datos provenientes de investigaciones de gran alcance. Los más importantes son los padrones de fines del siglo XVIII y los registros de los tributos de los indios; el censo militar de 1791 es particularmente útil, aun cuando está sujeto a las limitaciones que ya se han expuesto. También son muy útiles las listas de personas y de propiedades de los siglos XVI y XVII, pero son muy difíciles de encontrar. Como en las notas se proporcionan referencias específicas de estas fuentes, la siguiente es una lista tan sólo de los archivos y de las más importantes secciones en donde se pueden encontrar los documentos.

Museo Nacional de Antropología e Historia (Ciudad de México)
Salón de Microfilm, serie de Querétaro.
Archivo Histórico, Fondo Franciscano.
Archivo General de la Nación (Ciudad de México)
Civil
General de Parte
Historia
Indios
Inquisición
Mercedes

Padrones
Tierras
Vínculos
Archivo Microfílmico de Genealogía y Heráldica (Ciudad de México)
Archivo de la Notaría Parroquial de Santiago de Querétaro.
Archivo de Notarías de Querétaro (Querétaro)
Protocolos
Justicia
Archivo del Ayuntamiento de Querétaro (Querétaro)
Cabildo

Antecedentes impresos (obras citadas en el texto y en las notas)

Aguirre Beltrán, Gonzalo. *La población negra de México, 1519 1810: estudio etnohistórico*, México, 1946.

Alcedo, Antonio de. *Diccionario geograficohistórico de las Indias Occidentales o América*, 4 vols, Madrid, 1967.

Altman, Ida, y James Lockhart (Eds.).*Provinces of Early Mexico.* Los Angeles,1976.

Arvizu Mellado, José. *Geografía de Querétaro.* México, 1961.

"Auto y Diligencias en orden a la visita de los obrajes y haciendas de la jurisdicción de la villa de Cuyoacán. *Boletín del Archivo General de la Nación*, 11 (1940) pp. 33-116.

Ayala Echávarri, Rafael. "Relación histórica de la conquista de Querétaro", *Boletín de la Sociedad Mexicana de Geografía y Estadística*, 66 (1948), pp. 112-152.

Bakewell, P.J. *Minería y sociedad en el México colonial, Zacatecas 1546-1700*, FCE., 1977. *Zacatecas 1546-1700*, FCE., 1977.

—"Zacatecas: An Economic and Social Outline of a Silver Mining District, 1547-1700", en Ida Altman y James Lockhart (Eds.) *Provinces of Early Mexico*, Los Angeles, 1976.

Bancroft, Hubert Howe. *Works.* 39 vols. San Francisco, 1882-1890.

Barret Ward, *The Sugar Hacienda of the Marqueses del Valle.* Minneapolis, 1970.

Basas Fernández, Manuel. *El Consulado de Burgos en el siglo* XVI. Madrid, 1963.

Bazant, Jan. "Evolution of the Textile Industry in Puebla, 1544-1845". *Comparative Studies in Society and History*, 7:1 (Oct. 1964), pp. 56-69

—."Peones, arrendatarios y aparceros en México: 1851-1853". *Historia Mexicana*, 23:2 (Oct-Dic. 1973), pp. 330-357.

Beaumont, Fray Pablo de la Purísima Concepción. *Crónica de la Provincia de los Santos Apóstoles S. Pedro y S. Pablo de Michoacán.* Publicaciones del Archivo General de la Nación, vols. 17, 18, 19. México, 1932.

Bolton, Hebert Eugene y Thomas Maitland Marshall. *The Colonization of North America, 1492-1783.* Nueva York, 1920.

Borah, Woodrow. *New Spain's Century of Depresion.* Ibero-Americana, 35. Berkeley y Los Angeles, 1951.

Bowser, Frederick P. *The African Slave in Colonial Peru. 1524-1650.* Stanford, 1974.

Boxer, Charles R. *Women in Iberian Expansion Overseas. 1415-1815.* Nueva York, 1975.

Boyd-Bowman, Peter. "Negro Slaves in Early Colonial Mexico", *The Americas*, 26:2 (Oct. 1969), pp. 134-151.

Brading, D.A. "La estructura de la producción agrícola en el Bajío de 1700 a 1850". *Historia Mexicana*, 23:2 (Oct.-Dic., 1973) pp. 197-237.

—."Los españoles en México hacia 1792". *Historia Mexicana*, 23:1 (Julio-Sept. 1973), pp. 126-144.

—.*Mineros y comerciantes en el México borbónico, 1763-1810*, FCE., 1977.

Carmagnani, Marcelo. "Demografía y sociedad: la estructura social de los centros mineros del norte de México, 1600-1720" *Historia Mexicana*, 21 (Ene-Marzo, 1961), pp. 148-171.

Casas, Gonzalo de las. *Guerra de los Chichimecas*. México, 1944.

Chávez Orozco, Luis (Ed.). *Documentos para la historia económica de México*, 12 vols. México, 1933-1938.

Chevalier Francois. *La formación de los grandes latifundios en México*. Problemas agrícolas e industriales de México, vol. 8. FCE., 1978.

—."The North Mexican Hacienda", en Archibald R. Lewis y Thomas F. McGann (Eds.). *The New World Looks at its History*. Austin, 1963, pp. 95-107.

Cole, Arthur Harrison. *The American Wool Manufacture*. 2 vols. Cambridge, Mass., 1926.

"Compendio histórico, político, topográfico, hidráulico... de San Juan del Río, 1794" en *Relaciones Estadísticas de Nueva España de Principios del Siglo XIX*. México, 1944.

Cook, Sherbuerne F. y Woodrow Borah. *Essays in Population History: Mexico and the Caribbean*. 2 vols. Berkeley y Los Angeles, 1971-1974.

Curtin, Phillip D. *The Atlantic Slave Trade. A Census*. Madison, 1969.

Diffie, Baily W. *Latin American Civilization, Colonial Period*. Nueva York, 1967.

Domínguez Paulín, Arturo. *Integración histórica, política, social y económica del estado de Querétaro*, Querétaro, 1966.

—.*Querétaro en la conquista de las Californias*. México, 1966.

Dusenberry, William H. *The Mexican Mesta; The Administration of Ranching in Colonial Mexico*. Urbana, 1963.

Escandón, José de. *Pacificación de las chichimecas de la Sierra Gorda y Dictamen del Auditor de Guerra Marqués de Altamira*. México, 1944.

Espejo-Ponce Hunt, Marta. "The Processes of the Development of Yucatan, 1600-1700", en Ida Altman y James Lockhart (eds.) *Provinces of Early Mexico*. Los Angeles, 1976, pp. 33-62.

Fernández de Recas, Guillermo S. *Cacicazgos y Nobiliario Indígena de la Nueva España*. México, 1961.

Florescano, Enrique. *Estructura y problemas agrarios de México* (1550-1821). México' 1971.

Gallagher, Miriam A., R.S.M. "The Family Background of the Nuns of Two Monasteríos in colonial Mexico: Santa Clara, Querétaro and Corpus Christi, Mexico City, (1742-1822)". Tesis para el doctorado en Filosofía, Catholic University of America, 1971.

Garraty, John A. *The American Nation*. 2 vols. Nueva York, 1975.

Gerhard, Peter. *A Guide to the Historical Geography of New Spain*. Cambridge, 1972.

Gibson, Charles. *The Aztecs under Spanish Rule*. Stanford, 1964.

Góngora, Mario. *Origen de los "Inquilinos" de Chile Central*. Santiago, 1960.

González de Cossío, Francisco. "Testamento de doña Beatriz de Tapia, hija del conquistador de Querétaro D. Fernando de Tapia. Querétaro, 1601". *Boletín del Archivo General de la Nación*, 17 (1946), pp. 473-489.

Greenleaf, Richard E. "The Obraje in the Late Mexican Colony", *The Americas*, 23:3 (Ene., 1967), pp. 227-250.

Gutiérrez de Pineda, Virginia. *La Familia en Colombia*, Bogotá, 1963.

Halperin-Donghi, Tulio. *Politics, Economics, and Society in Argentina in the Revolutionary Period*. Cambridge, 1975.

Hamill, Hugh M., Jr., *The Hidalgo Revolt: prelude to Mexican Independence*. Gainesville, 1966.

Hardoy, Jorge E. (Ed.). *Urbanization in Latin America*. Nueva York, 1975.

Heaton, Herbert. *The Yorkshire Woollen and Worsted Industries*. Oxford, 1965.

Humboldt, Alexander von. *Ensayo Político sobre el reino de la Nueva España*. Trad. de Vito Alessio Robles, 5 vols. México, 1941.

Icaza, Francisco A. *Conquistadores y pobladores de Nueva España: diccionario autobiográfico sacado de los textos originales*. 2 vols. Madrid, 1923.

"Información de los méritos y servicios prestados por don Fernando de Tapia en la conquista y fundación de Querétaro y provanza del cacieazgo de don Diego de Tapia". *Boletín del Archivo General de la Nación*, 5 (1934), pp. 34-61.

Jiménez Moreno, Wigberto. "La colonización y evangelización de Guanajuato en el siglo XVI". *Cuadernos Americanos*, 13 (Ene-Feb., 1944), pp. 125-149.

—.*Estudios de historia colonial*. México, 1958.

Juan, George y Antonio de Ulloa. *A voyage to South America*. 2 vols. Londres, 1772.

Konetzke, Richard. "La emigración de las mujeres españolas a América durante la época colonial". *Revista de la Sociología*, 3:9 (Ene-Marzo, 1945), pp. 123-150.

LaForce, James Clayburn, Jr. *The Development of the Spanish Textile Industry, 1750-1800*. Los Angeles, 1965.

La Fuente Ferrari, Enrique. *El Virrey Iturrigaray y los orígenes de la Independencia de México*, Madrid, 1941.

Lámbarri, Miguel M. *Directorio General de la ciudad de Querétaro*, Querétaro, 1903.

Lavrin, Asunción. "El convento de Santa Clara de Querétaro. La administración de sus propiedades en el siglo XVII". *Historia Mexicana*, 25:1 (Julio-Sept., 1975), pp. 76-117.

—."The Execution of the Law of Consolidación in New Spain: Economic Aims ***and Results". Hispanic American Historical Review*. 53:1 (Feb; 1973), pp 27-49.**

Lockhart, James. *Spanish Peru, 1532-1560*. Madison, 1968.

Lockhart, James y Enrique Otte (Eds.) *Letters and People of the Spanish* *Indies, Sixteenth Century*, Cambridge, 1975.

Lopez, Robert S. e Irving W. Raymond (Eds.). *Medieval Trade in The Mediterranean World*. Nueva York, 1966.
López Sarrelangue, Delfina E. "Población indígena de la Nueva España en el siglo XVIII". *Historia Mexicana*. 12 (Abril-junio, 1963), pp. 516-530.
—. *Una Villa Mexicana en el Siglo XVIII*. México, 1957.
McCloskey, Michael Brendan. *The Formative Years of the Missionary College of Santa Cruz of Querétaro, 1683-1733*. Washington, D.C., 1955.
MacLachlan. Colin, M. *Criminal Justice in the Eighteenth-Century Mexico*. Berkeley y Los Angeles, 1974.
MacLebd, Murdo J. *Spanish Central America. A Socioeconomic History 1520-1720*. Berkeley y Los Angeles, 1973.
Martin, Norman F. *Los Vagabundos en la Nueva España. Siglo XVI*. México, 1957.
Mendizábal, Miguel O de. *Obras Completas*, 6 vols. México, 1946
Mercado, Tomás de. *Summa de tratos y contratos*. Sevilla, 1571.
Miranda, José. "La población indígena en México en el siglo XVII". *Historia Mexicana*. 12:2 (Oct.-Dic., 1962), pp. 182-189.
Morner, Magnus. *Race Mixture in the History of Latin America*. Boston, 1967.
Morse, Richard M. (Ed.). *The Urban Development of Latin America. 1750-1920*. Stanford, 1971.
Navarrete, Pedro Francisco Antonio. *Relación pereg, ina de la agua corriente...* México, 1789.
"Nombramiento de Capitán a favor del cacique Don Nicolás de San Luis". *Boletín del Archivo General de la Nación*, 6 (1935), pp. 203-204.
Ots Capdequi, José María. *El Estado español en las Indias*. México, FCE., 1941.
— *Manual de historia del derecho español en las Indias y el derecho propiamente indiano*. Buenos Aires, 1945.
Pike, Ruth. *Enterprise and Adventure: The Genoese in Seville and the Opening of The New World*. Ithaca, Nueva York, 1966.
Poinsett, Joel Roberts. *Notes on Mexico...* Filadelfia, 1824.
Potash Robert. *El Banco del Avío de México*. México, 1959.
Powell, Philip Wayne. *La guerra chichimeca*, FCE., 1977.
Prado, Caio, Jr. *The Colonial Background of Modern Brazil*. Berkeley y Los Angeles, 1969.
Ramos, Donald. "Marriage and the Family in Colonial Vila Rica". *Hispanic American Historical Review*, 55:2 (Mayo, 1975), pp. 200-225.
Ramos de Arizpe, Miguel. *Reporte that Dr. Miguel Ramos de Arizpe...* Trad. de Nettie Lee Benson. Austin, 1950.
Raso, José Antonio del. "Notas estadísticas del Departamento de Querétaro, formadas por la asamblea constitucional del mismo, en junio de 1845". *Boletín del Instituto Nacional de Geografía y Estadística*, 3 (1852), pp. 169-236.
Rea, Alonso de la. *Crónica de la Orden de N. :Seráfico P.S. Francisco Provincia de San Pedro y San Pablo de Michoacán en la Nueva España*. México, 1882.
Relación breve y verdadera de algunas cosas de las muchas que sucedieron al padre fray Alonso de Ponce en las provincias de la Nueva España. 2 vols. Madrid, 1873.
Rodríguez Familiar, José. *La Conquista de Querétaro*. Querétaro, 1944.

Sayous, A.E. "Parthnerships in the trade between Spain and America and also in the Spanish Colonies in the Sixteenth Century". *Journal of Economic and Business History*. 1 (1929), pp. 282-301.

Scholes, France V. y Eleanor B. Adams (Eds.). *Relaciones de las encomiendas de indios hechas en Nueva España a los conquistadores y pobladores de ella, año de 1564*. México, 1955.

Scobi, James R. *Argentina. A City and a Nation*. Oxford, 1964.

Septién y Septién, Manuel. *Historia de Querétaro*. 2 vols. Querétaro, 1967.

Serrera Contreras, Ramón María. "La ciudad de Santiago de Querétaro a fines del siglo XVIII. Apuntes para su historia urbana". *Anuario de Estudios Americanos*, 30 (1973), pp. 489-555.

Sigüenza y Góngora, Carlos de. *Glorias de Querétaro*... México, 1680.

Silvia Santisteban, Fernando. *Los obrajes en el virreinato del Perú*. Lima, 1964.

Soeiro, Susan A. "The Social and Economic Role of the Convent: Women and Nuns in Colonial Bahia, 1677-1800".Hispanic American Historical Review, 54:2 (Mayo, 1974), pp. 209-232.

Super, John C. "The Agricultural Near North: Querétaro in the Seventeenth Century", en Ida Altman y James Lockhart (Eds.). *Provinces of Early Mexico*, Los Angeles, 1976, pp. 231-251.

."Querétaro obrajes: Industry and Society in Provincial Mexico, 1600-1810". *Hispanic American Historical Review*, 56:2 (Mayo,1976), pp. 197-216.

Taylor, William B. *Landlord and Peasant in Colonial Oaxaca*. Stanford, 1972.

Tella, Torcuato S. di. "The Dangerous Classes in Early Nineteenth-Century Mexico". *Journal of Latin American Studies, 5:1* (Mayo, 1973), pp. 79-105

Thompson, Roger. *Women in Stuart England and America. A comparative study*. Londres y Boston, 1974.

Hernando de Vargas, "Descripción de Querétaro", en Primo Feliciano Velázquez (ed.). *Colección de documentos para la historia de San Luis Potosí*. 4 vols. San Luis Potosí, 1897-1899, I, pp. 1-47.

Vázquez de Espinosa, Antonio. *Descripción de la Nueva España en el siglo XVIII*. México, 1944.

Verlinden, Charles. "Italian Influences in Iberian Colonization". *Hispanic American Historical Review*, 23:2 (Mayo, 1953), pp. 199-211.

Vicens Vives, Jaime. *An Economic History of Spain*. Trad. de Frances M. López-Morilla, Princeton, 1969.

Villa-Señor y Sánchez, Joseph Antonio. *Theatro americano. Descripción general de los reynos y provincias de la Nueva España, y sus jurisdicciones*. 2 vols. México. 1746-1748

Ward, Sir Henry George. *Mexico in 1827*. 2 vols. Londres, 1828.

Wolf, Eric R. "The Mexican Bajío in the Eighteenth Century: An Analysis of Cultural Integration". *Middle American Research Institute*. 17 (1957), pp. 180-199.

Son of the Shaking Earth. Chicago, 1967.

Zeláa e Hidalgo, José María. *Glorias de Querétaro*, México, 1803.

Zerecero, Anastasio. *Memorias para la historia de las revoluciones en México*. México, 1869.

ÍNDICE

Este libro se terminó de imprimir el día 14 de enero de 1983 en los talleres de Ideas Impresas, Debussy 202, 07790, México, D.F. La composición se efectúo en Encuadernación y Ediciones Culturales, S.A., Los Echavez núm. 17, empleándose tipos Caslon de 8:10, 9:11 y 10:12 puntos.
Se tiraron 3 000 ejemplares.